「月の都」周芳山口の信仰空間に描かれた古代地上絵と月信仰

―空間考古学の可能性―

池畑孝次郎 著

はじめに——月を神とする古代世界

　星が見えなくなった現代の街でも、月だけは変わることなく夜空に輝いています。三日月から日々姿を変えて満月になり、暁になって東の空に消え、三日後には三日月になって再び西の空に現われる月——他の星々と違って満ち欠けをするからでしょうか、その仄かな光が淡く人を包むからでしょうか、なぜか月は心に通うものがあります。

　ところで、古代の人は満天の星の中を渡る月に、どのような思いを抱いていたのでしょう。たとえば、柿本人麻呂の「天を詠む」と題された短歌は——舟に見立てた月が星空を渡って行く——人麻呂が見たであろう情景がありありと浮びます。

天の海に　雲の波たち　月の舟　星の林に　こぎ隠る見ゆ　　　　（万⑦1068）

　このような月を舟に見立てる思想は古代文化に共通して見られ（象徴的思考）（註1）、エジプトやメソポタミア、インド、中国でも三日月（特に上弦の月）は天の海を航海する舟とみなされていました。(99-1-141, 215)

　実は、古代は月を神とする月信仰の世界でした。一例を上げれば、エジプトの初代「月の王」オシリス（註2）は文明の創造主であり、人々に小麦や大麦の栽培法や、ブドウをワインに変える方法を教え、法を定め、ナイル川（大地を流れる月の水）の両岸に正義を確立した、とされます。(99-1-58)

　日本も例外ではなく月信仰の世界にありました。縄文時代（15000年前-3000年前）の遺物にはカール・ヘンツェ氏（以下、ヘンツェ氏）が指摘し、ネリー・ナウマン氏（以下、ナウマン氏）が分析して明らかにした月信仰の痕跡が多く認められています。(139-12) その信仰は『古事記』（以下『記』）と『日本書紀』（以下『紀』）が編纂された時代（712年／720年）にも明らかに継承されていました。オオクニヌシが国造りに際し人々に農業や医術を教えたと日本神話の中で語られ、エジプトのオシリスと神格が似ているのは、共に月神であったからと考えられます。(245-148) ちなみに、三浦茂久氏（以下、三浦氏）によればオオクニヌシの「オオ（オホ）」とは「渡る」を意味し、「オオクニ」とは舟に譬えられた月が天空を渡って行く、つまり「渡る月の国」を名にもつ神（月神）になります。(210-37)

　ジュールズ・キャシュフォード氏（以下、キャシュフォード氏）は、世界中で普遍的な神格——誕生や生殖、成長、運命、死、復活に及ぼす力——を持つと信じられた月について、次のように述べています。

ほとんどの古代文化が、月をとおして現実の特定の側面を解釈する段階をへてきたことを示唆している。たしかに、月には途方もなく遠大な力——誕生や生殖、成長、運命、死、復活に及ぼす力——があるという見方は、人類の歴史がはじまるころ、ほぼ世界中で共通のものとなっていた。……月は大母神文化を表す……大母神文化では地球と月は一つのもの……詳細に見れば、月特有の性質が、想像力をかきたてる独自の働きをもっていたことがわかる。それは女神神話の本質を明らかにするとともに、月の周期や位相を隠喩としてとらえて、そこから永遠、時間、死ぬべき運命に関する考え方を探ろうという関心を引き起こすのである。(99-1-2)

　このような月がもつ途方もなく遠大な力に気付いたのは、月を舟に見立てたように海を常に舟で渡っていた海人族（註3）であったと考えられています。島国の日本では、海人族が月に支配される潮汐を読んで舟を操っていたことから、月に畏敬の念を抱き信奉したようです。海人族の中でも特に尾張氏は濃厚な月信仰をもつ海部であり、古代日本の月信仰を考える上で尾張氏（註3）の存在を避けて通ることはできません。尾張氏の祖神はアマテルクニテルホノアカリノミコトで、「アマテル」「ホノアカリ」の名から月神と考えられます。(177-150) (210-155) (290) (332-475)

　三浦氏は『古代日本の月信仰と再生思想』の中で、太陽信仰よりも月信仰のほうが古く、日本神話のアマテラスも古くは月神であったと述べています。下記の文中「タカマガハラ高天原」とは、月あるいは月のある天空を指し、「タカミムスヒ高御産巣日」（新生・生成の霊力を持つ）（註4）は月そのものを、別名「タカギノカミ高木神」は月にあると信じられた桂の木（湯津香木／槻）（註5）を神格化したものです。

一般的に世界的な傾向として、月信仰のほうが太陽信仰より古層に属すると考えられてきた。古代では月はあらゆる有機体の生

命の生長と繁栄に多大な影響を及ぼすという観念が各地に広くあった。月は死と再生・寿命・生殖・豊穣・霊水・潮汐・月経などをもたらしていた。わが国でもアマテラスよりも古く、タカミムスヒが皇祖神として高天原で指揮していた。タカミムスヒがアマテラスより古層に属するとすれば、月神的であっても何ら異とするには当たらない。なぜなら、……アマテラスですら古くは月神であったからだ。(210-109)

　第23代顕宗紀 (在位允恭39年-顕宗3年) には、タカミムスヒが月神であると明記されています。(210-113) (323-524) 顕宗 (和風諡号ヲケノスメラミコト／クメノワクゴ) は古墳時代 (3c中頃-7c頃) の天皇と推測され、母は「カツラギノアリオミ葛城蟻臣」でその名「カツラギ」から月信仰を有する葛城氏の出自と考えられます (葛城氏は6世紀には没落していた／大和葛城山周辺は尾張氏の本貫の一つ)。

顕宗紀三年二月の条
月神、人に著りて謂りて曰はく、「我が祖高皇産霊、預ひて天地を鎔ひ造せる功有します。民地を以て、我が月神を奉れ。若し請の依に我に献らば、福慶あらむ」とのたまふ。

　アマテラスが月神であったとは信じられない、という読者も多いかと思います。しかし、前々作『山口に残る古代地上絵　北斗図の謎』(以下『北斗図』) でも述べた通り、天武紀 (673年-686年) の時点でアマテラスが皇祖であるという明確な意識がなく確定していません。アマテラスの古い名は機織女を指すヒルメ (アマテラスヒルメ) で、月神に仕える巫女神あるいは月神のために神衣を織る機織女でした。(210-281)
天照大神の祭祀といえども、「外宮先祭」のほうが妥当でしかも安泰な理由があったのであろう。なぜなら、外宮は月神に通じ、伊勢の海人たちの信仰するところであったからである。すなわち、……天武が皇祖神としてアマテラスヒルメを祀るようにし、それが文武のころ日神アマテラスになったその後に、日神信仰は次第に広く展開したのである。

　これを裏づけるように、『万葉集』(以下『万』) ではアマテルは月の常套的形容句でした。三浦氏は日神の崇拝祭祀の確実な例は希薄である、と指摘しています。(210-1)
我が国の皇祖神はアマテラス大神で『日本書紀』では日神とされ……皇統は日神の子孫であり、取り巻く豪族も古くからそうした皇統を支えてきた。そうかといって、古代文献に太陽信仰が具体的に記述されているわけではない。日神の崇拝祭祀の確実な例はむしろ希薄である。

　月神から日神への転換は世界中で起きた現象であり、日本神話の月神タカミムスヒから日神アマテラス大神への転換も世界的な潮流の中で生じたものでした (日本は世界の潮流からかなり遅れた)。日本を中央集権的・君主的な官僚国家に変えて権力を掌握するために、月信仰から絶対的な太陽信仰へと切り替えられたのです。(244-186)
　絶対王権を誇示するためには、満ち欠けを繰り返す月よりも絶対不変の太陽が必要でした。平安時代中期の最高実力者・藤原道長 (966年-1027年) も詠っている通り、欠ける月は権力には相応しくないものになっていました。常に「欠けることのない望月」でなければならなかったのです (ここでも太陽とは詠っていない)。
この世をば　わが世とぞ思ふ　望月の　欠けたることも　なしと思へば　　『小右記』右大臣藤原実資 (957年-1046年)

　壬申の乱 (672年) (註6) 以後、新たな皇統の創造に関連して田村圓澄氏 (以下、田村氏) は、アマテラスの本質は天皇ただひとりの神であり、国民の欲求によるものではなかった、と指摘しています。つまり、月信仰のように人々の生活から生れた信仰ではなかったのです。天皇にとって日神アマテラスは「錦の御旗」であった、といえそうです。
「天照大神」は天皇による日本統治のみにかかわる神であった。……天皇による「国土」の領有・「統治」の拡大の場面にあらわれている。……国民的生活が反映されているような形跡は見えず、国民的活動の面影などは、勿論、認められぬ。全民族の欲求によって動いていると思われる神は一人も無い。(378-313)

平安京（794年-）を築いた桓武の時代になっても、皇祖が日神アマテラスであるという承認が殿上人の間にも余り広がっていなかったのではないか、という疑念があります。その証拠に『紀』の講義では、当時は天皇家にも姓があって「姫」としていました。(呉国の姓も姫／易姓革命との関係は前作参照)「姫」という姓があったということは、「姫」という先祖を持つ氏族であり日神の子孫ではなかったといっているようなものです。ちなみに、古代中国の周王朝の姓も「姫」でした。(143-186)(182-1-339)(219-1-38)(278-27)

さらに、桓武の生母・高野新笠（父方和氏／母方土師氏）の名前には月信仰に由来する言葉が認められます。すなわち、高野とは「月のある高天原（高は月を指す）」を意味し、新笠は「新月（笠は月の隠喩）」であり三日月（生命力を益してゆく象徴）を暗示すると考えられます。新笠の生母・中宮母家（大枝朝臣真妹）は土師氏で、地上絵を描いたと推測される「モズバラ毛受腹」(註7)の出自でした。

鳥羽上皇に仕え北面の武士であった西行（1118年-1190年）も、伊勢皇大神宮（以下、内宮）を参詣した際に「何が祀られているのか知らない」と詠っています（憚って表現しなかっただけかも知れない）。これが事実とすると、皇祖を日神アマテラスとする太陽信仰が拡がっていなかった可能性があります。そこで、西行が月と桜を多く詠んだ背景には、西行も仏門にありながら月を信奉していたと思われます。(107-995)(349-520)(361-183) 歌中「如月の望月」(旧暦二月十五日)は釈迦入滅の日で古代インドの月信仰を反映し、望月は死後の常世国を暗示することから、西行も月の世界へ行きたかったのでしょう。「花」とはもちろんサクラを指し、その別称コノハナは「月の華」を意味します。(第3章)(『山家集』1552首中、月は288首)(107)

願わくは　花の下にて　春死なむ　その如月の　望月のころ　　　　西行『山家集』

サクラ（コノハナ）、特にニハサクラ（『記』ハハカ波波迦）は太占（註8）で鹿の肩甲骨を灼くために使われた聖樹でした。その鹿が神獣（月獣）とされたのも、年毎に生え変わる角（鹿茸）が半月を象徴したからです。つまり、サクラも鹿もともに月を象徴するものとして重視されていたことが分ります。(141-81)(437-198) 西行の時代、人びとはいまだ日常生活に根ざした月信仰の世界にあったと考えられます。

伊勢神宮禰義で皇學館大学理事長を務めた桜井勝之進氏でさえ、二見浦が日の出と結びついたのは近世末期以降だと指摘しました。(210-292) つまり、太陽を崇める習俗は古いものではなく、田村氏が指摘したように、一般の国民は皇権による太陽信仰への転換など知る由もなかったのでしょう。

今でも仲秋の名月を愛でる習俗が残されていて、月に対する原初の信仰はほとんど遺伝子に組み込まれ、あるいは伏流水のように心に流れ続けているのかも知れません。15000年続いた全・縄文時代の遺物に月信仰の痕跡が認められることから、月への信仰の強さが想像できます。(245-232) したがって、1300年前（飛鳥-藤原時代）に行われた太陽信仰への政治的転換くらいでは、たとえ知っていたとしても容易に消えることはなかったと思われます。

太陽信仰への転換、すなわちアマテラスが日神とされたのは、一般的に『続日本紀』（以下『続紀』）に載る文武二年（698年）です。絶対不変の日神アマテラスを必要としたのは、文武の政治的基盤が脆弱であった可能性を窺わせます。あるいは、天武の病の元とされた「クサナギノツルギの祟り」との関係も考えられます。なぜ、天武紀の末尾に「祟り」を書き込む必要があったのか、古代史の大きな謎の一つです。(323-478)

文武二年といえば、前作『山口に残る古代地上絵　五形図の謎』（以下『五形図』）で述べたように、周芳山口に五形図が描かれたと推測される年でした。その五形図が大日如来を象徴すると考えた理由の一つは、五輪塔（五形の組合せ）(註9)が大日如来に胎蔵されていたことでした。大日如来はサンスクリット語で「遍く光を照らす者」とされ、これは日神アマテラスの神格と同じ意味になります。東方の伊勢国にアマテラスを日神として祀り、西方の周芳国に大日如来を象徴する五形図を描いた、と推測されます。仏教を国教とし『金光明最勝王経』(註10)に載る光り輝く仏に倣って日神アマテラスを創造したことと、やはり光り輝く大日如来を象徴する五形図を描いたことが無理なく繋がります。(同じ設計図で構築された正三角形／第5章)

五形図が大日如来を象徴したという推論は、王権により月神アマテラスが日神とされた後も、月信仰が絶えることなく仏教によって深化されてきた事実と一致します。(209-174) (357-142) なんといっても仏教は国教になっていましたから、その思想信仰の影響は教義を持たない神道よりも大きかったはずです。日神アマテラスを皇祖神としたのは王権の祭祀上の問題であり、思想信仰は主に仏教が担ったと考えるのが自然で、月信仰も仏教の中で受け継がれてきたといえるでしょう。つまり、古代日本の信仰世界の最も深層には月信仰があり、その信仰は仏教、道教 (註11)、神道などに吸収され、儒経の教学をも加えて複雑な思想信仰体系を有していたと考えられます。(97-89)　(109-33)　(144-64)　(145-61)　(419)

　北斗図の場合は、未だ皇祖神が明確でない段階で、東方の瀧原宮 (註 12) に祀っていた織女星 (あるいは月神アマテラス／巫女神) との調和として、西方の周芳山口に北斗図を描いたと考えられます。東西・陰陽の調和は古代で最も重視された価値観の一つで、北斗図を描いたのは北斗七星にも時を刻み人の寿命を司る (支配する) など月神的な神格が与えられていたからです。(216-171) (339-36) (372) ちなみに、瀧原宮の「タキ瀧」は「タル足る」の語幹「タ」に由来し月信仰を象徴する言葉です。(第 3 章) (210-3) 東西・陰陽の調和をはかった例には、垂仁紀に載る伊勢と出雲の対置があります。

垂仁紀には出雲大神の神殿建立要求に対応するかのように、倭姫による天照大神の伊勢五十鈴河畔鎮祭も物語られていて、天神地祇奉祭のバランスがはかられている点は見逃せない。これらはすべて垂仁期の出来事として物語られているが、恐らくその主要部分は、記紀撰定のあった天武朝における史実の潤色ではなかったろうか。(373-82)

　このような東西・陰陽の調和を考えると、北斗図 (天武九年／681 年) を描いてから五形図 (文武二年／698 年) を描くまでの期間が 17 年 (陰陽の極数 9 と 8 の和) の聖数関係 (威霊再生を示唆する数字) (註13) にあったことの説明も可能になります。つまり、周芳山口に描かれた地上絵は単独のものではなく、朝廷の宗廟祭祀の一翼を担った神聖な国家的事業であり、特に五形図は月信仰から太陽信仰への転換点を飾った記念碑でもあった、といえるかもしれません。世界最大の地上絵は、偶然、意味なく描かれたものではありません。

　少し飛躍すると、柿本人麻呂 (註14) は下記の短歌の中で月神から日神への転換を暗示していたのかもしれません。太陽が東の空に耀き始めると、西の空には少し欠けた月が沈もうとしている——軽皇子 (後の文武) に伴い阿騎野 (奈良県大宇陀町) で詠んだ歌とされます。時は持統六年 (692 年) 十一月十七日 (おそらく少し欠けた十六夜の月／中山政實)、壬申の乱 (672 年) から 20 年、天武崩御から 6 年が経ち日神アマテラスの創祀まで 6 年、月が傾き太陽が昇る光景——月信仰から太陽信仰への転換——を想像させます。(265-1-324)

東の　野に炎の　立つ見えて　かへり見すれば　月傾きぬ　　(万①48)

安騎の野に　宿れる旅人　うちなびき　寝も寝らめやも　いにしへ思うに

ま草苅る　荒野にはあれど　黄葉の　過ぎにし君が　形見とそ来し

日並の　皇子の命の　馬並めて　御狩立たしし　時は来向かふ

　前作までは、地上絵の謎の一端を古代の太陽信仰とヘビ信仰 (註15) から説明しようとしました。その際、タチバナ (トキジクノカグノコノミ) の語源を追及する過程で不死と月の問題を取り上げていましたが、月信仰にまでは言及できませんでした。その後、確かな月信仰の存在を知り、本書では改めて月信仰の視点から全体を見直しています (ヘビは月の眷属あるいは象徴)。結果、タチバナは「月霊の華 (常世の月の木の実)」であることが分り、なぜ地上絵が周芳山口に描かれたのか、なぜ月とヘビを表す古語の多くが一致するのか、不老不死は太陽信仰とは結び付かないのではないか、など残されていた多くの疑問をかなり解消することができました。

　さらに、五形図の描点が月信仰の空間設計の描点としても用いられていること、信仰上の根拠を与えるための方位線 (設計線) が存在すること、空間設計の痕跡が神社の長い参道に残されている例があること、地上絵の測量と設計法は前方後円墳以来の方法が継承されたものであること、などについても言及することが可能になりました。前作までの内容を訂正することを読者にお詫びし、新たな視点を展開したいと思います。(空間設計

と空間考古学は著者の造語／同様の研究は検索した範囲内では見当たらない／後述）月信仰の視点から新しい解釈が多く、読者の理解を得るために繰り返し説明した結果、重複する部分が多くなったことも併せてお詫びします。

　本書の構成は、第1章世界最大の地上絵の概略、第2章月信仰と不死と再生思想の紹介、第3章月信仰に由来する言葉、第4章周芳山口に残る月信仰の痕跡、第5章空間考古学が成立する可能性について、で終章になります。

　第1章は、古代の周芳山口に描かれた北斗図と五形図という世界最大の地上絵が存在する事実について述べています。前作まで地上絵の謎を解く鍵として陰陽五行思想や道教、『易』（儒経）、陰陽道などを用いたため、却って読者の理解を妨げたのではないかと危惧していました。今回、それらの視点はできるだけ排除し、地上絵が存在する事実だけを述べています。前作までを既に読まれた方は、第2章から読み進められてもかまいません。

　第2章は、世界と日本を比較しながら、古代は月を神とする月信仰の世界で、不死と再生がその根本思想であることを述べています。満ち欠けを繰り返し朔の三日後には三日月として再び西の空に現れる月は、再生を約束する希望の光でした。

　縄文時代の遺物には明らかな月信仰の痕跡が認められ、古墳時代になっても石室内に埋納された鏡は月の象徴であり、石室は月世界そのものであったと想像できます。太陽信仰の国・日本、という流布している視点では古代日本の真の姿を知ることはできません。一例として、三浦氏が指摘するように穀物神とされるウカノミタマが月神であることを認めるだけで、古代世界が大きく変わります。(210-24) 月のもつ神格の一つとして月はあらゆる「水の源泉」と考えられ、祭祀の中心は「月と岩と水」であることが重要です。

　古代日本に存在した月信仰について正面から取り組んだのは三浦氏の研究しかなく、本書の推論の多くをその研究に頼っています。

　第3章では、月信仰に由来する言葉について述べています。取り上げた言葉の大部分は三浦氏の研究成果に基づき、あわせて地上絵と空間考古学の解析から得られた私見を述べました。月信仰に由来する言葉があることを認めない限り、月信仰に裏付けられた古代世界を深く知ることはできません。もちろん、周芳山口の地上絵の謎を解明する上でも不可欠の視点になりました。

　第4章では、周芳山口に残る月信仰の痕跡について、地名、祭祀、空間考古学の視点から検討しています。地名については主に三浦氏の研究に従い、祭祀についてはキャシュフォード氏とナウマン氏の研究に従いました。月信仰の痕跡の中で、「月の都」周芳山口の「月神を祀る盤座の山」高倉山で行われる「おためし神事」、つまり「月と岩と水」の神事が古態を残していて重要です。（「月の都」は著者の造語）

　第5章では、前方後円墳と神社の位置を緯・経度で表し、「場」と「方位」を解析する手法で空間考古学が成立する可能性について述べています。前方後円墳の「場」と「方位」を決定する方法と「構造」が神社に継承され、その基礎の上に地上絵が描かれた可能性を述べました。これらに共通して認められたのは、ある一つの重要な「場」を決定するために、信仰上の根拠が与えられていたことです。

　特筆すべきことは、伊勢と周芳山口に同じ時期に同じ設計図で構築されたと推測される正三角形の空間設計が認められたことです。この設計に信仰上の根拠を与えたのが、伊勢神宮（外宮・内宮・高倉山）の場合は「月の山」大和葛城山と鏡宮神社（鏡は月の依代あるいは月そのもの）で、周芳山口（泉香寺山・故五宮・古四宮）の場合は向島立岩稲荷大明神奥宮（祭神は月神ウカノミタマ／以下、向島奥宮）です。この空間設計は伊勢皇太神宮（内宮）の創祀の本質に迫るとともに、周芳山口の地上絵の本質にも迫るものです。伊勢と周芳山口が共に海人族の居住する「月の都」であったことも重要でした。

　「月の都」周芳山口という言葉も空間考古学が拓いた新たな発見です。著者が提唱する空間考古学については類似の研究がなく、私見のみを述べています。

　以上、本書では地上絵の謎を追及する手段として月信仰の視点を用いました。結果、地上絵が描かれた時代背景がより鮮明になっただけでなく、周芳山口が「月の都」という信仰空間として設計されていたことが明ら

かになりました。周芳山口が東方の伊勢国と並ぶ月信仰の盛んな「不死の常世辺の国」と見做されていた可能性を想像すると、山口盆地の夜空を渡る月がいっそう心に通う愛しいものになりそうです。

　北斗図と五形図の地上絵は単独に描かれたものではなく国家的祭祀の一翼を担い、東方の伊勢国と並ぶ「月の都」周芳山口という信仰空間に描かれたものでした。その歴史的な側面を、多くの読者に理解して戴ければ幸いです。

（註1）象徴的思考

象徴的思考とは、人間存在と切り離すことはできず、言語や理性的推論に先立つものである。象徴はほかの知識手段ではとらえられない人間の実在のある面——いちばん奥深いところにある面——を明らかにする。イメージやシンボルや神話は精神が気ままに創り出したものではない。必要に対応し、存在の隠された様相に光を当てるという役目を果たしているのである。（99-1-206）

（註2）エジプトのオシリス

オシリスは最古のピラミッド文書（BC2500年頃）の時代から月として崇拝され、大地を流れる月の水、ナイルでもあった。オシリスの伝承は、すべて月神の神格に一致する。

1. オシリスはエジプト初代の王で文明の創造主である。

2. 人々に小麦や大麦の栽培法や、ぶどうをワインに変える方法を教えた。

3. 法を定め、「ナイル川の両岸に正義を確立した」。

4. オシリスの生、死、そして復活は月の運行にしたがう。

5. オシリスは二十八年間——生命の「月」——を支配した。

6. オシリスはビオスとして月の相であり、時間のなかで生きて死ぬゾーエーの形相である。オシリスの妹であり妻でもあるイシスは、彼をよみがえらせる母親となった。まずは自分の翼がたてる風でオシリスに生命の息吹を送り、ついでばらばらにされた体を集めて完全な体に戻した。（99-1-63）（264-63）

オシリスの神話（42-80）

オシーリスは地の神セブと、空の神ヌートの間の密通の子であった。ギリシャ人はその両親を、彼ら自身の神であるクロヌスとレアと同一視した。太陽神ラーはその妻ヌートが不義を働いたことを知ると、彼女はあらぬ年あらぬ月にこを産まねばならぬと呪詛をこめて宣告した。

（註3）海人族と尾張氏

海人族とは、潜水漁業を行い、すぐれた船による航海術にたけた南方系の海洋民族で、大陸とも交通を行っていた。日月の信仰を持ち、顔には入れ墨を施していたといわれる。その元締めは阿曇氏と呼ばれる氏族であった。その本拠地は北九州であったが、彼らは船上に生活して移動を常とし、居住地は瀬戸内海沿岸から大阪湾・四国・紀伊・志摩・伊勢・尾張・中部から関東の太平洋沿岸に及んだ。日本海側では山陰・丹波・若狭・能登やその東にまで達していた。いま全国の各地に残る「海部」「海士」「阿万部」「安曇」などの地名は、彼らにちなんだものである。（425-37）

海人族の中でも特に尾張氏は濃厚な月信仰をもつ海部であった。尾張氏の祖神は「アマテルクニテルホノアカリノミコト天照国照彦（天）火明命」で、「アマテル」「ホノアカリ」の名から月神と考えられる。尾張氏の本貫は、尾張、宗像、伊勢、滋賀、大和、河内などがある。また、近江国滋賀郡、播磨国飾磨郡、筑前国糟屋郡志珂郷（志賀島）、肥後国天草郡志記郷や大和（師木）、河内磯城郡など「シカ」「シキ」を含む地名が多いことも明らかになっている、周芳山口の「ヨシキコク奥之岐国」もその一例と考えられる。（177-150）（210-155）（290）（332-475）（374-2-299）

淡路島は月信仰をもつ海人族の拠点であった。その淡路島に後円部の基点を求めたのは仲哀、仁徳陵、百舌鳥ミサンザイ（履中）、土師にさんざい（反正）の4例である。信仰上の根拠を求めたばかりでなく、遠い祖先の活動拠点を望む「望祭」の意味も存在すると思われる。

イザナギ・イザナミ二神の活動の舞台が淡路島であるのも、海人族の思想信仰が日本神話の中にとり入れられた結果と思われる。

上記の天皇陵後円部の基点が淡路島であることから、イザナギ・イザナミ二神の神話成立の時期も推定される。

（註4）「タカミムスヒ高御産巣日」

「タカミムスヒ高御産巣日」は「タカ・ミムス・ヒ」と訓み、生産神で月神である。別名・高木神は月にあると信じられた「ツキ桂樹」を神格化したもので新生・生成の霊力を持つとされ月神である。一方、神代記の高木神は槻、すなわち月の神の暗喩であった。タカミムスヒは日神とみなされてきたが、それは誤りである。タカミムスヒが月神であるならば、その同体的対神のカムミムスヒも月神である。また、ムスヒの神が生産神であることを述べる。タカミムスヒの語構成は「タカ＋ミ＋ムス＋ヒ」ではなく、「タカ＋ミムス＋ヒ」である。なぜなら、古代では接頭語ミは動詞にはつかないはずである。(210-113)

（註5）桂の木

桂は、月の桂というように、また桂男は月の異名であるように、月との関係が密接である。雌雄異種で、ヲカツラ・メカツラと呼んで区別することもある。枝は、京都の葵祭や各地の春から初夏の祭で、富・トビと呼ぶ採物や飾物に用いられている。

日本ではカツラ科の落葉喬木で丸い小葉をたくさんつける、若葉も紅葉も美しい落葉高木を指している。カツラは中国では木犀を指している。葛野郡には桂・桂川の地名もあり、月読神社も鎮座する。桂川は『山城国風土記』では葛野川とある。中国では桂は月にあるとされていて、月を象徴する木である。神代紀九段本文では、タカミムスヒが天稚彦を伺いに遣わした無名雉は降ってユツカツラに留まる。本書第三章ではタカミムスヒが月神であることを証明するがカツラは月の木であるから、ユツをつけて聖木扱いをしている。(210-43,282)

桂は腐食しにくく船檣や船の構造材に用いられた。水辺を好む樹木で「水の源泉」と考えられた月と結びつけられた。(68-178)(167-99)(202-66)

水辺を好むヘビが「水の源泉」月の眷族とされたのと同じ発想。(99-1-169, 210)

（註6）壬申の乱（672年）

天智死後、長子の大友皇子（弘文）を擁する近江朝廷に対し、吉野にこもっていた皇弟の大海人皇子（天武）が672年（壬申の年）の夏に起こした反乱。1カ月余の激戦の後、大友は自害、大海人は飛鳥浄御原宮に即位し、律令制が確立する端緒となった。(314)

私見では、天武は月齢にしたがって行軍した。北斗七星第七星破軍星を属星とし、向うところ敵なしを自覚していた。

1. 和風諡号天淳中原瀛真人天皇の「瀛」と「真人」から神僊と見做されていた。

2. 遁甲方術を能くした。

3. 自づから聖天子と見做した。

4. 北斗七星への信仰と属星・破軍星の自覚。

5. 「火徳」意識。

6. 占星臺の設置。

7. 洪範九疇にある天子が行うべき施策に忠実であろうとした。

8. 神僊・神秘思想への傾倒。

9. 「現人神」と宣言し、不老不死を実現しようとした。

10. 巽乾軸を構築し、「道」と一体となって永生を得ようとした。(76-108)(84-269)(188-118)

「虎に翼を着けて放す」

天武が吉野へ遁れる時に、ある人が虎に翼を着けて放したようなものだ、といったという記事がある。『北斗図』では、これを壬申の乱の予兆と仙薬の常用の暗示としていた。(323-2-382)

天智十年辛未冬十月甲子朔壬午、吉野の宮ひ入りたまふ。…或の日はく、「虎に翼を着けて放てり」という。是の夕に、嶋の宮に御します。

この記事の注には、さらに下記の文言がある。

いよいよ勢いを増すことの比喩。

韓非子、難勢に引く周書に「母為虎傳翼将飛入邑択人而食之」（中略）とあるなど漢籍にしばしば見える。

この「母為虎傳翼将飛入邑択人而食之」部分を意訳する。

虎に翼をつけてはならぬ。翼をつけると村に飛んで来て、人を捕えて食おうとするから。（著者訳）

吉野で歌った天武御製は、行幸の歌とする説と天智十年吉野へ遁れる時の歌とする説がある。

この歌からは異常な速度は感じられず、むしろとぼとぼと山道を歩いている姿が浮ぶ。少なくとも「虎に翼を着けて放す」、勢いよく吉野へ遁れる時の歌ではないという印象を受ける。(265-1-235)

み吉野の　耳我の峰に　時なくそ　雪は降りける　間なくそ　雨は零りける　その雪の　時なきが如　その雨の　間なきが如　隈もおちず　思ひつつぞ来し　その山道を　（万①25）

ナウマン氏の視点では、虎のもつ二面性から死と再生の象徴、滅ぼす者は同時に生の賦与者でもあることの暗示、つまり天武が古い体制を破壊し新しい国家体制を築くことの予兆として描かれている可能性がある。古代中国の星の象徴によれば、虎は秋や滅亡、破滅、闇などと関連する西方の動物です。(244-20)

（註7）毛受腹

土師氏には4支族が存在したらしく、これを土師氏四腹と呼んでいる。この四腹の内、毛受腹とは百舌鳥古墳群のある一帯に居住した土師氏を指す言葉で、単純に考えれば「毛受」とはその地名に由来する。（続紀に従ってモズとした）毛受腹の土師氏が大枝朝臣となり、他の3支族が秋篠朝臣と菅原朝臣になった。毛受腹土師氏が地上絵を描いた可能性がある。私見では毛受腹は「モウケノハラ」と訓み、「モウケノキミ儲けの君」山部皇子（後の桓武）の生母・高野新笠の家系を指し、やはり月信仰を背景にした名と考えられる。(75-316)

（註8）太占

太占とは、鹿の肩甲骨を焼いて、その面に生じた割れ目の形で吉凶を占う。古事記上「天つ神の命もちて太占に卜相ひて」。骨を焼くのに「ハハカ波波迦／ウワミズサクラ」（カニワサクラ朱桜）の皮が用いられた。ハハカの別称ウワミズサクラは「大きい蛇」を暗示する。(76-545)

（註9）五輪塔（五形の組合せ）

古代インドで発生した五大思想では宇宙を構成する要素（根源的なるもの）を5つに分類して五大（空・火・地・水・風）と呼び、その五大（五輪）の表現形が五形（宝珠形・三角形・方形・円形・半月形）。一方、古代中国の五行思想では、宇宙を構成する要素を同じく5つに分類して五行（木・火・土・金・水）と呼んだ。五大と五行は言葉の上で似ていても、それを生みだした思想は全く異なる。インド仏教が中国で漢訳（中国語に翻訳）される際に五大と五行が習合された可能性もある。（漢訳に際して老荘思想や陰陽五行思想を含む道教の宗教用語が用いられた）(46-208)(75-21)

本書では、五輪（五大）の表現形を五形と呼んでいる。(134-21)(135-40)
カール・ヘンツエ氏は、五輪塔は古代の木造建造物に基づいた造形で、「室」の古形文字にそっくりである、と指摘している。(139-20)(343-430)
五形「宝珠」：五大「空」の表現形が宝珠。(75-22)
表：五大を五行配当表に仮に配当したもの

五行	木	火	土	金	水	備考
五大	空	火	地	水	風	宇宙の本源
五形	宝珠形	三角形	方形	円形	半月形	表現形

（註10）『金光明最勝王経』

『金光明最勝王経』は大乗経典の一つで、唐の義浄が訳した金光明経の正式な名称である。鎮護国家の三部経の一つで、日本では国分寺・四天王寺の建立、御斎会・最勝会などがこれに基づいて行われた。この中で「正法治世」説と「帝王神権」説は天武天皇の思想的支柱になった。(179-5-121)(378-121)

仏の法身が不滅であること、三身の別、菩薩十地の修行、金光明懺悔法の功徳などを説き、国王が正法を行えば四天王が守護すと強調しており、密教的色彩も認められる。その鎮護国家的性格により法華経・仁王般若経と共に鎮護国家の三部経の一つとして重視された。(343-440)

天武天皇と『金光明経』の特別な関係について、田村圓澄氏の指摘がある。

とくに皇祖神としての「天照大神」の出現に直接の影響を与えたと考えられる『金光明経』は、天武・持統期に重用された。……さて『金光明経』の急速な重用・流布の要因と考えられるものに、同経がもつ鎮護国家の呪術的側面と、律令国家形成のイデオロギー的側面があるが、後者についていえば「正法治世」説と「帝王神権」説が注目される。すなわち、「正法」によって倭＝日本を統治する王者に、みずからを擬したと考えられる。「正法治世」を王者の要諦とした倭王はかって存在せず、この点が大友王と根本的な相違点である、とする大海人皇子の認識があった。（378-116）

（註11）道教

「道教は中国固有の宗教で、戦国時代の燕、斉の海岸地方から興った神仙説が本になっている。道教が伝来したのは古く、その影響を強く受けた陰陽道の歴史の中で第一期は大和朝廷統一国家以前で、桓武朝から始まる第三期は日本的な陰陽道が形成されていく時期である、と村山修一氏の指摘がある。」（75-288）（188-17）（311-52）

「道教は「気」の哲学……道教では個の生命は肉体と共にあるので、永遠の生命といっても、肉体を持った永遠の生命でなければ無意味である、単なる霊魂の不滅では永遠の生命とはいえないという立場を採る。」（45-16）

「道教が組織的な形で伝来した形跡はないが、古代日本の思想への影響は甚大である。インド仏教が中国で漢訳される際に道教用語が用いられ結果として道教の思想信仰も伝来した。道教が影響した古代日本の天皇思想」（43-7）

「天皇の言葉は北極星を神格化した宇宙の最高神天皇大帝に由来し、元始天尊は道教の最高神で前身である。」

「朝廷は星祭りをはじめ神僊信仰を独占するため天武四年(675)乙亥に設置した陰陽寮を初めとして、たびたび禁止令を出したとありますが、現実には民衆へ広がり役行者が「四方拝」を含む星祭りを行ったとしても不思議ではありませんでした。一般に星祭りはもとより、神僊信仰は天皇家が独占すべきものと考えられ、奈良朝のころ、星祭りや神僊信仰にまつわることを民衆はやってはならぬとのお触れが何回も出されています。実際は逆で、民衆の間に星祭りや七夕祭り、その他の神僊道教的儀式が盛んに行われていたとみられます。星信仰と深いつながりのある妙見(明神)信仰が当初、天皇家のものであったのが次第に民衆の間に浸透していったようです。この「四方拝」や星祭りなどの例でもお分かりのように、神僊道教は日本人の思想、信仰の中に深く浸透しています。」（45-57）

道教の影響

1. 『紀』と『記』の冒頭の記述が中国古典の創世記を引用している。

折口信夫氏も同様の指摘をしていました。（287-17-413）（322-1-76）（323-76）（438-19）

伝来が明らかな仏教にしても道教的な要素が豊富に含まれていた、と福永光司氏は指摘している。（46-208）

「漢訳の際に道教の古典『老子河上公注』などに見えている言葉を訳語として用いたものです。本来は道教的な用語であったものを中国仏教が漢訳の際にそのまま使ったということになります。」

2. 道教と不老不死と神仙思想——常世に憧れ変若水を求めた天皇

不死と再生思想は月信仰の根源をなすもの。

『日本国見在書目録』：『神仙伝』『列仙伝』『山海経』『神異経』『十洲記』などを含む。

道教的宇宙観に関わる書：『抱朴子』『老子化胡経』『本際経』『太上霊宝経』

『浦島太郎』『竹取物語』の背景にある月信仰と道教思想信仰。

3. 道教と医術——医薬と養生

道教は古代日本の医術に多大な影響を与えた。

最古の薬学書『神農本草経』は後漢中期200年頃に著された薬学書で、植物、動物、鉱物など365種を収載する。（126-9-64）（146-68）（189）

神農本草経の薬物学は臨床的、技術的な傾向を強く持ちながら、同時に極めて神秘的、超現実的である。

『神農本草』の中には、神仙家の金丹術ないし錬金術の影響が顕著に認められ、道教と切っても切れない関係にある。（161-27）

上清(茅山)派道教の開祖陶弘景(AD456～536)が『神農本草経』を底本にした『本草経集注』が残り、早い時期に日本へ伝来して古代医療を支えた医薬学書である。

4. 道教と呪術・占術

古代は呪術世界でもあった。（327-2）

飛鳥時代から奈良時代にかけて隆盛した災異思想は道教に由来する。『医心方』などの医典にも呪符が載る。呪符木簡

5．道教と天文学と暦法

百済から6世紀に易博士・暦博士・医博士・採薬師などが派遣されたほか、7世紀初期には僧侶によって暦本や遁甲方術の書がもたらされた。

6．陰陽五行思想や呪禁・占い・おふだなどが含まれている。

大宝律令によって陰陽寮（陰陽・暦・天文・漏刻）と典薬寮（医薬）が設置され、律令国家の中に組み込まれた。

国家が独占するものとなった。

7．道教と祭祀──茅山派道教の祭祀の伝来

祭祀、祈祷、禁呪（医術）、祝詞、護符（御札、おみくじ）、憑依、神託。

8．道教と修験道

修験道で用いられる九字護身法は『抱朴子』に由来し、もとは道教系統の呪文である。無欲にして「道」と一体化するという思想に、『抱朴子』の神仙思想を合わせたような形で捉えていた。

9．道教と天武

「天武天皇は道家の説く神仙、方術、遁甲などを学び、一方で国家秩序に反する思想は表面上当然のこととして否定すると同時に、これらの思想を陰陽寮や占星台を設置して独占し秘儀とした。『老子』の言葉の中でも「無為自然」は国家秩序に反するものとして排斥され、『儒経』は国家秩序を守る思想として受け入れられた。独占した中には思想信仰、知識を初め、冶金技術、測量相地、設計技術なども含まれていた。」

「天武天皇の和風諡号・天淳中原瀛真人天皇の意味は、道教の「道」の奥儀を悟って永遠の生命を得た人を意味する。『抱朴子』で、「真人」は道の奥義を悟った人、仙道では仙人に成った人を言う、と説く。」（44-134）（207-134）

老荘の哲学：大母神文化の現われの一つ。

「老荘の哲学では、自己の生命の根源にあるもの、人間がそこから生まれて来てやがてまたそこに帰って行く究極的な真理の世界、それを「道」と呼びます。」（45-13）

（註12）瀧原宮

瀧原宮は三國山東（和泉山系）を基点とする東西軸上に決定されている。計算上は金峯山寺蔵王堂を基点とする東西軸上にも存在する。これは空間考古学で得られた重要な知見である。

金峯山寺蔵王堂と弘文天皇陵は南北軸で結ばれていることから、瀧原宮の創祀も呪術的な側面が考えられる。

宮川上流の度会郡大紀町にあり宮川の支流にあたる大内山川に沿って南面した並び宮である。倭姫命が上陸した「桜が鼻」は6km下流。

瀧原宮は太神宮の別宮のなかで、荒祭宮につぐ第二位の宮であった。第一位の荒祭宮は宮名が示すように、「天照大神」の荒魂を祀る宮であることを考えれば、瀧原宮の格式の高いことが理解できるあろう。……瀧原宮は、「天照太神遥宮」「太神遥宮」と呼ばれていたが……。（378-106）

瀧原宮にある巨石・潮石は、海人族が信奉した月信仰の名残か。

整った斎宮群行などは、倉塚曄子は元正以降とし、和田嘉寿男は聖武以降のことのように見なしている。田中卓は、文武二年十二月の条文を多気斎宮の移転とみている。これまでの斎宮の発掘ではそれほど古くは遡らないようである。（210-409）

『続紀』文武二年の多気太神宮は多賀太神宮であり、度合郡は度会宮ではなかったか。

五十鈴宮より多賀宮を度会宮に遷したのである。これらの語句の差異は転写の誤りか、あるいは多少事実を秘める必要があったのか、それはわからない。この臆説を確かにするためには、状況証拠を提出する必要がある。（210-410）

（註13）聖数関係で組み立てられた事績

ある天皇の事績は歴史上偉大とされた天皇との関係を示す数字を用いて記録され、ある史実はある天皇と関係する聖数を用いて記録されていて、これを江口洌氏は「聖数ライン」あるいは「威霊再生の関係」と呼んでいる。（31-8, 58, 108）

たとえば、天地の数（9と8）の和十七、一九年七閏法の十九あるいは二六（19＋7）、天・地・人の和（9・8・6）の数二十三などがある。『記』『紀』の中にも、聖数関係で組み立てられた事績は多い。（75-105）

（註14）柿本人麻呂

飛鳥時代の歌人。斉明六年－神亀元年（660年頃-724年没）。山部赤人(-736年)とともに歌聖と呼ばれ、三十六歌仙の一人である。（265-1-324）（325-25）

柿本人麿

日並皇子尊の殯宮の時、柿本朝臣人麿の作る歌一首（併に短歌）

「天地の　初の時　ひさかたの　天の河原に　八百万　千万神の　神集ひ　集ひ座して　神分り分りし時に　天照らす　日女の尊　天をば　知らしめすと　葦原の　瑞穂の国を　天地の　寄り合いの極　知らしめす　神の命と　天雲の　八重かき別けて　神下し　座せまつりし　高照らす　日の皇子は　飛鳥の　浄の宮に　神ながら　太敷きまして　天皇の　敷きます国と　天の原　石門を開き　神あがり　あがり座しぬ　わご王　皇子の命の　天の下　知らしめしせば　春花の　貴からむと　望月の　満しけむと　天の下　四方の人の　大船の　思ひ憑みて　天つ水　仰ぎて待つに　いかさまに　思ほしめせか　由縁もなき　真弓の岡に　実や柱　太敷き座し　御殿を　高知りまして　朝ごとに　御言問はさぬ　日月の　数多くなりぬる　そこゆえに　皇子の宮人　行方知らずも」

反歌二首（万②167, 168, 169）

ひさかたの天見るごとく仰ぎ見し皇子の御門の荒れまく惜しも

あかねさす日は照らせれどぬばたまの夜渡る月の隠らく惜しも

（註15）ヘビ信仰

蛇信仰とは祖神を蛇とする信仰で、その根源には月信仰が存在する。あらゆる水の源泉とされた月と水辺を好むヘビとの親和性は強く、結果、ヘビは月の眷属と考えられた。縄文時代の遺物にも蛇の造形が多数認められている。

古代中国の伏羲と女媧（妹とする説もある）は原始蛇信仰を背景に人面蛇身として描かれている。伏羲は方形を描く矩、女媧は円を描く規を持ち、これは互いの物実を交換した姿で、古代中国の宇宙観である天円地方を具象化した画像。（157-1-133）

画像石に彫られた伏羲（右）・女媧（左）の像（人面蛇身／金石索）

＊それぞれの本来の物実を交換して、画面右の伏羲は直角定規（地、陰の象徴である方形を描く）を、左の女媧はコンパス（天、陽の象徴である円を描く）を持ち、下半身を交わらせている（蛇の交合）のは夫婦である。

インド神話のナーガとナーギニ。（日本神話のイザナギ・イザナミに通じる）

一対の蛇の装飾として彫刻される。（14-116）

調査対象と計測方法、表記と凡例

＊全国に存在する「山口」の地名と区別するため「周芳山口」と表記した。

＊調査対象は原則として山と神社で、神社の場合「鳥居が存在する神社」と定義し、鳥居のない小さな祠は除外した。

＊全調査対象（初期の 334 地点）は前々作を参照されたい。

＊国土地理院の五万分一地形図上で「小郡」「山口」「長門峡」「防府」に含まれる鳥居の印があるものの約 72%を実地調査した。

＊実地調査できなかった位置の緯・経度は、国土地理院地図閲覧サービスで求めた。

＊GPS は、GARMIN 社製の OREGONN300 日本版を用いた。

＊古代に存在した緯（よこ）すなわち東西軸と経（たて）すなわち南北軸を現代の緯・経度の表記で示した。

＊緯・経度と標高を計測する位置は、原則として神社拝殿前(寺院本堂前、石組は中央)、山の場合は頂上あるいは三角点とした。

＊緯・経度の表記は 10 進法で北緯・東経(00.0000, 000.0000)とし単位の表記（°）は省略した。（前作までは 60 進法で表記）

例）泉香寺山（34.1378,131.4564）　　多々良山（34.0719,131.5839）

＊方位角の表記は、北を 0°として時計周りの左手系を用い、文中では特に必要な場合を除いて単位の表記（°）を省略し緯・経度と同じ表記とした。

＊距離と方位角の値は、国土地理院の測量計算サイトで計算して求めた。

＊複数間の方位角の誤差は、東西軸や南北軸、あるいは特定の方位線に対する中心角差として計算した。

たとえば、線分（泉香寺山－故五宮）の東西軸に対する誤差の計算は、中心角差は 270.0100-270=0.0100。そのおおよその誤差は $2\pi0.01\div360\times100$（%）で誤差 0.02％であり、条里制の誤差 0.7%より精度が高い、とした。本文中、誤差の計算式は省略した。（本来は円弧を算出しているが、中心角が 1°未満であり 2 点間の距離を直線として判断した）

＊複数の地点が直線上に存在すると判断する場合、誤差の診断は条里制（大宝律令 701 年制定）の誤差 0.7%以下とした。

＊計器上の誤差、経・緯線に含まれる潜在的な幅（緯度 34°付近で 1″が 31m）について考慮せず、計算結果に反映しなかった。

＊地形図は、国土地理院の五万分一地形図(柾判旧版地図を含む)と地図閲覧サービスの地形図、そして数値地図 50000(山口・福岡・大分)CD-ROM 版を用いた。

＊空中写真は、国土地理院の空中写真閲覧サービスと地図センターより購入した写真を用い、また Google 航空写真を引用した。

＊星座の形や過去の星座位置の確認などは、『つるちゃんのプラネタリウム』・シェア版 3.5.2 を用いた。

＊十二支で表現した一年の構図(消息図)などは、理解し易いように原則として紙面の上を北として図示したが、北斗七星が南中する天球図は北極星より上を南として図示している。

＊年月日の表記は、原則として旧暦（和暦）は漢数字を、新暦（西暦・グレゴリオ暦)は洋数字(算用数字)を用いた。

＊史料中に記載のない日付の表記には洋数字を用いて加筆した。

例)天武十二年(683 年)癸未春正月己丑朔丙午(18)　　和銅五年(712 年)壬子秋七月戊辰朔壬午(15)

＊年月日の干支が資料に記載されていない場合には、必要に応じて年表から計算して求めた。

＊本文中で引用した文言で説明が必要と思われるものについては、煩雑さを避けるため章末に（註）として概略を記した。

＊参考文献は、原則として著者名（あるいは文献名）の abc 順に数字を宛てて巻末にまとめた。

＊本文中に引用した文献の表記は（数字-頁）とし、全集などの場合には（数字-巻-頁）あるいは（数字-上-頁）とし、巻一、巻二などの表記は洋数字を用いて 1、2 とし、上・中・下の表記も 1, 2, 3 とし、春夏秋冬も季節順に 1．2．3．4．とした。

＊引用した資料の図表や文章を改変、加工したことを示す記述を適宜挿入した。

＊図表の表記は、図（表）章-序数、とした。

＊参考資料で用いた図表の表記は、図（表）参-序数、とした。

＊用いた図と写真で出典の記載が無いものは、著者自身による作図、撮影写真である。

＊頻出する書籍名は初出を除いて可能な限り略し、例えば『日本書紀』は『紀』とし『古事記』は『記』とした。

＊煩雑さを避けるために中大兄皇子、大海人皇子の表記は用いず、時期は問わずにすべて天皇名で表し、天皇号は省略した。

持統上皇も持統とし、大友皇子の場合は、即位の有無を議論しているわけではなく弘文の表記も用いている。

＊特に解析や議論の対象とする語の訓みは、「ツキ月」「タキ瀧」「タツ龍」「ウカノミタマ宇迦之魂」「カガミ蘰芋の舟」などと表記し、ルビは

用いなかった。

＊月神に対して日神を用い、月信仰に対して太陽信仰を用いた。

目　　　次

第1章

世界最大の
地上絵の概略

はじめに——地上絵を発見するまでの経緯

　周芳山口に残る古代の地上絵について、はじめて読まれる方のために、地上絵を発見するまでの経緯について概略を述べておきます。詳細は前作までをご覧ください。(75) (76)

　今からおおよそ 1300 年前、周芳山口に北斗図と五形図という 2 つの地上絵が描かれました。その規模は、北斗図で北斗七星第 1 星 (北辰妙見社／山口市大内氷上) から第 7 星 (月読神社／山口市仁保上郷大向) までの直線距離が 11522m、北斗図全体では南北約 25 km、東西約 28 km もあり世界最大の地上絵です。最大とする理由は、有名なナスカ (ペルー共和国) の地上絵で最大とされる鳥形図 (ペリカンと推測される) でさえ全長 285m でしかないからです。日本には世界最大の墳墓・仁徳陵 (大仙陵古墳／最大長 840m) が存在し、世界最大の木造建築・大仏殿 (棟高 49.1mm) が存在することから、世界最大の地上絵が存在するとしても不思議ではありません。(155-41) (178-9) (179-5-195) (187-21) (285) (297-86) (306-16) (326-38) (399-43)

　1994 年、私は職場を移転するために、山口市平川に土地を求めました。偶然手にした『平川文化散歩』には、平川の中央に泉香寺山と呼ばれる標高 60m 余りの山があり、その山頂から山口盆地が一望できるとありました。(90-60) しかし、樹木で遮られて山頂からの眺望はなく、がっかりしたのを憶えています。この時、泉香寺山が山口盆地に描かれた象限の交点であること、地上絵 (五形図) の設計中心であり月信仰の中心であること、月輪を象徴した「武者走り」という構造をもつこと、さらに周芳山口が「月の都」として設計された信仰空間であったこと、など夢にも思わないことでした。

　地上絵を発見した端緒は、泉香寺山の背後 (東方) にある高倉山 (山口市吉田) に昇る朝日を見たことでした。小川光三氏 (以下、小川氏) は、奈良の三輪山 (奈良県桜井市) と多神社 (元・春日宮／奈良市田原本町) が並ぶ東西軸を「太陽の道」と名付けました。(253-22) その記事と高倉山に昇る朝日とが結びついて、古い歴史のある山口にも似た設計があるかも知れない、とおぼろげに思いました。(現在「太陽の道」を否定し「月の道」と考えている)

　試しに地図上に高倉山を通る東西軸と南北軸を引いてみても、明らかな設計は何も見つかりませんでした。その後、広い範囲では平面化された地図上に直線を引いても意味がないことが分りました。それは、地球が楕円球面体であり平面化した地図上では歪みを生じるからです。したがって、複数の対象が同一線上にあると決定するためには、その緯・経度から計算しなければならないことに気付き、山や神社の緯・経度を調べることにしました。調査対象を主に山と神社にした理由は、小川氏の著作の影響です。調査には 10 年余りを費やしましたが、なぜ、続けられたのか今でも分りません。ただ、GPS を頼りに調査対象とした地点に辿りつくのが面白く、時間の許す限り調査にでかけました。

　しばらく、専門の研究が忙しくなり地上絵の問題から離れた時期がありました。2007 年、改めて地形図に目をやった時、泉香寺山とショウゲン山 (東鳳翻山に連なる尾根) が同じ経線上に存在することに気付き、その緯・経度を調べると、泉香寺山 (34.1378, 131.4564) とショウゲン山 (三角点 34.2333, 131.4567) の経度にわずかの差しかなく (水平距離で31m)、この時点ではおおよそ同一経線上にあると判断しました。

　同じ経線上に存在する山があれば、同じ緯線上に存在する山もあるのではないかと考え泉香寺山の西方を調べると、『郷土大歳のあゆみ』に明治 42 年まで五ノ宮 (旧・朝田神社) が存在したと記されていました。(284-80) 地形図には神社を示す鳥居の記号はなく、現地へ行って初めて神殿跡が残されているのを確認できました。偶然出会った地区の人の案内で、社殿が存在したとされる本来の位置 (34.1378, 131.4208) の緯・経度を測定したところ、驚くことに泉香寺山 (34.1378, 131.4564) の緯度と完全に一致し、古代の山口盆地に描かれた設計の痕跡が確かに存在する、と考えるようになりました。

　この偶然の出会いがなければ、泉香寺山と緯度が異なる故五宮 (神殿跡) の位置を採用していなかったことから、地上絵の発見はなかったはずです。偶然手にした『平川文化散歩』、偶然目にした高倉山の朝日、偶然出会った人の案内、を思い出すたびに不思議な縁を感じています。

　これらの事実から、ショウゲン山の「ショウゲン」は象限儀の「象限」と考え、山口盆地には泉香寺山を交点とする東西・南北軸で区切られた象限といえる設計が存在する可能性を考えました。そして、神社や山など

の位置を緯・経度で表し、2点間あるいは3点間の距離と方位角などを全て計算で求め、解析することに確信を得ました。(現在は神社であっても地上絵が描かれた当初、その地点に何が置かれていたのかは不明) ちなみに、泉香寺山と同一緯線 (東西軸) 上に設計された東方の毛割若宮跡 (山口市下小鯖) を発見するには、もう少し時間が必要でした。

　最初に発見した地上絵は五形図のうち三角形で、泉香寺山、故五宮、古四宮で構成されていました。その後の詳細については本文をご覧ください。

　上記の「太陽の道」と名付けた根拠は「古代日本は太陽信仰の国」とする説にあります。その説にしたがって、前作までは地上絵の謎を解く鍵の一つとして太陽信仰とヘビ信仰を用いていました。しかし、地上絵の研究から空間設計と空間考古学へ進むにつれて、古代日本では月信仰が盛んであったことを知るようになり、太陽信仰では説明できなかった謎の多くがすっきりと解決できました。現在では「太陽の道」を完全に否定し、この東西軸は大和の「月の山」三輪山を通る「月の渡る道」と考えています。そして、これと同じ設計思想を持つ空間構造が、古代の周芳山口と伊勢にも造られていたことが重要です。大和と周芳山口と伊勢には、いずれも濃厚な月信仰を持つ海人族が居住したと推測されます。つまり、周芳山口も不死と再生を約束する月信仰を背景に空間設計された「月の都」だったのです。その月信仰の信仰空間に描かれたのが北斗図と五形図という地上絵でした。

　特筆する事実として、ほぼ同じ大きさの正三角形の構造が周芳山口 (泉香寺山・故五宮・古四宮) と伊勢 (外宮・内宮・高倉山) に存在し、同時に設計施行されたのではないか、と想像されます。「三」は月を象徴する数字であり、ともに月信仰の盛んな「月の都」周芳山口と伊勢に設計された正三角形は、1300年前の古代日本に存在した信仰の本質を暗示します。これは、著者が提唱する空間考古学で明らかになった重要な発見です。(第5章)

　地上絵が描かれたと推測される飛鳥時代から藤原時代にかけて、神社には本殿だけで拝殿はなかったとする説もあります。(209-174) 本研究の計測は現時点で最も測定が容易な神社拝殿前を原則としました。したがって、計測時に描かれた当時と誤差を生じている可能性がありますが、確認はできません。しかし一連の解析結果は、その誤差の可能性を否定して余りあるものと考えます。

　地上絵の概略に入る前に、地上絵と空間設計と空間考古学は切り離せない問題であることから、空間設計と空間考古学の定義を記しておきます。(詳細は第5章)

空間設計の定義
ある特定の「場」と複数の「場」を結ぶことで、地域や空間に信仰上あるいは思想上の根拠を与える設計をいう。

空間考古学の定義
緯・経度から距離と方位角を計算して、複数の線分が交わる「場」を発掘し、「場」の意味を明らかにする。

「場」の意味
1. なぜ、その「場」が決定されたのか。
2. (建造物であれば) なぜ、そこに存在するのか。
3. (建造物は) なぜ、ある方向を向いているのか。
4. 背景に存在する思想信仰は、なにか。
5. 線分 (軸) で結ばれた「場」には、どのような関係があるのか。

　地上絵は単独に企画されたものではなく、「月の都」周芳山口という信仰空間に描かれた、という前作までとは異なる新しい視点に立って、以下のように論を進めます。
1. 北斗図と五形図の概略
2. 北斗図について
3. 五形図について
4. 信仰空間に描かれた地上絵という視点

1. 北斗図と五形図の概略

　北斗図（北斗七星・南方朱雀宿・鳳凰の図）と五形図（宝珠形・三角形・方形・円形・半月形の図）の位置関係は図1-1の通りです（煩雑になるため鳳凰図は別図に記載）。北斗図の設計中心は多々良山（防府市多々良）で、五形図の設計中心は泉香寺山です。北斗図（北斗七星・南方朱雀宿）の場合は6地点（北斗七星で偶数に相当する星の位置が未発見）、五形図の場合は9地点（1地点は未発見）が発見され、必要最小限の描点（神社と山、石組）で描かれています。北斗図の規模は、線分（多々良山−月読神社）の距離が19046m、線分（多々良山−横浜神社）の距離が16508m、線分（氷上妙見社−月読神社）の距離が11519mあり、世界最大の地上絵と考えられます。(75) (76)

図1-1：北斗図と五形図

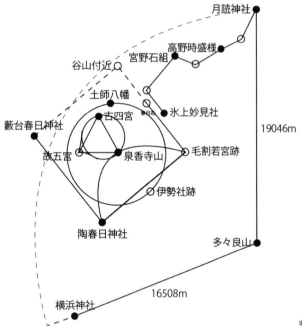

＊地形図上の北斗図と五形図を同じ縮尺で図示した。＊●は現存するもの、○は現存しない、あるいは未発見のもの。　＊実線は現存し計算上も確認できるもの、破線は現存せず計算上の根拠も確信できないもの（ただし北斗七星図はすべて実線で表した）。線分（毛割若宮跡・谷山付近）の方位角は321°で江戸期まで存在した春日社が介在したことから、線分（毛割若宮跡・春日社）を実線とし、線分（春日社・谷山付近）を破線とした。線分（藪台春日神社・谷山付近）の方位角は51°（321°に直交）で計算上の根拠を得られるが、谷山付近が（仮称）が未発見のため破線とした。詳細は本文へ。

2. 北斗図について

　北斗図とは北斗七星図、南方朱雀宿図、2頭の鳳凰図（以下、鳳凰1、鳳凰2）で構成された地上絵を意味します。北斗図が描かれたのは天武九年（681年）と推測されます。詳細については前々作をご覧ください。図1-2と図1-3とは煩雑さを避けるために分けて描いています。実際には、ほぼ南方朱雀宿図の中に鳳凰図も重なるように描かれています。

図1-2：北斗七星図と南方朱雀宿図

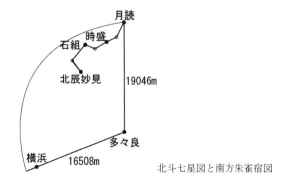

北斗七星図と南方朱雀宿図

図 1-3：2 頭の鳳凰図

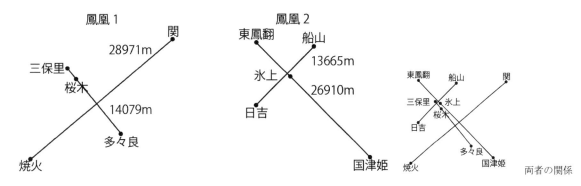

＊図の煩雑さを避けるため、山、神社などは省略した。●は現存するもの、○は未発見、または現存しないもの。

＊北斗七星図、南方朱雀宿図、鳳凰 1、鳳凰 2 ともにほぼ同じ縮尺で図示した。

月読：月読神社　　時盛：高野時盛様　　石組：宮野石組　　北辰妙見：北辰妙見社　　横浜：横浜神社　　多々良：多々良山

＊鳳凰図の地点名

鳳凰 1 体軸　三保里：三保里神社　　桜木：桜木神社　　多々良：多々良山

鳳凰 1 翼軸　関：関天満宮　　焼火：焼火神社（平岡神社は根拠を示せないため削除）

鳳凰 2 体軸　東鳳翻：東鳳翻山　　氷上：氷上山　　国津姫：国津姫神社

鳳凰 2 翼軸　船山：船山八幡　　日吉：平野日吉神社

北斗図の構成要素と位置

　　北斗図という地上絵は、北斗七星と北極星、南方朱雀宿と 2 頭の鳳凰で構成されます。設計の中心は、地上の北極星に相当する多々良山です。（「タタラ」については第 3 章）

　　北斗七星図で現在までに発見された地点は、第 1 星に相当する北辰妙見社（山口市氷上）、第 3 星に相当する宮野石組（仮称／山口市宮野）、第 5 星に相当する高野時盛様（山口市仁保中郷高野）、第 7 星に相当する月読神社（山口市仁保上郷）です。未発見の北斗第 4 星（山口市大山路）　と北斗第 6 星（山口市仁保蒲生）の位置は発見される可能性が残されています。（表 1-1）未発見の理由は、山が荒れて侵入できないからです。

　　南方朱雀宿図は、多々良山、月読神社、横浜神社で構成されています。南方朱雀宿図と判断した根拠は、『史記』に載る蘇州天文図（註 1-1）で南方朱雀宿の中心角と∠（月読神社－多々良山－横浜神社）が近似したこと、その南方朱雀宿図の中に鳳凰図が描かれ朱雀は鳳凰と同一視されていたこと、にあります。（219-1-246）

　　鳳凰図（註 1-2）は 2 頭描かれ、鳳凰 1 の体軸は線分（多々良山－桜木神社－三保里神社）、翼軸は線分（焼火神社－関天満宮）で構成され、両線分は直交します。（翼軸上の平岡神社と、体軸上で不明の谷山付近は明らかな根拠が示せないため削除した）鳳凰 2 の体軸は線分（東鳳翻山－氷上山－国津姫神社）、翼軸は線分（平野神社－船山八幡）で構成され、やはり両線分は直交します。

　　北斗図の構成要素の位置を表 1-1 に纏めます。各描点が連携し無駄なく用いられています。

表 1-1：北斗図の構成要素（描点）

地上絵		構成要素（描点）					未発見
北斗七星図		多々良山	北辰妙見社	宮野石組	高野時盛様	月読神社	第 2、4、6 星
南方朱雀宿図		多々良山	月読神社	横浜神社			
鳳凰 1	体軸	多々良山	桜木神社	三保里神社			
	翼軸	焼火神社	関天満宮				
鳳凰 2	体軸	東鳳翻山	氷上山	国津姫神社			
	翼軸	日吉神社	船山八幡				

＊多々良山：防府市多々良　　　　北辰妙見社：山口市大内氷上　　　　宮野石組（仮称）：山口市宮野上龍花

高野時盛様：山口市仁保中郷高野　　　　月読神社：山口市仁保上郷大向　　　　横浜神社：山口市秋穂黒潟南

桜木神社：山口市大内矢田神田　　　　三保里神社：山口市大内御堀　　　　焼火神社：山口市秋穂二島南　　　　関天満宮：防府市徳地関

東鳳翻山：山口市上宇野令　　　　氷上山：山口市大内氷上　　　　国津姫神社：防府市富海東浜　　　　日吉神社（平野）：山口市平野

船山八幡：山口市仁保中郷仁保市

＊前作まで掲載した谷山付近、船山八幡遙拝所と平岡神社（防府市徳地深谷）の位置を構成要素とする根拠に乏しく削除した。

　地上絵の発見を可能にしたのは、複数の地点の緯・経度から距離と方位角を計算して、複数の線分が交わる「場」を発掘する方法でした。その方法から空間設計という考えが芽生え、さらに空間考古学という新たな研究へ発展しました。逆に調査を始めた当初から、気付かぬうちに空間考古学的な方法を採っていたともいえます。

　古代を研究する場合に、このような解析方法が妥当であると考える根拠は、数学書『黄帝九章算術』（註1-43）が伝来し応用されていたと推測されるからです。『五行大義』（註1-4）にも「物事は数によって成りたつ」と記述され、数学的計算は航海、天文観測、巨大古墳や宮都の設計施行、条里制地割などで必要不可欠であったはずです。古代は、篤い月信仰の世界であると同時に数学的、科学的な世界でもありました。何よりも古代人は重要な「場」を決定するのに信仰上の根拠を必要とし、漠然と決定したわけではなかったのです。その痕跡が信仰空間を構成する古墳や神社として残され、その信仰空間に地上絵も描かれました。『北斗図』と『五形図』の発見に至る過程は空間考古学という研究の可能性を明らかにする助走であった、といえそうです。(33-66-103)
(146) (183- 66) (207-149)(236-1-37) (239) (288-1-帝紀表志)(298)(354-157)(410-187)(411-33)

北斗七星図の構成要素

　北斗七星図で発見された位置は5地点です。未発見の位置は3地点、うち2地点は将来発見される可能性が残されています。南中する北斗七星と判断したのは、多々良山（北極星に相当）と月読神社（第7星に相当）が南北軸上に設計されていたからです。（表1-2）

表1-2：多々良山を基点とする距離と方位角

図中の位置	地点	緯度（°）	経度（°）	距離（m）	方位角（°）
北極星	多々良山	34.0719	131.5839	0	0
北斗図第1星	北辰妙見社	34.1664	131.5003	13014	323.6791
北斗図第3星	宮野石組	34.2086	131.5083	16690	335.3262
北斗図第5星	高野時盛様	34.2125	131.5497	15912	348.5758
北斗図第7星	月読神社	34.2436	131.5839	19046	0

　「地形図上」と「天文図上」で内角を比較すると表1-3になります。「地形図上」の内角とは、各描点の緯・経度から求めた線分で造られる内角を意味します。「天文図上」とは、南中する北斗七星をコンピューターで再現し（北斗図が描かれたと推測される681年夏至の宵）、その内角を分度器で計測した値です（この段階で誤差を生じる可能性がある）。(76-74) (387)

表1-3：地形図上と天文図上の内角の比較

内角	地形図上（°）	天文図上（°）	差（°）
∠(0-1-3)	135	133	2
∠(1-3-5)	105	104	1
∠(3-5-7)	221	218	3
∠(5-7-0)	42	45	3
∠(7-0-1)	36	37	1

＊∠( )内の数字は、0は多々良山を、1, 3, 5, 7はそれぞれ北斗七星第○星に相当する位置を示す。

　地上絵が描かれた時代、こぐま座のα星が東へ約4°振れて北極には星が存在しません（天枢あるいは紐星、帝星と呼ばれる星が存在した可能性がある）。そこで、現代と比較できるように、こぐま座のα星を北極星と見做して図形を作りました。発見した5地点で作られる内角を比較すると図1-4、図1-5になります。

図1-4：地形図上の内角　　　図1-5：天文図上の内角

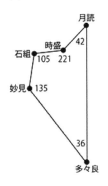

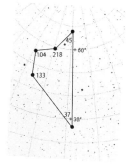

『つるちゃんのプラネタリウム』・シェア版3.5.2で再現

＊発見された地点だけを繋いで生じる内角（単位省略）。　＊多々良：多々良山　妙見：北辰妙見社　石組：宮野石組（仮称）　時盛：高野時盛様　月読：月読神社

　先に発見した五形図が正確な測量に基づいた設計であったことから、北斗七星図の場合も精密な天体観測に基づいて設計されたと考えられます。したがって、この段階で比較しうる内角の差は大きく感じられ、当初は採用することに躊躇しました。たとえば、∠（月読神社-多々良山々頂-北辰妙見社）に限っても計算上は36°で、再現した天文図上の広度37°と1°の差がありました。この角度について明確に記述した資料を見出すことができません。たとえば、『和漢三才図会』（註1-5）（以下、『図会』）では第1星の天枢は張宿の10°に入り、第7星の招揺は角宿の9°に入ると記述されています。(390-1-84) 結果、∠（第7星-北極星-第1星）は43-46°となり、まったく値が異なり参考になりません。しかし、第1星から第7星がおおよそ角宿から張宿（註1-2 二十八宿へ）までの範囲に納まることを知りました。

　古代の天文資料をみると翼宿と軫宿の広度の合計が、資料によっては35°から38°まで幅があります。たとえば、表1-4のように蘇州天文図で分野「楚」の翼宿19°と軫宿17°の合計36°が計算で得られた角度に一致しました。しかし、蘇州天文図の値は1078年から1085年代の観測に基づくものとされ、北斗図を描いたと推測される天武朝（673年-686年）とは時代が合いません。また、5世紀の成立とされる『続漢書』（註1-6）では合計37°となります。この角度では北辰妙見社の位置と一致せず、その広度を採用すると北斗図の他の構成要素も発見することができませんでした。『続漢書』は天平七年(735年)、吉備真備（695年-775年）により伝えられたとされ、天武朝では知られていなかった可能性があります。(74-25)

表1-4：南方朱雀宿の星、分野とその広度（『続漢書』律暦志と蘇州天文図による値の比較）

方位	四神	分野	星名	『続漢書』の広度（°）と合計		蘇州天文の広度（°）と合計	
南方七宿	朱雀	秦	井	30	34	34	36
			鬼	4		2	
		周	柳	14	38	14	38
			星	7		7	
			張	17		17	
		楚	翼	19	37	19	36
			軫	18		17	
合計（°）					109		110

　　表 1-5 をみると、翼宿 18°と軫宿 17°の合計 35°になり南方朱雀宿の広度も 112°で、北斗図と最も近似した値になります。『漢書』と『淮南子』(註 1-7) の成立は前漢（BC202 年-AD8 年）初期とされ、その記述は『紀』の冒頭にも引用されています。したがって、当時『淮南子』天文訓は熟知されていたはずですから、実際の観測と合せてこの広度を参考にした可能性があります。二十八宿で示される座標系の広度が時代によって異なることについて、天体を把握する方法が異なっていたために座標系が異なった、と小沢賢二氏は指摘しています。
（233-39）（293-16）

表 1-5：『淮南子』天文訓・『漢書』律暦志・『続漢書』律暦志（赤道宿度）の度数

方位	四神	分野	星名	広度（°）
南方七宿	朱雀	秦	東井	33（『淮南子』は 30）
			鬼	4
		周	柳	15
			星	7
			張	18
		楚	翼	18
			軫	17
南方七宿合計広度（°）				112

（157-1-130）（293-29 表 4）（293-31 表 7）

　　上記のような調査と計算に基づいて、北斗七星を地形図上に描きました。しかし、仮に北辰妙見社、多々良山、月読神社の 3 地点しか発見できなかった場合には、北斗七星の地上絵であると判断できなかったと思います。地上絵であると確信できた根拠は、以下の 5 点です。将来、偶数に相当する位置の遺構が発見され、より完全な北斗図になることを期待します。

北斗図であると確信した根拠

1. 計算から予測された地点に一致して宮野石組と高野時盛様を発見した。

2. 北斗七星図と一体として描かれた南方朱雀宿図が存在した。

3. 鳳凰 1 の体軸には、泉香寺山に信仰上の根拠を与えたのと同じ方位線（方位角 321°）が用いられていた。（表 1-6）

4. 鳳凰 2 の体軸には、不死を約束する巽乾軸（方位角 135°）が用いされていた。

5. 北斗図の各要素に北斗七星や南方朱雀宿、鳳凰を暗示する地名や伝承が残されていた。（第 4 章）

表 1-6：向島奥宮を基点とする距離と方位角（泉香寺山に信仰上の根拠を与えた方位線）

名称	緯度（°）	経度（°）	距離（m）	方位角（°）	誤差（%）
向島奥宮	33.9981	131.5906	0	0	—
大崎玉祖神社	34.0578	131.5336	8460	321.5332	0.2
大内畑(伊勢社跡)	34.1097	131.4828	15884	321.2308	0.3
泉香寺山	34.1378	131.4564	19839	321.3973	—

＊線分（向島奥宮－泉香寺山）の方位角 321.3973 に対する誤差の計算。

線分（向島奥宮－大崎玉祖神社）321.5332-321.3973=0.1359　誤差 0.2%

線分（向島奥宮－伊勢社跡）321.3973-321.2308=0.1665 誤差 0.3%

北斗七星図で未発見の位置

　北斗七星図で未発見の予想位置は、表1-7の位置です。第2星に相当する位置の現状は道路で、発見される可能性はありません。第4星、第6星の位置は山中で、発見される可能性は残されています。未発見の理由は、山が荒れていて侵入できないからです。

表1-7：未発見の予想位置

名称	現在地	緯度（°）	経度（°）	発見の可能性
北斗第2星	大殿付近（仮）	34.1836	131.4833	×
北斗第4星	大山路（仮）	34.2011	131.5278	○
北斗第6星	仁保蒲生（仮）	34.2197	131.5708	○

＊（仮）は仮称の意。　＊北斗第2星の位置は現状道路で発見することは不可能、第4、第6星は発見される可能性はある。

南方朱雀宿図の構成要素

　南方朱雀宿図の構成要素と多々良山を基点とする計算結果は、表1-8の通りです。

表1-8：多々良山を基点とする距離と方位角

地点	緯度（°）	経度（°）	距離（m）	方位角（°）
多々良山	34.0719	131.5839	0	0
月読神社	34.2436	131.5839	19046	0
横浜神社	34.0192	131.4167	16508	249.3081

＊∠（月読神社－多々良山－横浜神社）：360－249.3081＝110.6919

　『淮南子』天文訓、『漢書』律暦志、『続漢書』律暦志（赤道宿度）に載る南方朱雀宿の広度は112°で、北斗図で得られた111°と最も近似します。（表1-9）前漢初期に成立した『漢書』と『淮南子』の記述が『紀』の冒頭に引用されていることから、『淮南子』天文訓は熟知されていたはずです。したがって、実際の観測と合せて、両書に載る南方朱雀宿の広度を参考にした可能性があります。

表1-9：『淮南子』天文訓・『漢書』律暦志・『続漢書』律暦志（赤道宿度）の度数

方位	四神	分野	星名	広度（°）
南方七宿	朱雀	秦	東井	33
			鬼	4
		周	柳	15
			星	7
			張	18
		楚	翼	18
			軫	17
南方七宿合計				112

＊東井の広度は『淮南子』では30°。（293-29 表4）（293-31 表7）（157-1-130）

鳳凰1の構成要素

　鳳凰1は、線分（多々良山－桜木神社－三保里神社）を体軸とし、線分（焼火神社－関天満宮）を翼軸として構成され、両者は直交します（表1-11／方位角差：269.9067）。

　この設計で特に重要な点は、体軸の方位角が321°であることです。（表1-10）これは線分（向島奥宮‐泉香寺山）と同じ方位角で、泉香寺山に信仰上の根拠を与えた方位線です。向島奥宮の祭神は月神ウカノミタマです。つ

まり、鳳凰1にも信仰上の根拠を与えたことになり、その背景に月信仰があります。この方位線は、五形図の方形図（以下、五形方形図）の2辺にも用いられ、周芳山口には合計5本が残されています。(第5章)

鳳凰1の体軸の構成要素で多々良山を基点とする距離と方位角は、表1-10の通りです。

表1-10：多々良山を基点とする距離と方位角（鳳凰1体軸）

地点	緯度（°）	経度（°）	距離（m）	方位角（°）	誤差（%）
多々良山	34.0719	131.5839	0	0	―
桜木神社	34.1486	131.5086	10984	320.7859	―
三保里神社	34.1703	131.4875	14079	320.8548	0.1

＊線分（多々良山－桜木神社）と線分（多々良山－三保里神社）の方位角差は0.0689　誤差0.12%

＊谷山付近（34.2056,131.4536）は、根拠を示すことができず削除した。

鳳図1の翼軸の構成要素で焼火神社を基点とする距離と方位角は、表1-11の通りです。

表1-11：焼火神社を基点とする距離と方位角（鳳凰1翼軸）

地点	緯度（°）	経度（°）	距離（m）	方位角（°）
焼火神社	34.0347	131.4136	0	0
関天満宮	34.1989	131.6578	28971	50.9780

＊線分（焼火神社－関天満宮）と線分（多々良山－桜木神社－三保里神社）の方位角差は269.9067。

＊深谷平岡神社（34.2147,131.6811）は根拠を示すことができず削除した。(76-21)

鳳凰2の体軸と翼軸の構成要素

鳳凰2は、線分（東鳳翩山－氷上山－国津姫神社）を体軸とし、線分（日吉神社－船山八幡）を翼軸として構成され、両者は直交します。(表1-12)(表1-13／方位角差：45.2405)

この設計で特に重要な点は、体軸の方位角が135°であることです。これは巽乾軸（東南と西北を繋ぐ）に相当し、『易』(註1-9)で永生を得ることに繋がる、と考えられた軸です。　(64-18)(117-3)(183-199)

永生を得るのは月信仰の根源にある不死の思想に一致します。つまり、鳳凰2に思想信仰上の根拠を与えたことになり、その背景に月信仰の存在が示唆されます。この方位線は合計6本残され、先述の321°の方位線とともに周芳山口の信仰空間を構築しています。(第5章)(43-15)(46-79,215)(49-254)

表1-12：東鳳翩山を基点とする距離と方位角（鳳凰2体軸）

地点	緯度（°）	経度（°）	距離(m)	方位角（°）	誤差（%）
東鳳翩山	34.2219	131.4428	0	0	―
氷上山	34.1728	131.5017	7690	135.0763	0.1
国津姫神社	34.0497	131.6483	26910	135.1628	0.3

＊線分（東鳳翩山－氷上山）の巽乾軸に対する誤差の計算。135.0763-135=0.0763　誤差0.1%

＊線分（東鳳翩山－国津姫神社）の巽乾軸に対する誤差の計算。135.1628-135=0.1628　誤差0.3%

鳳凰2の翼軸の構成要素で日吉神社を基点とする距離と方位角は、表1-13の通りです。

表1-13：日吉神社を基点とする距離と方位角（鳳凰2翼軸）

地点	緯度（°）	経度（°）	距離(m)	方位角（°）
日吉神社（平野）	34.1297	131.4411	0	0
船山八幡（仁保）	34.2164	131.5464	13665	45.2405

＊線分（日吉神社－船山八幡）と線分（東鳳翩山－国津姫神社）の交角の90°に対する誤差の計算。

135.1629-45.2405=89.9224　90°に対する誤差0.08%

鳳凰図のまとめ

1. 鳳凰1の体軸は方位角321°の方位線で、これは泉香寺山に信仰上の根拠を与えたのと同じ方位角である。

2. この方位線は合計5本（後代806年に1本）用いられ、背景に月信仰の存在が示唆される。

3. 鳳凰1の翼軸は2点で構成され、体軸に直交する。

4. 鳳凰2の体軸は方位角135°（巽乾軸）が採用され、やはり背景に月信仰の存在が示唆される。

5. 鳳凰2の翼軸は2点で構成され、体軸に直交する。

6. 鳳凰1と2ともに体軸と判断した根拠は、思想信仰上の根拠を与えた方位線が用いられていたことにある。

3. 五形図について

　最初に発見した地上絵は五形図でした。(図1-6)泉香寺山を中心とする円を地形図上に描いている時、故五宮と古四宮が同心円上に存在することに気付きました。その緯・経度から線分（泉香寺山−故五宮）、線分（泉香寺山−古四宮）、線分（故五宮−古四宮）の距離と方位角を計算し、ほぼ正三角形と判断しました。

　次に、やはり泉香寺山を中心とする同心円上に土師八幡と伊勢社跡が存在することに気付きました。しかも、伊勢社跡は線分（向島奥宮−泉香寺山）と円の交点に決定されていました。線分（向島奥宮−泉香寺山）は泉香寺山に信仰上の根拠を与えた線分です。その後、方形、宝珠、半月形の発見にいたりました。

　五大(註1-10)について概略を述べます。古代インドで発生した五大思想は宇宙を構成する要素を5つに分類して五大(空・火・地・水・風)と呼び、その表現形が五形(宝珠形・三角形・方形・円形・半月形)です。一方、古代中国の五行思想では、宇宙を構成する要素を5つに分類して五行(木・火・土・金・水)と呼びました。五大と五行は言葉の上で似ていても、それを生みだした思想は全く異なります。インド仏教が中国で漢訳(中国語に翻訳)されたとき、五大と五行が習合された可能性があります。(詳細は前作)(漢訳に際して老荘思想や陰陽五行思想を含む道教の宗教用語が用いられた)(134-21)(135-40)(341-208)

図1-6：五形図の全貌

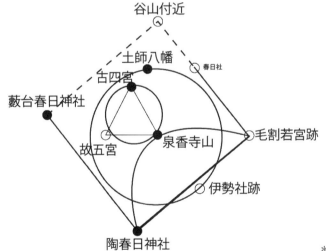

＊●は現存するもの、○は現存しない、または未発見の谷山付近。

＊実線は現存するもの、または計算上で根拠を得られたもの、破線は計算上で根拠を得られても確定できないもの。

構成要素と位置

　五形図は表1-14の通り9(1地点は未発見)の描点で構成され、泉香寺山が設計の中心で各描点が無駄なく結びついています。これらの描点は単に五形図を描くためではなく、泉香寺山(月輪の造形)を設計中心とする信仰空間を構成している点が特に重要です。

表 1-14：五形図の構成要素（描点）

五大	五形	構成要素			未発見
空	宝珠	泉香寺山	故五宮	古四宮	
風	半月	泉香寺山	陶春日神社	毛割若宮跡	
火	三角	泉香寺山	故五宮	古四宮	
水	円	泉香寺山	土師八幡	伊勢社跡	
地	方	毛割若宮跡	陶春日神社	藪台春日神社	谷山付近

＊泉香寺山：山口市吉田　　故五宮：山口市朝田（旧・朝田神社）　　古四宮：山口市吉敷中村　　陶春日神社：山口市陶

毛割若宮跡：山口市下小鯖　　土師八幡：山口市吉敷上東　　大内畑伊勢社跡：山口市大内畑　　藪台春日神社：山口市小郡町藪台

谷山付近（仮称）：山口市中尾

＊現・山口市春日町に江戸期まで存在していた春日社は中継点であり描点とはしていない。

　以下、発見した順に各図形の構成要素と位置を記します。

五形図「三角」

　五形図「三角」（以下、五形三角）は最初に発見した地上絵で、泉香寺山、故五宮、古四宮で構成されています。
（図 1-7）（表 1-15, 16）

図 1-7：五形三角

表 1-15：泉香寺山を基点とする距離と方位角

地点	緯度（°）	経度（°）	距離（m）	方位角（°）	誤差（%）	備考
泉香寺山	34.1378	131.4564	0	0	—	
故五宮	34.1378	131.4208	3284	270.0100	0.02	
古四宮	34.1633	131.4383	3284	329.4594	0.9	採用

＊線分（泉香寺山－故五宮）の東西軸に対する誤差の計算。270.0100-270=0.0100　誤差 0.02%

＊線分（泉香寺山－古四宮）の 330° に対する誤差の計算。330-329.4594=0.5406　誤差 0.9%

表 1-16：故五宮を基点とする距離と方位角

地点	緯度（°）	経度（°）	距離（m）	方位角（°）	誤差（%）
故五宮	34.1378	131.4208	0	0	—
古四宮	34.1633	131.4383	3257	29.7024	0.5

＊線分（故五宮－古四宮）の方位角 29.7024 の 30° に対する誤差の計算。　30-29.7024=0.2976　誤差 0.5%

　表 15, 16 から読み取れる事実は、以下の通りです。

1. ∠（泉香寺山－故五宮－古四宮）は、ほぼ 60° である。

2. ∠（故五宮－古四宮－泉香寺山）は、ほぼ 60° である。

3. ∠（古四宮－泉香寺山－故五宮）の 60° に対する誤差は 0.9% で誤差の基準を充たさない。

4. 線分（泉香寺山－故五宮）と線分（泉香寺山－古四宮）は 3284m で等距離である。

5. 線分（故五宮－古四宮）は 3257m で、他の 2 辺より 27m（約 1″）短い。

上記の事実から考えられる事柄は、以下の通りです。

1. 2 つの内角が 60° であることから、泉香寺山、故五宮、古四宮で造られる正三角形と考えてよい。

2. 線分（故五宮－古四宮）は他の 2 辺より 27m（約 1″）短いことから、本来の位置はより東北方であったと考えられる。

3. 五形三角は五大「火」を表わすと同時に、月を象徴する「三」を暗示する。（第 2 章）

　五形三角の描点の一つ古四宮は、神託により養老元年（717 年）に現・赤田神社（祭神オオナムチは月神）へ遷座した伝承があります。(418-572) 養老（717 年-724 年）は、和銅（元明／708 年-715 年）、霊亀（715 年-717 年）に続く元正の治世でした。和銅年間(708 年-712 年)には、和銅（ニギアカガネ）の発見と和同開珎鋳造（708 年）、出雲神宮創建と杵築神社（709 年、710 年）へのオオクニヌシ遷座、平城京遷都（710 年）、伏見稲荷創建（711 年）、『記』撰上（712 年）など大規模な国家的事業が行われた激動の時代でした。

　そのような時代に行われた古四宮の遷座には特別な意味があったはずですが、詳細は不明です。空間考古学の視点から、古四宮は土師八幡を基点とする 315°（135°／巽乾軸）の方位線と桂ヶ岳を基点とする東西軸の交点に設計され、背景に月信仰が示唆されます。（第 4 章）　赤田神社が創建された地は吉敷川と岩壁が迫る隘路で、まるで関所のような位置づけになり、神託による遷座ではなく政治的判断（長登銅山の存在）を背景にした遷座であったと推測されます。逆に、この伝承から測量基点である土師八幡は養老元年（717 年）までに存在したと考えられ、五形図が描かれた時期の推定に繋がりました。（第一回、伊勢皇大神宮式年遷宮に連動した可能性）

五形図「円形」

　五形図「円形」（以下、五形円形）は、泉香寺山、土師八幡、大内畑伊勢社跡で構成されます。（図 1-8）半径（泉香寺山－土師八幡）と半径（泉香寺山－大内畑伊勢社跡）の差は 1m しかなく、測量は極めて正確です。「円」は五大「水」を表し、月信仰の視点からは月輪を象徴する可能性があります。

図 1-8：五形円形

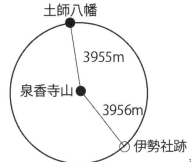

＊●は現存するもの、○は現存しないもの。

表 1-17：泉香寺山を基点とする距離と方位角

地点	緯度（°）	経度（°）	距離（m）	方位角（°）	備考
泉香寺山	34.1378	131.4564	0	0	
土師八幡	34.1717	131.4431	3955	341.9394	
大内畑伊勢社跡	34.1097	131.4828	3956	141.9907	向島奥宮

表 1-17 から考えられる事柄は以下の通りです。

1. 線分（向島奥宮－泉香寺山）は泉香寺山に信仰上の根拠を与えた方位線で、その線上に存在する伊勢社も月神を祀る社であったと考えられる。

2. 月信仰の視点から、五形円形は月輪を象徴する可能性がある。

3. 月神ホムタワケを祭神とする土師八幡を構成要素とすることで、信仰上の根拠をいっそう強めたと考えられる。

五形図「方形」

　五形図「方形」(以下、五形方形) は、陶春日神社、藪台春日神社、毛割若宮跡 (明治43年本宮と合祀) と谷山付近 (未発見／仮称) で構成されます。(図1-9) 未発見であるにもかかわらず谷山付近を採用した根拠は、中継点の春日山北 (仮称) には江戸期まで春日社が存在し、線分 (春日山北−毛割若宮跡) が321°の方位線であること、この方位線は泉香寺山に信仰上の根拠を与えたのと同じ方位角であることです。つまり、春日山北 (春日社／現・県立博物館付近) を通る方位線の角度を321°とし、その方位線と泉香寺山を通る東西軸との交点に毛割若宮跡を決定したと推測されます。(76) (286) (420) 試みに線分 (陶春日神社−藪台春日神社) の方位角 (321.2774) と線分 (向島奥宮−泉香寺山) の方位角 (321.3973) の誤差を計算すると0.2%で、実に正確な測量が行われたことがわかります。(表1-18) 谷山付近が未発見の理由は山が荒れて侵入できないことで、将来は発見される可能性があります。「方形」は五大「地」を表わします。

　ちなみに、構成要素の2社 (中継点を含め3社) にある「カスガ春日」とは「オボロツキ朧月」を意味し、毛割若宮の祭神オオサザキも月神であることから、五形方形の背景にも月信仰が示唆されます。(第2,3章)

図1-9：五形方形

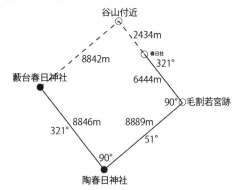

表1-18：陶春日神社を基点とする距離と方位角

地点	緯度 (°)	経度 (°)	距離 (m)	方位角 (°)	誤差 (%)	備考
陶春日神社	34.0878	131.4417	0	0	−	
毛割若宮跡	34.1381	131.5167	8889	51.0989	−	
藪台春日神社	34.1500	131.3817	8846	321.2774	0.2	321.3973

＊線分 (陶春日神社−藪台春日神社) 321.2774 の線分 (向島奥宮−泉香寺山) 321.3973 に対する誤差の計算。

321.3973−321.2774=0.1199　誤差0.2%

＊∠ (毛割若宮跡−陶春日神社−藪台春日神社) の90°に対する誤差の計算。321.2864−51.0989=270.1875

270.1975−270=0.1975　誤差0.4%

表1-19：藪台春日神社を基点とする距離と方位角

地点	緯度 (°)	経度 (°)	距離 (m)	方位角 (°)	誤差 (%)	備考
藪台春日神社	34.1500	131.3817	0	0	−	
泉山北嶺	34.1763	131.4200	4581	50.4299	1.0	参考
谷山付近	34.2003	131.4561	8842	50.8532	0.3	仮称／未発見

＊線分 (藪台春日神社−泉山北嶺) の51°に対する誤差の計算。51−50.4299=0.5701　誤差1.0%

＊線分 (毛割若宮跡−陶春日神社) の51°に対する誤差の計算。51−50.8532=0.1468　誤差0.3%

表1-20：毛割若宮跡を基点とする距離と方位角

地点	緯度（°）	経度（°）	距離（m）	方位角（°）	誤差（%）	備考
毛割若宮跡	34.1381	131.5167				
春日山北（仮称）	34.1833	131.4728	6444	321.0958	0.1	予想位置
谷山付近（仮称）	34.2003	131.4561	8878	321.0158	0.7**	未発見

＊線分（毛割若宮跡－春日山北）と線分（毛割若宮跡－谷山付近）の誤差の計算。321.0158-321.0958＝0.08　誤差0.1%

＊∠（谷山付近－毛割若宮跡－陶春日神社）の90°に対する誤差の計算。　321.0158－51.0878＝269.9280　0.072　誤差0.1%

＊＊線分（毛割若宮跡－谷山付近）の方位角321.0158の線分（向島奥宮－泉香寺山）の方位角321.3973に対する誤差の計算。

321.3973-321.0158=0.3815　誤差0.7%

図1-9、表1-19、表1-20から読み取れる事柄は以下の通りです。

1. 確認された内角はすべて90°である。

2. 泉香寺山に信仰上の根拠を与えた線分（向島奥宮－泉香寺山／方位角321°）と同じ方位角の線分が2辺に採用された。

3. 線分（陶春日神社－藪台春日神社）と線分（毛割若宮跡－谷山付近）の距離差は31m（1″）。

4. 谷山付近とするのは計算上で得られた緯・経度の地点を指し、将来は発見される可能性がある。

5. 2点（春日山北、谷山付近）が現時点で確認できないが、毛割若宮跡－春日山北－谷山付近は一直線上に存在する。

五形図「宝珠」

　五形図「宝珠」（以下、五形宝珠）は三角形と同じく泉香寺山、故五宮、古四宮で構成され、「宝珠」は五大「空」を表わします。（図1-10）泉香寺山と古四宮（現・赤田神社遙拝所）を含む円の中心は朝田神社です。

図1-10：五形宝珠と設計

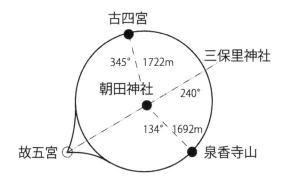

表1-21：朝田神社を基点とする距離と方位角

地点	緯度（°）	経度（°）	距離（m）	方位角（°）
朝田神社	34.1483	131.4431	0	0
泉香寺山	34.1378	131.4564	1692	133.5125
故五宮	34.1378	131.4208	2364	240.4836
古四宮	34.1633	131.4383	1722	345.1042

表1-22：三保里神社を基点とする距離と方位角

地点	緯度（°）	経度（°）	距離（m）	方位角（°）	誤差（%）	備考
三保里神社	34.1703	131.4875	0	0	—	東西軸
朝田神社	34.1483	131.4431	4766	239.2154	—	残存鳥居
故五宮	34.1378	131.4208	7130	239.6441	0.7	

＊線分（三保里神社 - 朝田神社）と線分（三保里神社 - 故五宮）の中心角差　239.6441-239.2154＝0.4287　誤差0.7%

図 1-10 と表 1-21, 22 から読み取れる事実と事柄は以下の通りです。

1. 朝田神社が宝珠の円の中心になるように、その「場」が決定された。（宝珠の設計を前提として決定された）

2. 古四宮が本来の位置と異なり、線分（朝田神社－泉香寺山）と線分（朝田神社－古四宮）の距離差 30m に反映された。

3. 必要最小限の描点（泉香寺山、故五宮、古四宮）で描かれた。

　朝田神社の参道（方位角 134°）は、泉香寺山と朝田神社を結ぶ設計線の痕跡で巽乾軸（135°）に近似します。一の鳥居から参道を社殿へ向かうと永生を約束する巽乾軸を歩むことになり、同時に泉香寺山を遥拝することになります。つまり、月輪を象徴する泉香寺山を信仰空間の中心とする見事な設計です。ちなみに、朝田神社の祭神は月神タマノヤノミコト、旧・住吉社の祭神は「ミズハノメ罔象女」でやはり月神です。（第 4 章）

五形図「半月」

　五形図「半月」（以下、五形半月）は、泉香寺山、毛割若宮跡、陶春日神社で構成され、泉香寺山を通る曲線は円弧ではありません。（図 1-11）泉香寺山を含む最小限の描点であることから他の候補は除外し、この図形を選びました。「半月」は五大「風」を表わし、同時に下弦の月を表現している可能性もあります。

図 1-11：五形半月

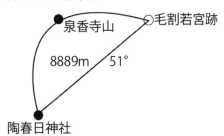

表 1-23：泉香寺山を基点とする距離と方位角

地点	緯度（°）	経度（°）	距離（m）	方位角（°）
泉香寺山	34.1378	131.4564	0	0
毛割若宮跡	34.1381	131.5167	5562	89.6403
陶春日神社	34.0878	131.4417	5710	193.7454

　図 1-11 と表 1-23 から考えられる事実と事柄は以下の通りです。

1. 線分（泉香寺山－毛割若宮跡）と線分（泉香寺山－陶春日神社）の距離差があり、曲線（陶春日神社－泉香寺山－毛割若宮跡）は円弧ではない。

2. 「下弦の月」は、邪を追い払う鳴弦を表現した可能性もある。

4. 信仰空間に描かれた地上絵という視点——本書の主題に迫る

　本書の主題は、「月の都」周芳山口の信仰空間に描かれた地上絵、という月信仰の視点から試みた解析結果です。つまり、信仰空間が先に構築され、その空間に地上絵が描かれたという仮説です。この仮説を説明する目的で、地上絵の描点と空間設計の「場」という二つの視点から、その重要性を比較検討しました。

　北斗図の場合は地上絵の描点としての意味が大きく、空間設計での重要性は鳳凰 1 の体軸に採用された方位線（方位角 321°）がすでに存在していたことです。つまり、信仰空間を構築するために向島奥宮と泉香寺山を結ぶ設計がすでに行われていたことを意味します。

　逆に、五形図の場合は空間設計の「場」としての意味が重要でした。なぜなら、地上絵の描点が空間設計の「場」でもあったからで、この点が北斗図との相違点です。その概略を北斗図の 2 地点と五形図の 6 地点について述べ、詳しくは第 4 章で扱います。

三保里神社の「場」の重要性

　三保里神社は、多々良山を基点とする 321°の方位線（鳳凰1の体軸）と熊野神社（祭神イザナミ／山口市熊野町）を基点とする東西軸の交点に決定され、その線上（鳳凰1の体軸）に桜木神社（祭神アマテラススメオオカミ／山口市大内矢田）も存在します。熊野神社の創建年は不詳で、桜木神社は江戸中期に現在地へ遷座した伝承があります。地上絵が描かれた当時の実態は不明でも、遷座した現在地の「場」が地上絵の描点としてすでに決定されていたと推測されます。（表1-24）（418-582）

表1-24：熊野神社を基点とする距離と方位角

地点	緯度（°）	経度（°）	距離（m）	方位角（°）	誤差（%）	備考
熊野神社	34. 1703	131. 4615	0	0	－	
三保里神社	34. 1703	131. 4875	2397	89. 9927	0. 01	東西軸

＊90°に対する誤差の計算　90-89.9927=0.0073　誤差 0.01%

三保里神社の地上絵に関する重要性

1. 鳳凰1の体軸の描点である。

2. 故五宮の「場」を決定する基点である。

三保里神社の空間設計に関する重要性

1. 三保里神社の「場」は熊野神社を基点とする東西軸と多々良山を基点とする 321°の方位線の交点に決定された。

2. 故五宮の「場」を決定する基点である。

多々良山の「場」の重要性

　多々良山に関して空間設計上の重要性は特になく、もっぱら北斗図の設計中心として重要です。さらに、北斗七星図が多々良山（北極星に相当）を中心に回転するように設計され、北斗七星が回転する内側の範囲を「大内」と呼ぶことから古代の「大内県」の由来と考えました。（76-42）

多々良山の地上絵に関する重要性

1. 北斗七星図の設計中心である。

2. 南方朱雀宿の設計中心である。

3. 鳳凰1の体軸基点（多々良山－桜木神社－三保里神社）である。

多々良山の空間設計に関する重要性

1. 回転する北斗七星の内側を大内と呼んだことから、多々良山は大内県を決定する中心であった。

泉香寺山の「場」の重要性

　泉香寺山は、月信仰と空間設計の中心として位置づけられ、その信仰空間に地上絵が描かれたと考えられます。泉香寺山に信仰上の根拠を与えたのは、向島奥宮を基点とする 321°の方位線です。

泉香寺山の地上絵に関する重要性

1. 五形図の設計中心である。

2. 象限の交点である。

泉香寺山の空間設計に関する重要性

1. 向島奥宮と結ぶことで、信仰上の根拠を与えられた「場」である。

2．象限の交点である。

3．朝田神社と陶春日神社参道は泉香寺山と結ぶ設計線の痕跡であり、泉香寺山は信仰の中心として位置づけられた。(第4章)

4．武者走りは月輪（二重の輪）を象徴する。(前方後円墳の後円部は三段構造) (第5章)

5．泉香寺山の東方に存在する「月神を祀る盤座の山」高倉山と密接に関係する。

6．土師八幡と対をなす空間設計が行われた。

土師八幡の「場」の重要性

　五形図の第一候補を文武二年 (698年) とした根拠の一つは、赤田神社の伝承から土師八幡が養老元年 (717年) までには創祀されていたと推測されることです。赤田神社は、土師八幡を基点とする315°の方位線 (不死を保証する巽乾軸) と「月の山」桂ヶ岳を基点とする東西軸の交点に存在します。土師八幡は、古代の與之岐国に居住した海人族・土師氏の祖神を祀る信仰拠点と推測されます。

　泉香寺山と土師八幡の設計を比較すると、あたかも対をなすように設計され、泉香寺山が月輪を象徴する造形であることから、土師八幡も月信仰を象徴する造形であったと推測されます。土師八幡の祭神ホムタワケが月信仰を負う譚であることも、その根拠になります。

土師八幡の地上絵に関する重要性

1．五形図「円」の描点である。

土師八幡の空間設計に関する重要性

1．泉香寺山を交点とする第Ⅱ象限（西北）に位置し、古代與之岐国の信仰拠点として位置づけられた。

2．同じ経線上に設計された線分（東鳳翻山－土師八幡－朝田神社－堂山）の構成要素である。

3．土師八幡を基点とする東西軸に北辰妙見社上宮が設計された。(上宮が先に決定された可能性も否定できない)

4．土師八幡を基点とする315°の方位線上に赤田神社が設計された。(裏参道は設計線の痕跡)

5．土師八幡は月神ホムタワケ（応神）を祀り月信仰の拠点（左祖）と位置付けられた。(左祖右社の原則／右社は不明)

6．泉香寺山と対をなす空間設計が行われた。

　表1-25は、泉香寺山と土師八幡に共通して認められる設計で、設計線の痕跡は参道にあります。このような符合は偶然ではあり得ず、両者がともに信仰の中心として位置づけられた証です。泉香寺山は周芳山口全体の月信仰の中心として、泉香寺山の北西に位置する土師八幡 (祭神ホムタワケ) は古代與之岐の月信仰の中心として存在します。(第4章)

表1-25：泉香寺山と土師八幡の空間設計上の比較

	泉香寺山	土師八幡
信仰中心	周芳山口全体	古代與之岐
信仰上の根拠	向島奥宮（321°方位線）	（平清水八幡806年創建／321°方位線）
東西軸上の設計	故五宮、毛割若宮跡	北辰妙見社上宮
南北軸上の設計	ショウゲン山	東鳳翻山　朝田神社　堂山
巽乾軸（315°）	近似（314°）：朝田神社	赤田神社
設計線痕跡	陶春日神社参道　朝田神社参道	表参道（ショウゲン山）・裏参道（赤田神社）
五形図「円」	中心	描点

＊北辰妙見社上宮が先に決定されていた可能性も否定できない。　＊土師八幡の「方位」を決定したのはショウゲン山であり、伽藍山には根拠を見いだせない。(75-47)

東鳳翻山の「場」の重要性

　東鳳翻山は吉敷の西方に位置し、山口盆地で 2 番目の標高 (734m) を誇ります。東鳳翻山と氷上山を結ぶ軸は天与の巽乾軸 (方位角 315°) で、測量した人々は驚いたに違いありません。なぜなら、『易』では巽乾軸は永生 (不死／根源に月信仰) を得るために最も重要な軸と考えられたからです。この軸に沿う氷上に北辰妙見社が創祀され、その延長線上に宗像三女神を祀る国津姫神社が創建されました。宗像三女神は月神であることから、線分 (東鳳翻山－氷上山－国津姫神社) は月信仰の根拠を与える軸と考えられます。ちょうど、泉香寺山に信仰上の根拠を与えた向島奥宮を基点とする方位角 321° の方位線と同じ意味を持ちます。したがって、東鳳翻山と氷上山も何らかの形で月信仰に関係するはずです。考え得るのは、東鳳翻山は不死鳥・鳳の名を冠することで「月の山」を象徴する可能性です。また、氷上山は「火上山」と記して「ホノカミ」と訓んだ時代があり、「ホノ」とは仄かな光で月を指し、「ホノカミ」とは月神を表わす可能性があることです。同じ例に、氷上姉子神社 (名古屋市緑区大高町火上山) があります。(第 4 章)　(210-332)　(332-458)

東鳳翻山の地上絵に関する重要性

1. 線分 (東鳳翻山－氷上山－国津姫神社) は氷上山麓に信仰上の根拠を与え、北斗七星図で第 1 星の位置が決定された。

東鳳翻山の空間設計に関する重要性

1. 線分 (東鳳翻山－氷上山－国津姫神社) は、頻出する不死と再生の象徴・巽乾軸の一つである。
2. 線分 (東鳳翻山－土師八幡－朝田神社－堂山) は南北軸で、土師八幡と朝田神社に信仰上の根拠を与えた。(第 4,5 章)
3. 線分 (東鳳翻山－籾置石－龍穴) は、籾置石 (山口大神宮外宮創建) に信仰上の根拠を与えた。(第 5 章)
4. 線分 (東鳳翻山－凌雲寺跡－伽藍山東麓) が存在する事実は、大内義興の時代まで古代の空間設計が伝承され実施されていた傍証になる。(75-440)

向島奥宮の「場」の重要性

　月神ウカノミタマを祀る向島奥宮 (防府市向島赤崎／岩戸／龍穴) は、周芳山口を「月の都」として空間設計するために信仰上の根拠を与えた根源的な「場」として重要です。この思想は、内宮の位置を決定する上で、はるか西方にある「月の山」大和葛城山を基点として採用したのと同じ思想です。(第 5 章) つまり、東方の伊勢、大和と並んで周芳山口が月信仰の盛んな地域であり、その思想信仰に基づいて空間設計が行われたと考えられます。

向島奥宮の地上絵に関する重要性

1. 五形図「円」の描点である大内畑伊勢社跡は、線分 (向島奥宮－泉香寺山) と円周の交点に決定された。

向島奥宮の空間設計に関する重要性　──　信仰上の根拠

1. 線分 (向島奥宮－泉香寺山) は、泉香寺山に信仰上の根拠を与えた方位線として重要である (681 年以前か)。
2. 線分 (国津姫神社－向島奥宮) は、国津姫神社の創祀 (673 年) に信仰上の根拠を与えた。
3. 線分 (東鳳翻山－籾置石－向島奥宮) は、山口大神宮外宮の創祀 (1520 年) に根拠を与えた。

陶春日神社の「場」の重要性

　陶春日神社 (山口県山口市陶) は、五形図のうち方形と半月の描点です。また、その参道は泉香寺山を基点とする設計線の痕跡で、「月の都」周芳山口を設計する上で不可欠な「場」です。

　前記の 4 地点はいずれも天与の山あるいは岩戸でした (土師八幡も東鳳翻山も基点とする南北軸上の尾根)。しかし、陶春日神社 (山口市立石) の「場」はすべて人為的に決定されたことが重要で、その位置は下記の 2 本の線分の交点に決定されています。

陶春日神社の「場」の決定

毛割若宮跡を基点とする 231° の方位線と線分（金成山 - 秋穂岩屋山）の交点。

陶春日神社の「方位」の決定

泉香寺山と陶春日神社の「場」を結ぶ線分（参道が設計線の痕跡）

　根拠は、下記の 2 点です。

1. 線分（毛割若宮跡 - 陶春日神社）（方位角 231°）と線分（方位角 321°）が直交する。

2. 線分（金成山 - 陶春日神社）と線分（金成山 - 秋穂岩屋山）の誤差（0.4%）は基準を充たしで 3 者は一直線上に存在する。

　陶春日神社は、和銅元年（708 年）に藤原不比等によって創建された伝承があります。その 2 年前、文武慶雲三年（706 年）は災異（疫・飢饉）が多発した年で、十月には文武が病に陥り翌年（707 年）崩御しました。

　五形図が描かれた第 1 候補は和銅元年の 10 年前、文武二年（698 年）です。したがって、描かれた当初は陶春日神社の地点に石（榜示石）が置かれていた可能性があります。そのように考えるのは、陶春日神社の一の鳥居横には「タテイシ建石」と呼ばれる加工された花崗岩が残されているからです。（藤原不比等が五形図の企画に関わった可能性）（第 2 章／和銅三年）(76-383)「建石」は楯築遺跡（岡山県倉敷市）の「立石」に形態が類似し、重要な遺跡です。（第 4 章）

奈良時代の和銅元年（708）に藤原不比等が創建したともいい、また延暦四年（785）に奈良春日神社から遷斎したとも伝えられる。県下にある古社の一つで、貞観元年（859）に藤原真道が周防鋳銭司長官となったとき、この社を鋳銭司の惣社としたという。(418-590)

陶春日神社の地上絵に関する重要性

1. 方形と半月の描点である。

陶春日神社の空間設計に関する重要性　——　信仰上の根拠

1. 参道は線分（泉香寺山-陶春日神社）の設計線の痕跡である。

2. 泉香寺山が月信仰の中心であることを示唆する「場」と「方位」を残す重要な地点である。

　泉香寺山に信仰上の根拠を与えた方位線（方位角 321°）は信仰空間を構築する目的だけでなく、さらに五形方形の 2 辺と鳳凰 1 の体軸に採用されました。（第 4, 5 章）つまり、地上絵を描く背景にも月信仰の存在が示唆されます。後代、この方位線は土師八幡を基点とする平清水八幡（創祀 806 年）の「場」の決定にも採用されました。つまり、約 100 年前に決定された設計線の意味が伝えられていた可能性があります。表 1-28 のように線分（土師八幡－平清水八幡）と線分（向島奥宮－泉香寺山）の誤差は 0.4% で、時代が下っても正確な測量が行われた証です。

　平清水八幡境内には、涸れることのない「ヒラシミズ平清水」の伝承があります。平清水八幡は土師八幡と結ばれることで信仰上の根拠を得たことになります。（表 1-26）その共通する祭神ホムタワケと涸れることのない清水の伝承から、月信仰を背景にした創祀（大同元年 806 年／桓武崩御）であったと考えられます。

表 1-26：土師八幡を基点とする距離と方位角

地点	緯度（°）	経度（°）	距離（m）	方位角（°）	誤差（%）
土師八幡	34.1717	131.4431	0	0	－
平清水八幡	34.1430	131.4709	4087	141.1495	0.4

＊線分（向島奥宮－泉香寺山）321.3973 に対する誤差の計算。　321.3973-141.1495=180.2478　0.2478　0.4%

本章のまとめ

　北斗図と五形図は「月の都」周芳山口という信仰空間に描かれた地上絵です。同じく卓越した月信仰をもつ伊勢と並んで朝廷の国家祭祀の一翼を担うものでした。これらが事実であると主張する根拠は、緯・経度から計算した数値の裏付けがあるからです。

　五形図（第1候補）が描かれた文武二年（698年）は壬申の乱（672年）から26年（一九年七閏法）、北斗図（天武十年681年）から17年（陰陽の和17）、さらに天武十三回忌にあたり、これらの符合は決して偶然ではなく、綿密に企画された国家的事業であったと考えられます。

　以下、北斗図と五形図で得られた知見を纏めます。

北斗図について

1. 北斗図とは、北斗七星と2頭の鳳凰、南方朱雀宿で構成された地上絵である。

2. 北斗図が描かれたのは天武十年（681年）と推測される。（天武十年辛巳の木簡が発見されている）（150-6-43）

3. 北斗七星には、不老長寿の霊酒を造る輔星（寿命星）が存在し、その背景に月信仰が窺える。

4. 不死鳥・鳳凰の体軸には、泉香寺山に信仰上の根拠を与えた方位線（321°）が用いられ、背景に月信仰が窺える。

5. 南方朱雀宿は、その名にある朱雀が鳳凰と同一視され、やはり不死の象徴とされた。

＊輔星とは第六星に近接する星である。　＊北斗七星は人間の寿命を司り、辟邪の呪力を持つとの思想が上記の讖緯思想文献などに見える。

（45-56）

北斗図の存在を示唆する事柄

1. 江戸期の古図では、第1星に相当する北辰妙見社の位置に安楽坊が存在する。（390-84）

2. 第5星に相当する高野時盛様は守辰丁を暗示することから、北斗図の伝承が存在した可能性がある。（註1-11）（ときもり／北斗七星はトキモリすなわち天空の大時計と称された）（226-557）

3. 回転する北斗七星の内側を意味する「大内」の地名が残されている。

4. 2頭の鳳凰図を示唆する東西の鳳翻山が存在する。

5. 「玉」は月光の凝結したものとされ、琳聖太子の「琳」すなわち「澄みきった玉」は月光を指す可能性がある。

五形図について

1. 五形図とは、五大の表現形「宝珠・三角・方形・円・半月」で構成された地上絵である。

2. 五形図は、日神アマテラスと同一視された大日如来を象徴した。

3. 五形図が描かれた第一候補は文武二年（698年）で、月神から日神へ変換される記念碑とも考えられる。

4. 五形図（方形の2辺）にも信仰上の根拠を与えた321°の方位線が用いられ、月信仰の背景が窺える。

5. 五形図が描かれた第一候補である文武二年は、いくつかの聖数関係で結ばれた重要な節目であった。

　　壬申の乱（672年）から26年で、26は「一九年七閏法」の19と7の和である。

　　北斗図（681年）から17年で、17は陰陽の極数（9と8）の和である。

　　天武崩御（686年）から12年で天武十三回忌にあたる。

五形図の存在を示唆する事柄（北斗図に比較して少ない）

1. 描点を決定する精度の高い設計線が存在する。

2. 五形図の描点が月信仰の信仰空間を構築する要素として用いられている。

3. 五形図は大日如来を象徴し、同一視される日神アマテラスの創祀と対をなす記念碑的存在であった可能性がある。（90-15）

土師氏の関与を示唆する事柄

1. 周芳山口には土師氏の伝承が残されている。

2. 土師氏の氏神と考えられる土師八幡が存在する。

3. 飛鳥岩屋山古墳と同じ設計図で築造された大日古墳が存在し、土師娑婆連猪手の墓とも想定されている。

4. 百舌鳥古墳群の築造が終わる6世紀中頃に消滅した土師遺跡（堺市中区）に居住した土師氏が周芳山口へやってきた可能性がある。（155-150）

5. 毛受腹（モウケノハラ／モズバラ）の土師氏と龍腹に由来するタタラ地名が残されている。

6. 条里制より優れた測量精度は、400年間の古墳造営で培った土師氏の経験と知識を示唆する。

（註1-1）南方朱雀宿

二十八宿のうち南方に配される七宿で朱雀（鳳凰）が配される。以下、（註1-2）へ。

（註1-2）蘇州天文図

蘇州天文図は、図のように天球を円であらわし、中央の円（紫）が内規と呼ばれ、その内側が紫微垣で北斗七星もこの中に描かれている。

図：蘇州天文図と北斗図

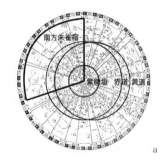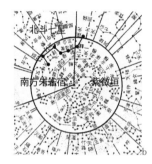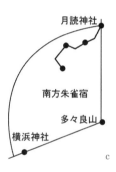

a：扇形に囲まれた範囲が南方朱雀宿、赤円が赤道、黄円が黄道、紫円が内規で内側を紫微垣と呼ぶ。

b：紫円が内規で内側を紫微垣と呼び、北斗七星は内規に沿って左旋し、南方朱雀宿の範囲が「大内」と呼ばれる。

c：北斗七星と南方朱雀宿、円弧が紫微垣に相当する。（219-1-246からより引用改変）。

最外側の円が外規と呼ばれ、ここに二十八宿が配分されている。北斗七星は北極星に近い位置でほぼ南方朱雀宿の範囲に含まれ、天帝の住居・紫微垣の周囲を廻る乗車として描かれている。北斗図（北斗七星／南方朱雀宿）は、この天文図をそのまま地上に下ろして描いたのではないか、と思える。（76-30）（249より引用加工）

二十八宿図

南方朱雀宿：

二十八宿とは古代の中国天文学の用語で、月の天球上の通り道・白道を28に不均等分割して、月の運行を記録するために考案されたもので、月は1日ごとに1宿を移動する。（41-41）（293-31,80）（219-1-246）

28に分けた理由は、約28日かけて月が天球を回ることにある。宿とは字の通り月が泊る「やど」の意味で、各宿には例えば張、翼、軫などの星座の名前が付けられている。二十八宿は東西南北の七宿ごとにまとめられ、七宿を繋げた形は4つの聖獣の姿で、東方青龍、北方玄武、西方白虎、南方朱雀の四神である。（151-PL5,8）

日本における天文図の最古の例には、7世紀から8世紀頃に造られた高松塚古墳やキトラ古墳の壁画があり、中国の天文学体系がこの頃までには伝来していたことが判る。（『キトラ古墳天文図-151』）（76-33, 37）（34-3-88）（20-84）

（註1-3）鳳凰図

古来中国で、麒麟・亀・竜と共に四瑞として尊ばれた想像上の瑞鳥。形は、前は麒麟、後は鹿、頭は蛇、尾は魚、背は亀、頷あごは燕、嘴は鶏に似、五色絢爛、声は五音にあたり、梧桐に宿り、竹実を食い、醴泉を飲むといい、聖徳の天子の兆として現れると伝え、雄を鳳、雌を凰という。鳳鳥。（118）

（註1-4）数学書『黄帝九章算術』

西暦前500年頃に造られた中国最古の数学書で、一章から九章まで算術の方法が記述されている。（288-1-452）（354-157）（411-23）（132-221）

「九章算術」

第一章：方円（面積計算と分数）	第二章：粟米（歩合または比例計算）
第三章：衰分（差分＝比例配分）	第四章：少広（開平／開立）
第五章：商切（築城、河渠、治水などの土木工事）	第六章：均輸（租税の徴収）
第七章：盈不足（複仮定法）	第八章：方程式（一次連立方程式）

第九章：勾股（直角三角形等）

今勾三尺、股四尺有り、問う弦幾何と為す。答えに曰く五尺なり。勾と股を自乗して併せ、之を方除して開けば即ち弦。（239）（298）（305-257）（354-85）

（註1-5）『五行大義』

五行思想を詳述した最も古い文献は『五行大義』（成立年未詳）とされ、天人感応の原理の内、五行を説いたもの。長沙宣武王の孫とする隋（581-619）の蕭吉（-615？）によって著わされたもので、先秦（BC221）から隋に至るまでの五行説を蒐集し、それを組織的に整理、分類した五巻からなる書である。『続日本紀』天平宝字元年（757）十一月の勅に、陰陽生の必読書として『周易』（BC1046？-BC256）とともにその名が挙げられている。中国では宋時代（960-1276）にすでに失われたにもかかわらず、日本では盛行して吉凶の占断はもちろん年中行事、医術等に至るまでの説明の根拠とされ、その影響は広範囲に及ぶ。五行で示される万物には「本体」と「本性」が備わり、「本体」はそのものの象で、「本性」は働きであり作用である。動かぬ「体」と動く「用」があって、はじめて万物は十分に働くことが出来ると説く。（76-92）

『五行大義』の中では、五気の本体と本性について下記の説明がある。（236-1-37）

さて、万物には、自然に形体と性質とが具わっている。聖人はその類に象って、その名を制定した。そこで、名称は形体を定めるのだ、と言うのである。……五行は、万物のはじめである。その五行の形体と作用とは、万物の生成をたすけるものである。（236-1-7）（49-70）（410-187）

（註1-6）『和漢三才図会』

大坂の医師・寺島良安により中国明代の『三才図会』を参考にして江戸時代中期に編纂された日本の百科事典。105巻81冊からなる。三才とは三部の意味で、同時に三才（天・地・人）をも指す。

（註1-7）『後漢書』

『後漢書』は『魏志』よりも後に撰上された。『後漢書』倭伝は、『魏志』倭人伝によっている。内容は范曄により改変されている。（439-22）

（註1-8）『淮南子』

『淮南子』廿一編は、前漢の武帝（前漢武帝の建元二年[BC139]に撰上）のころ、淮南国の王であった劉安（高祖の孫）が、食客として抱えていた大勢の学者に命じて編纂させた書であって、表向きは彼自からの撰著として今日に伝えられている。類似の書として秦の呂不韋による『呂氏春秋』があるが、この種の書の性質として、本書には一貫した主義主張があるわけではない。思想的にいえば百家の節を網羅するものであり、

内容としては、治乱成敗の迹を論じて当世の急務を説き、吉凶禍福の諸相を挙げて処世の要諦を述べる、という類の記事が多い。……要するに当時における学術思考の集成であり、各種の論説集であり、また一種の百科全書的著作であるといってもよであろう。……本書においては、その中心に『老子』『荘子』の道家思想がある。(157-1-解題)

古代の日本文化への影響は大きい。(157-1-85)(323-76)
巻二俶真訓に載る「古に天地未だ剖れず、陰陽分れざりしとき、渾沌れたること鶏子の如くして……」は『紀』の冒頭に引用されている。

(註1-9)『易』

三易とは、古代中国の夏・殷・周3代の易を指す。夏の易は連山、殷の易は帰蔵、周の易は周易といい、現代の残っているのは周易だけである。中国古代、伏羲氏の画した卦について周の文王がその総説をなして卦辞といい、周公がこれの六爻について細説して爻辞といい、孔子がこれに深奥な原理を付して十翼を作ったとされる。実際は古代の占術を儒家がとり入れて経書としたもの。その理論は、陰・陽二元をもって天地間の万象を説明する。陰・陽は老陽（夏）・少陽（春）・少陰（秋）・老陰（冬）の四象となり、更に乾・兌・離・震・巽・坎・艮・坤の八卦となり、八卦を互いに相重ねて六十四卦を生ずるとなし、これを自然現象・家族関係・方位・徳目などに当て、哲学上・倫理上・政治上の説明・解釈を加えたもの。周代に大成されたから周易という。今日の易学はこれを祖述したもの。

『漢書』「芸文志」に、太古の帝王伏羲が天文・地理・人間・鳥獣などのさまざまな法則と現象とを観察して、初めて八卦を作り、それによって神明のはたらきを明らかにし、すべての物のあるべきさまを示した。

その後、殷周革命の際に、周の文王が六十四卦とし、卦爻の辞をかけて天象に応ずる人事の吉凶を明らかにした。

孔子に至って、「象伝」上下、「象伝」上下、繋辞伝上下、「文言伝」、「序卦伝」、「説卦伝」、「雑卦伝」の十伝（「十翼」）を作って易の道理を明らかにした。

『易』が世に現れたのは、明確には、漢の武帝の治世の初期、前二世紀後半のことである。それから次第に重要な意味を持つようになり、後漢には五経の首位に立つに至った。中国の代表的古典、『易』、『書』、『詩』、『礼』、『春秋』などのうちで最も重要とされ、従って知識人のだれもが知らなければならぬものとなったのである。一般人の間には、これを運命判断に利用するという実際的目的によって、いっそう広範に伝播していったと思われる。(355)

(註1-10) 五大

古代インドで発生した思想で、宇宙を構成する要素を五つに分けて五大(空・火・地・水・風)と呼んだ。古代中国の五行（水火木金土）とは異なる。神話的な一種の宇宙論である。

(註1-11) 守辰丁

守辰丁とは律令制で漏刻にしたがって時を報せる役人をいう。北斗図で北斗七星図の第5星に相当する「トキモリサマ」（高野時盛様／山口市仁保中郷）は「トキモリ守辰丁」から派生した伝承である可能性があり、北斗図の存在を示唆する貴重な遺跡である。

第2章

月信仰と不死と再生思想の紹介

はじめに

　皇祖神アマテラス (註 2-1) は日神であり、日本は太陽信仰の国で月信仰はなかったという説が流布しています。しかし、天武紀の時点で日神アマテラスが皇祖であるという明確な意識はなく確定していないことを前作までに述べました。それを裏づけるように、アマテルは『万』では月の常套的形容句であった、と三浦氏は指摘しています。つまり、アマテラスは古く月神でした。(76-212) (210-1) (216-176) (339-26) (372-14)

　さらに、三浦氏は『記』『紀』や『万』に残る古代語を詳細に分析し月信仰の存在を明らかにしました。島国日本では船を操る海人族が月に支配される潮汐を読んで生業をたてていたため、海人族は月に畏敬の念を抱き信奉していたと述べています。月信仰は、実生活から生れた真摯な篤い信仰でした。

世界的に月信仰は太陽信仰より古くから盛んであったといわれてきた。暦も古くは太陰暦、後に太陽暦であった。とくに古代日本では、月によって生理を支配されている（と見なされていた）女性が祭祀に携わることが多かった。しかも、我が国は四方海に取り囲まれた島国で、古来から海人族の活躍も盛んであった。漁業にしろ舟運にしろ、潮汐や潮流の影響を無視しては成り立ちがたいはずである。潮汐や潮流は月の運行によって生起する。ところが、記紀では月に関する伝承は散発的で、それほど表面に現れていない。(210-1)

　皇統は日神アマテラスの子孫とされ、現に内宮ではアマテラスが日神として祀られています。では、月信仰はなかったのかというとそうではなく、ナウマン氏が指摘したように縄文時代の遺物に明らかな月信仰の痕跡が認められます。著者が提唱する空間考古学の知見からも、月信仰を裏づける遺物として前方後円墳 (構造と測量と設計方法) が考えられ、その設計思想は神社 (註 2-2) にも継承されました。(第 5 章) 月への信仰は飛鳥時代にも受け継がれ、『記』『紀』が撰上された藤原時代、奈良時代にも、さらに平安時代の桓武の周辺にも多く月信仰の証が認められます。(75-64) (132-3, 154)

　そして、意外に思われるかも知れませんが、仏教が月信仰を支えてきました。(299-21) (301) 高橋順子氏は仏教と月信仰の関係を次のように述べています。月信仰は日本人の心の中に脈々と受け継がれてきたのです。

月に寄せる思いは、仏教思想によって深化されていった。十二天のひとつに月天があり、曼荼羅にはいされている。また貴族社会で信仰を集めた密教では、月輪観という秘法が行われた。中世に多く詠まれた釈教歌には、教理を月にたとえたものもある。和泉式部が「播磨の聖」に贈った歌に「冥きより　冥き道にぞ　入りぬべき　はるかに照らせ　山の端の月」は式部が帰依する性空上人を月にたとえたものである。(357-142)

　太陽族の子孫・釈迦族の出身であるシャカの教義の中に月を媒ちとしたものが多く含まれているのは、仏教がシャカの死後に多くの人によって教義として成立した結果と思われます。(210-366) (229-221) (230-36) (231-42) (232-5)たとえば、五形図との関連で重要な大日如来の胎内に埋納された水晶製の心月輪や五輪塔、「三明の月」や「真如の月」などの仏教用語にも多く認められます。月信仰から太陽信仰へ転換された歴史的事実とは逆行する現象で、不思議な現象です。これは、心理学者 C・G・ユング (註 2-3) がいう「根本物質 (月に由来する) はあらゆるものの母である」や「原始人は心を月に投影した」ことの反映かも知れません。(99-1-185, 256)

　表立って月信仰といわないまでも、日本人の心の中には月信仰が受け継がれてきました。花鳥風月が愛でられるのも単に日本人の感性に適うというだけではなく、やはり背景には月への信仰が生きていたと考えられます (いずれも変化するもの、移ろうもの)。明治五年 (1873 年) に行われた太陰太陽暦 (月暦と太陽暦) からグレゴリオ暦 (太陽暦) への改暦によって、月を愛でる風習は急速に衰退しました。しかし、それ以前には夜もすがら月を愛でる文化があり、現在でも旧暦八月十五夜の月見の習俗はかろうじて残っています。

　近年、月の不思議な力に興味をいだく人は、少しずつ増えているようです。以下、月にまつわる話題について、比較的読みやすい文献の一部を著者の一行の要約を加えて掲載します。

寺薗淳也『月の話』PHP 文庫 2018 : 月の満ち欠けから月全般について解説。

志賀勝『月的生活　天の鏡「月と季節の暦」の時空』新曜社 2006 : 月暦にそった生活の奥深さを解説。

志賀勝『月の誘惑』はまの出版 1997：地上のあらゆるものが月の影響を受けていることについて。

高橋順子・佐藤秀明『月の名前』デコ 2012：月暦とさまざまな月の異称を育てた文化を解説。

松岡正剛『ルナティックス』作品社 1993：軽視されてきた月（信仰）の復権を目指した著作。

大林太良編『死と性と月と豊穣』評論社 1975：月信仰の根源にある不死と再生と豊穣について。

N・ネフスキー著・岡正雄編『月と不死』東洋文庫 1971：月信仰の根源である不死について。

根本順吉『月からのシグナル』筑摩書房 1995：月に関する素朴な疑問を探求した著作。

A.L リーバー著・藤原正彦・藤原美子訳『月の魔力』東京書籍 1984：月の伝説を科学的に解明しようとした試み。

林完次『宙の名前』角川書店 1999：第一章に月の章を設け月の満ち欠けを科学的に民俗的に解説。

　月へ寄せる想いが残っていた証として一つの唱歌があり、作詞者の心に月への信仰が生きていた、と思わせます。昭和 22 年に発表された『蛙の笛』には、歌詞の中に古代の月信仰の名残と思わせる言葉があります。それは、月、夜、田圃、蛙、銀、笛、夢、眠る、子守歌、などです。幼いころ口ずさんだ懐かしさもあり、また月信仰を考える上で重要な示唆に富む唱歌です。

『蛙の笛』　斉藤信夫作詞　海沼実作曲

月夜の　田圃で　コロロコロロ　コロロコロロロ　鳴る笛は

あれはね　あれはね　あれは蛙の　銀の笛　ささ　銀の笛

あの笛きいてりゃ　コロロコロロ　コロロコロロロ　眠くなる

あれはね　あれはね　あれは蛙の　子守唄　ささ　子守唄

蛙が笛吹きゃ　コロロコロロ　コロロコロロロ　夜が更ける

ごらんよ　ごらんよ　ごらんお月さんも　夢みてる　ささ　夢みてる

　以下、『蛙の笛』の中にある月信仰を示唆する言葉の一つ一つを取り上げて、月信仰のおおよその形を述べたいと思います。

　まず「月夜」です。

　「月夜といふものは提灯の要らない夜」と述べた作家がいたように、月は闇夜を照らす希望の光でした。（120-1-230）それは「闇は光の母である（創造神話では最初に闇があった）」と表現され、「月は心（精神・プシケー）の一番深くで直観的に得られる原初の思考を起こさせた」ように、月は精神の深淵と一体化しているようです。(25)（99-1-330）（158-6-210）（158-12-37）

　「田圃」には、月から降り注いだ「月の水（生の水）」が満たされ、豊穣を約束しました。月は雨を降らせ、地上のあらゆる「水の源」と考えられていました。

　その田圃に生れてくる「蛙」は月の精ヒキガエルでもあるでしょう。古代中国の伝説では、夫・后羿が持っていた不死の霊薬を盗んで月へ奔った嫦娥は月精ヒキガエルになったとあります。『淮南子』精神訓にも嫦娥の話が載り、嫦娥はヒキガエルとなり転じて月を指すようになりました。（157-1-322）夜空を渡って行くのは月であり、同時にそれはヒキガエル（別称タニグク）でもあるという古代人の想像力には、ただただ驚かされます。（210-297）

古代中国には「嫦娥月に奔る」という神話がある。嫦娥は姮娥ともいう。羿が西王母に不死の薬を請うたが、姮娥がこれを窃んで月に奔り、月精になったという。月中に棲む嫦娥がそれである。『淮南子』精神訓にも「月中に蟾蜍有り」とある。蟾蜍とはヒキガエル、すなわちタニグクである。蟾蜍は転じて月の意にもなっているから、さ渡るタニグクは空を渡る月と考えてもよい。

　古代日本の国土をアキツシマ（トンボの国）と呼び褒め称えることから、月から降り注いだ「月の水」で満たされた田圃に生れるトンボもヒキガエルと同じく月精と考えられていた可能性があります。これらに共通するのは月の満ち欠けと同じように「変態」することで、不死と再生の象徴と捉えられたのでしょう。

第34代・舒明の国見の歌にも大和にかかる枕詞としてアキツシマが詠まれています。(万①2) 国見をした天香久山は「月の山」で、舒明の和風諡号オキナガタラシヒロヌカの「オキナガ (長命)」「タラシ」「ヒロヌカ」のいずれも月信仰を暗示する言葉です。また諱は田村とされ、「田」は多くの場合「タル足る」の語幹「タ」で「膨らんだ月」を意味します。これらの符合は偶然ではあり得ません。(210-3) (第3章)

大和には　群山あれど　とりよろふ　天の香具山　登り立ち　国見をすれば　国原は　煙立ち立つ　海原は　鴎立ち立つ　美し国ぞ　蜻蛉島　大和の国は

　次に「シロガネ銀」は白銅と並んで月を象徴する白色の金属であり、『万』では白銅鏡は月の象徴として扱われ、月の異称には銀鉤があります。(308) 神代紀九段第二では白銅鏡をアマテラス自身の形代としてオシホミミに授けていることから、アマテラス自身が月神であると認めたことになります。すなわち、「カガミ鏡」とは「カミ神 (月神)」を指す言葉でした。ちなみに「オシホ」とは「天空を渡る仄かな光」で月を指します。(210-283) (第3章)

是の時に、天照大神、手に寶鏡を持ちたまひて、天忍穂耳尊に授けて、祝きて曰はく、「吾が児、此の寶鏡を視まさむこと、當に吾を視るがごとくすべし。與に床を同くし殿を共にして、齋鏡とすべし」とのたまふ。(322-1-152)

　鏡を日 (太陽) にかけて詠んだ歌は『万』には一首もなく、柿本人麻呂の歌にも鏡が月を形容する「鏡なす」として詠まれています。つまり、「望月は天空の鏡」で「鏡は地上の望月」でした。(万②196)

鏡なす　見れども飽かず　望月の　いやめづらしみ　思ほしし　君と時々

　前方後円墳の石室内には、夥しい鏡を埋納した例があります。たとえば、黒塚古墳 (奈良県天理市) からは三十四面の銅鏡が、佐味田宝塚古墳・新山古墳からも三十面以上の銅鏡が発見されました。(285-389, 588, 302) 多数の銅鏡に取り囲まれた棺の中は月である常世を演出しているのであろう、と三浦氏は指摘しています。(211-397)

　空間考古学から得られた私見では、前方後円墳は月と海に映る月波 (金波) を組み合わせた造形の可能性があります。(第5章・図5-40) これは海を渡る海人族がいつも見ていた光景であり、被葬者が常世国・月で再生することを祈求した表現と考えられます。このような事柄から常世国と見做された石室に数多く埋納された「カガミ鏡」とはやはり「カミ神」のことでしょう。その語幹「カ」は、三浦氏が指摘する若月を表わす古語「ワカ」に由来します。(210-24) (第3章・「カガミ」と「カミ」小考)

　中国には歌舞音曲の起源は月にあるという伝説があり、「笛」もまた月との関係で考えられます。八月十五日の満月の夜、唐の玄宗は道士の帯から生れた天橋で月へ渡り、地上に戻って月で見聞きした歌舞を伝えたとされます。この伝説は、月に届く橋 (天橋立／『丹後国風土記』では橋は木偏に奇と表記) を架けようとしたイザナギ神話 (註2-4) に似ていて、『紀』の神話もまた月信仰を背景に構成された可能性を窺わせます。(267-25) (440-470)

8世紀に、八番目の月の十五夜に、皇帝の明皇帝 (唐玄宗) は高僧 (道士) に月はどんな物質でできているのか、とたずねた。高僧は、「陛下、ご自身でご覧になりますか」ときき、皇帝が本心から自分の目で見たがっていることがわかると、自分の帯を空中に掘り投げた。するとそれが橋になり、皇帝と高僧は月へ渡った。二人は嫦娥 (月のウサギ) と、(肉桂の木) を見つけ、そのあと月の妖精たちに歌や踊りで歓待された。地上に戻ると、琵琶の名手でもあった皇帝は、月で見聞きした歌と踊りを人民に教え、そこから歌舞が生まれた。(99-1-172)

　「夢」は、インド＝ヨーロッパ語族で「月」と「測定」に共通する語幹—me、ma、men—から派生したmeticesthai (夢見る、黙想する、考慮する) を思わせます。(99-1-253) 測定という意味では地上絵の測量と空間考古学とも関連し、月信仰が地上絵に与えた影響を考える上でも重要です。ただし、日本語では「月」と「測定」に共通した明らかな語幹は見当たらず、「ツ・キ月」と「ツ・チ土」「ツ・ム積む」の「ツ」が可能性として挙げられます。この問題については「ツキ月の語源」の節で扱います。(第3章)

また、ときに「夢」は神託の表現にもなります。『紀』にはアマノカゴヤマノミコト（高倉下／尾張氏）（註 2-5）が夢で見た神託により神武に霊剣・布都御霊剣をもたらした話を始め、多くの夢占や神託が載ります。

　アマノカゴヤマに夢を見させたのは、その名カゴヤマ（月の山）から月神アマテラスであったと思われます。あるいは、最も古い皇祖神として高天原を指揮していたタカミムスヒであったかも知れません。タカミムスヒは月神であり、アマノカゴヤマノミコトは月信仰を濃厚に持つ尾張氏の祖アマテルクニテル（ホノアカリ）の長子でした。さらに、外宮の度会神主家はアマノカゴヤマの裔とされます。これは、『史記』魯周公世家第三「子孫が先祖の霊を祭り続けねばならない、子孫の祭祀を受けなければ先祖の霊が祟る」とする思想にしたがった結果と思われ、『紀』崇神紀のオオモノヌシをオオタタネコ（註 2-6）に祀らせた記事にも反映されています。それでは「皇祖神アマテラスを尾張氏の裔に祀らせている」のはなぜか、興味のある問題です。(76-443) (219-1-360) (323-1-241)

　「眠る」という言葉も晦日に月が隠れる様子を窺わせ、月の満ち欠けの一つの相を象徴するようです。眠りについて三日後には三日月として西の空に現われる姿から、岩戸隠神話は月から着想を得たと考えるのが自然です。太陽は満ち欠けもせず隠れることもないからです。
人は欠けてゆく月が姿を消すと死に、新しい月が現れる三日後には心地よい眠りから目覚めるかのように、元気を回復して生き返ると考えられていた。(99-1-236)

　「子守唄」もまた「月の母」マリアが月女神や月光につけられた多くの属性を担い、月光は生命を育み子どもたちを守ることを示唆します。キリスト教的世界の中にも「月」が多く含まれていました。
聖処女マリアはイシスの称号「ステラ・マリス、（海の星）」を受け継ぎ、「月の母」ともよばれた。名前の「マリア」は「海」を意味するラテン語の mare を介して海と結びついた。一方、フランス語の「母」と「海」——la mere、la mer——の発音は同じである。(99-1-161)

　作詞者・斎藤信夫氏の真の意図を知ることはできないとしても、人の想像力を刺激する清らかな月夜の情景を詠ったことは確かです。そして、古代人が信じた月と共にある世界、人々が本能的にみずからを月と同一視した世界が、つい最近まで生きていたことを知り得ます。(402-62)
月は古代人にとって時間のイメージだけではなく、永遠のイメージも担っていたように思われる。人々が本能的にみずからを月と同一視したのは、月の再生を、衰えて死ぬ自分たち人間にも同じ運命を約束するものと解釈していたことにほかならない。こうして月は見ることのできる希望のシンボル、人間の心の闇を照らす光となった。(99-1-3)

　原初、人々が気付いたのは「月の相と周期」で、「月の相」の変化から「月の周期」の存在を知り太陰年（月の暦）の概念に結び付いたと考えられています。月の「相」から「周期」を知り「トキ時」の言葉が生れた、つまり「ツキ月」が「トキ時」を創造したことになります。(第3章)
月にまつわる神話の多くは、月の相と周期の区別が土台になっている。それは部分と全体の区別でもある。さらに「相」phase の語源がギリシャ語の phaino「示す」であることは、目に見えない周期と、周期の存在を明示する相の区別が重要とされていたことを示唆している。(99-1-51)

　満月に向かって遠吠えする夜の動物——イヌ、オオカミ、キツネ——を目にした古代人は、動物を引きつける月の力を実感したはずです。月と動物は互に呼応し、「蛙が鳴けば、月も泣いて雨の涙を降らせた」のです。よく似た点が一つでもあると類推の連鎖を呼び起こし、月にはさまざまな属性が付けられました。
どこでも同じだが、いったん一つの点が似ているとされる——たとえば、ネコの目が大きくなったり小さくなったりすること（夜間目立つ）と月の満ち欠けの間に類似が見出される——と、その動物は対象物の性格や役割をそっくり背負わされることになる。つまり、ネコと月が等しいものとなってしまう。その結果、ネコが顔を洗うと月にも「顔を洗わせる」ことになり、月が雨とし

てその水分を放出すると考えられた。類似としてはじまったものが最後には同一のものになる。こうして、ネコやヒキガエル、雄牛、その他に起こることは月にも起こると考えられる。ヒキガエルが鳴けば、月も泣く——雨の涙を流すことになる。(99-1- 240)

　「蛙が鳴くことは月や人が泣くこと」に通じ、『紀』のなかで月神と考えられるスサノヲは「母の国」「根の国へ行きたい」といって、激しく泣いています。蛙の鳴き声「コロコロ」も「ココロ心」と関連すると思われ、これらの問題については「ツキ月の語源」の節で述べます。(第3章) (210-353) (244-92)

　このように、童謡『蛙の笛』の中には月への素朴な信仰を思わせる言葉が溢れています。この歌を口ずさんだ子供達にも、月夜の田圃の風景がありありと浮かんだことでしょう。

　『蛙の笛』の中で用いられた月、夜、田圃、蛙、銀、笛、夢、眠る、子守、歌、などの言葉のように、古代ではいったん月に力が認められると、月の動きと潮の干満だけでなく女性や動物の出産、植物の生命、人間の死後の運命、などに類似性を見出し同じ性質を持つもの、同一のものとして直観的に詩的に捉えられたようです。つまり「お月さんもねむり、夢をみている」のです。

　原初の詩的イメージ、詩的想像力こそが月を神として神話を生みだした原動力であったとされます。つまり、『蛙の笛』のような詩の中に古代の心 (月信仰) が表現されるのは、当然なのかも知れません。19 世紀イギリスの詩人シェリーは「原初の言語は詩であった」と述べました。(319) (367-89) (414-62)

シェリーにとって、この世の原初の言語は詩だった。そして彼はそれに、古代神話の祝賀儀礼を想起させるイメージで、生命を与える。つまり「太古の時代、人は踊り、歌い、自然のものを模倣し、これらの行為だけでなく、あらゆる行為に一定のリズム、あるいは秩序を保っていた」というのである。(99-1-252)

　さて、古代は月を神とする信仰世界で、これは古代文化に普遍的に見られた信仰です。明らかに信仰を裏づける最古の遺物はフランスのローセル谷 (ドルドーニュ県) で発見された旧石器時代の女神像です (後期ペリゴール文化・紀元前2万2千年-1万8千年頃)。女神は右手で三日月形をしたバイソンの角 (三日月を象徴) を持ち、その角には十三個の線が刻まれていました。十三は三日月から満月までの日数 13 日を暗示します。

この像は伸長四十三センチメートルで、ほかの女性像や動物——ウマ、雌鹿、それに肉食動物——以外にも、腰帯だけを身につけ、片腕を上げた男性像をともなっている。彼女は右手で三日月形をしたバイソンの角をもっているが、それには十三個の下向きの線がはっきりと刻まれている。左手を、ふくらんだ腹部にそっと当てがい、谷へむかって傾斜するその姿は、あたり一帯を睥睨している。輪郭ははっきりしているが、目鼻のない頭を、三日月形の角がある右へ傾けている。(99-1-28)

　牛の角や猪の牙と三日月 (角状の月) を関連付けて考えるのも、月が影響していそうなあらゆる現象と関連づけられるようになった結果です。(99-1-3) 三日月を舟に見立てるのも古代文化に共通して見られ (象徴的思考)、エジプトやメソポタミア、インド、中国、もちろん日本でも三日月は天の海を航海する船とみなされていました。(99-1-141, 215)

　九州地方に多い装飾古墳に描かれた舟も、一般的には「太陽の舟」とされます。しかし、月信仰を背景にした月を象徴する「月の舟」と考えるのが自然です。先述の石室内に埋納された月代である鏡の例からも、被葬者が祈求したのは常世国・月での再生であり、すべてを焼き尽くす太陽へ向う理由はなかったはずです。事実、太陽を常世の国と考えた信仰は世界に一例もありません。(77-44, 60) (441-42)

　三浦氏は壁画の舟を「月の舟」として、以下のように述べています。三浦氏の研究以外で装飾壁画と月信仰について述べた例はなく、月信仰の存在そのものが認知されていないのが実情です。

福岡県うきは市吉井町の珍敷塚古墳の石室奥壁には、大きな葬送船が右向きに描かれている。その右側の下方にヒキガエル二匹と、上に月と思われる円形がある。左上には右向きの小さな舟と、外側の円は薄いものの二重の同心円が描かれている。この大きな葬送船を太陽船とし、左上の円を太陽と考える説がほとんどで、昼間の図柄と考えているようである。しかし、私は同心円は暈をかぶった月ととる。その下の小舟は月の舟の表象である。大きい船の上に出た双頭のワラビ手文は死者の霊が月で再生し

ようとしていることを示している。左の月は時間経過を経て、右上の月になったのである。右の下端には二匹のヒキガエルが重なるようにいる。上のヒキガエルは時が移って下のはいつくばったヒキガエルとなり、今にも沈み隠れようとしている。そこは月の隠れる天の極みで、常世国に近いところであろう。繰り返すが、ヒキガエルは月の象徴である。葬送船もそちらへ向かっている。(210-298)

　以上のような事柄をおさえて、本章では日本の月信仰について世界の例を引用しながら述べています。その内容は、周芳山口に残る地上絵と空間設計 (大和、伊勢を含む) に関連したおおよそ下記の項目に限っています。小項目に分けた理由は、著者が月信仰について深く研究したわけではなく、全体を網羅して説明することができないからです。月信仰の詳細については参考文献をご覧ください。読者の理解を得るために重複する箇所が多く文章が煩雑になった点をお詫びします。

　なお、「ツキ月」の語源と派生語については第3章で述べます。月信仰を理解する上で、月に由来する言葉が特に重要と考えるからです。

1. 月信仰の概要
2. 闇から生れる月——不死と再生思想
3. 月の相と周期——「時 (トキ)」の発見
4. 月と水——あらゆる「水の源泉」
5. 月と女性——本質を同じくするもの
6. 月は想像力の源泉——神話の実体

1. 月信仰の概要

月信仰は月を神とする信仰で、世界的にも起源が古く普遍的なものであった

　月信仰という言葉に馴染みのない方が多いと思います。月信仰とは、文字通り月を神とする信仰で、日本だけでなく世界的にも月信仰は太陽信仰より古く普遍的なものでした。人類がはじめて記録した物語は月をめぐるものであった、とキャシュフォード氏は述べています。

月にまつわる物語は普遍的なもので、有史以来、地球上のあらゆる場所で語られてきた。岩や角、骨、石などに残された最古の痕跡は、人類がはじめて記録した物語が月をめぐるものであったことを示している。人間がつけたと考えられるもっとも古いしるしは、天空を音もなく移動する月の運行を表している。(99-1-15)

　光と闇が交替する「月」のリズム (満ち欠け) から影響を受けて神話が生れたと考えられ、光と闇は原初から「神話的な実体」であった、とも述べています。(99-1-26) (237-4-136) 満ち欠けを繰り返す月の姿、音もなく天空を渡る姿、いずれもが物語そのものであったと想像されます。

最後の三日月、日の出と満月の出現は東の空に起こる主要なできごとである。最初の三日月と日没は西の空のできごとであり、満月も西に沈む。半月は空の一番高いところに来るとき、日没と日の出の時刻を示した……変化する月の姿、出たり沈んだりする方角、天空を西へ移動する動き、それらは目に見える第一級のドラマだった。(99-1-24)

　「闇から光が生れる」のは、日本神話のアマテラス (原初、月神であった) の岩戸隠れに通じます。室生龍穴 (奈良県宇陀市室生) や向島奥宮 (山口県防府市向島) などの岩戸 (岩盤の裂け目) が神聖視されるのは、月神の籠る所と考えられたからでしょう (月は岩から生まれた／天香具山の月の誕生石)。(211-77)

　日食でたとえられるように、岩戸は太陽が隠れるところとする説が一般的です。しかし、誰もが経験しているように日食では暗闇にはならず、月が隠れる晦日から新月までの三日間がまさに暗闇です。古代人の想像力の所産は具体的で、神話世界も空想によるものではなく月信仰では月の満ち欠けに裏打ちされたものでした。

夜空を見ていた古代人は、いつも同じように変化する光る物体に気がついていた。絶えず変化するその姿は、人間のものの考え

方に影響を与えたことだろう。何千年にもわたって、光と闇が交替するリズムは人間の心に一つのパターンを創り出し、それは終ることなく語られる物語となった。(99-1-17)

月信仰は各地域で独自に生まれ発展したが、その思想信仰と象徴性には普遍性がある

　月信仰に関して重要なことは、その信仰が各地で独自に生まれ発展し、なおかつ、その思想信仰と象徴性には普遍性があることです。キャシュフォード氏は、最古の痕跡が月をめぐる物語であった、と述べています。(99-1-15)

　日本でも月信仰の起源は古く、明らかな月信仰の遺物は縄文時代 (15000 年前から 3000 年前) まで遡ることができます。日本の皇祖神アマテラスが日神として創造されたのは比較的新しく、太陽信仰が日常の暮らしから自然に発生し古くから存在したわけではありません。三浦氏は、島国の日本では海人族の活躍が盛んで、月が潮汐や潮流を支配することから、月に畏敬の念をもち月の動きを読んで生活してきた、と指摘しています。この「月を読む」ことが「ツキヨミノミコト月夜見尊」の神名や、「コヨミ暦」に残されています (コは月を意味する／第 3 章)。海人族の代表は海部・尾張氏で、外宮の度会神主家は尾張氏の末裔でした。この事実は、地上絵の謎を考える上で重要でした。(第 5 章) (210-1)

最古の遺物はフランスで発見された 25000 年前の骨片で、月の満ち欠けが刻まれていた

　最古の遺物はフランスのブランジャール壙 (ドルドーニュ県) で発見された骨片で、25000 年前 (オーリニャク文化期) の初期クロマニョン人のものと考えられています。その骨片には、二ヶ月分の月の周期を表した「しるし」が刻まれていました。ヘビのように曲がりくねって配置された 69 個の「しるし」が月の満ち欠けを表わしていると考えられています。

月を記録することは経験にもとづいて事実を認識する行為であり、それには時間を理解し、さらにその理解を深めなくてはならず……月の記録は「時間を要因とする」その他のあらゆる思考形態、例えば天文、農業、数学、筆記、暦などが発展するための基礎となったと考えられる。……青銅器時代に「突如として」花開いたのではなく、気の遠くなるような時間をかけて蓄えられ、熟成されたと考えるほかない。(99-1-23)

　小さな骨片に「しるし」が刻まれてから約 5000 年後 (2 万年前)、ローセル谷 (ドルドーニュ県) で右手にバイソンの角を持った女神が石灰岩に彫刻されました。バイソンの角 (三日月の象徴) には、三日月から満月までの日数を表わす十三本の線刻がありました。(99-1-28)

月には水をはじめ、誕生、死と再生、生殖、豊穣などを支配する力がある、と信じられた

　潮の変化を予測する能力に生死がかかる海人族が潮と月の関係を知らなかったとは考えられず、海人族が潮汐・潮流を左右する月を神として信仰するのは自然のことであったはずです。(99-1-159)

　潮はまるで月に引っ張られるように、あるいは月を追い駆けるように、朝夕 2 回干満を繰り返し、それは潮と汐 (朝と夕の水の意味) の文字によく表されています。海運や船運に生業をかけていた古代の海人族も潮汐を見ること、つまり月の動きを見ることは切実な問題であったはずです。動力のない古代では船の運行も人力に頼ららずをえず、潮に逆らっては生きてゆけなかったのです。つまり「月を待って」引き潮で出港し、満ち潮で入港しました。「月の出入りで潮が満つ」の俚諺にある通りで、額田王の歌は如実にそのことをいまに伝えています。(万①8) この歌の中で熟田津の「ニギタ」とは「十分に膨らんだ月」つまり満月のことです。「今はこぎ出でな」に月を待ち焦がれた実感が込められています。(265-1-103)

熟田津に　船乗せむと　月待てば　潮もかなひぬ　今はこぎ出でな

　古代中国でも潮汐と月の動きが関係することから、月は「水の精」と考えられていました。その結果、水棲

の生物は月の影響を受け、「月が欠けると、魚の腸が減り、欠け果てると蛤の肉がやせる。」という考えもありました。(157-1-135)　「イネ」「イ」「アシ」「マコモ」「ガマ」「カツラ」「クス」など、水辺を好む植物も月（月信仰）との親和性が濃密です。(第3,4章)

中国古代の原始信仰においては、月の満ち欠けが潮汐と関係があるところから、月は水の精と考えられ、その月の中には白色で円い形をした蛤、漢語では蝌蚪が住んでおり、月の満ち欠けにしたがって大きくなったり小さくなったりするというのが、古代中国人が最初に持った神話であった。この蛤の古音を二字に写しかえて、蝦蟇または蟾蜍となった。(242-29)

　　月が潮汐を支配することから発展して、月は雨・露・湿気など一切の「水の源」であるとする信仰は、世界のあらゆる民族に分布していました。そして、水に関係するものは、すべて月の支配を受けていると考えられました。その水は、月自身を再生（満ち欠けの循環）させる「生の水」で、不死の神々のネクタル（神の食べ物）ともされ、不死と再生思想へと発展したようです。

　　このように「月の力」が認められると、月が影響していそうなあらゆる現象と関連付けられるようになり、異質なもの同士までもが結びつけられて、象徴として対応する関係が現れたようです。(99-1-3)　つまり、原始的精神では月は独立して存在するものではなく、月と外見が似ている、生態が似ている、行動が似ているなどの物（生物、無機物を問わず）があると、それは月と同じであると考えたのです。たとえば、冬眠して巣穴から出てくるクマが闇夜から光を取り戻す月の象徴となり、雨が降る前に鳴き出すカエルがエジプトでは出産の女神とされました（雨は月から降ってくる）。「象徴的に交替可能」(註2-7)という原理は、原始的思考を考える上で重要です。

　　垂仁紀にも同様の思想があり、それは土師氏の祖・野見宿禰が建言した殉死を埴輪で置き換えるというものです。つまり、この建言は「殉死と埴輪は等価交換できる」「象徴的に交替可能」を実現しようとしたものです。『紀』が編纂された時代にも月信仰を支えた原始的思考が生きていた一つの傍証で、『紀』を読み解く上で重要な視点になります。(75-231)

エリアーデが言う「原始的精神」に関して興味深いのは、独立して存在するものは一つとしてないということである。生物にしろ石にしろ、あるいは水のような自然の元素にしろ、たとえどんな理由であれ、ひとたび月に属しているとみなされれば、それ以外のいわゆる月の資質とされるすべてもそれに属することになる。類似は親近となり、さらには象徴的に交替可能となる。その結果、クマが人間の祖先になり、アステカの月神がカタツムリのなかに閉じ込められ、湿り気はあってもどうということもないカエルがエジプトでは出産の女神になった。(99-1- 220)

　　外見が似ていることから生じる現象の結びつきは「しるしの原理」と呼ばれ、月の象徴となり顕現となりました。たとえば、月光に反応して光る月長石（月愛珠／水晶）(註2-8)と呼ばれる白石は月の光の結晶と考えられました。(54-295)　また、銀は白銅と並んで月を象徴する白色の金属で、『万』では白銅鏡は月の象徴として扱われています。

ほかの動物も月に似ているという理由で、月の顕現となる。外見が似ていることから生じる現象の結びつきは「しるしの原理」と呼ばれてきたが、それによれば、動物、植物、石など——自然界全部——にはそれぞれに、それがなんなのか、何を意味するのか、そのことを示すしるしが押されていて、なかには「何に効く」のかがわかるものもあるという。
黄色い花は黄疸に効き、月光のように白ければ月に「属し」、月のように作用する、というのである。たとえば、「ルナリア lunaria」「luna は言うまでもなく月」——丸くて白い半透明の頭状花をもつからそう呼ばれる。(99-1-215)

　　『淮南子』覧冥訓（BC206年-8年）では「物が感応しあい月輪も変化する」と説きます。この時代、地上と月が互いに影響し合うと考えていました。(157-1-295)
そもそも物が互いに変化し影響し合うさまは、奥深く神秘的であって、いかなる叡智をもってしても論じ難く、いかなる明察をもってしても解き得ないものである。たとえば、東風が吹き渡ると、酒は発酵し、蚕が糸を吐き始めると、商音の琴線が切れる

というのは、物類が感応するにほかならない。葦に灰を使って窓の下の月光の中で円を描き、その一区を切り取ると、それに従って月輪の一区が欠けたり、また大鯨が死ぬと彗星が出るというのも、物類が感応して動くためである。

　人の心や体の動きと自然が感応しあう様を詠んだ歌が『万』や『拾遺集』には数多く残されています。額田王の恋心が秋風を起して簾を動かしている、斎宮女御の爪弾く琴の音に合せて峯の松風が吹いている、なんとも繊細な情景です。

君待つと　我が恋ひ居れば　我が宿の　簾動かし　秋の風吹く　　　額田王（万④488）

琴のねに　峯の松風　かよふらし　いづれの緒より　しらべそめけむ　　　　斎宮女御　拾遺集雑上451

　海人族は潮を自由に操ることを夢みたのでしょう、海幸・山幸神話があります。神話の中で「潮の干満」が重要な働きを持ちます。海幸彦（ホデリ／ホスセリ）と山幸彦（ホヲリ／ホホデミ）の「ホ」は月光のような「ホノカな光」をさし、二神が月神であることを暗示し皇統（ホホデミはじ初代天皇・神武の祖父）も月信仰をもっていたことが分ります。（海幸彦で象徴される海人族が民族の祖先であり、山幸彦は上陸した祖先であることを示唆）（440-470）

　山幸彦は豊玉姫から贈られた潮満珠・潮乾珠（潮涸珠）で兄の海幸彦を成敗しました。珠が潮を操るのは、珠が月光の凝結したもので月の力を持つと考えられたからに違いありません（月長石／月愛珠）。ちなみに、海神の宮殿・竜宮城には神聖な桂の木（湯津香木）があるという記述があり、そこが月宮殿であったということでしょう。月世界を表わした中国古代の月鏡（註 2-9）には、月の桂樹の下に横たわる龍が描かれています。（176-177）（157-1-扉）つまり、龍が昇ってゆく行先は月であり、そこが竜宮と呼ばれたのも理解できます。

　話が変わって海中の龍宮へ行った瑞江浦嶋子の場合、乙姫から授かった玉匣の雲は浦嶋子の永久の若さ（神仙）を斎い込められたもので、神仙境へ飛び去った、としています。古代世界では雲もあらゆる「水の源泉」とされた月との関係で語られ、雲も龍も昇ってゆく先は月世界であったはずです。つまり、道教でいう神仙境とは本来、月世界を指す言葉であったと考えられます。

雨や露、空気や雲の湿気、泉や川や海の水分、草や木の水分、動物や人間の血液や乳、こうしたあらゆる水をたたえているのだと。古代世界ではどの民族も、大地に水をもたらす泉や水源として月を題材に歌い、踊り、そして、描き、書き記した。（99-1- 138）

　月はあらゆる「水の源泉」と考えられたことから、海もまた月世界であったと考えられます（下界の海と天界の水）。（101-6-241）海神・豊玉姫の「玉」は月光が結晶したものであることから、豊玉姫とは月神、あるいは月光の化身といえそうです。

　浦嶋子を載せる『丹後国風土記』の解説では、常世（辺）あるいは天上は神仙境として解釈し、月信仰の直接的な視点はありません。

常世べに　雲たちわたる　水の江の　浦嶋の子が　言持ちわたる　　　　（440-474）

　キャシュフォード氏は月と水の関係について「天空では水は月にあり、地上では月が水の中にある」としています。つまり、海の中に月があると考えても良さそうです。（「水を掬すれば月手にあり」「水たまらねば月も宿らず」「田毎の月」）（註 2-10）

月と水の密接な関係は月と水がしばしば入れ換わることに表れている。天空では水は月にあり、地上では月が水のなかにある。月が湖や水たまり、ゆるやかに流れる川にとけ込んでいるように見える。晴れた満月の夜にはことさらそのように感じられる。月と水の融合は月女神と男神が水浴びする神話に見られる。というのも、水中に沈むことで身を清めて再生する、つまり月が水に「溺れて」、そのあとふたたび昇ることを示すものだからである。（99-1-169）

　亀を助けた浦嶋太郎の清い心には見ることができた（子供にしかみることができないトトロ）──インド神話の水に映る月を指差すクリシュナーの子どものような生得の理解──海の中の月世界が実在するのでしょう。禅では

「一切は無であり、一つである」すなわち「無水無月」と説き、千代能尼が悟りを開いた桶の水に映る月（註2-9）もまた同じこころの世界を指します。(99-1-197)

　アマテラスが「常世の浪の重浪帰する」と告げたように、人麻呂も「天の海」と詠っているとおり、「地上の海と天の海」は繋がっていると考えていたようです。『奥の細道』の中にも、天空と海が繋がっていることを暗示する句があります。(16-66)

荒海や　佐渡によこたう　天の河

　以上のように、月には途方もなく遠大な力があり、それは死と再生・寿命・生殖・豊穣・霊水・潮汐・月経などをもたらした、と考えるようになりました。日本の皇祖神も古くは月神タカミムスヒであり日神アマテラスではなかった、と三浦氏は指摘しています。タカミムスヒの「タカ」とは高天原の意味で、「ミムス」とは「生産する」、「ヒ」とは「霊」と考えられ、タカミムスヒとは高天原で豊穣や潮汐を采配していた月神です。エジプトのオシリスもオオクニヌシとスクナヒコナも同じ神格をもつ月神でした。

　「タカ」は多くの場合、月あるいは月のある世界を意味します。その例として、共に「高」の名を負う周芳山口盆地の東に位置する高倉山と伊勢外宮の南西に位置する高倉山があります。高倉山とは「月神を祀る盤座の山」の意味で、いずれにも「月と岩と水」で示される月信仰の古態が残されています。

縄文時代の遺物にも月信仰の痕跡が認められ、古代日本にも月信仰が明らかに存在した

　『世界宗教史』を著した宗教学者ミルチャ・エリアーデは「人間は象徴的人間であって、その全行為には象徴性が含まれており、一切の宗教行為は否応なく象徴的性質を帯びる」と指摘しました。つまり古代の遺物に見られる造形や文様には「象徴的な意味」がある、と述べているのです。(59-258)(173-13)(245-148)(442-31)

　画家カール・ヘンツェは、その鋭い観察力を通して、中国の新石器時代の土器や青銅器の装飾にあらわれた宗教思想の研究に生涯のほとんどを費やした人物でした。ヘンツェ氏は日本の縄文時代の土偶や甕、土面などにも月信仰の明らかな象徴性を認めていました。(103-25)(139-43)(245-148)ナウマン氏は慎重に言葉を選びながらもヘンツェ氏の研究を引用して、縄文土器に残された図象に月信仰の明らかな痕跡を指摘しています。

いくつかの非常に古代的でこれまで理解されないか、誤って理解されていた神話のモチーフが、縄文図像のモチーフになんの困難もなく結びつき、そうすることでその本来の意味が認識できることがわかったのである。さらに、神話モチーフと縄文図像のモチーフとの一致は、このモチーフの成立時期を神話についてもほぼ特定する可能性を示している。(244-3)

　ナウマン氏は縄文時代の遺物に見られる象徴性について、「世界は象徴を介してそれ自身を語り、またそれ自身を明示する」というエリアーデの言葉を引用して、「視覚による思考」（註2-11）の必要性について次のように述べています。(245-146)

縄文時代の土偶や土器についても、こうした意見の相違は同じである。その奇妙な特徴や文様に「意味」はあるのか。ヘンツェはつねに、自分が言及したことはすべて眼で捉えて知覚しうることだと語っている。とはいえ明白に、ヘンツェの論証を追うためには、象徴を知覚する能力が求められる。換言すれば、われわれが初期人類の視覚的思考や視覚的観念を理解しようと思えば、（現在通用している）「ことばによる思考」に代わって（広範囲に消失してしまった）「視覚による思考」が必要であろう。(245-149)

　上記の文章も含めてナウマン氏が象徴性について指摘する重要な点を纏めると、下記になります。(245-147)

1. 象徴は、直接的な経験レベルでは判然としない存在様式あるいは世界構造を明らかにする。

2. 象徴は実存するものないし世界の構造を指示しているので、そこにはいつも宗教的特質がある。このことは、最古の文化レベルでは、実存するものと聖性は等価であることを意味する。

3. 宗教的な象徴性のもつ本質的特性は、その多価性にある。いくつかの意味を同時に表現する能力のことであり、意味相互の連関は直接的な経験では判然としない。

4. 象徴は結果として、異質の諸現象を一つの「体系」のうちに一体化させたり、統合さえできる視点を明らかにしやすい。

5. 象徴のもっとも大切な機能は、ほかでは表現できない究極の現実がもつ逆説的な状況あるいは特定の構造を表現する能力にある。

6. 宗教的な象徴性のもつ実存的価値というのは、象徴がいつも人間存在に関わる現実や状況を指示することにある。

縄文時代の土偶、土器に認められる月の象徴

　土偶、土器に認められる月を象徴する図象の主なものは、以下の通りです。詳細に述べることは本書の目的ではなく重要な点だけを纏めます。

　数字の「三」は、三日月または朔から三日月までの三日を象徴し特に重要です。たとえば、三笠山や三輪山の「三」、宗像三女神(タゴリヒメ・イチキシマヒメ・タギツヒメ)、住吉三神 (表筒男命・中筒男命・底筒男命) の「三」、など多くの例があります。また、『記』の中でヤマトタケルに語らせる「あしひきの三重」も同じ「三」に由来するかも知れません。なぜなら、アマテラスがヤマトヒメに、「是の神風の伊勢国は、常世の浪の重浪帰する国なり」と告げたように、伊勢は常世の月から波が繰り返し打ち寄せるところだったからです。三重も三輪と同じく「三」を介して月を象徴している可能性があります。(第 5 章／前方後円墳の構造)

　また、ヘビの造形も頻用され、これはヘビが月の眷属とされたからです。月の「生の水」を象徴する「涙・唾液・鼻水」が線や点として描かれています。さらに、渦巻紋様や円は月の周期や月そのものを象徴する造形として重要です。(19-39) (22-2-167) (22-3-54) (22-4-47, 103) (79-96) (91-270) (99-1-211) (102-53) (104-8, 122) (110) (257-189) (260-261) (345-178) (348-62) (409-59) (428-13)

1. 三：三日月または朔から三日月までの三日。

2. ヘビや蛙：月の眷属。

3. 角や牙：三日月の形。

4. 十三：三日月から望までの日数。

5. 涙、唾液、鼻水の線刻：月の「生の水」。

6. 胸部と臍を繋ぐ一本の線：月はあらゆる生命を育むことから、生命が始まる中心の象徴。

7. 半円：半月または周期の半分。

8. 渦巻：月の周期。

月神アマテラスから日神アマテラスへの転換

　月神から日神への転換は世界中で起きた現象で、日本神話のアマテラスが月神から日神へ転換されたのも、世界的な潮流の中で生じたものでした。(日本は世界の潮流からかなり遅れた) 日本を中央集権的・君主的な官僚国家に変え権力を掌握するために、月信仰から絶対的な太陽信仰へと切り替えたのです。(244-186)

　絶対王権を誇示するためには、満ち欠けを繰り返す月よりも絶対不変の太陽が必要でした。平安時代中期の最高実力者・藤原道長(966 年-1027 年)も詠っている通り、欠ける月は権力には相応しくないものになっていました。常に「欠けることのない望月」でなければならなかったのです。

　日神アマテラスを必要とした天武から文武までの間、古代日本は激動の時代でした。日神アマテラスを実現させた文武朝が古代から王権を窺う豪族たちの勢力の上に成立していたことは、十分に推測されます。簒奪王朝であった天武朝を認めさせるには、困難を極めたはずです。天武紀の最後にある「天皇の病は草那藝劔の祟り」の記事は、重要な意味を持ちます。(150-6-42)

2. 闇から生れる月——不死と再生思想
晦日の暗闇から三日後に甦る月は不死と考えられ、甦る月から再生思想が生れた

　晦日の暗闇から再び三日月として現われる月の姿に、古代人が「月は死なない (死んでも再生する)」と感じた

のは自然のことでした。三浦氏は宗教学者エリアーデの言葉を引用して、自らの運命で死を迎えそして再生する月について、以下のように述べています。常に不変である太陽からは、不死と再生の思想は生れなかったことも理解できます。月の満ち欠けは、地球上のあらゆる生物の生と死や自然現象に直接かかわるものとして受け入れられたのでしょう。

M・エリアーデによれば、太陽は常に同じで、それ自体は不変であるが、満ち欠けし見えなくもなる月は生成・誕生・死の普遍的法に従っているという。月は自らの運命により死んで、再生する。常に雨・潮・種まき・豊穣・月経周期・蛇・死などの生物学宇宙的現実と関係するという。(210-273)

　再生思想は月信仰と表裏をなすもので、月が満ち欠けを繰り返しながらも永遠の存在であることから生れたと考えられます。それは生き物の「生と死」に通じ、月の死である晦日の暗闇から新月として再生すると考えたのです。

月をめぐる神話でもっとも重要なのは変容神話である。古代人は月の満ち欠けを天の生き物が成長して死ぬ現象ととらえ、死のあとには新月として再生すると考えた。月の諸相が繰り広げる絶え間ないドラマは、人間や動植物の生のみならず、死後の生という考えも含めて、生のパターンを考察するモデルになった。(99-1-3)

　このような月の姿に重ね合せて、人は死後の再生を夢みたと思われます。再生を繰り返す月は希望の象徴「人の心の闇を照らす光となった」のも頷けます。(99-1-3)

月そのものに不死をもたらすのは、三日月つまり「月の杯」に満たされた「生の水」と考えられた

　月そのものに不死をもたらすのは、「サカツキ杯」である三日月に満たされた「生の水」でした。この「生の水」は不死の神々のネクタル（神の食べ物）であり、同時に露や雨として地上に降り注ぎ、あるいは月のリズムにあわせて干満する海として地上を覆う「生命をもたらす水」であると広く信じられていました。

「生命の水」は不死をもたらすネクタルという神の食べ物が入った杯から生じた。その杯は勿論再生した月の三日月である。妊娠や出産にかかわる豊穣をもたらす力は、月のみずからを生む能力から生じた。植物を成長させたり枯らせたりする影響力も同じで、その場合、何といっても感銘が深いのは、古いものの死から新たな生命が生れることである。(99-1-359)

　世界中で、三日月は不死をもたらす永遠の「生の水」を湛える「サカツキ杯」とみなされ、その「生の水」は雨や露となって地上に降り注ぎ、地上のあらゆる生命を育んだのです。「サカツキ杯」は「サケ酒＋ツキ月」、つまり月の「生の水」の地上での代用品「サケ酒」を満たす「ツキ月」に由来するはずです。(第3章)

水の源としての月の力は、潮が月の相に連動し、夜露が地上に降り、雨が月の相によって降り、女性の血が月のリズムで引いたり流れたりする、ということだけに限定されるものではないように思える。月の水をたたえる杯が、永遠の生命の水——月がふたたび姿を現わすたびに、恍惚状態になるほどの約束を味わえる不死の液体——をたたえる杯でもある——というよりこちらが主である——というのは、月がみずからの死によって再生するからだったのだろうか。(99-1-178)

　古代インドでは、「生の水」は不死を意味するアムリタ（a＋mrita/mortal：不死）あるいはソーマ（soma／月神の名でもある）と呼ばれ、ペルシャではハマオ、ユダヤのマナ（月神シン）、などと呼ばれていました。中国や日本で月に棲むと信じられたウサギは、杵をついて不死の霊薬を搗きこねていました。

古代インドでは、この聖なる飲み物はアムリタ amrita（サンスクリット語で「不死の」を意味する。ア a は否定、rita は mortal 死ぬべき身）とも、ソーマとも呼ばれる。ソーマは雨をさす言葉であると同時に、月神の名称の一つでもある。しかし、近代の意識が聖なるものと聖ならざるものに分けたものは、元来は分離できない一つの実在だった。(99-1-178)

　「菊酒は神仙（不老不死）の飲み物」という古代中国の故事に因んだ重陽の節句では、菊を浸した酒（月の「生

の水」の代用品）を杯（三日月の象徴サカツキ）に満たして長寿を願いました。さらに、月影を映した酒を飲むことで、いっそう「月の力」を体内に取り入れることも意識したはずです。『万』には、柿本人麻呂作とされ月影を映した盃を飲む歌があります。歌中、「かすが」「みかさ」「ふね」「さかづき」「かげ」などすべてに「月」が暗に含まれています。もちろん、「みやびを」が弾いた琵琶には、月型の象嵌や窓があったはずです。

春日なる　御笠の山に　月の舟出づ　みやびをの　飲む盃に　かげに見えつつ　　　伝・柿本人麻呂

月が闇から抜け出て三日月になるように、ヘビも脱皮して新生することから再生の象徴とされた

　闇夜から再生する月と似た生態を持つ生物は、月の象徴あるいは顕現と考えられました。たとえば、冬眠して春になると子連れ（新たな生命）で現われるクマや、皇極紀に載る「常世の虫」とされ変態して羽化（蛹と羽化／死と再生）する蝶（アゲハチョウ）、月が支配する潮に影響を受ける海の生物など、「しるしの原理」と呼ばれ多くの生物の中に月の特質が見出されたのです。中でもヘビは、闇から出てくる月のように脱皮し生まれ替わる（と信じられた）ため、月のもつ再生力にあずかると信じられていました。(210-209)

冬眠のために姿を消し、春になると子連れで現れるクマ、暗闇で目が大きくなったり、小さくなったりするネコ、体をふくらませたり縮めたりするカエル、渦巻状の殻から角を出したり引っ込めたりするカタツムリ。海に住むすべての生き物……。ほかにもヘビ、雄牛、雌牛、ヤギ、バイソン、ブタ、イノシシ、野ウサギ、ウサギ、ヒキガエル……クモなどにも同じことが言える。（99-1-205）

　月の顕現あるいは眷族と考えられたヘビは水辺を好むことから、月の「生の水」の番人として、トグロを巻いた姿やうねる線として象徴的に土器に描かれました。

とぐろを巻いてじっとしているヘビは渦巻になり、あるいは、逆に言えば、動く渦巻きはヘビになる。渦巻きは円がさらにつぎの円につながる形で、月と同じく、原点への回帰に別のレベルへの動きが結びついている。渦巻きは牡蠣や巻き貝やカタツムリなどの貝殻の形でもある。最古の渦巻き模様はシベリアのマリタ遺跡で発見されたもので、マンモスの牙製の帯どめに刻まれている。また、反対側にも三匹のヘビが刻まれている……。（99-1-210）

　ヘビを象徴する文様は古代イランや古代近東、ミノア期のクレタ、初期ギリシャなど世界中で認められ、日本の縄文時代の土偶や甕にも多数の発掘例があります。これらは西から東へ伝播したものではなく、それぞれの文化で独自に生まれたものでした。しかし、独自に生まれたものであっても象徴されるものに普遍性があるのは、人の精神の深淵に存在する原始心像（C・G・ユング）によるものと考えられます。ナウマン氏は、日本以外の多くの類例をあげています。

頭部に蛇のついた土偶には、日本以外にもじつに多くの類例があるので、蛇身装飾を施した土器についても同じだと想定してよいだろう。げんに中国では、半山の墓葬用土器の一部にその種のものがみられる。……古代イランや古代近東、ミノア期のクレタ、初期ギリシャ、東方では先コロンブス期のアメリカにも事例がある。蛇はテレラト・ガッスル（死海北東）から出土した土器の「もっとも顕著な装飾モチーフ」である。(245-178)

再生への祈りは縄文土偶や、前方後円墳の造形と副葬品（鏡や玉など）に認められる

　死後の世界を夢み、また人としてこの世に再び生まれたいと願うのは、古代から人の尽きない願いでした。その願いや希望を物語るのが土器に表現された月とヘビを象徴する輪や蛇行する線、あるいは涙や唾液などを象徴する刻点です。縄文土器に残された文様から、再生するヘビと月の「生の水」の関係が明らかである、とナウマン氏は指摘しています。

　インド＝ヨーロッパ語族では「夢（meticesthai 夢見る）」という言葉が「月」と「測定」の共通の語幹（me、ma、men）を持つことも古代人の考え方の一端を窺わせます。(99-1-253)

藤内土偶とその類例を念頭に置くならば、蛇が這っていたり、飲もうとしている土器が、観念的に、月の盆が容れられているのと同

じ液体—生の水を溜めているのだと結論せざるをえない。とすれば、生の復活を象徴するこれらの土器が、死者祭祀に使用されるのは当然すぎるほど当然である。蛇が生の水を飲んで新たな生を獲得するさまを故人に気づかせて、そしてこの復活を保証するのが月であることを教えられて、故人は彼ないし彼女の新たな生への再誕生を約束される。(245-179)

　著者が提唱する空間考古学の視点から、前方後円墳の測量と設計の背景に月信仰が存在する可能性があります。測定という言葉は地上絵の測量と空間考古学とも関連し、月信仰が地上絵に与えた影響を考える上でも重要です。
　九州地方に多い装飾古墳の壁画は月信仰と喪葬祭祀のあり方を最もよく表現していると思われます。喪葬船は常世国・月へ向う「月の舟」である三日月、ヒキガエルは月の眷属、二重の同心円は月輪の象徴、ワラビ手文は再生の象徴である、など被葬者の常世国での再生を願う表現で纏められています。(210-298)

3.　月の相と周期——「トキ時」の発見
古代人は、月の満ち欠けから、月の動きには一定の周期があることに気づいた
　太陰暦を用いている国を除いて、現代では月の形（相）を見て「今日の日付」を知る人はまずいないでしょう。ところが、月の満ち欠けによる太陰暦（太陰太陽暦）を用いていた世界では、三日月が出れば三日、満月であればおよそ十五日、下弦の月では二十二日頃と判断できました。
「遠い昔のインド＝ヨーロッパ語族の人々は、というより実質的に地球上のほとんどの人間は、夜で日にちを数えた」のであり、「夜の数で日にちを数えることと、月の相によって（暦の）月の日、というより夜を示すことの間には内なる結びつきがあるらしい」。(99-1-74)

　明治5年（1872年）に太陰太陽暦から太陽暦に改暦される以前の日本でも事情は同じでした。しかし、改暦から約50年後の大正十四年（1925年）になっても、ある小説の中では「十六十七日と思へる月」と表現していることから、人びとの暮らしはいまだ太陰暦で動いていた様子が窺えます。(120-1-61)
　古代では月の出る夜から一日が始まり、朝になっても明日（あした）ではなかったのです。それは、はじめて新月（三日月）を確認した日を月の初めとし、月の形で日付を判断したからです。新月の日、ローマでは「カレンド、カレンド」とベルを鳴らしてふれ歩き、この「カレンド」が「カレンダー」の語源です。
バビロン暦・ユダヤ暦・ギリシャ暦・ヒンズー暦などでは、初めて月が観測できた日、すなわち新月を確認した日を月の初めとしていた。ローマでも月を初めて確認した日には、「カレンド、カレンド」と町中をふれて歩いたという。カレンドとはローマ古暦の一日で、それが暦の名カレンダーの語源となっている。(210-16)

　古代中国では新月より二日遡った日を月の初めとして「サク朔」と呼び、現代日本でも「ツイタチ一日」を朔と呼ぶことがあります。(210-16)　朔には「遡る」という意味と「欠ける」という意味があり、朔日とは月の欠けた暗闇をも指しました。
　古代日本でも月神を「ツキヨミノミコト月読尊」と呼んだように、月の形を読んで（ツキヨミをして）日を数えました。「コヨミ」とは「ツキヨミ」が変化した言葉で、「ツキ」が「コ」に転訛したことが明らかです。
西村真次によれば、日本人はよほど古い時代から、月による一種の暦を持っていた。つまり、「月読み」が「暦」の意で、今日のコヨミ（カヨミ・日読み）と同義であり、暦術としては日よりも月の方が古かったらしいという。本来、暦日を数えるのは「月読み」であるべきものが、月が忘れられてしまって、一般に「日読み」であると思い込んでいるのである。(210-16)

　現代では、日にちは三日、十日と記します。しかし、本来は月の形の分る夜で数えたことから三「日」、十「日」と括弧つきの日にしなければならない、と亀井孝氏は指摘します。つまり、太陽で日を数えたわけではなく「日」は宛字にすぎません。これから分るように「カ日」とは「月」を意味し、若月の「ワカ」から派生

した言葉でした。本来は、三カ（夜）、十カ（夜）と表現するところです。（第3,4章）

亀井孝はゲルマン族の暦日は日ではなく、夜で数えたから、括弧つきの「日」としなければならないというのである。いわば日は義訓である。(210-17)

　　月の満ち欠けから、月の動きには一定の周期があることに気づいたのでしょう。しかし、周期を具体的に見ることはできないため、抽象的に考えて創造されたものといえます。ものごとを抽象的に考える能力が備わっていたからこそ、経験した満ち欠けから月の周期という概念を生み出したと想像できます。これは古代人の原始的思考を考えるうえで重要で、一般的に考えられるような「未開で幼稚」ではなく、「知的で成熟」した複雑な体系を思考することが可能であったと考えられます。
　　現代人は当然のように考えても、最初に月の周期に気づいたことは大きな発見であったはずです。

いつもそこにあって、簡単に見ることができ、記録できるだけの期間つづく月の相の規則性によって、太陽の場合より長い時間を区切ることができる。狩猟にせよ、植物の採取、栽培にせよ、仕事の目安として、月の諸相にあたる夜にしばしば単独で、あるいはまとめて別々の名称がつけられた。それらはつづく昼の名称でもあった、後世の計算では、もっと抽象的な二十四時間という観念になる時間をカバーするわけである。(99-1-74)

　　「昼は夜から生じる」という言葉に違和感があるかも知れません。しかし、古代では世界中で普遍的に一日は月の出る夜から始まりました。ユダヤ教創世記にある「夕べがあり、朝があった」のです。

月による時間計算では、夜がまずあって、昼間は夜から生じるので、時間の長さは夜で数える。このような考え方はいまでも英語の「fortnight 二週間」という言葉に残っていて、「fortnight 十四夜」は現在では十四日を意味する。これほど一般的でない「sennight（seven nights）七夜」はマクベスの魔女の呪い言葉に使われている。(99-1-75)

　　『紀』では箸墓を築くのに昼夜の別が記され、一日の始まる夜（月が出る）は「神の時間」でした。つまり箸墓は「神が造り、人がそれに続いた」と解釈でき、これは箸墓の意味を考える上で重要です。（第5章）「夜が神の時間」である名残は、神道の祭礼のほとんどが夜に行われることに残されています。

「崇神紀」十年九月の条には、倭迹々日百襲姫ヤマトトトビモモソヒメの箸墓を築くのに、「日は人作り、夜は神作る」とある。昼は人の時間であっても、夜は神霊のうしはく時間であったのである。だから、祭りは夕方より始められたし、「中臣寿詞」には、夕日より朝日の照るに至るまで、天つ詔刀の太詔刀言をもちて告れ、とある。昼夜の境は、日の出と日の入りであった。(210-19)

　　ゲルマン族でも事情は同じで、一日は日没から始まりました。日を数えるのは夜の数で数え、三カ（夜）、十カ（夜）と数えました。亀井孝氏の論述を引用して、三浦氏は以下のように述べています。

ゲルマン族は日没をもって一日のはじまりとしていたことが知られる。……日を一かぞえるにあたり、そのときかれらの意識の中心に座をしめていたのが、じつは、もと、よるであったこと、つまりこよみとはつきをよむわざにさかのぼるべきこと、まさにこのことをうかがわしめる。(210-17)

一定の周期を持つことから、月は「トキ」の創造主と考えられた

　　「トキ時」の観念（言葉）がない古代とは、どのような世界だったのでしょうか、今では想像もつきません。「トキ」を物理学的（プランク時間／セシウム原子の放射周期）（註2-12）にとらえる現代では、その「トキ」の観念を一時的にでも止めることは「詩的」には可能であっても、現実にはできません。たとえば「もう2時間働いた」という時、現代人は時計が2時間すぎたことで知るはずです。あるいは「いま〇時ころ」とやはり時間を想像するはずです。古代では「トキ」とは生命のリズムと一体となった「トキ」、つまり「トキ」を創造する月の周期と切り離すことができない「トキ」であったようです。

われわれは時間が生命のリズムと切り離されていなかった時代に時間の源と調和して生きるとはどういうことであったのか想

像もできない。かっては、時間は月そのものの物語、つまりは全宇宙が参加する物語のなかでできごとが起こるときとして月から生じたように思えるからである。(99-1-67)

　この「トキ」も月の周期に由来し、古代人は月とともに生きていたとする説があります。「トキ時」は常世の「トコ常」と同じく「ツキ月」に由来するという金沢正三郎氏の説を上げて、三浦氏は以下のように述べています。(本書ではすべて常世と記述し、常世と常夜を厳密に区別していない)
金沢庄三郎は、トキ（時）はトコ（常）などとともにツキ（月）から出ているとしたうえで、インド・ゲルマン民族は時の思想上で太陰をもっとも重要なものとしていて、日数を数えるのも夜をもってしていたという。そして、サンスクリット語と英語の「夜」で数えた証拠の日数詞をあげている。(210-17)

　月はあらゆるものの創造主であり、「トキ」もまた月によって造られたと信じられていました。「ツキ月」から「トキ時」が生まれたこと、「ツキ月」のある世界を「トコヨ常世」と呼ぶこと、も容易に理解できます。
　イングランドのストーンヘッジやフランスのカルナックなどには、紀元前五千年代頃の巨石時代あるいはそれ以前に建造された「月の神殿」が存在します。「月の神殿」は月の運行を研究するための観測所であったという説もあり、立石は月の出入方向に並んでいるとされます。(173-179) これらの例から日本の楯築遺跡 (岡山県倉敷市) の立石や陶春日神社 (山口県山口市) の「タテイシ建石」も月の運行を観測する装置であった可能性があります。(40-26) (75-94) (109-5) (179-5-225) (341-175) (386-42)
最初の月の神殿は、地平線のかなたの丘と丘の切れ目、新月の細い曲線が神の顕現として現れた場所と言えるのではないだろうか。のちにその光景を目にした場所をしるす石が置かれ、さらに、一定の月の動きと月下の地上に集まる人々を結びつけるために別の石が置かれていったと想像される。われわれが神殿と呼ぶこうした石の配置が、時間を告げる最初の方法だったかもしれない。(99-1-76)

　「月の神殿」が月の観測所であったという説にしたがえば、大和の三輪山を通る東西軸上に創建された多神社 (元・春日宮／カスガはオボロツキの意) も月の観測所であった可能性があります。古代日本も月信仰の世界にあり、「神の行動」ともいえる月の運行を知るためには観測所が必要であったと考えられるからです。周芳山口の「月神を祀る盤座の山」高倉山と「月輪の造形」泉香寺山も月の運行を観測することに関係していたかも知れません。
　観測所が造られた理由は、月の運行が複雑で予測するのが難しかったからです。結果、多くの民族で月は「さまよえるもの」と呼ばれていました。(242-7, 11)
月は平均すると、毎日一時間近く昇るのが遅くなり、地球の周囲を回転するために、一日におよそ十三度ずつ東の空へ動く。月は地球のまわりを円ではなく、楕円を描いて回るが、地球は楕円の中心ではなく、その焦点の一つになる。その結果、月はおよそ二週間の間隔で、地球にもっとも近づいたり、もっとも離れたりを繰り返す。……このような地球を回る月の運行速度の変化は、月の出と入りの時間に影響を及ぼす。したがって、予測するのはきわめてむずかしい。(99-1-77)

「ひと月」とは、新月の三日月が西の空に現われた時から始まった「天体の月」であった
　古代で「ひと月」といえば、闇夜である朔から晦日までの月の動きから判断する「ひと月」でした。
昔は「ひと月」と言えば、新月の三日月が西の地平線に広がる闇を最初に照らすとき（その瞬間を報せることすらした）からはじまる「（天体の）月」であったということを忘れがちである。たとえば古代エジプトでは、三日月を表すヒエログラフは「（暦の）月」の省略形であり、中国でも（天体の）月と、（新月ではじまる）暦の月には同じ字を使う。(99-1-74)

　根本順吉氏は、現行の月の単位は人工的に決定されたもので、自然現象とはまったく関わりがない単位であると指摘します。グレゴリオ暦の6月を表わす June (ローマ神話の女神 Juno)、7月の July (ローマ末期の政治家ユリウ

ス・カエサル）、8 月の August（ローマ皇帝アウグストゥス）、など神や権力者の名を付けたもので人為的に決められたものでした。

現行暦の月の単位は歴史的にきめられた人工的なものであり、自然現象とはまったくかかわりのない不自然な単位なのである。自然現象を見る時に、潮汐をはじめ、意味を持った太陰暦の月の単位を暦面からまったくなくしてしまうことは、決定的にまずいことなのである。（242-64）

　新月から新月までの周期は 29.5 日で朔望月と呼ばれます。一方、恒星を測定基準とした場合、月が地球を一周するのに 27.3 日かかり、これを恒星月と呼びます。朔望月と恒星月が一致しないのは、地球自体も動いているからです。月がつぎの新月になるには、あと 2 日軌道上を進んで地球を追い駆けなければなりません。

恒星月と朔望月が一致しないのは、地球自体も動いているためである。地球は太陽のまわりの軌道にそって約 27 度の角度で、月が地球を一周するのと同じ時間をかけて動いている。そのため 27.3 日後、月はふたたび太陽と一列になるまで進んでいない。地球自体が動いたからである。そこで月が太陽と一直線になってつぎの新月になるには、あと 2 日軌道上を進まなければならない。（99-1-90）

女性は月経・出産の時期を月の相と周期で測った──女性が「トキ時」を発見した

　月の周期と女性の生理周期が近似することから、月が生理をもたらす、つまり月が月経の原因であると考えられたようです。古代では月と女性の本質は同じと考え、女性は「地上で月の法則を受け入れるもの」と見做されていました。本質が同じで共に法則を体現することから、「ツキ」が創造した「トキ」を最初に発見したのは女性であったと考えられます。

月の周期と女性の体の規則的周期はかなり正確に一致する……その対応関係はつねに一定で……世界各地で、月は月経の「原因」であり、さらに月と女性の本質は似ていて、同じように、法則を体現するとみなされるようになった。（99-1-4）

　月（の周期）が月経の原因であると信じられたことから、月経はその字にあるように「暦の月」を表わすものでした。つまり、日にちを測るのに月経も利用したと考えられます。そこで古代の多くで月と月経、測定を表わす言葉が同じ語幹「me」を持ち、ラテン語では mensis が「暦の月」、menses が「月経」、mensura が「測定」を表わします。

月経はしばしば「月（のもの）」といわれ、もともと「暦の月」でもあった。たとえば、ギリシャ語では、メーネー mene が月を、カタメニア katamenia が月経を、ラテン語では、メンシス mensis が暦の月、メンセス menses が月経、メンストルウム menstruum が月ごとの支払いと在職期間の両方、複数形のメンストルア menstruma が月経血をさす。月と月経の経過はどちらも日にちの測定を可能にし、そこから時間の計算ができるようになることから、メンスラ mensura「測定」は共通の概念を表す。（99-1-4）

　ドイツ語でも事情は同じで、Mond が月、Monat は暦の月、Mens が月経を指します。このように直接的、間接的に時間を表わす月、暦の月、月経が同じ語幹を持つことから、女性が「トキ」を最初に発見したと想像されます。フランス語では、月経は「le moment de la lune（月の時期）」とも表わします。（99-1-4）

　日本では『記』の中にヤマトタケルとミヤズヒメ（氷上姉子神社）の伝承があり、その中でヒメの月経の話が出てきます。なぜ、月経の話題を載せる必要があったのか不思議です。「ツキノモノ」と呼ぶように古代日本でも月（の周期）が月経の原因と考えられ、背景に月信仰の存在を示唆します。なんといっても、ミヤズヒメは篤い月信仰を持つ尾張国造の姫で、熱田神宮の創祀に関わる重要人物です（天武紀頃に創作された説あり）。裁縫をしていた伝承からは、古代の月神的なヒルメをも想像させます。（165-42）（290）（332-519）

　古代では女陰を「ホト」と呼び、「ホ」は「ホノオ炎」「ホタル螢」「ホノカ仄か」の「ホ」と同じ「ヒ火」の古形で月のような淡い光を指しました。つまり「ホト女陰」とは月経が始まる場所を月に関連付けて考えた証で、その外形から女陰は月が現れる岩戸を連想させます。これは「しるしの原理」と呼ばれ「タキ滝」が信

仰対象になるのと同じく、外見が似ていることから生れる現象の結びつきや見立てを指します。(141-61)(240-238)(309-1-151)(第3章)

　月と女性の類似は、月が欠けると光を失うように、女性も女性自身の月すなわち月経で血液を失うという考えが古代にはありました。(99-1-11)『記』に載るミヤズヒメの伝承もヤマトタケルの力の衰退を暗示しているのかも知れません。

　「アネゴ」(水上姉子神社) の名から思い浮かぶのは、女性は兄弟 (男性) に対して最強の守護神 (オナリ神) (註2-13) になることでした。二人は夫婦であっても、最強の守護神であるミヤズヒメが月経で血液を失い、衰弱したオナリ神としても描かれているようです。(69-5)(76-347)(97-89)(109-33)(144-64)(145-61)(309-306)(第4章)

　妊娠期間についても月が支配していると考えられ、28日の月を10回過ごせば、満ち潮を連想させる「破水」とともに出産が始まることに由来します。月は胎内の羊水も、妊娠の期間も、そして出産そのものも支配していると信じるのは容易であったはずです。『月の魔力』では、赤道に近い国ほど満月の日に出産の件数が増える傾向にあると記されています。(9-207)

月はみずからの始まりに戻ることで周期を生じるので、同じように周期をもつあらゆるものの支配者となった——海の干満と潮流、夜露、季節的な雨、川の流れや血流などである。……月の周期は女性の子宮の月ごとのリズムに正確に呼応しているので、月経周期のタイミングを月の変化で測る女性は、時間というものを最初に認識した可能性が大きい。出産の時期も月によって数えることが出来る（28日の月を10回すごせばよい）ので、月は多産と不妊を支配し、それを拡大して、生きとし生けるものすべての創造周期を支配すると考えられた。(99-1-33)

月の周期を象徴——縄文時代の土器に描かれた渦巻文様

　およそ15000年続いたとされる縄文時代は、世界史では中石器時代から新石器時代に相当し、今から約3000年前に終焉を迎えたと考えられます。縄文時代の全ての時期の遺物に月信仰の痕跡が認められることから、月への信仰の強さが想像できます。その縄文土器に刻まれた渦巻文様は月の周期を象徴する、とナウマン氏は指摘しています。(19-60)

星形の円盤が頭部をおおった土偶がとくに興味深い。一四個ある突端数ならびに円盤の区画数である一四は、その他の紋様ともあいまって陰暦を示している。じじつ、月のもつ並外れた特質にひじょうに魅力を感じていた縄文人が、この天体の周期運動に基づいてある種の暦法を発達させなかったとすれば、その方がむしろ奇妙であろう。前述した各種の象徴と関連して縄文時代の遺物にひろく見られる一種の「記号」にも、暦上の意味が推定できるかもしれない。(245-281)

　世界的にも渦巻 (とぐろを巻くヘビや巻貝、カタツムリなど) は、月の周期が顕現したものと考えられたようです。渦巻紋様や円は、月の周期や月そのものを象徴する造形として重要です。(99-1-210)

　ナウマン氏は、言葉を慎重に選びながらも、縄文時代の象徴性の本質として月の周期を考慮することをあげ、その表現が渦巻文様であると指摘します。また、新潟県山北町で発見された巻貝の土製模倣品も月の象徴と理解してよいだろう、と述べています。その視点から、周芳山口の泉香寺山の「武者走り」と呼ばれる輪状の構造や楯築遺跡 (岡山県倉敷市) の弧帯文石 (註2-14) に刻まれた渦巻文様も月の周期を象徴している可能性があります。(第4,5章)(245-232)

縄文の文脈における渦巻きにこのような観念をあてはめるのは行き過ぎかもしれない。しかし、それ以外に何の意味も渦巻きに付随することはないと仮定するのもやはり賢明とはいえない。……おそらく渦巻きは、縄文時代を通じて土偶や土器に見られるもっとも一般的な象徴であろう。……渦巻きが運動を、より正確には天体の運動ないし公転を表すことを指摘しておいた。

4. 月と水——あらゆる「水の源泉」

月の動きに応じて潮が干満することから、月が潮を支配していると信じられた

　一日に二回、干満を繰り返す潮が月の支配を受けていることに気づいた古代人は、月を神として信仰しまし

た。その起源は古く、最古の遺物はフランスのブランジャール壕（ドルドーニュ県）で発見された骨片で、25000年前の初期クロマニョン人（オーリニャック文化期）のものと考えられます。その骨片には、二ヶ月分の月の周期を表した「しるし」が刻まれていました。(99-1-21) 月と潮の結びつきを示す痕跡は、古代ギリシャ、古代インド、エスキモーやニュージーランド、中国、日本でも認められています。

月と水の紛れもない結びつきは、月と海、とくに、月の相と海の潮の関係に現れている。新月や満月には、大潮というふだんより大きな潮の干満が見られる。……船乗りも陸者も等しく満ち欠けする月と潮の間に類似点を見いだしていた。しばしば満ち潮は満ちる月と同様、生命をもたらし、引き潮は欠ける月のように、引くときに生命をさらっていくと信じられていた。(99-1-162)

　古代日本では、潮の干満をみて操船せざるを得ない海人族が月信仰の担い手でした。その本貫には、尾張、宗像、伊勢、滋賀、大和、河内などがあります。また、近江国滋賀郡、播磨国飾磨郡、筑前国糟屋郡志珂郷（志賀島）、肥後国天草郡志記郷や大和（師木）、河内磯城郡など、海人族の居住地には「シカ」「シキ」を含む地名が多く周芳山口の「ヨシキコク與之岐国」もその一例と考えられます。

月には水があり雨や露となって地上に降り注ぎ、月はあらゆる「水の源泉」と考えられた

　月が潮の干満を支配することから発展して、月は雨・露・湿気など一切の「水の源泉」とする信仰が世界のあらゆる民族に分布していました。その水は杯に譬えられる三日月の中に蓄えられていて、「月は水のなかにある」「雨は月から降ってくる」と考えたのです。(99-1-138) (203-117)

古代人が想像した月を満たしている湿り気――霧でも雨でもソーマでも――は血液とも解釈することができた。血液は動物王国における生命の水の真髄であり、「赤い月」はしばしば血液で満たされているとみなされた。(99-1-9)

　また、月の水は月自身を再生（満ち欠けの循環）させる「生の水」で、不死の神々のネクタル（神の食べ物）と考えられ、不死と再生思想へと発展しました。(99-1-3) 不死をもたらす神仙秘薬として水銀が重視されたのも、おそらく「不死の月が水銀を降らせる」と考えたことに由来します。(126-9-141)

　ヒンドゥー教の月神ソーマ（あるいはチャンドラ「輝くもの」）は、潮を支配し雨を降らせることから「水の支配者」と呼ばれ、月神であると同時に雨をさす言葉でもありました。(99-1-178)

　月と水の関係は縄文時代の土偶や土器にも認められ、「月の水」が「涙や鼻水やよだれ」として三本の線刻あるいは複数の点刻として表現されています。その例として、ハート形縄文土偶の造形は著名です。(註 2-15) (22-1-106)『記』『紀』の中でも月神スサノヲは草木が枯れるほど「涙」を流し、八尋殿を穢した贖罪として「よだれ」が必要でした。(244-93)

月の水の祭祀――「生の水」を集め、「生の水」に浸し、「生の水」で洗う

　月から降り注ぐ「生の水」を集め、「生の水」に身を浸し、洗う――という行為が世界中で行われていました。それは浄化あるいは通過儀礼や再生の儀式として行われた宗教儀式で、その起源をキャシュフォード氏は月の物語にあると指摘します。聖なる川ガンジスで行われる沐浴、イザナギが「筑紫の日向の小戸の橘の檍原」（月を暗示する言葉で構成されている）で行った禊祓、東大寺修二会のお水取り（若水汲み）、ヨルダン山でイエスという人間をキリストに変えた洗礼、など多くの例があります。

浄化や通過儀礼、さらには再生の儀式として水に浸すという行為は世界共通であり、その起源は月の物語にあるのではないかと思われる。洪水が古いものを洗い流して新しいものに道をゆずることの類推から、新参者は古い自分を捨て、水をくぐるという行為を通して、つまり「永遠の生命の水」に「溺れる」ことで生まれ代わると考えられる。(99-1-196)

　多くの古代文明では、月と地球は同じ物質でできている、と信じていました（大母神文化）。「月は天空の大地（岩）」であり「大地（岩）は地上の月」と考えられた結果、岩（盤座）は月として神聖視され「水と岩の祭祀」

が始まったのではないか、と想像します。

古代文明の多くは月と地球は同じ物質でできていると信じていた。母なる地球と母なる月は等しく〈大母神 Great Mother Goddess〉の表れだというのである。(99-1-35)

　天香久山 (奈良県橿原市) の北麓には「月の誕生石」と呼ばれる岩があり、月は香具山で生れたと信じられていました。(211-77) つまり、「アマノカグヤマ天香久山」とは「月の山」の意味で満ちて行く生命力に溢れた月を象徴し、大和三山の中でも特に重視された山です。その視点に立つと、耳成山とは満月を、畝尾山とは欠けて行く月を象徴するようです。月を象徴する大和三山に囲まれた「フシハラキョウ藤原京 (新益京)」(註2-16) は、その名からも「永遠に続く月の都」「不死の京」として設計されたと考えられます。「月の都」周芳山口を流れる「フシノカワ椹野川」も「不死の川」と考えて不思議ではありません。(第5章)

斉明の「水の祭祀」

　斉明が「水の祭祀」を行った両槻宮 (註2-17) には、酒船石 (奈良県高市郡明日香村岡) と亀型石が残されています。酒船石の名称は本居宣長の『須賀笠能日記』以来の呼称とされます。(15-33) 亀は「スッポン鼈」(註2-18) のことで月あるいは宇宙 (天円地方) を象徴し、亀型石が月の祭祀に関わることを示唆します。

月は身近なものとしてスッポンにたとえられることがあったらしく、中宮寺 (奈良県斑鳩) 蔵の飛鳥時代『天寿国曼荼羅繍帳』の左上段には月とスッポンが描かれている。……2000年、明日香村の酒船石のある尾根の下の窪地で亀形石が発見された。それはスッポンを象った石槽である。想像するに、斉明朝に嶺の上の並槻宮辺りで月からの天つ水を受け、それをまじえた水を尾根筋を通して導き下ろし、亀形石に貯えたものらしい。なお、『俚諺集覧』には小町踊りの「足はやき天道船か夏の月」の例もあげている。天道船は月の船のことであるらしい。(210-119)

　両槻宮の「ツキ槻」は「ケヤキ欅」の古名で「ツキ月」の暗喩である、と三浦氏は指摘しています。「月」を意味する両槻宮で「月」から届けられた「生の水」を酒船石で受け亀形石水槽 (註2-19) へ導き、不死と再生を願う祭祀を行ったと想像します。

観は道教的な建物とされている。両槻宮はナミツキノミヤとも訓む。いずれにせよ槻宮のツキは月の暗喩である。それが天宮とされている。とすると、月は天の語で表されていることになる。その「月＝天」はここだけではなく、古代では一般的な用法であり、たとえば天香具山は月の香具山と考えてもよいだろう。(210-235)

　酒船石の名については多くの議論があります。「サケ酒」は若月の「ワカ」から派生した言葉で、船は月の暗喩であることから、私見では酒船とは若月と考えます。

　福永光司氏 (以下、福永氏) は、斉明は両槻宮の祭祀で吉野に住む神僊を招きよせて不死の薬を貰おうとした、と指摘しています。(49-25) 文中、「観」とは道教寺院の道観を指します。道教の神僊と不死の薬の思想は、その源流を月信仰に求められます。

漢の武帝の甘泉離宮の延壽観・益壽観の両観をモデルにして、吉野の山中に住むという神僊を祭りによって招き寄せ、不死の薬を貰うことによって、天皇としての不老長生を計ったのが、『日本書紀』斉明天皇紀、二年九月条に「田身嶺に冠らしむるに周れる垣を以てし、復た嶺の上の両つの槻の樹の辺に観を起つ、号けて両槻宮とす。亦た天宮と曰ふ」とある両槻宮であろうと推定されます。(54-168)　(44-168)

持統の吉野行幸と変若水

　持統が吉野へ行幸した目的は月の不死の水「ヲチミズ変若水 (越水)」を得ること、と吉野裕子氏 (以下、吉野氏) は述べ、その傍証として行幸と月齢の関係を指摘しています。(資料によって水の訓が異なる) (221-219) (265-1-67) ちなみに、31回の行幸で16回は満月、十三夜、十八夜など月明のころでした。

道教の錬金術理論書『周易参同契』(註2-20) には、方諸と呼ばれる器で月の水を取った話があります。また、中国古代の神話と地理を集めた『山海経』「海外南経」には、不死民と赤泉 (不死の泉) の話があります。(32-595) (46-40) (346-138)

　日本では『万』の一首から、「ヲチミズ変若水」の言葉が知識人に拡がっていたことが分ります。変若水は「ヲチ復ち」つまり「若返り」を意味し、変若水の得られる吉野は月世界と考えられていたのです。単にサクラの名所ではなく、殿上人が吉野詣でを繰り返し修験者が行を積んだのも、月世界である吉野と「不死の変若水」が切り離せない関係だったからです。(歌中、天橋は「月に架かる橋」、高山は「月の山」を指す) (265-13-67)

天橋も　長くもがも　高山も　高くもがも

月よみの　持てるをち水　い取り来て　君に奉りて　をち得てしかも

天に通う天橋も長くあってほしいよ。高山も天に至る程高くあってほしいよ。そうしたら月の神の持っている若がえりの水を取って来て、君にさしあげて、若がえる事が出来たらな。

　「桜は吉野」といわれるのも、吉野に降り注ぐ月の「生の水」つまり「変若水」で育った生命力に溢れたサクラだったからと想像します。また、白は月光を象徴する色であることから、ヨシノサクラの薄白い花も月光を連想させたかも知れません。その接頭語「サ」が「新たに生まれること」を意味し「変若水」を連想させた可能性もあります。私見では、サクラの別称コノハナとは「月の華」を意味し、これは「ツキ」から「コ」に変化した言葉です。(コヨミ暦) (吉野のクズ葛とカツラギ葛城) (註2-21) (梅は岡本、桜は吉野、みかん紀の国、栗丹波)

接頭語サは、上記のサル・サス・サラスなどの語幹サによるものだろう。だから、「新たに生まれる・…になる・生まれ代わる・再びなる・更新する・若々しい・(霊的に) 活性化している」などの状態・状況をさすのが、このサである。(210-67)

　月の「生の水」の祭祀が行われた一例として、もと青根ヶ峰の山頂にあった吉野水分神社 (子守宮／奈良県吉野郡吉野町子守) があります。祭神「ミズハノメ罔象女神」は「生の水」の祭祀を行う女神と考えられ、別称「コモリ子守」はおそらく「籠り」の意味で祭神が月神であることを示唆します。祈雨祈願で馬を奉納するのも「水の祭祀」の名残で、馬 (月獣) はスサノオ神話にある月まで昇って行ける天馬と考えられます。本殿は左右に分かれた三殿からなり、「三」は月を象徴する数字です。やはり、吉野山は月の「生の水」が降り注ぐ神仙境と考えられたのでしょう。

月の「生の水」は不死の霊薬とされ、その地上での代用品が「サケ酒」であった

　「サケ酒」は若月を表わす「ワカ」に由来し、酒は月の「生の水」の地上での代用品でした。それは「生の水」を地上では現実的に得ることができない、と考えられたからです。つまり「地上の酒」は「月の生の水」であり、月の祭祀と酒は切り離すことができません。

　蛇身装飾をほどこした縄文土器を充たしたのは酒である、とナウマン氏は述べています。

蛇身装飾をほどこした縄文土器が、何らかの祭祀目的ないし儀式目的に使われたのはほとんど疑いないところだ。ところで、その観念上の内容物である「生の水」は不断の若返りの手段でもあるので、生きている人間にも大切である。ただ、本物の生の水は得られるはずのないものだとすれば、代りに土器を一杯にした液体とは何であっただろうか。(245-180)

　月の祭祀と酒について、ナウマン氏はインドや中央アメリカの例をあげ、月にある「生の水」と酒が等価であり酒が「生の水」の地上での代用品であった、と述べています。(245-180)

1. インドのソーマは山草で圧搾した液汁は発酵をうながし、その興奮作用から不死 (アムリタ) を授ける神の飲料だとされる。

2. 中央アメリカでは、月の上にいる家兎は「発酵したリュウゼツランの液汁から造ったプルケ[メキシコ酒]とも関係する動物で……月は酩酊と関連がある天体である。」とされた。

さらに、日本の伝説を引用して、酒と月の「生の水」の互換性を示しています。中国でも酒は天（月）の賜物と考えられていました。酒と月の「生の水」さらに「変若水」は同じ性質のものと理解して良いでしょう。『漢書』食貨志・下で王莽が讃えた「酒は百薬の長」の言葉の根源には、やはり月信仰がありそうです。(58-179)

酒が出ずる瀧であるとか、別伝では若返りの水が出る瀧を日本の伝説が語っているならば、酒と生の水との互換性が同様に示されている。酒は百薬の長だとする中国の考え方がこれと符合しており、その主張は日本の中世文献でも繰り返された。(245-181)

スコットランドでは3000年前にビールが造られていた遺跡が発掘され、月の祭祀に用いられた可能性があります。ここでも「月と石（岩）と水（「生の水」・酒・変若水）」の繋がりは普遍的であったことが分かります。

近年、スコットランド沖のヘブリデイーズ諸島ルイス島のカラニッシュ遺跡を発掘していた考古学者は、ハチミツを主成分とするミードとヘザーから作られた強いビールの痕跡を発見した。見つかったのは3000年前に置かれたと推定される立石のそばの泥炭の下で、多数の飲料用の容器もあった。敷地の中央には埋葬のための石塚があり、立石は月が昇り、そして沈む方向に並んでいる。そこから推測できるのは、新石器時代、農耕していた人々はアルコールを儀式に使ったらしいということで、もしそうなら、ここでもごく初期に月と、インド＝ヨーロッパ語族がソーマとして知っていた聖なる飲み物が関連づけられていたことになる。(99-1-195)

古代日本でも、縄文時代前期から中期（5900-4200年前）の三内丸山遺跡（青森県青森市）で醸造跡が発掘され、果汁を自然発酵させた酒であったと考えられています（ヤマブドウ・キイチゴ・サルナシ・ニワトコなど）。(260-127)

三内丸山においても液果酒造りの可能性が高まっている。ニワトコの種子を筆頭に、大量の液果類の種子を含んだ泥炭層のなかに、ミバエのサナギも大量に含まれていた。ミバエはとくに発酵した果実に集まるので、液果類の発酵酒が造られていたことを窺わせる。(99-1-182)

エデンの園には、牛乳、蜂密、水、ブドウ酒が流れる四つの川があり、その川を流れる液体は「生命樹が立つ大地の中心」から湧出すると考えられていました。ユダヤの民間伝承にも、月の甘露（月―露―蜂密―エリクシルの結びつき）と同じ考えがあります。「生命樹が立つ大地の中心」は、私見では内宮の「心御柱が立つ殿地」を、あるいは「カカシ案山子を立てた田圃」を連想させます。（第3章）

牛乳や蜂密、水、ブドウ酒は「エデンの園の四つの川」に流れる液体であり、生命樹の立っている大地の中心から湧出する。(245-179)

「クシ」は「サケ」の古い呼称で「不思議な、秘密の」を意味するだけでなく、「不死の飲み物」を指しています。常世国（月）の神スクナヒコナが陶酔して踊りながら醸した神酒は、寿命を延ばす不死の霊薬でした。常世国と月神スクナヒコナと不死の霊薬「サケ／クシ」の関係がよく分ります。（くす奇・くし酒・くす薬）（註2-22）（さけ・ささ・き酒）

古代的特徴をもつ賛歌では、クシは酒の古い呼称として現われる。この語クシは不思議な、秘密の、を意味する奇し、あるいはまた通常の意味での薬ばかりでなく、「不死の飲み物」である薬とも関連づけられる。ここにあげた賛歌の独特なのは、捧げた者自身が一定の距離を置くことにある。神自身が酒を醸造して祝福したのである。不思議な飲み物である、つまりドイツ語の二重の意味で「福をも健康をももたらす飲み物」の製造は、オホアナムチやスクナヒコナといった神々のものとされ、たしかに『日本紀』ではこうした神々が人間や動物の病気治療の方法を決めている。(244-70)

スクナヒコナが醸した神酒について、神功皇后十三年春二月（丁巳朔甲子）、都奴賀から帰ってきた皇子の祝宴で詠んだ歌があります。「ささ」は「さあ、どうぞ」という意味と「繰り返し」を意味します。あるいは酒の古称「ササ」の暗喩かも知れません。「あさず飲せ　ささ」の言葉には、皇子の働きを労い宴があたかも眼前で繰り広げられているような臨場感があります。

三浦氏は、「ササ」の「サ」は霊威・神霊の依り代を意味し、「サクラ（桜）」「サケ（酒）」「ササ（笹）」などの

例を挙げています。(210-67)(244-71)(323-1-350)

此の御酒は　吾が御酒ならず　神酒の司　常世に坐す　いはたたす　少御神の

豊壽き　壽き廻はし　神壽き　壽き狂ほし　奉り来し御酒そ　あさず飲せ　ささ

　　『十訓抄』(註2-23)には、酒が変若水であることを暗示する養老の滝の伝説が載ります。その主題は、月から降り注いだ「生の水」が滝となり、その水から酒が自然に醸されるという内容で、孝行息子の話として纏められています。この話を伝え聞いた元正が現地へ赴き、霊亀三年(717年)を養老元年と改元しました。斉明や持統だけでなく歴代の天皇が変若水を求めていたことが分ります。

　　私見では「タキ瀧」は望月を表わす「タル足る」の語幹「タ」に由来し、「タキ」とは「生の水」をこぼす月、つまり三日月(杯)が傾いて充たされた「生の水」をこぼす連想から生まれた言葉である可能性があります。(第3章)

　　春から秋にかけて三日月の姿が変化する様子は、古代人の連想を豊かにしたと思われます。春の三日月は臥して山の端に近く低く、秋の三日月は立って山の端より高く位置し、春から秋にかけて「酒で満たされた杯をゆっくりと傾ける」ような変化です。その姿の変化から月の「生の水」が大地へ注がれる、と連想したのではないかと想像します。草木も動物も春から夏に成長・繁殖し秋に結実するのは、地上に注がれる月の「生の水」の賜物、秋空に立った三日月は「生の水」を注ぎ終わった杯、と感じ取った古代人の姿が浮びます。それは、一年という宴の終わりを告げ、冬の準備に入る徴でもあったでしょう。(299-68)(357-16)

「月神を祀る盤座の山」高倉山で行われる「おためし神事」は「月の水の祭祀」の貴重な遺産である

　　「水の祭祀」で特に注目されるのは、高倉山の盤座に残る「おためし神事」と呼ばれる年占で、月信仰の古態を残す神事です。「タカクラ高倉」とは「月神を祀る盤座」の意味です。

　　盤座には「三つ」の「三日月型の裂け目」があり、そこに溜る水量で当年の豊凶を占います。その水はもちろん月から送られてきた「生の水」に違いありません。月から降り注いだ「生の水」は地上のあらゆる生命を育むものと考えられました。つまり、「月神を祀る盤座の山」高倉山の盤座にある「三つ」の「三日月形の裂け目」に溜る「生の水」の多寡で当年の豊凶を占う「おためし神事」は、一貫して月信仰の古態を残しています。ちなみに、高倉山を水源とする川は「ツネドミカワ恒富川」と呼ばれ、「ツネドミ」とはいかにも豊穣を約束する月神を暗示するようです。(第4,5章)

　　同名の高倉山は伊勢外宮の南西にも存在し、周芳山口の高倉山とともに「月神を祀る盤座の山」と考えられます。伊勢と周芳山口はともに篤い月信仰の世界にありました。(第4,5章)

暗い夜空に新たな始まりとして昇る細い三日月を、古代人はあらゆる生命の水を蓄える杯ととらえた。……雨や露、空気や雲の湿気、泉や川や海の水分、草や木の水分、動物や人間の血液や乳、こうしたあらゆる水をたたえているのだと。古代世界ではどの民族も、大地に水をもたらす泉や水源として月を題材に歌い、踊り、そして、描き、書き記した。(99-1-138)

5. 月と女性——本質を同じくするもの

女性は月経・妊娠・出産を通して月の周期をたどるとみなされ、月と女性の本質は同じと考えられた。

　　女性の生理が月の周期に近似することから、女性と月の本質は同じで「月は天空の女性」「女性は地上の月」であり、女性は月の法則を体現すると考えられました。「母なる地球」と「母なる月」は等しく、これは「大母神 Great Mother Goddess」文化の現われです。(註2-24)

　　大母神には途方もなく遠大な力があり、時として月や女性、大地、海としても現われ、誕生や生殖、成長、運命、死、復活に及ぼす力があると信じられていました。中でも月には「トキ時」を創造する特有の働きがあり、「不死と再生」という思想信仰が生れました。

　　月と女性の本質が同じであることから、月は多くの古代文化で女性(女神)として表現されます。最古のもの

はフランスのローセル谷で発見された高さ 43 cm の女性像です。(99-1-29)

　右手にもったバイソンの角 (三日月形) には十三個の下向きの線が刻まれ、十三という数字は三日月から満月までの日数を表わします。左手は臨月と満月を暗示するふくらんだ腹部にあてがわれ、本質が同じである女性の体を借りて月の特性を表しています。

三日月形の角に刻まれた 13 本の線が無作為につけられたとは考えられない。十三という数字は、最初の三日月から満月の直前までの日数——満ちていく期間——であり、太陰年 (365 日からなる太陽年を月の数で測ったもの。365÷13＝28) を構成する周期の数である。(99-1-19)

　この像は、月と胎児の成長が同じ法則のもとに実現していること、を表現したものです。つまり、月と女性と大地や海はあらゆるものを生み出す「子宮」であり万物の母であり大母神である、という考えです。月を介して女性の特質を、女性を介して月の特質を考えたのです。ただし、ここでいう女性とは女性原理のことで、現代でいう生物学的な「sex 性」(註 2-25) によるものではありません。より古代では月を男性と捉える場合もあり、むしろ神話世界では「性」を超越しているともいえます。日本神話でも月神ツキヨミは男神 (ササラエヲトコ) として描かれます。

彫り手は月が満ちてゆくことと胎児の成長との関連性を……大地という子宮における草木の成長との関連性をも示したと思われる。……この像は万物の母なる月の女神なのか、あるいは生殖周期が月によって支配される女性なのか……月と地球の本質的に調和していることが示され、かつ称えられている。満ちるという形で世界を身ごもる月母神としては、自身の姿のなかに周期的に変化する豊饒と成長の法則を表し、女性としては地上における月の法則を受け入れる。(99-1-29)

月の周期と機織の杼の往復運動が似ていることから、月は宇宙の時間と運命という織物の紡ぎ手とされた

　機織りの動き (杼の往復運動) と月の満ち欠けの動きが同じと考えられ、女性が機織で布を造り出すように月は宇宙の時間と運命を紡ぐものと考えられました。

機織り機で織ることと、人生のパターンや長さとの結びつきは、糸紡ぎも機織りも女性の仕事であり、女性は母親として、みずから子宮という機織から子どもという tissue (細胞と薄い織物という意味がある) を織りあげるという事実に由来しているのではないかと思われる (オランダでは tissue にあたる言葉は、織られたものを意味する weefsel) (99-1-130)

　糸を吐いて網を作る「クモ蜘蛛」の生態に似て、宇宙のあらゆる生命を編みだす月は「宇宙のクモ」と考えられ、「クモ」は月の隠喩になりました。

古代人は月をリズムの基準として、また周期の創造者とみなし、生の営みのさまざまな領域における現象を、クモの巣のように編み込むものととらえてきた。月は、その回転する光の体から生命を紡ぎ出すクモのように想像されることが多く、そのためクモの巣の隠喩そのものが月の隠喩になる。(99-1-203)

　「クモ」が月の隠喩であることから、神武紀に登場し誅殺された「ツチグモ土蜘蛛」とは月信仰を持つ土着の勢力であった可能性があります。あえて「ツチグモ」と蔑んだ理由は、『紀』の編纂者が月信仰を打ち消す意図であったかも知れません。『紀』の補註 (3-17) には土蜘蛛を身体の形がクモに似ていることに由来するという説もあげています。クモに似ているとは、いったいどんな人間を想像しているのか、全くわかりません (322-1-580)

　三浦氏は、手足が異形ではなく月信仰をもつ種族としています。文中、高尾張は尾張氏の本拠の一つで、神武東征の初期、すでに大和に勢力をもっていたことがわかります。

神武前紀己未年二月の条に、大和各地の土蜘蛛の記載がある。そのうち高尾張のそれを、次のように記載している。

高尾張に土蜘蛛有り。其の為人、身短くして手足長し、侏儒と相類たり。

高尾張は、大和国南葛城郡高宮郷で葛城山塊の金剛山の東麓にある。尾張氏の本拠の一つで、後にヨソタラシヒメの出自した邑

である。土蜘蛛とあっても、単身で手足が長い種族がいたわけではない。手足が長いとは、手長・足長のような名前をもっていたか、手長・足長の命を願う信仰を持っていたからであろう。すなわち月のような永遠を願っているのである。それを卑小化して引用文のように表現したのである。(210-170)

　多くの古代文化で月の物語が女性の機織と共に語られ、また巣をかけるクモを暗喩として語られるのも、月が宇宙を紡ぐと考えられたからです。『記』『紀』ではアマテラスが斎服殿で機織女（ヒルメ）として描かれ、アマテラスが月神であることを暗示しています。(紡いだ糸を切るのは、新生児の臍帯を切るのに似ている)
月に住むとみなされる運命の女神たちも地上の運命を司る糸を紡ぎ、そして切る役目を担っている。このような考えから、世界という大きなクモの巣は、時間のタペストリーが地球のまわりを永遠に回転しつづけることで黄道帯として織られるように、「偉大なるクモ」である月によって編まれている。ここでは、宇宙は、同じスケールで存在する生きとし生けるものが織り合わされているようにとらえられ、すべてが共通のパターーンを作りあげ、すべてが同じ糸で作られている。(99-1-203)

　ポリネシアの月神ヒナも優れた機織女として描かれています。海に囲まれた海人族ポリネシア人にとって、月と海は切っても切れない関係にあり、「ヒナ」は機織女であると同時に「ヒナ・イカ／魚の貴婦人」あるいは「ヒナ・テ・ンガル・モアナ／海の波の貴婦人」と呼ばれていました。「ヒナ」は、古代日本語の月を意味する「ヒナ・シナ・シラ・ヒラ」に通じる重要な言葉です。
これは「月中の機織女・糸紡ぎ女」神話の一変種である。月神ヒナはヒネともシナとも呼ばれている。エリアーデも月の女神が優れた機織女として無限に月のリズムで秩序を織りなし、目に見えない宇宙的な網目を作り上げているという。(210-369)

月と女性の本質は同じであることから、月神を祀る祭祀権は古く女性の手にあった

　月と女性の本質が同じであることから月神は女性として表され、その月神に仕えるのも女性でした。つまり、古代では月神を祀る祭祀権は女性の手にありました。時代が降って世界的に権力が男性に集中すると祭祀権も男性に移行し、月信仰から太陽信仰へと転換されました。日本も例外ではなかったのです。
両神はヒメ・ヒコ制社会に生まれた対の神とすれば、ヒメは祭主的であり、ヒコは施政者的立場となる。……L・フロベニウスによると、「月中の機織女・糸紡ぎ女」という神話が西は中部ヨーロッパから、中近東・インド・東南アジア・中国南部を通って、東は太平洋諸島に広がり、中米・北米中部に連なる広範な分布域をもっている。(210-368)

　世界の月神は、ほぼ女神（女性原理の体現）でした。ギリシャ神話では、月の女神はセレーネー（限定的にはアルテミス、ヘカテー、アテーナー、デーメーテル、ベルセポネーとも）、メソポタミアのイナンナ＝イシュタル、エジプトのイシスやトト、インドのチャンドラ、マヤのイシュチェル、アルゴンキン族のアーテンシック、などがあります。(99-1-10)

アマテラスも古くは月神の神衣を織る機織女（ヒルメ）であった

　日本も例外ではなく、アマテラスの古い名はヒルメ（機織女／オオヒルメムチ）で、アマテラスも月神あるいは月神に仕える巫女神でした。
アマテラスの古い名はヒルメである。ヒルメのヒルとは、糸を延べては戻る反復作業であった。ヒルメは糸を延える女、または機織女の意である。また、古代ではヒレなどの織物は光を発することができ、月などに光を与えることができた。だから、アマテラスは月神、または月神に仕える巫女神でもあった。(210-6)

　月中に棲む機織女の神話は、世界中に普遍的に分布します。アマテラスを月神（の巫女神）と捉えることで、古代日本を月信仰の世界的な分布域に加えることができる、と三浦氏は指摘しています。(210-6)

アマテラスが天石窟に籠ると国中が常闇となったのは、月が隠れて暗闇になる晦を連想させる

　『記』の岩戸隠神話では、斎服殿にいたアマテラス（あるいはヒルメ）はスサノヲが投げ入れた斑馬（註2-26）の逆剥に驚き梭で女陰をついて亡くなったことを暗示する記述があります。アマテラスが天の石窟に隠れると国中が常闇となり昼夜の別もなくなった、とあるのがそれです。石窟とは前方後円墳の石室を、隠れるとは死ぬことを、常闇とは月の晦日から三日月が現われる三日までを連想させます。

天の岩戸神話では、アマテラスが新嘗をしたり、神衣を織っているとき、スサノヲが乱暴狼藉を働いた。たとえば神代記七段本文では、スサノヲは天斑駒を逆剥にして、斎服殿の甍を穿ち投げ入れたのである。……斑駒に「天」がついているのは、月までも駆け上がる馬であったのだろう。……スサノヲにそうした月のシンボル的な馬を殺されたのである。驚いたアマテラスは機を織る梭でホトをつき、天の石窟に籠ってしまう。すると国中は常闇となり……。そこで石窟からアマテラスを誘い出すために……、ウズメが矛を採って舞を踊る。不審に思ったアマテラスがのぞき見をしたとき、タヂカラヲが岩戸を押し開くと国中は再び光を採り戻す。(210-353)

　新羅にも岩戸隠神話に似た伝説があります。延烏郎・細烏女（日月の精）という夫婦が磐に載って日本へ運ばれてくると新羅の日月は光を失ってしまった、というものです。光を失った理由は、細烏女が細綃と呼ばれる日月に光を与える絹布を織っていたからです。機織女がいなくなると暗闇になる話と、アマテラスが岩戸に隠れると暗闇になる話が同じです。さらに、新羅の天を祭る（月神を祀る）ところが「トキノ都祈野」と名付けられ日本語の「トキ」と通じるのも、背景にある月信仰に由来すると考えられます。(23-21)(210-352)

　このような「月中の機織女・糸紡ぎ女」神話は世界中で認められ、たとえばポリネシアのヒナという月に住む女性の神話があります。舟が疾走して月に至ったのは、月と海が繋がっていると考えられたいたからに違いありません。これは、浦嶋太郎が亀に乗って海中の龍宮（月宮殿）に至ったのと同じ発想です。(210-369)

ポリネシアではヒナという女が月に住み、タパという樹皮布をたたいている。ある神話によると、ヒナは兄と一緒に舟に乗って新しい島を発見しに航海にでた。帆をはらんで航走しているとき、疾走して月を訪れた。月の明るい夜のことで、ヒナはそのまま月に留まった。だから、月にはヒナがタパを作っている有様が見える。

　誰もが、日食では暗闇にはならないことを体験しています。一方、月のない晦日は真っ暗闇で歩くのにも苦労します。つまり、天の岩戸に隠れたのは月であって太陽ではなかったのです。実体験からも、日神アマテラスの天岩戸神話が神話的にも創作であることが分ります。「神話的」としたのは、宇宙の成り立ちを深く知ろうとする「神話の知」（後述）が、実体験をもとに獲得された具象的なイメージだからです。(237-4-128)

6. 月は想像力の源泉——神話の実体

月は、人間の想像力を刺激し、神話や物語が生れた

　湿り気を帯びた淡い月の光は人を包み込み、何かしらものを考えさせる働きがあるように思えます。一方、乾ききって皮膚を刺すような鋭い太陽の光からは、一刻もはやく逃げ出して日陰に入りたくなります。つまり、月には人を深い思考へ導く力があり、太陽には人を思考から遠ざける力があるようです。（たとえ太陽の光がなければ植物が育たないことを知っていたとしても）人の想像力を最初に刺激したのは月であった、とキャシュフォード氏は指摘しています。

最初に人間の想像力をとらえて、刺激し、人間が地上でのみずからの生命（生の営み）を探求し、その生命に名前をつける拠り所を提供したのは月だったといっても過言ではない。(99-1-35)

　毎夜、姿を変えてゆく月を眺めることで人の想像力は刺激され、神話が生れたと考えられます。では、神話とはいったい何なのでしょうか。ただ単に歴史が始まる以前の神代の物語なのでしょうか。最近の研究では、神話は人の心の深淵に普遍的に存在する憧れや想像、と考えられています。

新しいものも古いものも、いかにして神話体系は生まれるのか、それは無意識から自然発生するのか……しかし、文化や時代の異なる神話を比較することで、神話が人間の心の奥深い場所に存在するあこがれや想像をあらわにし、ひいては、われわれがみずからの存在の意味をとらえて理解する一つの道を示してくれることがわかってきた。(99-1-6)

　古代人の思索は、月に刺激を受けた「想像力による共感」を通して行われたようです。つまり、思索する人自身が世界そのものであり、世界と切り離された存在ではあり得なかったのです。
古代の思索は想像力による共感を通して行われ、その共感には人間の世界に対するかかわりがあますところなく含まれていた。そして——これは相互作用であることからして——世界が人間とどうかかわっているかという共感もあった。それというのも古代人の世界は、「（それ）ではない（汝）」、つまり神的存在であると同時に人的存在でもあり、思考の生命なき客体ではなく、思索という弁証法のなかの〈主体〉だからである。(99-1-6)

　私たちが「自然」と呼ぶ場合、それは人と分離し区別された生命体でしかありません。「自然はいい」と感じるときの「自然」は、あくまでも自然の外の安全な場所にいる人の感想でしかありません。そうではなく古代人は自然と人を一体とした生命体として、つまり月と人、海と人、岩と人、あらゆる動物と人が一体のものとして共感し捉えていたようです。
現在、われわれが〈自然〉と呼ぶ（名前や観念は比較的最近の抽象概念であることが忘れられている）ものはかっては人類と区別されてはいなかった。つまり同じような生命体として、自然も人間も同じ感覚の連続体に属し、したがって、異なる認識態で理解されるべきものではなかった。両者が二分されることはけっしてなかった。(99-1-7)

　「想像力による共感」に基づいて語られたものが神話であり、神話とは人の心の深淵に普遍的に存在する憧れと想像を表わしたものでした。(237-4-128)
古代人の想像力の所産は具体的で、心に深く根差した経験に培われ、そこから萌え出るもののあることを忘れてはならない。この点に関しては、あらゆる時代の詩と似ている。だからといって、古代人が哲学的に考えることをしなかったわけではない。「善」や「真」や「美」はかって善いもの、真実のもの、美しいものだったということ、これらの「もの」は人格的存在や活動や森羅万象のできごとなどで、すべて価値の世界を構成するものなのである。(99-1-7)

月（自然）も人間も同じ生命体と考えられ、月に共感して生きることは自然なことであった

　月も人も同じ生命体と考え、月に共感して生きることは自然のことでした。現代人は自然を分析しすぎていて、自然に共感して想像力を働かせることを忘れてしまっている、と神話学者ジェイン・ハリソン氏は指摘しています。つまり、神話を理解するのになにより必要なのは共感的想像力、というのです。
まず必要とされるのは、われわれが鋭くそして熱心に分割してしまった「多くのもの」を共感的想像力により、原始的な「一つのもの」のもやへと思考をさかのぼることである。また、このような早朝のもやを精神に有害な霧と考えて、無秩序は弱さやためらいのしるしとみなすべきではない。それは混乱ではないし、統合ですらない。むしろ、いまだ究極の誕生の、多様な形で表現するにいたっていない原形質の充満や力強さであると言っていいだろう。(99-1-206)

　こうした共感する想像力で、人の営みと月の循環する相とが同じ生命体の働きとみることができるのでしょう。古代人は常にそのように共感して捉え考えていたようです。しかし、月の相を捉えることと、月の周期を考える能力の間には境界があり、精神の飛躍を必要としました。
なぜなら、循環を理解する能力は、変化する相を観察することとは別の、異なるレベルの精神を拠り所とするからである。周期全体を考察するには、一歩下がった姿勢が必要で、それによりただ月との関係だけではなく、生活術を導入するような、広い展望がもたらされる。目に見えないものを心に抱くことは、本能を即座に満足させることを先延ばしにする能力にかかっており、それがさらに、想像力と知性をいっそう高度に働かせることになる……。(99-1-259)

日本神話も宇宙の成り立ちについて説明している

　日本神話では、天浮橋に立ったイザナギ・イザナミは天瓊矛で潮を掻き廻して国土を造ったとあります。神代紀二段本文では、オモダル・カシコネに続いて、イザナギ・イザナミが化成してくる。イザナギ・イザナミは月世界から、あるいは月のある世界の天浮橋に出て、天の瓊矛で海の潮を掻き回して国造りをするのである。……八重山の島建てでは月神の指示でなされている。これは本土の神話と通底しているはずである。(210-157)

　イザナギ・イザナミが国土を造る話は、インド神話の「乳海攪拌」に似ています。その中で、神々はマンダラ山に巻きついた蛇王 (註2-27) を引っ張って乳海を撹拌し、不死の生命を授けるアムリタ (あるいはソーマ) を出現させた、とあります。国土の成り立ちは、古代人の普遍的な関心事でした。
　ソーマの原型は『マハーマーラタ』『ラーマーヤナ』の「乳海攪拌」物語に見られる。世界ができる最初の数日間に、神々と悪魔、神に敵対する者が争いをやめ、ともに宇宙の乳海をかき混ぜて、不死の生命を授けるもの——アムリタあるいはソーマ——を出現させた。……まずヴィシュヌ神みずからカメの姿になって乳海へ飛び込むと、神々はその背中に攪拌する山、マンダラ山をのせた。蛇王ヴァースキが山の周囲に巻きつく攪拌ロープになることを承知したので、神々がそのロープの片方を、敵対する者が反対側をもち、一千年にわたって引いたりゆるめたりして、マンダラ山をぐるぐるまわした。(99-1-180)

　日本神話の中でも、人の「生と死」について月神スサノヲの行動で語らせています。禊をしたイザナギの鼻から生れたスサノヲは本来「生の神」でした。なぜなら、鼻とは「息」の出入り口で「生」に直結し、鼻から生れたスサノヲとは「生」そのものであるからです。ナウマン氏は、「イキ」が「息」と「生」を意味する重要性を説きます。
　最初の父イザナギは黄泉の国から帰ってから、死の汚れに対して禊を行う。そして左の目を洗うと天照大神が生れ、右の目を洗うと月神である月読尊が生れた。鼻を洗うとスサノヲが生れた。両眼やそれとともに太陽と月は、死者の国の常闇に対する光の表現である。鼻は息を、死に対する生そのものを表す。日本語のイキは「息」と「生」を意味するからである。それゆえスサノヲは生そのものの神であるにちがいない。(245-171)

　スサノヲの「涙や鼻水、唾液」は神に捧げる供物とされ、それは月から齎された本物の「生の水」であった、とナウマン氏は指摘しています。スサノヲは月神であり、月 (神) はみずからを再生させる不死の神々のネクタル (神の食べ物) を必要としたからです。(99-1-3, 171)
　神の涙が死を招来した地上に生を再来させるためには、神の分泌物を必要とすることを明かしている。そういうのも分泌物はいまや本物の「生の水」だからである。(245-171)

『竹取物語』と『瑞江浦嶋子』は、ともに月信仰を背景にした不死の思想で描かれている

　周芳山口が「月の都」であったことについて、参考になるのは『竹取物語』と『瑞江浦嶋子』です。共に月信仰を背景に描かれていると考えられるからです。(第 4, 5 章)『竹取物語』については「カグヤヒメ小考」で、『瑞江浦嶋子』については各小節の中で取り上げました。

周芳山口は月信仰が盛んな地域で、神話的な「月の都」として空間設計が行われた

　古代の周芳山口は、東方の伊勢とならぶ月信仰を濃厚にもつ海人族が居住したところでした。(第 3, 4 章) 伊勢の海人族は尾張氏の末裔・度会氏や磯部氏で、周芳山口の場合はおそらく土師氏と考えられます。この周芳山口の地に月信仰に基づく信仰空間を構築し、その上に地上絵を描いたと考えられます。(第 4, 5 章)
　この空間設計には神話的な「月の都」を造る意図がありました。「神話的」としたのは、設計の中心や地上絵の描点の「場」を決定するのに月信仰上の根拠を求めているからです。月信仰の根拠とは、周芳山口の場合

は月神ウカノミタマを祀る向島奥宮と泉香寺山を結ぶ方位線の存在で、伊勢の場合は「月の山」大和葛城山と月そのものと考えられる鏡宮をともに東西軸の基点とする方位線の存在にあります。(第3,4,5章) これらの設計思想は、前方後円墳の「場」と「方位」を決定する思想信仰が継承されたものでした。つまり、その思想信仰の根底には縄文時代から続く月信仰が存在していました。(第4章)

　信仰上の根拠を求めたのは、古代人の思考が具体的で神話世界も空想によるものではなく、月信仰では月の満ち欠けに裏打ちされたものだったからです。すなわち、月の動きに応じて潮が干満することから、実体験として月が潮を支配していると信じたのです。つまり、神話とは具象的な物語であって、空想に基づくものではなく実体験をもとに創造された物語でした。月の相が織りなす光と闇の変化は原初から「神話的な実体」であったといわれる所以です。(99-1-26) (237-4-136)

　周芳山口の地上絵は月信仰の信仰空間に描かれたもので、伊勢と連繋して朝廷の宗廟祭祀の一翼を担うものでした。古代中国の宗廟祭祀では、天子親耕 (農事) による五穀供饌と皇后献蚕 (養蚕) による衣料奉献が重視されました。(390--1-83) その農事に北斗七星が関わり、養蚕と機織に織女星が関わると考えられ、両星は宗廟祭祀を象徴する星と考えられました。(219-1-26) つまり、北斗七星は、絶対に止まらない宇宙の大時計として時を刻み農耕の基準を示し人の寿命を支配する徳をもつとされ、その徳は極めて月神的です。(219-1-168) 一方、元・伊勢と呼ばれる瀧原宮 (タキ瀧は月霊の顕現するところ) で祀られていたのはおそらく「ヒルメ機織女」(月神アマテラス) で、やはり月神的神格を持ちます。(第3章) 宗廟祭祀の一翼を担うものとして、周芳山口と伊勢は月信仰上も調和していました。月信仰の信仰空間に描かれた北斗図は月神的性格を担わされた地上絵であり、信仰上破綻したところがなく神話世界を表現しています。

　一方、五形図は五大の表現形であり、その五大は宇宙を構成する要素を五つに分けた一種の宇宙論であることも「神話的」と考える根拠です。五形図の中で五形三角と同じ設計は伊勢 (外宮、内宮、高倉山で構成する) にも存在し、同じ設計図で造られたのではないかと思われます。この点にも周芳山口と伊勢に連携した動きと調和が認められます。地上絵が描かれた時代が日本神話を纏めようとした時代であったことも、周芳山口と伊勢の空間設計と地上絵の企画に影響した可能性があります。

本章のまとめ

月の力

　月には途方もなく遠大な力――誕生や生殖、成長、運命、死、復活に及ぼす力――があると信じられていました。

　月信仰は月を神とする信仰で世界的にも起源が古く、各地域で独自に生まれ発展したにもかかわらずその思想信仰と象徴性には普遍性があります。日本では全・縄文時代を通じて土偶や土器に月信仰の痕跡が認められ、日本も月信仰と無縁ではなく、むしろ濃厚な月信仰の世界にありました。

月と大母神文化

　この信仰は大きくは大母神文化に属し、地球 (大地) と月は同じと見做し、「大地は地上の月」「月は天空の大地」と考えていました。それは、天香久山の北麓に月の誕生石が残されていることからも知り得ます。「ツキ月」と「ツチ土」の語幹が同じであるのは、古代日本でも月と大地が同じと考えていた証拠です。(第3章)

月と不死と再生

　月信仰の根源をなすものは、繰り返される月の満ち欠けにあると考えられます。暗闇の晦日から三日後には三日月となって西の空に現われる月、それは不死と再生の象徴となったことは容易に想像がつきます。「月は死なない (死んでも再生する)」と信じたのは自然で、この信仰は天岩戸神話にも活かされています。月の三相 (上弦・望月・下弦) を象徴すると考えられる大和三山に囲まれた新益京 (フジハラ藤原京／絶えることのない) も、月信仰が

いまだ盛んであった証拠です。

月と水

　月の動きに応じて潮が干満することから、月は水を支配していると信じられました。その月の動きを読んで舟運や漁業を成り立たせてきたのは海人族で、月と水（潮）は常に彼らの関心事であったはずです。古代日本の海人族を代表するのは尾張氏でした。

　月が潮を支配することから月はあらゆる「水の源泉」とされ、その水は月そのものを再生させる「生の水」であると考えられました。その水は雨や露となって地上に降り注ぎ、あらゆる生命を育むとも考えられ、また不老不死の霊薬とされました。斉明の両槻宮の酒船石と亀形石水槽は「生の水」を集める装置でした。周芳山口の「月神を祀る盤座の山」高倉山で行われる「おためし神事」も「月の水の祭祀」の古態を残す貴重な遺産です。

月と女性

　大母神文化では、月と女性の本質は同じと考えられ、女性は月経・妊娠・出産を通して月の周期をたどるとみなされ、ここに女神神話の本質があります。

月と豊穣

　誕生をもたらすという点においても月と女性の本質は同じと考えられ、月には水をはじめ、誕生、死と再生、生殖、豊穣などを支配する力がある、と信じられたのです。古代の世界各地で人間や動植物の豊穣の守り神となりました。稲荷の祭神が月神ウカノミタマであり豊穣の神とされた背景に月信仰が存在します。

月と「トキ時」

　月の周期と機織の杼の往復運動が似ていることから、月は宇宙の時間と運命という織物の紡ぎ手とされ、機織女も「くも蜘蛛」も月を象徴するものと見なされました。（「しるしの原理」）アマテラスも古くは月神の神衣を織る織女ヒルメでした。

　女性は月経・出産の時期を月の相と周期で測ったことから、「トキ時」を最初に発見したと考えられます。

月と想像力

　毎日姿を変えて天空を渡る月は、人間の想像力を刺激し、神話や物語が生れたと考えられます。古代人の想像力の所産は具体的で、神話世界も空想によるものではなかったのです。月信仰は月の満ち欠けに裏打ちされたものでした。月信仰が盛んであった周芳山口では神話的な「月の都」として空間設計が行われ、その痕跡が多く残されています。（第4,5章）

　月と桜は西行の創造力の根源でした。『山家集』に載る1552首中、月を詠ったものは288首、そのうち「おも思」（おもひで、おもかけ、など省く）を含むのは43首を数えます。

　　花ちらで　月はくもらぬ　よなりせは　物をおもはぬ　わか身ならまし　　　　（107-31）

　　なげけとて　月やはものを　思はする　かこち顔なる　我が涙かな　　　　（107-69）

　　ものおもふ　心のたけそ　しられぬる　よなよな月を　なかめあかして　　　　（107-69）

（註2-1）皇祖神アマテラス

皇祖神アマテラスがいつ創造され創祀されたのかについて諸説あり、私見も含め羅列する。

1. わが国でもアマテラスよりも古く、タカミムシヒが皇祖神として高天原で指揮していた。（210-109）

2. 本貫をもたず、またみずからの祖神をもたぬ倭王は……大和・河内に固定した祭祀の場を保持していなかった。（378-311）

3. 皇祖神アマテラスが創祀されたのは文武二年(698年)。(216-176)(372-14)

4. はじめ"太陽そのもの"であり、つぎに"太陽神をまつる女"となり、それから"天皇家の祖先神"にと転々として完成している。(339-26)

5. タカミムスヒが行方不明である。

6. 皇祖の読みは『紀』の時代に確定していない。アマテラスの立場が曖昧である。(76-213)

7. 『紀』には皇祖として「高皇産霊尊」をはじめ「天照大神」「大日霊女貴」「日神」などの記載がある。『紀』全体と天武紀で比較した。

8. 皇大神宮に似たものとして多気大神宮があり天皇家の"氏のカミ"または"祖先神"の意識をもってまつられていた。

9. 多気大神宮の成立の時期は持統六年、同十年以後、文武二年十二月以前ということになる。(372-120)

10. アマテラスが天皇家の祖先神として人格を与えられた時期は、天武天皇の即位以後持統天皇のころまで。(56-28)

11. 大化以前の記紀の記載には、皇室の祀る皇祖神であることを示すような記述はほとんどない。 (248-249)

12. 七世紀末、律令国家の成立に向けて、強力に改革を推し進る天武天皇は、一方で歴史書の編纂を命じて、新しい中央集権国家を支えるイデオロギーとしての、神話の一元化をはかった。そのとき、皇祖神=国家神として選び取られたのは、それまでずっと皇祖神の地位にあったタカミムスヒではなく、土着の太陽神であるアマテラスだった。 もっともタカミムスヒは、いきなり皇祖神の座から追い落とされたのではなく、しばらくの間は、新たに皇祖神に昇格したアマテラスと並んで、ともに皇祖神の地位を占め、実際にはこの転換は、時間をかけてかなり曖昧な形で推移した。(216-176)

13. 伊勢皇大神宮が成立したとされる文武二年(698)戊戌十二月辛卯朔乙卯(二九)は、天武天皇の十三回忌にあたる。

14. 天武天皇の時代に伊勢皇大神宮も皇祖神アマテラスもいまだなく、多気大神宮(滝原神宮)が神宮に近い性格を持っていた。斎宮が祀っていたのは"イセの大神"であった。

15. 天武天皇が国史の編纂を命じた当時、「皇祖」の明確な姿が描かれていなかった。

16. 天武十年(681)辛巳五月己巳朔己卯、「祭皇祖御魂」とはなにか、皇祖神タカミムスヒ、あるいはアマテラス、歴代の天皇、祖父母など明確でない。

17. 「皇祖」の訓みは大きく分けて２種類しかなく、16例の「みおや」と24例の「すめみおや」である。

神代を含む古い時代には、単に「みおや」と読ませているのが６例。天照大神を皇祖とする記述は神武即位前紀の１例だけで、最初に現れる「みおや」はタカミムスヒである。「すめみおや」が22例と最多で、これは比較的新しい訓みで、祖父母を表していることが大部分である。

天武十年の「祭皇祖御魂」も「すめみおや」と訓む。

田村圓澄氏は、『金光明最勝王経』の「帝王神権説」に基づいてアマテラスが創造された、と指摘している。

『金光明経』に説かれる「帝王神権説」にもとづき、「天照大神」を祖神とする神統譜がつくられたのではないか。天照大神は三十三の諸天＝神になぞらえられたのであり、その子孫、つまり「天孫」「皇孫」は「天護」によって「天子」となった。ともあれ『金光明経』によって、天皇の尊貴身分と統治権の根源である「天照大神」が形成され、また尊貴身分と統治権を世襲する「天津日嗣」が確立したと考えられる。(378-121)

筑紫申真氏は、アマテラスが皇祖神とされた時期を文武二年までとしている。

イセの大神のカミ妻たる斎王としては、天武天皇が天武二年(673)に差し出した大来皇女がはじめての人です。このときがアマテラスと伊勢皇大神宮の懐胎のときなのです。アマテラスの誕生は、文武二年(698)よりもわずかに数年前にすぎないのです。(372-88)

そして、この神郡の郡司には郡司任用の特例を認めて、いままでの豪族の家すじの人をなんらの制限もなしに任命することにしています。これらのカミをまつる国造は、みな日本の歴史のうえでいちじるしく名のたかい土豪で、そしてかみの司祭者です。天皇家は、このような地方の著名なカミを承認するという形式によって、つまり神社という名目でもって、いままでの地方豪族の政治団体である国や県を、実質的に存続させているのです。古代の神社は独立国であった、といわれるのはそのためです。(372-98)

表：「皇祖」の訓みの分類

訓み	訓みの変化	例数	紀
みおや	みおや	6	神代から允恭まで
	わがみおや	5	神代から推古
	おほみおや	1	神功
	とほつみおや	4	孝徳、持統
すめみおや	わがすめみおや	2	仲哀、孝徳
	すめみおや	22	皇極から持統
合計		40	

(76-213)

表：『紀』全体と天武紀に載る「神」の比較

	産霊尊	天照	日孁貴	日孁尊	日神	天神	天神地祇	神
『紀』	31	52	2	4	33	70	10	1106
天武紀	0	2	0	0	0	4	2	71
天武紀/『紀』×100%	0	3.9	0	0	0	5.7	20	6.4

皇祖神に対する天武紀の記事の特徴。

1. 天武紀に天照大神は2例しかない。

2. 高皇産霊尊の記述はない。

3. 大日孁女貴、日女の尊、日神の記録はない。

4. 天神地祇2例で全体の20%を占め、天武紀での使用例が多い。

5. 天神4例、地祇2例で「地祇」が単独で用いられることはない。

6. 神71例(内、24例は竜田風神、広瀬大忌神)

7. アマテラスを皇祖神、守護神とした形跡がなく、アマテラスが守護した形跡もない。

8. 死期が迫った朱鳥元年にアマテラスに祈祷した記録はない。

9. 伊勢皇大神宮が天武天皇のために招魂をした記録はない。

10. 奉幣したのは紀伊國々懸神、飛鳥四社、住吉大神、土左大神と定例の廣瀬龍田神のみである。

11. 招魂は僧によって行われ、また金光明最勝王経、觀世音経の読経が行われた。

（註2-2）神社

「神社」「神宮」は、もともとは中国古代の宗教思想用語であった。すなわち「神社」という言葉が中国の文献で最も古く用いられているのは、西暦前四世紀頃にその成立が推定される『墨子』の「明鬼」篇であり、そこでは斉の国の「神社」で二人の男が一匹の羊を神に供え、盟いの儀式を行った話を載せている。また「神宮」という言葉は西暦後二世紀、後漢の儒学者鄭玄が『詩経』の中の「閟宮」と題する魯の国の宗廟の神楽歌に注釈を書いて、「閟とは神なり。（周王朝の始祖后稷の母である）姜嫄の神の依る所なるが故に、その廟を神宮と曰ふ」とあり、ここでの姜嫄は日本で言えば天皇家の御祖先とされる天照大御神にほぼ相当しよう。(46-136)

（註2-3）心理学者 C・G・ユング

ユング（Carl Gustav Jung）はスイスの心理学者・精神医学者（1875年-1961年）。自身も重度の統合失調症でマンダラを描くことで、自身の内面を深く探究した。ユング心理学の特徴を箇条書きにすると下記の通り。

1. 分析心理学

2. 個人的無意識と普遍的無意識

3. 夢分析

4. アニマ・アニムス

5. 曼荼羅

ユング心理学を日本に招来した河合隼雄氏は、その特徴を以下のように述べている。

ユング心理学の特徴の最大のこと……は、堅固な体系を真理として提示することではなく、人間の心、ひいては生き方に対する根本姿勢を問うていることである。簡単に言ってしまえば、人間をその意識することだけではなく、可能な限り全存在を尊重し、そこに生じてくることを可能な限り受け入れようとすること、と言えるだろう。（158-1-1ｘ）

（註2-4）イザナギとスサノヲの神話（244）

1. イザナギ・イザナミははじめての夫婦であり最初の親である。

初源のときにはじめてオノコロで、はじめの親イザナギとイザナミによって中心に「天の御柱」が建てられた。

2. 数字の八にしたがって空間に位置付けられた——全体性を表す数である。

3. 八尋殿は、「八嶋」の姿をした大宇宙の創造に先立つ、家の形をした小宇宙を表している。

4. この物語の舞台は時間の初源。

5. イザナギとイザナミは神の万物を生成したとされている。

6. 事件の核心は、火の神を生んだときに死んだイザナミの死にある。

7. イザナミは最初の死者であり、物語の成り行きには、死がまったく新たな経験として理解される。

8. イザナミはイザナギの人草を一日に千頭絞り殺そう。

9. イザナギはこれに対して一日に千五百の産屋を立てよう、といった。

10. 女神イザナミの死とその夫であるイザナギの死者の国の訪問という神話の観念世界が基本的に農耕以前の文化に求められる。

11. 死が究極的で恐ろしく、克服できないという認識。

12. 死に対抗できるのは、つねにより大きな規模で絶えず新たに生み出される生だけである。

13. 夫のイザナギの方が、生を途切れさせようとはしない者の役割を押しつけられている。

14. 紀元前1000年頃から次第に、さまざまな農耕文化が徐々に狩猟や漁撈、採集経済に取って代わった。

15. イザナギとイザナミの神話は、農耕以前の文化に起源をもつある観念世界の名残。

16. ケガレを洗い清めるというミソギの原型は、イザナギが死者の国から帰り穢れを水で洗うという神話に見出せる。

17. スサノヲのツミは、悪者の処罰と補償としてのハラヘを要求する。

18. 天武天皇の朝廷は、ハラヘに新たな精神を与え、国家的な形で復活した。

19. イザナギが「三貴子に使命を」託す話から始めるのには、それなりの根拠がある。

20. 日本神話でも太陽と月が眼と結びついていることに留意しておくべきだろう。

21. イザナギ・イザナミによる二島の生成のときに、壱岐島の別名は天比登都柱、姫島のそれは天一根と言われた。

22. イザナギとイザナミは、「児の数に充れ」なかった蛭児を産み損なってから、はじめに「八嶋」を産んだ。

23. 神話は、一度きりの歴史的生成過程の最終産物として、伝えられた形においてすでに日本的である。

24. 死が原因となる不浄性については、イザナギの死者の国の訪問のところで新たな視界が開けてくる。

25. 神話の主題は、絶えず新たに生み出される生のみが、死の究極性に対抗しうるという認識とともに、もっとも根本にある積極的・消極的価値である生と死を対比することにある。

スサノヲ神話

「スサノヲは嵐神とも暴風神ともいわれ、日神であるアマテラスの光明さと対照的に暗黒の神とされる。しかし、一方でヤマタノヲロチを退治するような英雄的な面もあり、一般には、善悪の二面をもった両義的な存在とされる。また、ユング派心理学の見地からは、母の拘束力から脱出できず、いつまでも子供のままでいる＜永遠の少年＞という用語によって説明されることもある。……スサノヲという神の背後には、記紀神話のもっとも革新的な主題が隠されている。」（267-180）

スサノヲ神話の構成

1. 出生と追放。

2. 高天原での乱暴。

3. 出雲でのヲロチ退治。

4. 根の国の主宰者。

ナウマン氏は、月信仰の視点からスサノヲ神話の本質を「泣く神」とし、その根源を縄文土偶の図像に見出せるとした。

「神話のモチーフと縄文図像のモチーフとの一致は、このモチーフの成立時期を神話についてもほぼ特定できる可能性を示している。」

「慣習の根底にある宗教的観念を物語る最古の事例は神話にしかみることができない。」

スサノヲ神話の構成を8つにわけて解析した。

1. スサノヲは、号泣する神という性格の強さにより、根の国の支配を任される。

2. スサノヲが天に昇る。

3. スサノヲの諸悪事。

4. 日神の岩隠れ。

5. 日神の再来。

6. スサノヲに科された祓。

7. スサノヲが出雲の国へ降りる。

8. スサノヲが自分の国である根の国へ赴く。

（註2-5）アマノカゴヤマノミコト（高倉下）

高倉下は、尾張氏の祖神「アマテルクニテルホノアカリノミコト天照国照彦（天）火明命」の子・天香語山命の別名である。夢の中の神託にしたがって神武に霊剣・布都御魂をもたらし、神武の危急を救った。

草那藝劒の別名・天村雲は天香語山命（高倉下）の子である。(332-476)

アマテルクニテルホノアカリノミコト──タカクラジ──アマノムラクモ

布都斯御魂神すなわち天羽羽斬の手本になったと思われる「斬蛇剣」が祟ったことと、高倉下が献上した屋根を貫いて天降った布都御魂剣とが、同じ話の中で描かれている。神代三剣の草薙剣を始め、他の二剣も祟った可能性がある。

福永光司氏の指摘。「剣の屋を穿ちて飛び去る」はさらに『古事記』神武紀「専らその国を平らげし横刀あれば、この刀を（葦原中国に）降すべし。この刀を降さむ状は、（熊野の）高倉下が倉の頂を穿ちてそれより堕し入れむ」などとあります。上引の『日本書紀』の「草薙の剣に祟れり」や『古事記』「高天原より倉の頂を穿ちて（横刀を）堕し入れむ」などの記述は、いずれも中国の道教文献を参考にして書かれたと考えていいとおもいます。(45-180)

（註2-6）オオタタネコ

大田田根子の訓みはオオ・タタ・ネコ。「オオ」は「渡る月」、「タタ」は「タル足る」の語幹「タ」の畳語で「満ち足りた月」、「ネコ」は直系であることを示し、オオタタネコとは「天空を渡る望月（月信仰）の直系の子孫」を意味する。

オオタタネコは月神オオモノヌシの子。(210-119)

崇神七年に起きた月神オオモノヌシの祟りを西方の河内陶邑（陶邑古窯址群）に居たオオタタネコに祀らせて疫病が止んだ記事が『紀』にある。

大物主神の祟り（崇神天皇五年から続く疫病）

「崇神七年十一月丁卯朔己卯、……即ち大田々根子を以て、大物主大神を祭る主とす。……　是に、疫病始めて息みて、國内漸に謐りぬ。五穀既成、百姓饒之。」(323-241)

（註2-7）「象徴的に交替可能」

「象徴的に交替可能」の例が垂仁紀に載り、エリアーデが言う「原始的精神」つまり類似は親近となり、さらには象徴的に交替可能となる思想が古代日本にも存在したことを示唆する。

垂仁紀に土部連の由来譚があり、この記事の要点は以下の通り。（323-46）

1. 天皇の詔に対して殉死の禁止に賛同した。

2. 出雲の土部に埴輪（立物、土物）を造らせた。

3. 殉死の代わりに埴輪を陵墓に立てることを建議した。

4. 天皇は野見宿禰の功績を誉めて鍛地を下賜した。

5. 土部職につけ、本姓を改めて土部臣とした。

6. 土部連等が天皇の喪葬を主る縁になった。

7. 野見宿禰は土部連等の始祖である。

野見宿禰が殉死を禁止し埴輪を立てることを建議したことから、殉死と埴輪とは同じ価値で「等価交換」すなわち「象徴的に交替可能」であることを知っていたはずである。野見宿禰の建議を認めた垂仁も同じ思想を持っていたことになる。（76-377）

（註2-8）**月長石（月愛珠／水晶）**

月愛珠（月長石／漢訳「水晶」）は月光が凝結したもので、月光に照らされると輝き冷たい湿気を滲出するといわれた伝説上の珠玉。（54-295）

「玉」が神仙秘薬として用いられた背景に月信仰の存在がある。つまり玉を服用することで月の力を体内に取りこめると信じたからに違いない。それは月の「生の水」の代用品である「サケ酒」を飲むことと同じである。

「タマノヤ」の名に拘らず、大崎玉祖神社の周辺には玉石の発掘跡も玉造の遺跡も存在しない。これは「タマノヤ」が玉石の祖、つまり月を意味するからである。この事実は「玉」が月光の凝結したものと信じられた月信仰を暗示する。（「周防国正税帳」天平十年の断簡には大崎玉祖神社の祢奇玉作部五百背の名がある／岩屋は墓の意味）（76-383）（234-302）（317-125）（418-459

（註2-9）**月鏡**

古代中国の銅鏡の一つ。古代中国の月世界を表わしたもので、月の桂樹の下に横たわる龍が描かれている。この鏡の図像から、龍は春分に淵を離れ月へ昇ってゆくことがわかる。（157-1-扉）（176-177）

（註2-10）**「水を掬すれば月手にあり」／千代能尼／田毎の月**

水を掬すれば月手にあり　花にあそべば香は衣に満つ

唐代の詩人・于良史作の五言律詩『春山夜月』の承句。悟りを拓いた禅語としてよく引用される。（2-203）

春山多勝事　賞翫夜忘帰

掬水月在手　弄花香満衣

興来無遠近　欲去惜芳菲

南望鳴鐘処　楼台深翠微

千代能尼（99-1-198）

安達千代能（生没年不詳）は鎌倉時代中期の御家人安達泰盛の娘で、北条顕時の正室。

ある晩のこと、千代能尼は水を張った古い手桶を運びながら、桶の水に映る満月を眺めていた。すると突然、桶の板を束ねていたたががはずれて、ばらばらになった。水がどっとこぼれて、映っていた月が消えた——そこで千代能尼は悟りを開いた。そしてつぎの歌を詠んだ。

千代能尼が　いただく桶の　底ぬけて　水たまらねば　月も宿らず

とにかくに手桶のたががはずれぬよう心配っていたもののいきなり桶の底抜けて水たまらねば月も宿らずわが手は空に。

「水たまらねば月も宿らず」千代能尼の歌にもある「無水無月」の世界。

白隠禅師は水面に映る月に手を伸ばすサルの絵に添えて、つぎのような詩を書いた。（99-1-198）

猿猴、水月を採る　死に至るまで休歇せず　手を放てば深泉に殀す　十方、光皓潔たり。

禅語『無水無月』はこのイメージをさらに突き詰めて、たとえ多様性すなわち一体であるということをよしとしたとしても、人間は心のうちで、「一切は無であり、一つである」ということをじゅうぶん経験していないのではないかという。

「田毎の月」

姥捨山は有名な歌枕の一つである。長野県北部の善光寺平の南にある山で、正しくは冠着山。山腹に段をなす水田の一つひとつに映る月を「田毎の月」という。

貞享五（1688）年八月中旬、芭蕉は姥捨山の月を見ようと、越人を伴い、名古屋から『更科紀行』の旅に出た。「月の友」は元々月を友とすること、つまり月見のことである。芭蕉は胸中に一人泣く老女の面影を宿し、月を眺めたのである。それは悲愴な「明月記」だったろう。（357-97）

わが心　慰めかねつ　更科や　姥捨山に　照る月を見て　　よみ人しらず『古今集』

恨みける　気色や空に　みえつらむ　姥捨山を　照らす月影　　藤原敦仲

月影の　いたらぬ里は　なけれども　ながむる人の　心にぞすむ　　法然

俤や　姨ひとりなく　月の友（姥捨山）　　芭蕉

（註 2-11）「視覚による思考」

ナウマン氏は、ヘンツヱ氏の言葉を引用して、縄文時代の土偶や土器に残された文様に意味があるのかを知るためには、言葉で考えるのではなく、視覚で考える必要があると、指摘している。（245-149）

（註 2-12）プランク時間／セシウム原子時計）

プランク時間は、マックス・プランクによって提唱されたプランク単位系（自然単位系の一つ）における基本単位のうち、時間について定義されたもの。

プランク時間は、真空中において光がプランク長を移動するのにかかる時間であり、最小の時間単位。

セシウム原子時計とはマイクロ波時計の一種で、国際的な1秒の定義であり誤差は1億年に1秒程度。

（註 2-13）最強の守護神（オナリ神）

ヤマトタケルは3人のヒメ（ヤマトヒメ／ミヤズヒメ／オトタチバナヒメ）の守護を受けていた。ヤマトヒメから受けた女装の衣裳、草薙剣と燧の入った袋などが、その霊力を象徴するもの。（69-5）（76-347）（97-89）（99-1-11）（144-64）（145-61）（309-306）

女性は兄弟（男性）に対して最強の守護神（オナリ神）になる。（69-5）（97-89）（109-33）

表：ヤマトタケルのオナリ神としての3人のヒメと霊力の象徴（76-347）

姫	対象	霊力を与える方法
ヤマトヒメ	熊襲征伐	女装の衣裳
ヤマトヒメ	東征	草薙剣と燧の袋
ミヤズヒメ	東征	草薙剣
オトタチバナヒメ	相模国の海神の怒り	自づから入水
ミヤズヒメ	伊吹山の神	草薙剣を置き忘れる

（註 2-14）弧帯文石

弧帯文石は弥生時代後期（2世紀後半-3世紀前半）に造営された楯築遺跡（楯築墳丘墓／岡山県倉敷市矢部）の楯築神社に伝世した御神体の神石（亀石）である。表面に弧帯文様は纒向遺跡の弧文円板と葬送儀礼に共通するものとされる。この文様は縄文遺物に見られる渦巻きに類似し、弥生時代にも月信仰が存在した傍証になる。弧文円板は、纒向遺跡の石塚古墳の周濠から出土した吉備系の祭祀遺物。九州に多い装飾古墳の壁画にも見られる。

（註 2-15）ハート形縄文土偶の造形

縄文時代後期前半、関東地方から東北地方にかけて造られた、ハート形の顔面をした土偶。ナウマン氏は月神の表現であると指摘している。丸顔ないし卵形の顔で、眉を隆起させて上縁部をつくって板皿状の外観をよりいっそう強調したものも見受けられる。窪んだ顔をもつ土偶は、蛇が頭に載った藤内土偶も含めて月神の表現だとする本論の確信を裏付けている。（245-166）

土偶（19-39）（103-9）（257-189）（260-261）（345-178）（348-62）（409-59）（428-13）縄文考（22-1-103）喪葬の世界（22-2-167）国家の科学としての天文学（22-4-88）（22-3-54）（99-1-211 図 5）纏向遺跡の弧帯文 BC5000 年東バルカン文化と酷似文様でみる月の神話（104-122）

（註 2-16）「フシハラキョウ藤原京（新益京）」

新益京が藤原京と呼ばれるようになったのは、1913 年に発表された喜田貞吉氏の論文以後のこと。（喜田貞吉『藤原京考証』）

「月の山」大和三山に囲まれ月神の加護を得た新益京とは、絶えることのない皇統を寿いだ命名と考えられる。「アラマシ新益」とは、三日月から望月に向けて成長してゆく若々しい力溢れる意味と思われる。「場」に根拠を与えた空間設計である。

（註 2-17）両槻宮

月を暗示する「ツキ槻」の名と亀型石など水の祭祀場が存在することから、月信仰の「場」であったと推測される。

「水の祭祀」で水を集める例として斉明の祭祀場と考えられる飛鳥の亀型石と酒船石（奈良県高市郡明日香村岡）がある。酒船石の名称は本居宣長の『須賀笠能日記』以来の呼称とされている。（15-33）1911 年から 12 年にかけて、亀形石水槽が酒船石のある丘の北裾から発掘され、この岡が斉明朝の両槻宮であったことが確定された。

道観（道教寺院）とも考えられている。（44-132）

道観とは老子（太上老君）を祀った道教寺院を指し、桓武天皇より約 200 年前に用明天皇（在位 585 年-587 年）が磐余（桜井市西南方）に池辺双槻宮を、約 130 年前には斉明天皇（在位 654 年-661 年）が多武峰（桜井市南部）に両槻宮（天宮）を建てた例があり、これらは道観であったと福永光司氏は指摘している。

「斉明天皇（皇極重祚 655〜661）も武帝をそっくり真似て吉野から来る神仙を待ちうけて、多武峰に「天宮」と呼ぶ道教の寺院の観（道観）を造って、不死の薬を貰おうとした。（44-132）

この「天宮」とは、中国六朝時代に成立した『老子中経』などに登場する用語である。神仙になったものしか行けない、天上世界の宮殿のことである。飛鳥人たちは、天皇や皇子は神界と人界の間を行き来できる神、つまり神仙と考えていたようだ。『万葉集』に登場する「大君は神にしませば」の表現も、それを意味すると思われる。」（43-89）

（註 2-18）『天寿国曼荼羅繍帳』の亀甲図

銘文の座として亀甲図を採用したのは、いかなる理由によるのであろうか。（271-144）

小杉一雄説

中国古代においては亀が物を負うという説話があり、さらに亀は天地の間に天を支える役割をもたされたために、亀は神と人との媒介者となった。その結果、占卜の材料として使用されたが、これが殷の卜辞にはじまる亀と文字、つまり亀甲文字との関係である。この亀と文字との関係はやがて亀の造形にしばしばあらわれるが、漢代璽印の亀紐、六朝時代の亀形の硯、唐代石碑の亀趺とともに、天寿国繍帳の銘文を負った亀もその一つという。亀が文字を背負うとい傾向がもっとも強くなったものに『河図洛書』の「洛汭の水、霊亀書を負う」という説話の亀があるという。この亀は神のお告げぶみを背負ったもので、古代の祥瑞の中でも有力なものとなり、しばしば改元の理由に使われるようになった。天寿国繍帳の亀甲図は四字ずつ銘文を記しているから、文字を背負う亀、すなわち洛水から出現した亀と同じで、祥瑞としての神のお告げを背負う亀が天寿国繍帳において造形されたものだという。

（註 2-19）「生の水」を酒船石で受け亀形石水槽（15-33）

酒船石

飛鳥寺から南へ、丘陵の裾ぞいに道を南へ進むと、飛鳥の袋状の小盆地に張出した丘の上に東西方向を長軸とする酒船石がある。この名称については明和九年（1772）の本居宣長『須我笠能日記』によると、里人が長老の酒船石と言い伝えていたと言う。

車石

車の轍の痕跡を思わせる溝を彫り込んでいるため車石と呼ばれている。……酒船石から流れた水は、谷会いにある車石を通り南側に導かれる。

石垣

石垣が何重にも丘を取り巻いている。

亀形石槽

丘の裾から亀形と方形と二つの酒船石を配置した石敷きの広場が発掘され、この岡が斉明朝の両槻宮であったことが確定的となった。

東側は築造の途中で大きく崩れ中央の句形広場にずり落ちたままの形で竣工している。日本書紀斉明２年の「石の山丘を作る。作る随に自ずから破れなむ」という記述がたんなる誹謗ではなかったこともわかって興味深い。

出水の酒船石

西側600ｍほどにある飛鳥川が張り出した北寄りの出水字ケチンダの田圃から……もう一組の酒船石があった。

（註2-20）『周易参同契』と五行「金生水の法則」

五行相生の法則の一つ。自然を注意深く観察した結果、金属（岩）の表面に結露することから「金が水を生む」と考えた。これは岩の表面に露が溜ることから、月と岩を同じとした月信仰の背景が窺われる。（象徴的思考）つまり、五行も月信仰を習合して成立した思想と考えられる。

月の光を集めて露（月の水）を取る鏡を方諸と呼び、『周易参同契』には方諸が露を取ることについて月の中に水があるからだ、と説く。(157-1-135)　(346-138)

五行相生の法則の概略

「木生火の法則」：「木気」が「火気」を生む

「火生土の法則」：「火気」が「土気」を生む。

「土生金の法則」：「土気」が「金気」を生む。

「金生水の法則」：「金気」が「水気」を生む。

「水生木の法則」：「水気」が「木気」を生む。

五行の法則については『五形図』を参照のこと。(75-181)

（註2-21）（吉野のクズ葛とカツラギ葛城）

葛には、くず，つる，かたびら，つづら，かずら、などの訓みがある。「カツラギ葛城」とは月に生えていると信じられた桂を指す。

吉野の葛が愛でられるのは、月から降り注ぐ「生の水」で育った葛を特別視したことによると思われる。また、その白色も白銅鏡の例にあるように月を象徴することから、月から齎された「生の水」で育った白色の葛（粉）を摂ることは、「生の水」を体に取りこむことになり、変若水と同じように生を約束するものと信じられたからに違いない。月の「生の水」が特に吉野に降り注ぐと信じられたのは、水分神社の存在からもうかがえる。水分神社の祭神「ミズハノメ罔象女」は「水を生む」を意味すると考えられ、月神あるいは月を神格化したものと考えられる。

「クズ葛」は「カツラギ葛城」の暗喩かもしれない。(172-19-ｖ)

（註2-22）「サ」と「くす奇・くし酒・くす薬」

くし：酒　　くさ：草、種、莽（茫ボウ・罔モウと同系）　　くす：薬

「サ」は再生する・植え直し・繰り返し・進展を表す「サ」であり、その例として「サツキ（五月・皐月）」「サケ（酒）」「サナヘ（早苗）」「サユリ（小百合）」「サワラビ（早蕨）」などがある。

三浦氏は、「植え直す」ことを基本とし、「再生と繰り返し」に関係すると指摘している。

私はサは「植え直す」ことを意味していると考えている。……サワタルは「繰り返し渡る」の意である。……サの語義が再生と繰り返しに関係することは当然である。サワラビは（再び）萌え出たワラビの意である。(210-69)

「新たに生まれる」ことについて、下記に分類する。(210-69)

表：サの分類

生れたての・若々しい・早いサ	サエ（サ枝）　サクモル（さ曇）　サダチ（さ立）　サヅチ（さ槌）　サネ（さ根）　サワラビ（さ蕨）
再生する・植え直し・繰り返し・進展を表すサ	サガミ（さ噛）　サケ（酒）　ササラ（簓）　サツキ（五月）　サトホミ（さ遠） サナヘ（早苗）　サナル（さ鳴）　サニ（さ丹）　サヌ（さ寝）　サバシル（さ走）　サマネシ（数多） サマヨフ（さ迷）　サユリ（さ百合）　サヨ（小夜）　サヨバヒ（さ結婚）　サワタル（さ渡る）　サヲドル（驟）
植え直しの月、五月がさらに転じたサ	サバヘ（五月蠅）　サミダレ（五月雨）　サヨ（五月夜）　サヲトコ（早男）　サヲトメ（早乙女）
（霊的に）活性化・融合化状態にあるサ	サヌ（さ寝）　サノ（さ野）　サイ（さ猪）
神霊が繰り返し顕現するところ、依代	サニハ（沙庭）　サクラ（桜）
真・本当という意のサ	サミ（さ身）
小・狭・細などのサ	サオリ（狭織）　サゴロモ（さ衣）　ササ（笹）　サダ（狭田）

「イハバシル」とは川に並べた石の上を走り渡ることだから、渡る海の意の淡海にかかるのである。(211-566)

石ばしる　垂氷の上の　さ蕨の　萌え出ずる春に　なりにけるかも　　志貴皇子万⑧1418

月には新生・再生の働きがあることから、若草つまりあらたに萌えでた草は月を暗に示している可能性がある。

サナエ、サワラビ、サユリ、ササ

（註2-23）『十訓抄』

説話集。3巻からなる。六波羅二﨟左衛門入道の撰述か。1252年（建長4）成る。和漢・古今の教訓的な説話を10項目に分けて収録。「古今著聞集」と密接な関係がある。(118)

（註2-24）〈大母神 Great Mother Goddess〉

母神信仰は世界的に普遍的に認められる。日本神話では最初の親イザナギ・イザナミがあり、縄文土偶も母神の表れとする説もある。地母神は多産、肥沃、豊穣をもたらす神とされ、これは月神の神格である。

ギリシャ最古の叙事詩人としてホメーロスと並び称せられるヘシオドス（Hesiod）は、原初の成り立ちをこのように謳いあげた。カオス（原初の渾沌）の只中にまず生じたのは胸幅広いガイア（Gaia 大地母神）。そのガイアはまず天を、そして山々と海を生み、己が生みなした天と交わって次々に神々を生んだと。(152-16)

このように宇宙生成の初めにまず存在して神々・万物を産み出す母神を、我国の学界では大母神、または大女神・原始母神などと呼ぶ。外国では World mother あるいは Great mother などの名でよばれているがいっぱんにそれぞれの固有名詞でよばれることが多い。(152-17)

万物の母

『老子』にも「道は万物の母」が載り、道教の背景に月信仰の存在が示唆される。宇宙と人生の根源的な真理である「道」は明確に女性とされている。(45-11)

（註2-25）生物学的な「sex 性」

Gender：社会的な性別また、法律上の性。定義と用法は年代によって変化する。

Sex：生物学的な性。性染色体と性器や外陰部の形態と有無、生殖器の有無によって決定される性。(99-1-29)

月の象徴性にまつわる多数の土偶のなかで、一部にははっきりと女性的特徴が認められるものの、全部がそうだというわけでは決してない。したがって、月あるいは月神が男性か女性のどちらであったのかという疑問には答えられない。一般的に月に関連するその他の諸観念は知られていなかったか、表現の対象にはならなかった。(245-281)

（註 2-26）**斑馬**

斑馬は、その文様が月の表面に似ていることから月獣とされる。

インド神話では、斑は星の姿から連想されたとする。

「インド神話では、天体に交って斑やブチのある動物ないし牛がでてくる」と指摘した。さらに彼は、こうした観念が「おそらく星々の姿から連想されたもの」と推定している。のちになってアストンはまた、斑馬を直接インド神話の斑牛である……と比較して「星空の斑状の姿を表したものとして解釈される」とした。（244-128）

神聖な熊を殺すこと。

クマに対するアイヌの態度を解釈することは決して容易ではない。彼らは一方において「カムイ」すなわち神という名称を熊に与える。ところが、彼らがこれと同じ語を異人に適用すれば、これは超人的な力、あるいはせいぜいのところ異常な力を賦与された者、くらいの意味しかもたないであろう。（42-4-53）

アイヌの熊祭ももとはイノシシであった。熊が神獣とされたのは冬眠し小熊を連れて穴から出てくる様子が月の周期に似ているとされたからに違いない。イノシシもその三日月形の牙から三日月を連想し、シカも毎年生え変わる角から月を連想したに違いない。（252-157）（259-3）（392-7）

（註 2-27）**蛇王——原始蛇信仰から仏教への改宗**

原始蛇信仰から仏教へ改宗した一例。

蛇王改宗の像（ジョーリアン修道院出土、2-3 世紀）（17）（37）（53）（320-122）（381-122）

ヘビを綱に見立てた（綱引きをした）神話は、インド神話の「乳海攪拌」にあります。「乳海攪拌」では、マンダラ山に巻きついた「ヘビオウ蛇王」を神々が引っ張って乳海を攪拌し、不死の生命を授けるアムリタ（あるいはソーマ）を出現させた、とあります。（99-1-180）

第3章

月信仰に由来する言葉

はじめに
月信仰に由来する多彩な言葉が残されている

　周芳山口と伊勢にある高倉山は「月神を祀る盤座の山」を、大和の天香久山は「月の山」を意味します。両者に含まれる月信仰に由来する言葉は「タカ」と「カグ」です。「タカ」は天空にある月の世界あるいは月そのものを表わし、「カグ」は若月を表わす「ワカ」から派生した言葉で、やはり月を表わします。また、「ワカ」は「ウカ・カ・ク・ケ・コ」と変化し、そこから多くの言葉が派生しています。たとえば、稲荷社の祭神ウカノミタマは生命力に溢れた若々しい月神を意味します。さらに、少し系統が異なるものの「シタ・シナ・シラ・ヒラ・ヒナ」なども月あるいは月光を指します。「シタテル下照」あるいは「シナテル」は「ツキテル月照」を意味し、「シナ立つ」は「ツクマ筑摩」のツク（月）にかかる枕詞で月を指します。(210-80) このように表面上はまったく異なる言葉の中に、月信仰に由来する言葉が多く残されています。

　本章では、三浦氏の研究に基づく月信仰に由来する言葉を纏め、あわせて地上絵と空間考古学から得られた月信仰に関連する私見を述べました。三浦氏は「語源俗解に陥らぬように注意し、新解釈によって新たな展望が開けたことで論証の裏付けとした」と述べています。(210-1)

月と月の眷属ヘビを表わす古語で通用する言葉が多い

　前作まで、古代は太陽を神とする信仰が普遍的で、同時にその信仰はヘビ信仰と結びついていると考えていました。その理由は太陽信仰の背景にヘビの存在が示唆される例が世界的にも多く認められたからです。(10-143 図70) (12-96) (53-151) (337) (381-122) しかし、実は太陽信仰よりも古く月信仰が存在し、ヘビは月の眷属であることが分かりました。考えてみれば水辺を好むヘビと全てを焼き尽くす太陽とは親和性がありません。ヘビが月の眷属とされたのは、脱皮を繰り返すヘビが月と同じように再生すると見做されたこと、水辺を好むヘビが「水の源泉」とされた月との親和性が高いこと、などでした。この思想信仰は古代世界で普遍的に存在し、日本の古社（出雲、三輪、伊勢、諏訪、賀茂、稲荷など）の祭神の多くにヘビがあるのもその証です。(27-63) (214) (220-序) (311-130) (395-38, 44) ヘビは月の眷属であると同時に月の象徴ともなり、その結果、月とヘビを表わす古語に──たとえば、「ウカ」「カガ」「カグ」など──通用する例が多くなったと考えられます。

　ナウマン氏は縄文土器にもヘビの造形が多く認められることを示し、縄文時代まで遡る月信仰の存在を明らかにしました。(103-25)

こうした「蛇の頭が三日月形の角の中間にある」ことの意味は、境界石を一瞥すれば氷解する。……そこには「太陽神シャマシュやヴィーナス風の女神イシュタル、月神シンのよく知られた象徴が一体化している。月神シンの象徴は蛇であり、蛇が三日月すなわち新月の光の入った皿から飲んでいる。蛇はその結果、みずから永遠の変異と復活を確実にする……蛇は脱皮を余儀なくされる。蛇はまず中から這い出て、死んで硬直したようになってから古い皮を脱ぎ捨てて新たな生を開始する。とすれば、牡羊の角がやや強く三日月状に湾曲している理由もいまや判明するだろう。蛇は角から飲むのではなく、角が形作る三日月から飲むのである。(245-159)

　以下、3項目に絞り三浦氏の研究を引用して月信仰に由来する言葉を纏めました。さらに、前作まで月信仰の視点を欠いていたため十分な解釈ができなかった「カカシ」「タチバナ」「トキジクノカグノコノミ」「カガミ」「カグヤヒメ」などについて、小考を設けて月信仰の視点から解釈を試みました。

1.「タル足る」の語幹「タ」に由来する言葉
2. 月の若さ「ワカ若」に由来する言葉
3. 月を修飾する常套句

1.「タル足る」の語幹「タ」に由来する言葉
タラシ（足）は「満ち足る月」の意──皇統は月神系

皇統の名に用いられる「タラシ」は「タル足る」の未然形「タラ」に尊敬の助動詞「ス」の連用形「シ」が付いたものとし、三浦氏は以下のように述べています。(210-152)

タラシ（帯）は他動詞タラスの連用形の名詞化したものとなる。……しかし、タラシヒコ・ヨソタラシヒメのタラシは、神田秀夫がいうように、四段活用の自動詞タル（足・垂）の未然形タラに、尊敬の助動詞スの連用形シがついたものであるはずである。

皇統に月信仰の証である「タラシ」の名を持ち込んだのは、尾張氏の出自で第五代孝昭皇后ヨソタラシヒメでした。そのように考える根拠は、第十一代垂仁記に「凡そ子の名は必ず母の名づくる」とあるように、古代では子供の名は母親 (註3-6) が付けたからです。(114-1-6)(141-195)

皇統にタラシの名を持ち込んだのは尾張氏で、孝昭皇后ヨソタラシヒメのタラシがその後多くの天皇や皇后や御子にも与えられることになったと考える。……ヨソタラシヒメは葛城郡の出身であろう。ヨソタラシヒメの子がアメタラシヒコクニオシヒトと孝安ヤマトタラシヒコクニオシである。ヨソタラシヒメは、神功のオキナガタラシヒメと同じように祭祀を司り、降神の術にも長けていたに違いない。(210-148)

第五代天皇の時代ですから、大和王朝の極初期に尾張氏との婚姻関係が成立したと考えられます。これは、その土地の女性を娶ることで新来の民が土着民と初めて同化できる、という梅原猛氏の指摘に適うものです。つまり、尾張氏は皇統よりも早く大和を支配していたと想像できます。(高尾張の土蜘蛛)

日本の最初の天皇カムヤマトイワレビコ即ち神武帝には渡来の農耕民の血は八分の一しか入らず、残りは土着の山人あるいは海人の血なのである。……一つの民族が新しい土地へきてそこに土着する場合、極めて普通のことである。土着民はこの新来の民が土着民の娘を娶ることによって、初めて彼らの仲間と認めるのである。(401-1-280)(493-1-280

三浦氏は、奈良朝以前の大王・天皇やそれに準じるものでタラシヒコ (ヒメ) のつくものを 8 例あげています (即位順)。(210-147)「タラシ」の意味が忘れられていなかったとすれば、第四四代元正ヤマトネコタカミツキヨタラシヒメの時代 (680年-748年) でも、いまだ月信仰の世界にあったことが分ります。「タカミツ」「キヨ」「タラシ」はいずれも月を示唆します。元正は五形図を描いたと推測される文武、元明と続く天皇で、即位四年 (720年) には『紀』を撰上し、奈良時代 (710年-794年) の昂揚期を生きた天皇の一人です。

孝安：ヤマトタラシヒコクニオシヒト	景行：オホタラシヒコオシロワケ
成務：ワカタラシヒコ	仲哀：タラシナカツヒコ
神功：オキナガタラシヒメ	舒明：オキナガタラシヒヒロヌカ
皇極：アメトヨタカライカシヒタラシヒメ	元正：ヤマトネコタカミツキヨタラシヒメ

タラシヒコの名は古代中国の『隋書』「倭国伝」(註3-1) にも見られ、倭王タリシヒコは未明に政事を行ったとあります。この事実をもって三浦氏は、皇統は月神系であるとしています。(210-序)

『隋書』「倭国伝」によると、倭王タリシヒコは未明に政事をし、日が出ると執務を弟にゆだねた。しかも天は兄、日は弟と見なしていた。とすると、倭王自身は月（神）であった。……また、タラシはタリ・タ・テとしても用いられていた。たとえば応神ホムタはポパイの上腕のししむらのように膨らんだ月の意である。……タラシが満ち足りた月であるとすると、皇統はやはり月神系としたほうがよいらしい。

鎌足とは三日月から満月まで成長してゆく活力のある月を表わす

「タリ」を含む臣下の名の一例として、私見では中臣鎌足があります。「カマ鎌」は三日月を象徴し、「タリ足」は「満ち足りた月」を象徴していて、「カマタリ鎌足」とは「三日月から満月まで成長してゆく活力のある月」を意味し、月信仰と深く関わった名と考えられます (利鎌は新月を象徴)。(210-230) 中臣氏は「中臣寿詞」(註3-2) から理解されるように、神祇を掌る立場の氏族でした。『続紀』では、中臣氏が月神の神稲を賜ったとい

う記録があり月神との関係は濃密です。その関係を示すように、中臣氏の祖アメノコヤネ命の「コ」は「ツキ」に由来し、「アメノ」とは月のある天界を指します。（第4,5章）この記録から『続紀』の時代、月信仰が残り月に由来する言葉が生きていたことも分かります。また、下記文中、葛野郡の「カドノ葛野」は月を連想させます。

『続紀』大宝元年四月条　勅して、山背国葛野郡の月神・樺井神・木嶋神・波都賀志神等の神稲、今より以後、中臣に給ふ。葛野郡の月神とあるのは葛野坐月読神社であり、顕宗紀三年二月では壱岐県主の先祖押見宿禰が月神を祀っていた。樺井神は樺井月神社で、月読尊を奉る。木嶋社は木嶋坐天照御魂神社で、火明命を奉る。ホノアカリは月神である。(210-128)

藤原とは「フシノハラ不死の腹」

　月を象徴する名を持つことから、後に天智から賜姓された「フジワラ藤原」（註3-3）とは決して絶えることのない家系、つまり「フシノハラ（不死の腹）」を意味すると考えられます。これは月信仰を背景にした不死の思想に基づく賜姓です。同じ発想として、山口盆地を流れる「フシノカワ椹野川」や、カグヤヒメが残した不死の霊薬を焼いた駿河の「フシノヤマ富士山」があります。

　家系の「ミナモト原」を「腹」で表した用例は桓武朝の「モズハラ毛受腹」があります。私見では毛受腹は「モウケノハラ」と訓み、「モウケノキミ儲けの君」山部皇子（後の桓武）の生母・高野新笠の家系を指し、やはり月信仰を背景にした名と考えられます。（ウケは月神トヨウケビメと関係する）すでに日神アマテラスが創祀（698年）されていたにもかかわらず、桓武朝（784年-806年）でも月信仰が絶えていなかったことを窺わせます。(75-316)

　ちなみに、天智の諱「カツラギ葛城」（註3-4）から、天智は葛城氏に養育を受け月信仰の世界にあったと想像できます（『紀』には殯と誄の記録がなく実態は不明）。そこで、不死と再生を根源とする月信仰の世界にあった天智が自身の臣下・中臣に「フシハラ不死腹／藤原」の姓を与えたとしても不思議ではありません。

　「フシハラ不死腹／藤原」に関連して、代表的な氏姓「源平藤橘」も月信仰を背景にした可能性があります。すなわち「ミナモト源」はあらゆる「水の源」と考えられた月を、「タイラ平」の「ヒラ平」は月を表す「シナ・シラ・ヒナ・ヒラ」を、「タチバナ橘」は「月霊の華」を意味し、背景に月信仰を示唆します。(76-464) (443-4-79)

尾張氏の本貫にある大和葛城山は「月の山」

　尾張氏と月信仰の結びつきは強く、尾張氏の本貫の一つ「カツラギ葛城」とは「月にある桂の木」の意味で月を象徴し、葛城郡にある大和葛城山は「月の山」と考えられます。私見では、その山系は河内の前方後円墳の「場」を決定する測量基点として採用されたのを始め、内宮の測量基点としても採用され、いずれも「月の山」大和葛城山と結ぶことで信仰上の根拠を得たことになります。つまり、古墳時代も月信仰の世界にあったこと、時代が下って日神を祀る内宮の実態が月信仰を背景にした創祀であったこと、などが「月の山」大和葛城山を測量基点とする事実から考えられます。これらは著者が提唱する空間考古学から得られた重要な成果の一つで、古代史に新たな展開をもたらす可能性があります。

海人族・磯部氏の神「サルタヒコ」は月神

　私見では、「タル足る」の語幹「タ」が「ツキ月」に関わる言葉の最も基本的な語幹と考えます。それは三浦氏も述べているように、「タ」は「タル足る」の語幹で「丸く膨らんだ満ち足る月の形容」であるからです。古代の月信仰の最も基本となる言葉から月を表わす他の言葉が派生しても不思議ではありません。以下、この考えにしたがって「タ」を含む言葉、「タ」から派生した語幹の変化とその語幹を含む言葉について述べます。もちろん、断定できるものではなく、多くの文献を引用して論証とします。

　その「タ」の一例として、伊勢の海人族・磯辺氏族が祀るサルタヒコ（註3-7）があります。サルタヒコには「サル猿」の宛字が用いられているため、その字に拘って解釈すると「猿田」つまり「猿の田圃」になり、これでは意味が分かりません。(323-1-148)

三浦氏は、「サル」は「サラ（更・晒）」と同じで再生・新生の意を表し、サルタの「タ」は「タリ・タラシ」の語幹「タ」で月を表わし、田は宛字であるとします。田は宛字としての使用頻度が高く、田が使われている場合、月信仰の視点から見直す必要があります。たとえば、周芳山口の大崎玉祖神社の測量基点である田島山の「田」、宗像三女神を祀る田島の「田」、常世国へ「トキジクノカグノコノミ」を探し求めた田道間守の「田」などが月を表わす「タ」と考えられます。(317-125)「タジマ田島」とは「月の島」の意です。

もともとサルタヒコのサルはサラ（更・晒）と同じで、再生・新生の意である。たとえば、「春さらば」「夕さらば」のサル・サラは「……となる・再びなる」ことをいう。再生の象徴は、満ち欠けを繰り返す不死の月である。サルタのタは田を指す場合もあるだろうが、おそらくタリ・タラシの語幹のタで月を表しているだろう。(210-294)

「タ」を含む言葉と変化
「タ田」は豊穣を約束した「地上の月」を意味する

　「タ」は「タル足る」の語幹で、月を表わす最も基本的な語素です。その「タ」には「田」がしばしば宛字として用いられます。しかし、私見では「田」は単なる宛字に留まるのではなく、「タ田」そのものが月を象徴する可能性があります。なぜなら、生命・豊穣・降水などに及ぼす月神の力を最も受けるのが「タ田」と考えられるからです。「タ田」は水田以外にも「生み出すところ」の意味で炭田や油田にも用いられ、それは生み出す力が最も強いのは月の力と考えられたからに違いありません。

　このような「タ田」で育まれる「イネ稲」とは、「イ」が「イノチ命（イノ霊）」を表わす最も基本的な語素、「ネ」は「根」で「命のもと」を意味する可能性があります。「イ」を含む言葉には「イキ息」「イキル生」「イエ家」「イソ磯」「イズミ泉」「イケ池」などがあり、いずれも「命」を繋ぐもの、あるいは「命」を育むところの意味を持ちます。さらに「イシ石」「イワ岩」などがあり、月信仰の根源に繋がります。

　降り注ぐ月の「生の水」を湛えた「タ田」に立てられた「カカシ」（月の桂の象徴／後述）は、天地の仲立ちをして豊穣を約束しました。（後述）そのような「タ田」で行われた農事は神事でもあったでしょう。田楽などが生れてきた背景には、このような月信仰の存在も考える必要がありそうです。月影を愛でる「田毎の月」（実際にはあり得ない）も、単に情景を詠ったものではなく背景には月信仰があり、「田は地上の月」と考えられていた可能性があります。（大母神文化）

　幼いころ、田植の季節になると田に映る「逆さまの風景」を楽しみにしていました。ひととき飽かずながめていると、水の中に別世界があるような錯覚に陥りました。ここに月が映れば田の中は月世界──浦島太郎が向かった竜宮城も海に映った月世界──と想像しても不思議ではありません。『記』のなかでアマテラスにも語らせたように──伊勢は常世の浪の打ち寄せるところ──つまり古代人は「常世と海とが繋がっている」と考えていたのです。

　「逆さまの風景」に関連して、ヘンツエ氏は古代中国の青銅器にある「トウテツメン饕餮面」を取り上げて、生と死を含めてこの世の二面性──直立と倒立する世界──そのいずれもが現実であることを述べています。(139-48)「神話は人の心の深淵に普遍的に存在する憧れや想像」とする研究成果から、浦島太郎が向かった竜宮城も海に映った月世界も現実といえるかも知れません。(99-1-6)

「タカ高」は多くの場合「月」を意味する

　周芳山口と伊勢にある高倉山は「月神を祀る盤座の山」を意味し、大和の天香久山は「月の山」を意味することを述べました。両者に含まれる月に由来する言葉は「タカ」と「カグ」です。「タカ」は天空にある月の世界（あるいは月そのもの）を表わし、「カグ」は若月を表わす「ワカ」から派生した言葉で、やはり月を表わします。したがって、「タカ」と「カグ」は通用するはずです。事実、天香久山は「タカヤマ高山」と呼ばれることがあります。三輪山の月神オホナムチ（オオモノヌシ／オオクニヌシ）の子アジスキタカヒコネの妹「シタテルヒメ下照姫」の別名も「タカヒメ高姫」で、やはり「ツキヒメ月姫」を意味します。全てではないにしても、月・

月光に関わるものに「タカ高」の付くことが多い、と三浦氏は指摘します。(210-405)

　私見では、「タカ」は足るの語幹「タ」に、「アリカ」「スミカ」など場所を表わす接尾辞「カ」が付いた可能性があり、結果、「タカ高」は天空にある月の世界を表わす言葉になります。

　「タカ」の他の例として「タカマガハラ高天原」があり、やはり月のある天空（あるいは月）を指します。また、最も古い皇祖神タカミムスヒ（別名・高木神）について、三浦氏は「高くにあって新生・生成の霊力を持つ神」としています。その別名・高木神は月にあると信じられた桂の木（湯津香木・槻）を神格化したものです。顕宗紀（第二三代）にも、タカミムスヒが月神であると明記されています。（後述）(210-113)

　持統の和風諡号は「タカアマハラヒロノヒメスメラミコト高天原広野姫天皇」とされ、高天原はいうまでもなく広野は月の「ササラ（サララ）」野を意味します。「サララ」は「サラサラ」の略で繰り返しを意味し、繰り返すことは月の暗喩です。この和風諡号から、持統の時代には未だ月信仰が優勢であったことが分ります。持統の幼名は「ウノノサララ鵜野讃良皇女（天智紀七年二月条）」で、鵜野は宇野連に養育されたことに由来します。宇野連は河内国更荒郡の鸕の野邑（現・生駒山西麓の広い地域）に居住する新羅人でした。新羅には月信仰が色濃くあり、新羅の居城は永く月城（ゲッジョウ）と呼ばれていました。その祭祀は都祈野（トキノ）で行われ、トキとは暁・有明（シノノメ）の時刻で有明の月を祭った、と三浦氏は述べています。月を意味する「トキ」「シノ」「シラ」「サラ」は日本語に通じる重要な言葉です。篤い月信仰を持つ新羅人に養育された持統は、やはり月信仰の世界にいたと考えるのが自然です。

新羅のシラとサララのサラとは通音であると思われる。そこは今の大阪府大東市の生駒山西麓一帯らしい。『姓氏録』未定雑姓に、「宇野連。新羅皇子、金庭興の後なり」とある。宇野連はウノノサララの養育に関わったらしい。新羅の居城は月城であり、『三国遺事』の月精である細烏女もそうであったが、新羅には月信仰が色濃くあった。(210-403)

　ちなみに、生駒山西麓の八尾市高安にある玉祖神社は、和銅三年（710年）に周芳山口の大崎玉祖神社から祭神を勧請した伝承があります。(317-125)「玉」は月光の凝結したものとされたことから、「タマノオヤ玉祖」とは月（あるいは月光）を意味するはずです。持統を養育した新羅人が居住した生駒山西麓と地上絵が描かれた周芳山口が共に月信仰の濃厚な地域であったことを示唆します。また、高安の北方には「ヌカタ額田」と呼ばれる地域があり、これは「額に町形の廻毛がある馬（天馬）」を意味し、やはり月信仰の存在を示唆しています。（一説に額田王の生誕地）(210-112)(240-260) 高安から十三峠（信貴山）を東へ越えると平群郡で、武内宿禰を氏祖とする平群氏の支配地でした。ここに周芳山口の椣野川と同じ訓みの椣原があります。(454-1)「タカヤス高安」の「高」と「十三」（三日月から満月までの日数）も月を示唆し、「シギ信貴山」の「シキ」は海人族の居住地であった可能性があります。

　大崎玉祖神社の祭神が高安へ遷される時、住之江に上陸し倭恩智神社に一時とどまった、という伝承があります。この伝承には「タマ玉」「スミ澄」「ヲチ恩智／復ち」など「月」を暗示する言葉が含まれ、玉祖神社が月神を祀る社であることを示唆して重要です。この伝承の背景には「ヲチ倭恩智神社」に留めること（岩戸隠れ）で祭神の「ヲチ若返り」をはかった可能性があり、そのように考えるのは不死と再生は月信仰の根源であるからです。

「タカ高」に関する三浦氏の見解まとめ　　(210-405, 406)

1. 月・月光に関わるものにタカ（高）の語のつくことが多い。

2. 高皇産霊尊：顕宗紀三年条で、壱岐県主の祖で月神であった。

3. 高木神：神代記ではタカミムスヒの別名で、高木は槻の謂いであるが、月の暗喩である。

4. 高山：香具山である。月が誕生したという盤座がある。だから、天の香具山と呼ばれる。カグはかすかな光で、カカ・カグ・カゴともなり、月・月光のことでもある。

5. 高尾張（高宮郷）：大和葛城にあり、月信仰を持つ尾張氏の居住地。付近に綏靖の葛城高丘宮があった。

6. 高鴨：葛城高宮郷の南にあり、（アジスキ）高彦根を祀る。高鴨の高は高尾張の高に通じる。付近には高天があり、高宮廃寺があった。

7. 高姫：下照姫の別名。下照はシナ照ルに通じ、月照るの意。アジスキ高彦根の妹。

8. 高倉（蔵・座）：多くは天照国照彦火明命の子天香語山命（別名高倉下）を祀る。ホノアカリのホノはかすかな光で、月を指す。カゴヤマは香具山と同じである。

9. 高円山：春日山（三笠山）の一峰。春日は春の暈をかぶった月を意味する。三笠山は月の名所。「高座の三笠山」（万③372・373）では枕詞「高座の」が三笠山にかかる。なお、高安山中腹に八尾市の天照大神高座神社がある。

10. 高良（玉垂）：『高良玉垂縁起』に高良本地は月天子であるという。

11. 高宮：多賀宮とも書く。外宮別宮である。内宮よりアマテラスの和魂の月天子を遷し祀る。これは内宮所伝本『倭姫命世紀』による。「多神宮注進状裏書」の高宮郷に坐す天照大神和魂神社の高宮もそうである。

以上の例から推して、アマノハラにタカを付加した高天原は、月あるいは月の照る天原を意味していると考える。（しかし、『記』の撰録者が高天原の「高」を理解していたかどうかは疑問である）

「タマ玉（珠、瓊）、魂、霊」は「丸い形をして仄かに光る月」か

　月神・ウカノミタマ（宇迦之魂）の和魂や荒魂（註3-8）にある「魂」、垂仁の纏向珠城宮（師木玉垣宮）にある「珠」、「アマツヒコネホノニニギ天津彦根火瓊瓊杵」にある「瓊」、尾張連等の始祖「アメノホアカリ天火明」の父「アマテルクニテルヒコホアカリクシダマニギハヤヒ天照国照彦火明櫛玉饒速日」にある「玉」、「スダマ生霊」の「霊」など、いずれも「タマ」と呼びます。では「タマ」とは何でしょうか。（尊・命称を略す）

　キャシュフォード氏は、ギリシャのクセノクラテス（BC339年-BC315年にアカデメイアの学頭）の言葉を引用して「魂は月に対応する」と指摘しています。「タマ」は月と深く関係するようです。

クセノクラテスは、太陽、月、地球という天体の序列に対応する三つ組——精神、魂、肉体——が人間のなかに見いだせることを最初に提唱した。精神は太陽に対応し、魂は月に、そして肉体は地球に対応する、と考えた。宇宙の大宇宙が人間に小宇宙として反映されているこの序列モデルはローマ思想に入り込み、ダンテも例外ではない。（99-1-319）

　『広辞苑』には、魂は「まるくもやもやした火の玉」のこと、とあります。つまり「丸く仄かに光るもの」になります。和泉式部（978年頃・没年不詳）（註3-9）の歌にも魂があり、魂を「蛍のように淡く光るもの」と見做しています。

物おもへば　沢の蛍も　我が身より　あくがれいずる　魂かとぞみる　　　　　和泉式部『後拾遺』1162

　古代インド哲学（初期／BC800年-BC500年）の奥義書『カウシータキ・ウバニシャッド』（註3-10）では「心は体の月」としています。

『カウシータキ・ウバニシャッド』には、「この月にいるこの輝く不死の人物、そして体のなかに心として存在するあの輝く不死の人物、どちらもマドウmadhu（魂）である」と書かれている。（99-1-258）

　月と心の関係について、古代インドの神話では「月は心になって心臓に入り、直観と呼ぶ頭の中の光になった」とあり、「こころ」の語源を考える上で重要です。つまり「こころ」とは月のことではないか、という疑問が浮びます。（後述）

この古代インドの神話（紀元前八から六世紀頃）で、月が神々のなかでもっとも内省的な場所を占めて、「心臓のなかの心」……になったというのは示唆に富んでいる。（「思考」を意味するエジプトの象形文字も心臓である）……視力として目に入った（太陽）は外的な見る力となったが、対称的に、心として心臓に入った（月）は内的な見る力になった。……夜を照らす月はわれわれが直観と呼ぶ頭のなかの光になる。（99-1-249）

『万』の長歌に、霊魂のかすかな光にかかる枕詞として「玉かぎる」があります。「タマ」に共通するのは「仄かな光」です。「玉かぎる」がかかる「日」は夜を意味する「ケ」と訓み、幾夜つまり「月夜」が幾日過ぎたのかを意味します。そう解釈することで「影」「月」「玉」「日」「思」「胸」が繋がり、ここに太陽が入り込む余地はありません。

行く影の　月も経行けば　玉かぎる　日も重なりて　思へかも　胸の苦しき　　　（万⑬3250）

枕詞「玉かぎる」は諸本とも「日」にかかるとしているが、日はヒではなくケと訓むべきである。日は月夜のことであるので、霊魂のかすかな光が生きてくる。だから「玉かぎる」はホノカや夕にもかかるのである。霊魂は朝の弱い光ならばともかく、明るい太陽とは縁が遠いことを理解すべきである。　（210-33）

　『大唐西域記』（註3-11）には僧伽羅国（シンガラコク）の月愛珠（ゲツアイジュ）と呼ばれる伝説上の珠玉の話があり、その珠は月光の凝結したもので月光に応じて淡く光り月の「生の水」を滲ませるというものです。

那羅稽蘿州の西方、海のかなた数千里の離れ島の東崖に、石の仏像の高さ百余尺のものがある。東面して坐し、月愛珠をば肉髻としている。月が廻り照らす時になると、水は滝となり崖をどっと流れ落ちて谷に注ぐ。ある時、商人たちが暴風に遭難し、波のまにまに漂いこの離れ島にたどり着いた。海水は塩分があり飲むことができず、咽が乾くこと久しかった。この時は月の十五日であった。像の頂から水が流れ人々はみな救われ、真心が仏に通じみ心に救われたと思った。ここに留まり数日が経ったが、何時も月が高い山に隠れるとその水の流れは止まった。（54-3-295）

　「生の水」を滲ませる月愛珠は、中国で漢訳されて水晶（月長石）と呼ばれました。（54-3-295）水晶製の玉を仏教では心月輪（シンガチリン）と呼び、水晶で「心」と「月」を表しています。「月は想像力の源泉」とされたことからも「月と心と玉（魂・霊）」は一体と考えていたようです。

　日神アマテラスと同体とされる大日如来（註3-12）の胎内にも水晶製の心月輪と五輪塔が内蔵され、仏身は太陽であっても心は月である、という表現です。仏身と心の関係は、内宮が表向き日神アマテラスを祀っていても、創祀の時点で内実は月神であったことに対応します。この問題は、五形図が何を象徴するのかを考える上で重要でした。（第5章）

　以上から、「タマ」とは本来「丸い形をして仄かに光る月」を意味し、「魂」「珠（玉・瓊）」「霊」と形を変えて捉えられたものと考えて良さそうです。

「タキ（タギ）瀧」は月霊が顕現するところ

　『万葉集辞典』には「（タキは）水の霊力のもっともよく現われる場所、その周囲を含めて神聖視された」とあります。月はあらゆる「水の源泉」とされたことから、水の霊力の現われとは、すなわち月霊が顕現するところと同じ意味になります。（292-181）「養老の瀧」の伝説も、このような信仰を背景に伝えられたものでしょう。

　瀧から水が落ちる様子をみて、「三日月から月の水が落ちてくる」と古代人が連想したとしても不思議ではありません。（299-68）（357-16）そのような瀧を詠った後藤夜半（1895年-1976年）の句があり、近代客観俳句の魁とされます。この句の中に月信仰の背景をみることはないにしても、ただ客観的というだけでなく瀧と水になんらかの霊力を感じ取ったのではないかと思われます。

瀧の上に　水現われて　落ちにけり　　　後藤夜半（114-45）

　瀧が信仰の対象となったのは「月霊の顕現」と考えられたからに違いありません。たとえば、熊野那智大社のご神体に「那智の瀧」があります。熊野大社（本宮）の伝承（註3-13）には、熊野三所権現は「三枚の月形」になって天下ったとあります。「三」は月信仰で重要な数字、月形はいうまでもなく熊野権現が月神であったことを物語るものでしょう。事実、熊野権現とアマテラス（月神として）を同体としています。「那智の瀧」をご神

体とし、熊野権現とアマテラスを同体とすることから、瀧とは月神アマテラスの霊力が現われるところ、と考えて良さそうです。

　熊野三山の中で、残る熊野速玉大社のご神体「ゴトビキ岩」、熊野本宮のご神体「熊野川」、などの「三」「岩」「水（瀧・川）」のいずれもが月信仰を象徴します。ちなみに、ゴトビキとはヒキガエルの関西方言（新宮地方）で、『淮南子』精神訓にも「月中に蟾蜍有り」と載る通り、ゴトビキ岩とは月に棲む「ヒキガエル蟾蜍」を暗示し、転じて月を象徴します。(63-43) (157-1-323) 岩が月を象徴しているのは天香久山の「月の誕生石」と同じです。(210-297) (211-82)

　以上、「月霊が顕現する瀧」「三枚の月形」「ヒキガエル蟾蜍」など熊野三山に共通するのは月信仰であり、熊野の「クマ熊」は月を象徴している可能性があります。（熊は月の眷属／「しるしの原理」／第4章）

たとえば平安末期の『長寛勧文』（群書類聚巻四六三）にも、「和光の月は四海に浮かび、利物の雲は一天を覆ひ、天照大神日本国の主と為る」とある。その後文では三枚の月形として天下った熊野三所権現をアマテラスと同体と考えている。(210-308)

　宗像三女神の一柱タキツヒメの名にも「タキ」が含まれ、神代記には以下の表現があります。文中、天の真奈井は月から地上に降り注いだ「生の水」を溜めた井戸、「三」は月を暗示する数字です。その真奈井の「サギリ狭霧」から化生した三女神は月神と考えられます。(141-77)

天照大御神、先づ建速須佐之男命の佩ける十拳剣を乞ひ度して、三段に打ち折りて、奴那登母母由良邇、天の真奈井に振り滌ぎて、佐賀美邇迦美て、吹き棄つる気吹の狭霧に成れる神の御名は、多紀理毘売命、亦の御名は奥津島比売命と謂ふ。次に市寸嶋比売命、亦の御名は狭依毘売命と謂ふ。次に多岐都比売命。（神代記）

　「タキ瀧」の名がつくお社として、内宮の「タキマツリノミヤ瀧祭宮」(註3-14) があります。瀧祭宮は石（榜示石）であるにもかかわらず、重要な祀りに先立って祀られる境内第一の摂社です。空間考古学から得られた知見では、瀧祭宮は「月の山」大和葛城山 (註3-15) を基点とする東西軸上に決定されていました。（第5章）つまり、内宮に信仰上の根拠を与えた石（神）として重視されたと考えられます。

　吉野氏は西野義一郎氏の研究を引用して、瀧祭宮が天照大神の前身であると指摘しています。文中、天照大神を「蛇」(註3-16) としていることから、本来は日神ではなく月神であったことが分ります。(98-163 (250)

伊勢神宮の瀧祭宮は、いまこそ五十鈴河畔の手洗い場の側らに、石だけが祀られている神社であるが、古来、重要な祭りに先だって祀られる社で、鎌倉時代は、場所も対岸にあって、この神こそ天照大神の前身とされている。……荒木田神主家の伝承にも日神天照大神は蛇で斎宮はその后である。そのために斎宮の御衾の下に、朝毎に蛇の鱗が落ちている。とみえている。

　瀧祭宮が月神アマテラスの前身とすると、「タキマツリ」とは月神アマテラスを祀る意味になり、やはり「タキ」とは月を象徴することになります。

　以上、「タキ瀧」は「足る」の語幹「タ」に由来し、「キ」は瀧が「水の霊力の現われるところ」を意味することから「キ気」ではないかと推測します。ちなみに、「キ気」は「タキ多伎（瀧）」と表記される「伎」と同じく上代特殊仮名遣で甲類に属し、この推論を支持します。

「タツ龍」は月の眷属で月霊を意味する

　『図会』には『説文解字』『本草綱目』『広博物志』などを引用して、「タツ龍」について以下の記述があります。本節に必要な部分のみ引用します。(32-695) (390-45-6) (444-79)

1. 龍に九似あり（三停九似／後漢の王符）。

頭は駱駝に、角は鹿に、目は鬼（一説に兎）に、耳は牛に、項は蛇に、腹は蜃（おおはまぐり／しん）に、鱗は魚に、掌は虎に、爪は鷲に、それぞれ似ている。(338-11)

2. 交むときは二匹の小蛇に変化し卵生して思抱し九子を産み、雄は上風に鳴き、雌は下風に鳴き、風によって孵化する。

3. 春分に天に登り、秋分に下って淵に入る。
4. 神使で天地を繋ぎ、龍は天帝の化身である。

　「龍は春分に淵から出て天に登り、秋分には降って淵に沈む」とあることから、龍はヘビと同じように水辺を好むことが分ります。ところで、春分に龍はどこへ昇って行くのでしょう。
　龍の行く先を暗示する神話として、海幸・山幸神話で山幸彦が辿り着いた海神の宮殿・龍宮城があります。その龍宮城には月にあるはずの神聖な桂の木の記述があること、古代中国の月世界を表わした月鏡には月の桂樹の下に横たわる龍が描かれていることから、龍の行き先は月であり龍宮城であったと考えることができます。さらに、月はあらゆる「水の源泉」と考えられたことから海もまた月世界に含まれ、龍宮城とは月宮殿であった可能性があります。すなわち、龍の昇り行く先は月と考えられます。龍蛇と呼ばれ龍はヘビに変身することもあり、龍とヘビは水辺を好む性質が似ていること、天地を結び天帝の化身とされることから、龍もまた月の眷属と考えて良さそうです。（8-183）（97-47）（176-176）（362-146）
　月まで昇って行く龍馬という馬の名前からも、龍の行先は月であることがわかります。『源氏物語』明石の巻には「雲井にかける」駒の歌があり、「月げの駒」とは月まで昇ってゆく龍馬であると三浦氏は指摘しています。
秋の夜の　月げの駒よ　我が恋ふる　雲井にかけれ　時のまも見む
月毛の駒で遠い空の雲井の都に登り、しばしの間でも見たいものだと歌っている。紫の上は月に昇ってしまったのではないか。
月毛は鴇毛とも書くが、月毛の駒は毛が薄桃色を帯びて見える馬である。（210-277）

　『太平記』にも龍馬の記述があり、月毛の駒すなわち龍馬が昇り行く先は月の都です。聖徳太子が甲斐の烏駒に乗って「フシノヤマ富士山」を巡った伝説も龍馬に通じるものがあります。「フシノヤマ」は月神コノハナサクヤヒメ（サクラの古称コノハナ）や「月の住人」カグヤヒメを連想させます。（113-2-12）
『太平記』巻十三では、竜馬を進奏するとして月毛の馬を引き参っている。馬は、特に月毛の駒は竜のように天に昇ると考えていたらしい。しかし、昇り行く先は太陽ではなくして、月の都や雲井である。（210-278）

　以上から、「タツ龍」とは月を表わす「タ」に由来し、「ツ」は「チ霊」から変化した可能性があります。後述する「タチ太刀」と関連する可能性もあります。

「タチ太刀」は月霊で三日月を象徴。
　次に、「タチ太刀」が「タチ月霊」に由来する可能性について述べます。
　三日月は、その形から角・弓・鎌・舟・山・杯・盃・嘴などに譬えられることがあります（「しるしの原理」）。後期旧石器時代（3万年前－1万年前）フランス　のローセル谷で発見された女神（Femme a la corne・三日月型の角）は右手にバイソンの角を持ち、「ツノ角」は三日月の象徴と考えられます。この時代、月信仰の世界にあったと判断する根拠の一つです。
プリギュアの月神メンの中心に描かれた像は三日月とそれに釣り合った三日月形の角をもつ雄牛で、松笠、ヤギ、野鳥のガン、ヒツジその他の動物は月神が豊穣多産をもたらす生命である。（99-1-25）

　さらに、三日月には多くの異称があり、光輝く細い形から剣や牙と形容されることもあります。（308）また、満月は夜光をはじめ玉や輪、盤と表現されることがあり、これらの言葉が用いられている場合、月との関係を考えてみる必要があります。「タチバナ橘」を用いて満月を「橘輪」と呼ぶこともあり、「タチ」を月霊とする根拠の一つになります。また、月光を矢と表現し、海面に映る金波と表現する場合もあります。
三日月の異称　：月の剣　若月　眉月　糸月　初月　繊月　銀鈎　月牙　月の舟　蛾眉　朏月　朏魄

満月の異称 　：橘輪　夜光　水鏡　鏡輪　玉輪　氷輪　氷盤　白玉盤　水晶毬

　これらの言葉はカグヤヒメを「月光の矢の姫（あるいは月夜の姫）」と考えたり、佐太大神（註 3-20）の「金色の矢」を「月光」と解釈したりする場合に重要です。

　『出雲国風土記』に載る「サダノオオカミ佐太大神」が生れた「カガ加賀のクケド潜戸」の「カガ」は月を指し、「サダ（サタ）」もまた繰り返し再生する月を指します。「クケ」とは「貫通した（貫けた）」ことを意味し、「クケド」は海にせり出した岩壁が侵食されて貫通した岩戸を指します。天香久山の「月の誕生石」から月が生れたように、月神アマテラスが天石窟から再生したように、「クケド潜戸（岩戸）」から生れたサダノオオカミも月神であるはずです。このように神話や物語は思想信仰に忠実で一貫性があり、その信仰空間に異質なものが含まれることはあり得ません。

　サダノオオカミの別名がサルタヒコとされるのは、両者が共に月神と認められていた証で、出雲もまた海人族が居住した地域であったことがわかります。文中、キサカヒメ（キサカヒヒメ）とは月神カムムスヒの子で、やはり月神です。オオクニヌシが焼石で死亡した時、カムムスヒがキサカヒメを遣わして蘇生させた話があります。『風土記』の記述から、出雲の神々も月神であったことがわかります。(172-9) (440-127)

『出雲国風土記』嶋根郡加賀郷と加賀神崎の条に、加賀は佐太大神が生れたところだとある。加賀神崎の岩窟にキサカヒメがいたとき、金の矢によって光カカやき、あるいは弓矢が流れてきて、御子神が生れたとされている。……金の矢は月光ではなかったか。カガ・カカが月を指すことは第六章第三節で説明した。……平田篤胤『古史伝』二十七で、佐太大神はサルタヒコの別名であるといっている。サルタヒコが月神ならば、佐太の大神もおなじではないか。(210-294)

　「タチ」に関連して、古代日本で「シカ鹿（シカは繰り返す意か）」が神獣とされたのも、年毎に生え変わる角が「タチ太刀」と同じく半月を象徴しているからと考えられます。その証として『皇大神宮儀式帳』には「月読命が太刀を佩く」とあり、描かれているのは「月読命」「太刀」「馬（天馬）」「雷神」「蛇神」などすべてが月信仰に関わるものです。

月読命と称すは、御形は馬に乗る男の形で、紫の御衣を着、金造りの帯の太刀を佩く、とある。ここでは月読が馬に乗った形すなわち天童で表されている。天から降下した小童には雷神もあるだろうが、雷神とて蛇神に通じており、月の再生信仰と同根である。太陽の御子神などではない。(210-126)

　日本神話だけでなく『アイタレーヤ・ブラーフマナ』（『リグ・ヴェーダ』の伝承に属する散文集）（註 3-21）では、月神アルテミスは狩人で、同時に「カリス（杯）であり刃でもある」と記されています。遠く離れた異なる文化でも杯と刃は三日月を象徴することから、太刀もまた月あるいは月神を象徴するものと考えて良さそうです。また、三日月は「研ぎ澄まされた刃」とも表現され、夜空に鋭く輝く三日月をみると太刀が月を象徴するのも自然に頷けます。

月は男性でありながら、「月の王、不死の生命のあらゆる水を入れる容器」でもある——ちょうどナンナ＝シンが強大な雄牛でもあり子宮でもあるのとひとしい。逆に、アルテミスは女性でありながら狩人、カリス（杯）でありながら刃でもある。(99-1-328)

　『記』には古来、難解とされるオオサザキの歌一首があり、その中に太刀が詠われています。応神の諱ホムタワケの「ホムタ」は満月のように膨らんだ上腕の肉塊を指し月の象徴である、と三浦氏は指摘します。(210-164)

腕のホムタの形はポパイの上腕の膨らんだ肉塊のさまである。また、ホムタのホムはホホム・フフムと同じで、膨らんでいる意である。タはタリ・タルの語幹で、タリ・タラシと同じく膨らんだ月の意である。もちろん、ホムタとなっても膨らんだ月の意である。

ほむたの　日の御子　大雀　大雀　佩かせる太刀　本つるぎ　末ふゆ　冬木のすからが　下樹のさやさや（記 47）

「日の御子」の「日」は宛字で「ヒ」は直系を意味します。「ササ」の「サ」は再生・新生を表わす「サル」の語幹で、「ササキ（サザキ）」は「繰り返し生まれてくる」を意味し、繰り返すものの代表は月です。結果、「オオサザキ」は「繰り返し天空を渡る月」の意味になり、諱・大雀命（大鷦鷯／ミソサザイ）も月信仰の世界にあったといえます。文字に拘って大雀（大鷦鷯）を「大きなミソサザイ」とする一般的な解釈では、何を意味するのか不明です。

ヒ（日）は四段活用動詞フ（経）の連用形ヒが名詞化したものであるか、復元できる古代上一段動詞ヒルの連用形に起因する。ヒ（経）はヒタ（直）と延ばされた糸である。血筋のうちでも直系を指す。……それがヒであると思えば具体的にイメージされるだろう。従って日は借訓である。……「品陀の日の御子、大雀」は「品陀の直系の子の大雀」の意であり……ホムタが満ち足りた月と形容した名であるとしても受け入れられるだろう。（210-164）

　「タチ」を考える上で『万』の浦島子の歌も参考になります。『万葉集注解』では「劒太刀」が「ナ汝」に懸る枕詞としています。（265-9-127）（292-447）

七日まで　家にも来ずて　海堺を　過ぎてこぎ行くに　わたつみの　神の女に　たまさかに　いこぎ向かひ　……かき結び　常世に至り　海若の　神の宮の……妹が答へらく　常世辺に　また帰り来て　今の如　あはむとならば……玉篋　少しひらくに　白雲の　箱より出でて　常世辺に　たなびきゆけば　　　（万⑨1740）

常世辺に　住むべきものを　劒太刀　汝が心から　おぞやこの君　　　（万⑨1741）

　上記の『万葉集注解』では、なぜ、劒太刀が「ナ汝」に懸るのか明らかな解説はありません。「汝」と「君」が同じであるのかも明らかではありません。月世界である常世辺を詠っていることから、三日月を象徴する劒太刀も月を暗示し、月と関係の深い「心」に懸っているのではないか、と考えてみたくなります。すると「劒太刀のように研ぎ澄まされた月のような心からすれば」という意味になります。

　多くの枕詞の語義やかかり方に不明のものがあることから、改めて月信仰の視点から考えてみる必要があります。（210-88）（211-2）（265-9-127）　そのように考える理由は、バラモン教とヒンドゥー教の聖典『ウパニシャッド』（BC800年－BC500年／『ヴェーダ』の奥義書）には「天空にある月」と「心にある月」が語られ、「月が心になって心臓へ入いる」という記述からの類推です。

それはあたかも『ウパニシャッド』がこの気づきのプロセスの最終段階をとらえるようなもので、「全体」とは「天空にある月」と「心にある月」の両方であり……。これがイメージにとらえられた、「月が心になって心臓へ入る」瞬間なのである。あとになってようやく「心」は能力あるいは機能──シェリーに言わせれば、できごとではなくしるし──になるが、かって「心」は心臓のなかの跳躍だったのである。古代ギリシャで、「観念」はまず心の目のなかに光を放ったのと同じく。（99-1-257）

　以上、「タチ太刀」は半月を象徴し「タチ月霊」と語源を同じくする言葉と考えられます。

「タケ竹」は神水を溜める月の容れ物（筒）か

　竹の異称は「ジャソ蛇祖」で、竹はヘビの祖（オヤ）と考えられました。一方、「タケノコ筍」の異称は「リュウソン龍孫」で、タケノコは龍の孫と考えられました。（308）龍蛇の言葉のように龍も蛇と同体とされたことから、タケ、タケノコ、ヘビ（龍）は同体と考えられていたことになります。

　「ヘビノオヤ」の名称を考える上で、周芳山口の大崎玉祖神社の「タマノオヤ」が参考になります。それは「タマ玉」は月光の凝結したものと信じられたことから、「タマノオヤ」とは月光あるいは月そのものを指す言葉になります。したがって、ヘビが月の眷属であることから、「ヘビノオヤ」とされた「タケ竹」は月を意味する、あるいは月と同体と考えて良さそうです。（「しるしの原理」）

　そこで「タケ」が月そのものを指すとすると、「タケ」の「タ」は満ち足りた月を表わす「タル足る」の語幹「タ」に由来し、「ケ」は瀧の「キ」と同じ「気」、あるいは「ケ筍」に由来する可能性もあります。（竹の「ケ」

と筥の「ケ」は乙類）(279)「ケ筥」とすると、「タケ」とは月の神水を溜める容れ物になります。(「カグヤヒメ」小考)

「タツ龍」も満ち足りた月を表わす語幹「タ」に由来することを述べました。龍孫と呼ばれた「タケノコ筍」も月に由来するのはいうまでもありません。竹が月と同体と考えられたことから、カグヤヒメが竹の中で発見されたのは必然であったといえます。この問題については「カグヤヒメ」小考で取り上げます。

同じ発音の「タケ武」について、三浦氏は「円熟した月」の意としています。

神代記によると、タケヒラトリの子は天津彦根命で、凡川内国造・額田部湯坐連・茨木国造などの祖であるとする。『姓氏録』左京神別には、天津彦根命の子、明立天御影の後に額田部湯坐連が続いている。額田のヌカが月代であり、タは月である。また、『姓氏録』大和国神別では、額田部の姓は額に町形の毛のある馬を献じて允恭から与えられたとある。その馬は月までも昇って行ける。従ってヒラトリは月船的であっても、太陽船などではない。天夷鳥の天は月としてよく、武夷鳥などのタケは円熟した闌の月の意であろう。長命の武内宿禰のタケ（シ）もそうした語感を持つ。(210-243)

次に、「タ」から派生する言葉として、下記のものが考えられす。

1.「タ」から「ツ」:「ツキ月」「ツチ土」「ツノ角」「ツネ常」「ツユ露」
2.「タ」から「テ」:「テル照る」(月を修飾する常套句の節)
3.「タ」から「ト」:「トキ時」「トコ・トハ常」「トシ年・歳」「トチ土地」「トキ鴇」

「ツキ月」

「ツキ月」の語源については諸説あって定説をみません。「尽きる」から「ツキ」であるとか、天を「突く」から「ツキ」とする説もありますが、どうも感心できません。その理由は、古代人が月に対して抱いていた畏敬の念が考慮されていない、と感じられるからです。日常生活を強く規定していたのは信仰の力と考えられ、月の動きを読んで生活していた古代人 (海人族) の発想とは思えません。月は海人族にとって生活に密着したものだったからです。

舟運に長けて篤い月信仰を持っていた海部・尾張氏について、三浦氏は以下のように述べています。月信仰の問題を考える場合、尾張氏の存在を避けて通ることはできません。

古代では、月は不死であるばかりか、生命・寿命・豊穣・降水・月経・潮汐・潮流などに関係すると考えられていた。『尾張国熱田太神宮縁起』には「海部、是尾張氏の別姓也」とある。尾張氏は舟運にも長けていた。漁業にしろ舟運にしろ古代に海で生計を立てるものは、潮汐や潮流を利用しなければ生業が成り立たなかった。その潮汐や潮流は月の引力によって生じる。だから、月に畏敬の念を持ち、月の動きを読んで生活してきた。(210-155)

「月の山」天香久山には月の誕生石があり、月は天香具山で生れたと信じられていました。(210-231) (211-77)月と大地は同じ、つまり「月は天上の大地」「大地は地上の月」と考えられたのです (大母神文化／宇宙卵／トルコを起源とするガイア)。(71-12) (152-15／日本の母神概説) (368-20) (412-36) (419／日本の女性神と子神)

「月と大地」が同じと考えられたことから、「ツキ月」と「ツチ土 (大地)」に共通する語幹「ツ」に注目しました。「ツ」は、三浦氏が指摘する「円く膨らんだ満月」を表わす「タル足る」の語幹「タ」に由来し、「タ」から「ツ」へ変化したものが「ツキ」と「ツチ」になったと考えました。

白川静氏は、「ツチ土」は本来「トチ處霊」で地霊を意味するとし、「ツ」は「ト」の母音交替形であろうと指摘します。「ツチ」は土一般をさすのではなく、地中に潜む霊的なものを呼ぶ名であり、「トチ地霊」が「ツチ」になったとする説です。この見解には「古代には地霊に対する呪儀が多い」と、大地に対する古代人の信仰が背景に存在し説得力があります。しかし、いま一歩進んで「ツチ」について考えてみたいと思います。

土・地　大地、地上を言う。地は天に対して言う事が多い。「ち」は「霊」の意味。「つ」は、あるいは「処」の母音交替形であろう。つちは土一般をさすのではなく、その地中にひそむ霊的なものを呼ぶ名であった。すなわち 地霊を言う語であったと思われる古代には地霊に対する呪儀が多い。(153-511)

「ツキ月」と「ツチ土」の語幹「ツ」

　「ツキ」と「ツチ」の語幹が同じ「ツ」であり、それは「タル足る」の語幹「タ」に由来するのではないかと考えました。三浦氏は「タ」について、古代天皇に多い「タラシヒコ（ヒメ）」を取り上げ、「タラシ」は「タル足る」に由来し「満ち足りた月（満月）」を意味する、と指摘しました。ここにも尾張氏が登場し、尾張氏と月信仰、尾張氏と皇統との濃厚な関係が分ります。皇統にはじめて「タラシ」の名を持ち込んだのは、尾張氏出自で第五代孝昭皇后ヨソタラシでした。『記』の「帯」は宛字について／(88-805)

古代の天皇などに多い名にタラシヒコ（ヒメ）がある。また、各地の首長や巫女王にもタリの名を持つものがいる。こうした名の人物は祭祀にあずかることが多かった。皇統では尾張氏出の孝昭皇后ヨソタラシがタラシのついた名の初めである。……タラシはタルの未然形に尊敬の助動詞シのついたもので、満ち足る月を指していた。だから、タラシは『日本書紀』の「足」が正しく、『古事記』の「帯」は宛字であった。(210-3)

　「月の山」天香久山には月の誕生石があることから、「ツチ土」が「ツキ月」になった、と考えてみる必要があります。月と大地（土）は同じもの、つまり「月は天上の大地」「大地は地上の月」と考えられたのです（大母神文化／宇宙卵）。(268-3) 白川静氏の指摘にもあったように「古代には地霊に対する呪儀が多い」ことからも、「ツチ」が「ツキ」になったと考えることが可能です。(445-511)「ツチ」の「チ」は「霊」と考えられることから、「ツキ」の「キ」は「気」の可能性があります。これは気配、気力、元気、などの「気」と同じで「目には見えない力」を意味します。潮は月に引っ張られるように動くことから、目に見えない「月の力」を表わしたのではないかと想像します。

　では、「ツ」とは何か、を考えてみる必要があります。ここで単音の「ツ津」に注目しました。「ツ津」とは大地と海の境界で月の力（干満）を実感できる「場」であり、月を信奉した海人族の拠点であったはずです。その「場」を「ツ津」と呼び、「ツ」で実感される潮の干満を起こす力を「ツキ」とし、上陸したところを「ツチ」と呼んだ可能性がありますが、想像でしかありません。「月はあらゆる水の源」であることから地上の月「海」と地上の月「大地」（大母神文化）の境界、そこを「ツ津」と表現した可能性を考えてみたくなります。(住之江／住吉の御津（港）／第3章)（額田王の短歌・熟田津／第4章)

　その可能性を考えさせるのが「神話の知」です。古代ギリシャの神話では月の女神エウリュノメーが「宇宙卵」を生み、その中から月、太陽、星、大地、地上のあらゆる生き物が生れたとあります。つまり、神話の世界では月も大地もあらゆる生物と人も同じ卵から生まれたと信じていました。宇宙の誕生をどのように物語るか、それが神話という形で表した古代人の智慧でした。(99-1-319)

ペラスギ人の神話で、彼らは＜万物の女神＞は混沌のなかから裸で立ち上がり、海以外には何も見つけなかった、と想像した。女神の名前はエウリュノメー、「広くさまよう」と言う意味で、月の名前の一つでもある。……ハトの姿になった女神が海上に宇宙卵を生むと、……月、太陽、星、大地、地上のあらゆる生き物が生れた。そのなかにはペラスゴスと呼ばれる人間もいた。

　宇宙卵の神話（註3-22）は、宇宙はビッグバーンから始まったという現代の宇宙科学の仮説に似ています。これは中村雄二郎氏が述べる「神話の知」と「科学の知」が接近した一例と考えられ、「神話の知」の基礎にあるのは「科学の知」と同じく宇宙を捉えたいという根源的な欲求です。

神話の知の基礎にあるのは、私たちをとりまく物事とそれから構成されている世界とを宇宙論的に濃密な意味をもったものとしてとらえたいという根源的な欲求であり……世界に対する態度として科学的知が能動的にあるのに反して、神話の知や魔術の知は受動的なのである。とくにそのことは魔術の知について言える。(237-4-128)

　なかなか理解しにくい「神話の知」について、中村雄二郎氏は「科学の知」と比較して、「神話の知」は具象的なイメージである、と明快に述べています。

神話の知を構成しているものはなにかといえば、それは意味を担ったイメージである。抽象的な概念ではなく具象的なイメージである。神話では、天地の創造も具体的な名をもった神々の具体的な行為によって説明され、示される。(237-4-128)

「ツノ角」は三日月の象徴

　「ツノ角」は三日月を象徴するものでした。鹿が神獣とされたのも、年毎に生え変わる角が半月を象徴しているからでした。古代人は月と角と豊穣を象徴的に結びつけ、「月の形をした角」と「角の形をした月」に同じ力を感じたようです。

雄牛や雌牛の鋭い角は満ち欠けする三日月の曲線とぴたり対応するので、一方の力はもう一方のたまもの、それぞれが本来の力だけでなく、相手方の力も得ていると考えた。その結果、角の形をした月は、角のあるあらゆる動物の繁殖力の源として、それらの動物の姿になっていると考えられた。三日月そっくりの曲線を描く角をもつ牛やバイソンは、畑に鋤を引いて土地を肥沃にすることから、とくにそのようにみなされた。(99-1-116)

　毎年再生する「ツノ」に再生の象徴「ツキ」を重ね合せたのでしょう。「サオシカ（さ牡鹿）」という言葉があり「サ」で「生え直る（繰り返す）」意味を表現します。

牡鹿にサをつけているのは、再生してくる角によっているだろう。ここではサは「新生」というより「再生」を意味するといったほうが適切である。『風土記』の編者は「生え直る」角によって、サを表すのに「直」が最適であると考えたに違いない。苦心の漢字選びが的を射ているといってよい。(210-63)

　『壱岐国風土記』逸文にも常世の祠に「鹿の角の枝」という表現があり、これは「ヤドリギ」(註 3-23) を指します。鹿の角の形に似たヤドリギは常緑で再生の象徴の一つ、と三浦氏は指摘しています。　(5-528)(210-110)
『壱岐国風土記』逸文　常世の祠あり。一つの朴樹あり。鹿の角の枝生ひたり。長さ五寸ばかり、角の端は両道なりと云へり。

　「ヤドリギ」を名にもつ宮に、葛城の忍海に飯豊青皇女の忍海角刺宮があり、清寧記では高木角刺宮があります。「ツノサシ角刺」とはヤドリギのことで、再生の象徴として宮名に使われたようです。顕宗前紀には忍海角刺宮の歌があり、「ヲシウミ忍海」は「月が渡る海」の意、「高木なる角刺」は槻の木に寄生したヤドリギを指す、と三浦氏の指摘があります。歌の中では、忍海、高木、角刺、いずれも月に関連した言葉が選ばれています。(210-111)

顕宗紀三年二月の条では壱岐の月神の祖はタカミムスヒであったから、タカミムスヒ自身も月神であって不思議ではない。また、タカミムスヒの語義にあるように、高くにあって新生・生成の霊力を持つものを、月であるとするのは至極妥当であるだろう。
顕宗前紀清寧五年正月条
大和辺に　見が欲しものは　忍海の　この高木なる　角刺の宮（紀 84）

「ツネ常」は月の力と周期に由来

　「ツネ常」とは、月の満ち欠けが不変であることに由来する言葉ではないかと想像します。「ツネ常」に繰り返される「ツキ月」の満ち欠けや、「ツネ常」に「ツキ月」の支配を受ける潮の干満から、「ツキ」から「ツネ」が派生した可能性を考えます。(99-1- 36)

こうして、月の満ち欠けによって目にすることができる二重性は永遠に復活する周期のなかに包み込まれ、かつ乗り越えられる。……こうして、月は時間の流れと、時間を超越した完全性の両方のイメージ、つまり、時間と永遠のイメージをあわせもつようになった。測るという行為によって、月は時間を創造し、そののち、ひと月ごとに時間を救い出すように見られたのである。

　「ツネ」が「ツキ」から派生したと考える他の根拠は、月あるいは月のある世界が「トコヨ常世」と呼ばれることです。「トコヨ常世」つまり「時間が永遠に絶えることのない理想郷」は月であるはずです。(210-270)

金沢庄三郎氏が指摘したように「トコシへ永久」「トキハ常磐」の「トコ・トキ」もやはり「ツキ」に由来すると考えられます。

『記伝』は常世を三態に分けて考えている。まず、常世を常夜の義とする。次に、不変なところとし、もう一つは「常世国と云是なり」とする。最後の常世国がわかりづらいが、往来もままならない僻遠の地にある、底依の国としている。……種々の説がある。しかし、金沢庄三郎がいうように、トコ（常）はトキ（時）とともに、ツキ（月）を語源とする。すると、常世という理想郷は、まず再生不死の月を考えるべきであろう。(210-286)

「ツユ露」は月から齎される「水／湯」

　月はあらゆる「水の源泉」と考えられ、月にある「生の水」は露や雨、雪となって地上に降り注ぐと信じられていました。したがって「ツキ月」から「ツユ露」が派生したと考えても無理はありません。

多くの神話はさらにその先を行く考えが含まれる。たとえば、月はそれ自体から再生するので、月そのものが誕生と再生の神あるいは女神であるとか、三日月は生命の水をたたえる杯で、その水は月そのものを再生させる不老不死の神々のネクタル（神の食べ物）であると同時に、露や雨として地上に降り注ぎ、あるいは月のリズムにあわせて干満する海として地上を覆う、生命をもたらす水であると広く信じられていた、などである。(99-1-3)

　スカンディナヴィア神話 (註 3-24) では、月と露、蜜、アンブロシア (神々の不死の食べ物／ネクタル) の結びつきについて、世界樹から滴る月光のような白く輝く魔法の水があり再生の力をもっている、とあります。文中、ノルンとは月の三相を象徴する月神です。

月、露、蜜、アンブロシアの微妙な結びつきが細部にある。〈世界樹〉の低い枝からしたたる魔法の水は白（月光の色）く、それは蜂蜜になり、再生する力をもっている。このテキストのどこにも、これが月と関係があるとは、たとえ記憶としてでも書かれていないが、それでもそういったイメージは心をそそるほどなじみのもので、運命と法の糸紡ぎを通してだけでなく、不老不死の霊薬を通しても、ノルンと月を結びつけている。(99-1-118)

「トキ時」は月が創造したもの

　「ツキ月」と「トキ時」の語幹「ツ」と「ト」は、共通する語幹「タ」に由来する可能性があります。金沢庄三郎氏と新村出氏は、「トキ」と「ツキ」は語源を同じくすると述べています。ただし「ツキ」の「キ」は上代特殊仮名遣の乙類で、「トキ」の「キ」は甲類であることから、三浦氏は「ツキ」「トキ」の「ツ」「ト」が語幹で複合語であると指摘しています。語幹「ツ」「ト」は「タ」から変化した可能性を考えて良さそうです。(138-103)(227-242)

時間を表すトキ、あかとき（暁）のトキなどのトキは月と語源を同じくする。これは金沢庄三郎・新村出の説である。ただし、トキのキは甲類であるが、ツキのキは乙類である。……トコシへ（永久）・トコヨ（常世）・トキハ（常磐）のトコも月と関係するだろう。このように月は生活に密着しているのである。(210-270)

　「ツ」と「ト」が共通する語幹「タ」から派生した証の一例として、インド＝ヨーロッパ語でも「ツキ moon」と「トキ時」を測る「測定 measurement」が同じ語幹「mo ・me」をもちます。

旧石器時代に人間がはじめて記録したのは月の周期で、それによって太陽で測定可能な二十四時間を超える期間が測れるようになった。インド＝ヨーロッパ語では月（moon）と測定（measurement）をさす言葉は同じ語源をもつが、そこに属する言葉は、「記憶」(memory) や「マニア（熱狂）」(mania) にいたるまで、心にかかわりのある驚くほど広い分野にわたっている。(99-1- 3)

　古英語や古ゲルマン語でも「時間 time」と「潮 tide」の語幹は同じ「ti」で、異なる接尾辞がついて成立したと考えられます。(99-1-127)

古代インド同様、潮は月のリズムにしたがって動くことが知られていたので、time と tide が韻を踏んでいるのは偶然とは思え

ない。何かにあたるような"d"の音は岸に打ち付ける波を思い起こさせる。

　ラテン語でも「時間」や「季節」を意味する tempus は「分けること」を意味するギリシャ語の temnein に由来し、その背景には月が存在します。医学領域でも白髪は側頭部から始まることから、その人の過ぎ去った「トキ時」を表わす部位として側頭部を「temple（tempus／時間）」と呼びます。(318-1470)

ラテン語を見ると「時間」や「季節」を意味する tempus、すなわち、季節に分けられた時間から「天候」にもなる言葉は「切ること」、そこから「分けること」を意味するギリシャ語の temnein から由来する（ギリシャ語の atomos「分離できない」が英語の atom と、ふさわしいときに物事をおこなうという意味の temperate 節度ある、になったことを参照）、ラテン語 temlum が派生しているが、……。(99-1-128)

　原初、人々が気付いたのは「月の相と周期」だったようです。目に見える「月の相」の変化から目に見えない「月の周期」の存在を推しはかり、太陰年（月の暦）の概念に結び付いたと考えられます。つまり、月の「相」から「周期」を知り「トキ時」の言葉が生れたと考えられ、「ツキ月」が「トキ時」を創造したことになります。(99-1-51)

　月の周期と女性の生理周期が近似することから、月が生理をもたらす、つまり月が「ツキノモノ月経」の原因であると信じられたようです。古代では月と女性の本質は同じと考えられ、女性は「地上で月の法則を受け入れるもの」と見做されました。本質が同じで月の法則を体現することから、「ツキ」が創造した「トキ」を最初に発見したのも女性であったと考えられます。(99-1-4)

「ツキ月」と「トキ時」、「ツチ土」と「トチ土地」の関係は明らかで、「ツ」から「ト」またその逆の母音交替形も成り立つ。上代特殊仮名遣には注意する必要がある。(153-511)

「トコ・トハ常」
　「ツネ常」と同じと考えられ、ここでは省略します。

「トシ年・歳」は月が創造した「トキ時」の積み重ね
　「トキ時」の積み重ねが「トシ年」になることから、両者に含まれる「ト」は同じ言葉に由来すると考えるのが自然です。その「ト」は、「タル足る」の語幹「タ」から派生した「ト」と考えられます。

　月の周期を基準にする太陰暦では、暦の「ツキ月（29.5 日）」を十二回繰り返すことを太陰年と呼びました。これは 354 日で太陽暦の一年 365 日より 11 日少なくなります。この時間のずれを修正するために古代から種々の方法が検討され、その一つが古代ギリシャのメトン法（註 3-25）で、十九年に七回閏月を加えて太陰太陽暦を正確に運用する方法です。古代中国では章法と呼び十九年を一章とし、十九太陽年と十九太陰太陽暦年が一致する十一月朔日（一日）の冬至、すなわち朔旦冬至（註 3-26）を再生の祝いとしました。(第 4 章／長岡京と平安京遷都と朔旦冬至について)(75-298)(49-156)(185-92)(219-1-170)(270-111)

月の周期を十二回繰り返すことを太陰年と呼ぶが、これは 354 日（正確には、29 日と 12 時間 44 分 2.8 秒、概略 29.5 日に 12 を掛けると 354 日）になる。太陽年の 365 日に 11 日と少し欠けるため、数年後には月と季節がずれてしまう。なぜなら、季節は月ではなく太陽にしたがうからである（2 年半後には、違いは約 1 ヶ月に達する）。月は季節よりも先を行って、毎年早くはじまってしまうので名前が意味をなさなくなる。(99-1-97)

「オオトシノカミ大歳（年）神」は月神ウカノミタマの兄
　オオトシには以下の 2 つの場合があり、この節では 1. の神道における年神を採用します。

1. 神道における年神（トシカミ）

2. 木星を神格化した太歳（タイサイ）

「オオ大」は大小ではなく「渡る」を意味し「オオトシ」で「天空を渡る月」になります。高橋氏は、山口市大歳の地名は大歳神を祭ったことに由来すると指摘しました。(356-136) しかし、その「オオトシ大歳」がなにであるのか、一歩踏み込んで考える必要があります。

　オオトシはスサノヲとカムオホイチの子供で妹にウカノミタマがいます。その父スサノオは月神イザナギ・イザナミの子で、月神の子は月神ですからオオトシも月神になるはずです。妹のウカノミタマは若月（月の若さワカ）を神格化（再生の霊力を表す月神）したもので、伏見稲荷大社や向島奥宮の祭神です。「トユケ・トヨウケ・トヨウカ」の「ケ・ウケ・ウカ」は「ワカ」に通じており、再生を繰り返す月と関係する語である、と三浦氏は指摘しています。同じ神格としてウカノミタマと伊勢外宮の祭神・豊受大神トヨケが習合されたようです。**ウカノミタマの倉稲魂は、稲を食料にするために倉に収めたと解釈されているが、再生の見地からすると、種用の稲籾が、あるいは種籾用の稲穂が、倉に収めてあることも考慮したほうがよいだろう。春蒔かれた一粒の籾は死ぬが、秋に百倍千倍の籾となって還ってくる。そうした稲魂の霊力は、ウカノミタマの名にふさわしい。しかし、ウカを遡れば月に関係する。** (210-52, 279)

　「トシ」は「ツキ」に由来する「トキ」から派生した言葉と考えられます。暁を「アカツキ・アカトキ」と訓むことから「ツキ」と「トキ」は同じで、古代では「ツキ月の相と位置」を読んで日時を判断したからです。「ツキヨミノミコト月読尊」の神名にその事情が明らかに残されていて、「ツキヨミ」が「コヨミ暦」になったと考えられます。つまり「コ」も「ツキ（ワカ）」から派生した言葉で、海部氏が奉斎する丹後の「コノジンジャ籠神社」（元・伊勢）は「月の社」になります。日神を祀る内宮の元宮が月神を祀る社であるのは不思議です。この関係は、瀧原宮（元・伊勢）や内宮の測量基点であった瀧祭宮についても当てはまります。

　「ツキ月」が「トキ時」を刻み、トキの積み重ねが「トシ年」に繋がることは容易に理解できます。ただし、「トキ」の「キ」は上代特殊仮名遣では甲類で、「ツキ」の「キ」が乙類であることには注意が必要です。(210-354)

　月には生命・豊穣・降水などに及ぼす力があることから豊穣の神とされ、日本神話で月神オオクニヌシやスクナヒコナなども同様の神格を持ちます。オオトシが穀物神とされたのも月神であるからです。(210-155)

「トキ鴇」は天界（月）と人界（大地）をつなぐ神使

　『広辞苑』には、鴇について以下の説明があります。

　鳥の名。トキ科の水鳥。「鵇」とも書き、《和訓》は「つき」。

　「トキ鴇」の別称を「ツキ」と呼ぶのは、「トキ」が「ツキ月」に由来することを示唆して重要です。「トキ鴇」を「ツキ」としたのは、その大きな三日月形をした嘴に由来すると考えられます。これは「しるしの原理」と呼ばれ、外見が似ていることから生れる現象の結びつきや見立てを指します。この思考は古代世界に普遍的にみられ、たとえば三日月を舟にみたてることです。(99-1-214)

　『源氏物語』明石の巻に載る「月毛の駒」を「トキゲ鴇毛」と呼ぶのも、月と鴇を同体としていた証です。(210-277)「トキ鴇」のように長く尖った嘴を持つ鳥は、「ツノ角」を持つ牛や「キバ牙」を持つイノシシと同様に三日月を象徴するものとして、あるいは天界と人界をつなぐ神使として描かれています。（ヤマトタケルと伊吹山のシシ）

　「天界と人界をつなぐ」ことに関連して、三田村有純氏（以下、三田村氏）は『お箸の秘密』の中で、箸は「他の命と自分の命をつなぐもの」として重視し、同じ「ハシ」の音と意味を持つ「嘴、橋、端、梯」を取り上げています。

「お箸」は、「他の命と自分の命をつなぐ」ものです。ブリッジの「はし（橋）」というのは、「向こう側とこちら側をつなぐ」という意味です。「はしら（柱）はこの世と天空をつなぐ」ものです。これでいくと、梯子（はしご）というのが、高さの違う所をつなぐ意味であることがわかってきます。 (199-31)

古代エジプトも月信仰の世界にあり、大きな三日月形の嘴をもつイビス（トキ科の鳥）の姿をした月神トトがいました。偶然あるいは必然か、日本の「トキ鴇」と同じ鳥です。遠く離れた古代エジプトと古代日本で、大きな三日月形の嘴を月の象徴と考えていた証です。さらに、日本語の「トキ」と音が通じているのも不思議です。

トトはその顕現である鳥の姿をしている。大きな三日月形のくちばしをもつイビス（トキ科の鳥）で、泥をふるいにかけ、毒蛇を撃退し、大いなるかなたへ飛び、ビジョンをもち帰る。(99-1-82)

　装飾古墳に描かれた天鳥船と呼ばれる葬送船の舳に止まる鳥の種類は明らかではなく、大きく三日月形をした嘴を持つトキやサギなどの可能性があります。天鳥船は一般的に太陽の船と考えられていることから、もしそうであれば船の行く先は太陽であるはずです。しかし、船は天空を渡る三日月に譬えられることからも、船の行くつく先は常世国・月と考えられます。したがって、装飾壁画は死者が月へ向う、月での再生を願った呪術的な壁画と考えて良さそうです。そこに描かれた鳥は天界と人界を繋ぐ神使でしょう。その鳥の一つが「トキ・ツキ」と名付けられているのは偶然ではあり得ません。

　なにもかも焼き尽くしてしまう太陽では、このような関係は生まれません。オリンポス十二神の一柱アポロンはゼウスの息子で、その神格はきわめて月神的です。その子パエトンは父親の太陽の二輪車に乗って焼き尽くされてしまいます。このように死者が太陽へ行きたいと願った思想信仰は存在しません。(77-21)

　物部氏の祖で月神ニギハヤヒも天磐船に乗って降臨したことから、月と地上を結ぶものは船とされ、これは月を信奉し常に船を操っていた海人族の発想です。「天孫本紀」(註3-27) ではニギハヤヒは物部氏系とされていても、尾張氏系ではないかとも考えられています。神武の危急を救ったタカクラジは尾張氏の祖クシダマニギハヤの子アマノカゴヤマの別名です。タカクラジの別名アマノカゴヤマとは天香久山のことで、大和三山の中で最も神聖とされる山の名が尾張氏と密接に繋がることを示唆しています。以下の神武前紀、神武紀の記述から尾張氏は皇孫より早く大和を支配していたようです。(210-227) (240-273) (天孫をの危急を救ったのは尾張氏祖の子タカクラジ)

神武前紀戊午十二月条　天神の子有しまして、天磐船に乗りて、天より降り止でませり。号けて櫛玉饒速日命と曰す。

神武紀三十一年四月条　饒速日命、天磐船に乗りて、太虚を翔行きて、是の郷を睨りて降りたまふに及至りて、故、因りて目けて、「虚空見つ日本の国」と曰ふ。(210-240)

　ペルシャ神話でも不死の霊薬ソーマを造るハマオ（植物）は天の鳥によって地上にもたらされ、天と地をつなぐものはやはり鳥でした。空を翔ぶ姿から鳥が天地を繋ぐ神使と考えられたのは自然であったと思われます。「トリフネ鳥舟」とは天界と人界をつなぐ舟、つまり舟にたとえられる三日月を意味し、「舳に鳥が止まっていること」が名称の由来ではないと考えられます。

ペルシャでソーマに相当するものはハオマといい、やはり山頂で発見され、天の鳥によって地上にもたらされた植物である。その植物から作る飲み物は神々には不老不死を、人間には霊的生命をもたらす。……ハマオからゾロアスター（ザラトウシュトラ）が生まれ、それを発酵させた液体はゾロアスター教の儀式に際して不老不死の霊薬として飲まれた。この儀式は人類の祖先、不死のイマによって定めされたといわれる。ハマオは「アフラ・マズターが生命の泉に最初に植えた木であり、その液を飲む者はけっして死なない」といわれた。(99-1-184)

2. 月の若さ「ワカ若」に由来する言葉

「ワカ若」は月の若さに由来

　「ワカ（ワク）」は若月に由来する言葉で月の若々しさを意味し、「ウカ・カ・ク・ケ・コ」に変化したと三浦氏は指摘しています。(210-23)

月は29.5日ごとに満ち欠けを繰り返す。古代人はそれを月の若返り・再生としてとらえていた。その月の若さをあらわしたのがウカである。

　若月は満月に向って生長してゆく月で、生命力に富み寿命・豊穣などに関係すると信じられていました。その「ワカ・ワク」を名に持つワクムスヒ（ワク・ムス・ヒ／稚・生産・霊）はカグツチ（カグ・ツ・チ／月の霊）とハニヤマヒメの子で、その頭上から蚕と桑、臍中から五穀が生じた神です（大母神）。ワカヒルメはアマテラスの分身（あるいは妹）とされ、斎服殿で神之御服（註3-28）を織っていた巫女神です。いずれも「ワカ」の名をもち、月神の持つ霊力に関係し生産と結びつきます。(267-24)

　皇統で「ワカ」の名がつくのは、ホムタ（応神）妃ホムダノマワカがあり、妃の出自はオホタラシヒコオシロワケ（景行）の子イホキノイリヒコと尾張氏の女シリツキトメの子です。さらに、オホタラシヒコオシロワケの子でワカタラシヒコ（第十三代成務）、ワカタラシヒメ（栲幡千千姫万幡姫命／第二一代雄略紀）などが上げられます。いずれも「ワカ」「ワケ」など月神との繋がりを示唆します。「タラシ」「シリツキ」「ホムタ」も月に関係した名です。三浦氏は、「ウカ」は「ワカ（若）」の転訛とします。(210-23, 51)

フツカ・ミッカのカは月夜の若さのことであった。ワクムスヒのワク（稚）はワカ（若）と同じである。すると、ワクムスヒのワクも、ウカ・ウケ・ケ（ケツ）と類似の概念としてよいであろう。

「ウカ」は若月の「ワカ」から派生

　ウカノミタマの「ウカ」は若月の「ワカ」から派生した言葉で、ウカノミタマとは「若月の神」を意味します。その「ワカ」が「ウカ・カ・ク・ケ・コ」に変化した、と三浦氏は指摘します。(210-24)

　五形図の設計中心・泉香寺山の「武者走り」という構造は、月輪を象徴する造形と考えました。その泉香寺山に信仰上の根拠を与えたのが、向島奥宮（岩戸／海に接した岩盤の裂目）と泉香寺山を結ぶ方位線（方位角321°）です。(第4, 5章) その奥宮に祀られているのが月神ウカノミタマで、一般的には豊穣を約束する稲荷の祭神とされます（豊穣を約束するのは月神の神格）。奥宮に月神ウカノミタマが祀られている理由は、岩戸が月の出入口であり、それは晦日の暗闇から三日後に再び現われる新月（若月）を連想させたからに違いありません。なぜなら、大和の天香久山にある「月の誕生石」の伝承から、月は地上の岩（大地）から生れたと信じられていたからです。

　瀬戸内海に面して岩戸が存在する周芳山口は、月神を信仰し海運を生業とする海人族にとって特別なところであったはずです。（東方海上には関所のように大山祇神社、厳島神社が構える）(317-148) 大和からみて東の伊勢は月の昇るところ、西の周芳山口は月の沈むところで、共に月世界に近い「常世辺の国」と考えられた可能性があります。ちなみに、伊勢の東方には「ツクバ筑波（月の生れるところ）」があり、周芳山口の西方には「ツクシ筑紫（月の沈むところ）」があります。その中間の近江（淡海）にはアマテラスの御杖代（註3-5）ヤマトヒメが巡歴した「ツクマ筑摩（ツクバとツクシの間か?）」があり、やはり月に関係した地名です。

　『万』には「ツクマ」を詠った一首があり、「シナ」「ツクマ」は月に由来する言葉です。「オキナガ」「ヲチ」は不死や「ヲチミズ変若水」を、「スゲ（スガ）」は「清浄な月世界」を思わせ月信仰を暗示します。(265-13-199)

しな立つ　筑摩さぬかた　息長の　をちの小菅　編まなくに　い刈り持ち来　敷かなくに　い刈り持ち来て　置きて　吾を偲はす　息長の　越智の小菅　（万⑬3323）

　一般的に「ウカ」は食物を意味する「ウケ」の古形とされ、特に稲魂を表わし稲に宿る神霊と考えられています。この「ウカ」は、伏見稲荷の祭神ウカノミタマに代表され、外宮の祭神トヨウケノオオカミ（丹後の天女トヨウカノメ）はウカノミタマと同じ神格です。

　トヨウケノオオカミは、天橋立（京都府宮津）の先にある丹後一宮「コノジンジャ籠神社」から勧請された神です（真奈井神社の説もある）。(317-11) 元伊勢（内宮元宮）と呼ばれる籠神社は海人族・海部氏（尾張氏同族）が世襲し、主祭神ヒデホアカリノミコトは尾張氏祖（アマテルクニテルヒコホアカリノミコト）と同じで、その名から月神と考え

られます。橋立はイザナギが月に届く橋を造ろうとした伝説によるもので、社名に含まれる「コ」は「コヨミ暦」から明らかなように月を表わします。天橋立の伝承からも社名からも月神との関係が濃厚です。『止由気宮儀式帳』(天橋立説話)(440-470)(元伊勢と呼ばれる宮が月神を祀る)

　ウカノミタマは、『記』でスサノヲとカムオホイチヒメとの間に生れたとされる神です。そのウカノミタマを信仰したのが秦氏 (註3-29) で、ウカノミタマを祭神として伏見稲荷を創祀 (元明四年711年) しました。三浦氏によれば「ウカ」は「ワカ」に由来し、ウカノミタマ・トヨウケ・ウケモチにある「ウカ」「ウケ」で、これらの神も豊穣の霊力を持つとされました。(28-289)(210-52)

「カ日」は月夜を意味する

　「フツカ二日」「ミッカ三日」の「カ」には「日」を当てていることから誤解が生じた、と三浦氏は指摘しています。この「カ」は本来、月夜の若さ (月齢を数える) を意味する「ワカ」から派生した「カ」でした。(210-24,51)

　安田尚道氏は、フツカ・ミッカの「カ」は「uka (ウカ)」に由来する、と解釈しました。これは、「ヨウカ yo-uka」「トウカ to-uka」にも認められます。本来「日」は太陽の意味ではないことから、括弧つきで表示しなければならない、と亀井孝氏の指摘もあります。(201-77,79)(210-17,52)

　大和の「アスカ飛鳥」や「カスガ春日」の「カ」も月あるいは月夜を意味します。「アスカ」は「朝の月」、「カスガ」は「カサ＋ウカ」の縮言で「暈をかぶった月」つまり「オボロツキ」を指します。

二日・三日のカ、「朝に気に」「気長く」のケ (乙類)、コヨミ (暦) のコ、クサカ (日下) のク、カスガ (春日) のカは、月・月夜あるいは夜を表している。たとえ日下・春日のように「日」が用いてあっても、正訓とはいえない「日」に惑わされてはいけない。「(飛ぶ鳥の) アスカ」も朝の月の意である。たとえば『紀』では二日をフツカノヒと訓み、わざわざヒを補っている。昼夜を別に数えていた時代には、カとヒは別の時間帯であった。だから、月のない朔日はツキタチノヒという。こうしたカ・ケ・コ・クなどはウカ・ワカに遡る言葉である。(210-269)

「カグ」は仄かな月の光を指す

　「カグ」といえば、まず「カグヤヒメ迦具夜比売」を思い浮かべます。さらに「トキジクノカグノコノミ」「アマノカグヤマ天香久山」「ヒノカグツチ火之迦具土神」などがあります。「カグ」を初めとして「カカ・カガ・カゲ・カゴ」は仄かな月の光を指し、永遠に再生する意味が背景に存在する、と三浦氏は指摘します。

　この「カグ」について、前作までは吉野氏が主張する原始蛇信仰に基づいてヘビを意味すると考えました。それは、古代は原始蛇信仰と太陽信仰が結び付いた信仰世界であったとする説にしたがった考えです。その説では「カカ」はヘビの古語「カ」から派生した言葉とし、「カグ」「カミ」「ヌカ」「ウカ」「ナガ (ヘビ)」などにも含まれていると考えました。「カカ」に通じる言葉として『古語拾遺』には「大蛇を羽羽 (ハハ) という」文言が載り、「ハハ」もまたヘビを表わす言葉でした。(32-176)(76-466,437)(154-214)(157-1-144)(193-1)(321-22)(390-1-148)

『古語拾遺』　素盞鳴神、天より出雲国簸之川上に降りまして、天十拳剱 (其の名は天羽羽斬、今石上神宮に在り。古語に大蛇を羽羽といふ。(73-77)

　ところが、三浦氏の研究から「トキジクノカグノコノミ」に含まれる「カグ」は月を意味することが分りました。前作までに残された疑問の一つに、月とヘビを表わす古語で類似する例が多いのはなぜか、という問題がありました。明らかな月信仰の存在を知り、その疑問に対する解答として「ヘビは月の眷属」とされたから、と現時点では考えています。

　「カグ」「カミ」「ヌカ」「ウカ」「ハハ」などは月と密接に関係した言葉です。この視点に立って古代世界がすっきりと展開できたのは、ひとえに三浦氏の研究成果の賜物です。月信仰の視点から解析した結果、周芳山口には地名や祭祀また地上絵と空間設計に月信仰の痕跡が認められ、周芳山口は伊勢と並ぶ「月の都」であった、という考えに至りました。

「ク」もまた月を意味する

　「ク」は「ウカ・カ」に由来し月を意味します。生駒山の西麓に「クサカ日下」と呼ばれる地域があり、「日」と表記されることから太陽信仰の象徴的な地名とされてきました。しかし、三浦氏は「ク」は「ウカ・カ」に由来し、日下とは「ツキサカ月坂」を意味すると指摘しています。

（私は）クサカ：ク（カ・ウカ）の転訛したもの、すなわち月・月夜を指す「日」とし、サカはサガル（下）の語幹を利用したものであると考える。おそらく月坂の意味だろう。大和のものが生駒を越えて河内にゆく場合は下り坂になるので、「下」の字を選んだのであろう。(210-36)

　「日」は本来、月・月夜を指す言葉でした。「日」の文字を太陽とする考えに拘った結果、太陽信仰が強調された面が否めません。三輪山と多神社を結ぶ東西軸が「太陽の道」とされたのが、その典型例です。「月の山」三輪山と「渡る月」多神社 (旧称・春日宮はオボロツキノミヤの意) を結ぶ東西軸は「太陽の道」ではなく「月の道」でなければなりません。その証として、三輪山の東方には東西軸上に設計された月の岩戸 (龍穴) をご神体とする室生龍穴神社 (奈良県宇陀市室生) があります。つまり、この東西軸は二分 (春分・秋分)(註3-41) に龍穴 (岩戸) から昇った月が三輪山、多神社の上を渡り二上山へ沈んでゆく「月の道」です。天空を音もなく静かに渡ってゆく月 (神) を人々はよもすがら眺め、月の祭祀を行っていたと想像されます。(299-21)(301-131)(357-10) 三輪山を含め東西軸上に存在する室生龍穴神社と多神社には、太陽の祭祀の痕跡はありません。

　『記』には、日下は神武軍がナガスネヒコと戦って敗退した所とあります。神武が日神の子孫であることから、地名に含まれる「日」にこだわって太陽信仰と強く結びつけられてきました。「日」は宛字で本来は月・月夜を指す言葉でした。

神武前紀戊午年三月の条では、神武軍は河内国草香邑の青雲の白肩津に至り、上陸してナガスネヒコと戦ったが敗退する。クサカ（草香）は神武記では日下と表記されている。日下は『古事記』の序文によると日下と書いてクサカと訓むのは、従来の慣習に従ってそのまま用いているとされた文字遣いである。飛鳥・藤原時代には、日下の用法がわかっていたはずであるが、なぜか『古事記』の編者には理解しがたくなっていた。(210-36)

　「クサカ日下」の近隣には「ヌカタ額田」「ヒラオカ枚岡」と呼ばれる地域があり、新羅人が居住し月信仰の盛んな地域でした。

日下の上の石切辺りで石船を切り出し造ったか。ここでも日下にかこつけて日神を導き出している。大田田の名義は、オホが渡るの意であり、タタが満ち足りた月である。しかも、石船は月の船と理解しても全く齟齬がない。だから、ここに日神を持ち込んだのは、オホタタの語義が不明になった後の造作だろう。(210-380)

　「ヒラオカ」の「ヒラ」は「ツキ月」を意味し、「ヒラオカ」とは「月の岡」の意味になります。ここには河内国一宮の枚岡神社があり、中臣氏の遠祖アメノコヤネノミコトを主祭神とします。中臣鎌足は月信仰の名を負うことからも、中臣氏は月神と皇室の媒ちを執り行う神祇を務めていました。

皇極紀以降で活躍する中臣鎌子連は後の鎌足であるが、名にタリがついている。鎌足は内臣として政治に深く関わるが、元は中臣氏の本宗として神祇を掌る立場にあった。しかも、中臣氏は月信仰にかなり深い関わりを持っている。中臣寿詞を見ればわかるが、皇孫の御膳の水に天つ水を混ぜて奉っている。天つ水とは月から降る変若水である。次に、天つ祝詞を夕べから朝までの夜に唱えている。昼間の奉祀ではない。さらに、『続紀』大宝二年四月の条に、葛野の月神などを斎き祀っている。また、祖神ツハヤムスヒは再生のムスと霊のヒからなるムスヒを名に持つ神である。(210-149)

　中臣氏が後に天智から「フシハラ藤原」を賜姓されたのも月神に供奉していたからと想像され、「フシハラ」とは「不死の腹」で絶えることのない家系を示し、「不死の月」を暗示します。

日本はこの神話の分布帯の北辺に当たるが、機織女のアマテラスが日神とされていたので、分布域外となっている。ところが、……ヒナ・シナは月を意味していた。またアマテラスは機織女であり、その原形が月神あるいはその巫女神であることがわかったから、日本もこの神話の分布域に組み入れなければならない。(210-370)

「ヒラ」は月あるいは月光を指す「シタ」に由来する言葉で、「シナ・シラ・ヒラ・ヒナ」と変化したようです。私見では、「ヒラ」にはさらに境界を意味する可能性があり、この場合には「境界の岡」つまり河内と大和の境界に位置することを指します。境界を意味する「ヒラ」の例を上げれば、現世と黄泉国を境する黄泉比良坂の「ヒラ」、山口盆地の南西端に位置する平野の「ヒラ」、京（山背）と滋賀を境する比良山（比叡山）の「ヒラ」、などがあります。山口盆地を流れる「フシノカワ椹野川」、比叡山の西を流れる「タカノガワ高野川」など、「ヒラ」と「フシ不死」、「ヒラ」と月を意味する「タカ高」の符合は偶然ではないように思われます。(天皇の葬儀に奉仕した八瀬童子の伝承／448-43)

「ケ」と「コ」は月夜を意味する

「ケ」と「コ」は共に「ワカ・ウカ」から派生した言葉です。

「ケ」は「朝に気に」「気長く」の「ケ（乙類）」で、月夜あるいは夜を表す、と三浦氏は指摘します。『万』には、仁徳皇后磐姫の歌とされる四首が載り、そのうちの一首に「ケ」が含まれます。磐姫（カツラギノイワノヒメ葛城磐之媛）は葛城襲津彦の娘で武内宿禰の孫になります。仁徳の諱オオサザキは「繰り返し天空を渡る月」の意味でした。「カツラギ」は月を象徴し、「イワ」もまた「地上の月」を暗示します。武内宿禰は『紀』では5代の天皇に仕え360歳で姿が見えなくなったと記され（尸解仙）（註3-42）、「タケノウチ」の名からも不死の月世界の住人として描かれています（武は円熟した闇の月の意／三浦説）。つまり、磐姫自身も含めて周辺の人物の名からも、磐姫は月信仰の世界にあったようです。(76-460, 477, 480)下記の四首は磐姫の作ではなく、作者不詳の歌を取り合わせたという説が有力です。(磐姫の山城筒城宮／綴喜郡は大隅隼人の移住したところ／カグヤヒメの養父の名）(80-146)(210-243)(211-617)(265-2-14)

君が行き　日長くなりぬ　山尋ね　迎へか行かむ　待ちにか待たむ　　（万②85）

かくばかり　恋ひつつあらずは　高山の　磐根しまきて　死なましものを　　（万②86）

ありつつも　君をば待たむ　うち靡く　我が黒髪に　霜の置くまで　　（万②87）

秋の田の　穂の上に霧らふ　朝霞　いつへの方に　我が恋やまむ　　（万②88）

「ケ長くなりぬ」は、独り寝になって眠られないので「夜が長くなった（と感じられた）」の意味です。このように『万』には乙類の「ケ」を詠み込んだ歌が数多い、と三浦氏は指摘します。夜を表わす「ケ」（気・毛・食など）は上代特殊仮名遣の乙類で、甲類の「ケ」（異・祁など）とは異なります。(210-30)(211-618)

「コ」もまた月あるいは月夜を表わし、現在でも用いられる「コヨミ暦」に代表されます。「コヨミ暦」とは「ツキヨミ月読」を意味し、「ツキ」と「コ」が明らかに対応します。「読む」の古い語義は数えることで、「ツキヨミ」とは月の満ち欠けから日数を数えることでした。

古代の太陰暦では一日は夕方から始まり、朝がきて「アス明日」「アシタ明日・旦」になっても翌日ではなく一日は続いていました。一日を月夜で数えたからです。「ヨウカ八日」「トウカ十日」に見られる「ウカ日」は月あるいは月夜を示し、現代使われる太陽を表わす「ヒ日」ではありません。

古代では一日は夕方から始まった。だから、夜が明けて明るくなるとアス（明日）・アシタ（明日・旦）になった。しかし、ここではアスはアサとほとんど同意で、日の出前の時刻を指す。翌日の意ではない。明日香の香は宛字であり、カは所を表す接尾語ではなく、月・月夜を指すカである。とすると、アスカは明けの月・朝月の意となる。それは有明の月に近い言葉である。明け方アスカで月を眺めると、月は西の葛城山（960m）の上を渡り沈んでゆく。(210-40)

太陰暦の世界では、三日月がでれば三日、上弦の月では八日、満月は十五日、下弦では二十三日、暗闇になれば晦日（三十日）、とおおよそ捉えていました。月の公転周期は29.5日であるため一年は354日（12ヶ月）、あるいは閏月が加わると384日（13ヶ月）でした。(210-268)

　古代バビロン暦・ユダヤ暦・ギリシャ暦・ヒンズー暦などでは初めて月（新月）が観測できた日を月の初めとしました。この日、古代ローマでは「カレンド、カレンド」と町中をふれて廻り、これがカレンダーの語源です。この関係は「ツキヨミ」が「コヨミ」になったのと同じ発想です。古代中国では、新月から二日遡った日を「サク朔」とし、月の初めとしました。朔は「遡る」あるいは「欠ける」を意味します。(11-141)(31-58)(225)(246)(255)(258-20)(283-110)(293-37,9)(316-215)(340)(393-546)(408-19)

　「コ」が含まれる例として「コノハナサクヤヒメ」「コノシロ」「カイコ」「ナマコ」「コ木（梢、木葉、木間）」なども可能性があります。(76-577)

3.　月を修飾する常套句
「スミ」は月や月光の形容に用いられた
　三浦氏は、「スム澄む」は月や月光の形容にも遣われた、と述べています。

スムは空や水が混じりけがなくなり透明になることにも用いられているが、月や月の光が水蒸気が消えてさえているのにも遣われている。しかし、太陽に対してではない。すると、天皇や皇祖・皇孫などが、古来スメ・スメラで形容されてきたことは、日神や日神の子孫であっては矛盾する。すなわち、皇祖・天皇・皇睦・皇孫などは月神系であって、日神系ではないことになる。古代の天皇に多い諡号タラシヒコ・タラシヒメは満ち足りた月を指すから、スメ・スメラとは正しく整合する。(210-389)

　「スム澄む」に関連して、「スミノエ住之江／住吉津」（古代のラグーンの名残）に接した摂津国一宮・住吉大社（大阪市住吉区）(註3-43)があります。「スム澄む」は水が澄むだけでなく、月や月光の形容にも使われたことから「スミノエ」とは「月の澄む港」であった可能性があります。祭神は住吉三神（表筒男命・中筒男命・底筒男命）で月神イザナギの禊祓から化生した神で、月神から化生した神は月神であるはずです。古くから航海の守護神として信奉され、遣唐使などが祈願におとずれた社で、篤い月信仰をもつ海人族が信奉した月の社と考えられます。(211-704)（表筒男命・中筒男命・底筒男命ツツ小考／土製の錘）（尾張氏祖・天火明命の裔で住吉三神を祀る津守氏）

　往時、住吉の御津（湊）があり海岸の好風地で行幸も多く、万葉集中「住吉」の地名は延べて四一を数えるほどである、と犬養孝氏は述べています。(80-167) 天平五年、入唐使に贈る歌では「押し照る　難波に下り　住吉の御津」と詠われ、月に関連した言葉が含まれます。(万⑲4245)

天平五年、入唐使に贈る歌　　作者不詳
そらみつ　大和の国　あをによし　平城の都ゆ　押し照る　難波に下り　住吉の御津に　船乗り　直渡り　日の入る国に　遣はさる　わが背の君を　懸けまくの　ゆゆし畏き　住吉の　わが大御神　船の舳に　領き坐し　船艫に　御立いまして　さし寄らむ　磯の崎崎　漕ぎ泊てむ　泊泊に　荒き風　波に遇はせず　平らけく　率て帰りませ　本の国家に

　「月の港」の例として、古代河内湖に接した上町台地東麓に「コウヅ高津」がありました。「コウ高」も月を表わすことから高津も「月の港」と考えられます。（摂津の語源／住吉と高津に摂まれる）「コウ高」は「河」「鴻」「香」「交」と表記されることがあり、「カワチ（コウチ）河内」「コウノミネ鴻ノ峰」「カグヤマ香具山」「コウノサン交野山」（大阪府交野市／カタノは聖なる山・岡を指す）などの例があります。(148)(179-5-5)(210-193)(261)(263-114)

　高津を「月の港」と考える根拠の一つに、以下の万葉歌があります。それは「岩船に乗って天女が月からきた」ことを詠ったもので、月の岩船（天磐船）が行く先は高津つまり「月の港」であるはずです。これは、物部氏祖ニギハヤヒ（天神本紀）が乗った天磐船が降臨した「コウノサン交野山」と符合し、「コウノ」とは「月の照る聖域」を表わします。(210-83) 交野は物部氏の本貫の一つで、百済王神社をはじめ周辺には磐船神社、天磐船、天野川、七夕伝説の機物神社など月信仰に関係した地名や遺跡が多く残されています。(185-100)(261-105)

(427-12) 歌中「ひさかた」は「月あるいは月の照る天上世界」で高天原と同じ意味になり、また月の異名とする説もあります。(210-94) (211-73, 80) (註 3-44)

ひさかたの　天の探女が　岩船の　泊てし高津は　あせにけるかも　　　　（万③292）

秋津島　大和の国を　天雲に　磐船浮かべ　艫に舳に　ま櫂繁貫き　い漕ぎつつ　国見しせして　天降りまし　　　　（万⑲254）

　　周芳山口をみれば、現・朝田神社（山口市矢原高畑）の旧称は住吉神社で、主祭神はミズハノメです。(註 3-45)『記』でミズハノメは、月神イザナミが死の直前に漏らした尿から生れたとされ、月神から化生した神はやはり月神であるはずです。尿もまた水であることから、ミズハノメはあらゆる「水の源泉」と考えられた月から生れた神といえます。(奈良県吉野郡水分神社)

「キヨラ」「キヨミ」は月の形容詞

　　三浦氏によれば、「アスカキヨミハラノミヤ飛鳥浄御原宮」の「アスカ」は「朝の月」を表わし、「キヨミハラ」の「キヨ・キヨシ（清・浄）」は月の形容詞になります。つまり、天武の宮アスカキヨミハラノミヤとは、明け方に西方の「月の山」大和葛城山に沈む澄んだ（清・浄）月が眺められる御原の意味である、と述べています。(211-114)

アスカのキヨミハラとは、西の葛城山の彼方に明け方の澄んだ月が眺められる御原の意で、澄んだ月があるから御原にキヨ（浄）をつけて形容したのである。キヨ・キヨシ（清・浄）は月の形容詞であって、日に対するものではない。人麻呂の歌（②167）では、「飛鳥の浄みの宮」にて「望月の満はしけむと」「天つ水仰ぎて待つ」とあるように、明け方の月のキヨミは宮を形容している。これは天武の時代にはまだ月信仰が非常に盛んであったことを証明するものである。(210-45)

　　以上、「キヨ（サヤ）清・キヨシ浄」は月を形容する言葉で、太陽を形容する言葉ではありません。おそらく、月世界を再現した神社の境内をひたすら清めるのも、古く月信仰に由来するはずです。(第 5 章)

ところで、キヨ（シ）・サヤ（清）は月の形容として用いられることがしばしばあった。大野晋によれば、奈良時代ではキヨシは月や鏡のくもりのないことをいい、けがれのないこと・水の流れ・浜辺の景色などにも遣うとある。一方……キヨ（シ）・サヤ（清）は日の形容ではない。このことはスム（澄・清）にも適用できることではないか。(210-388)

「テル照る」は「月照る」を指す

　　「テ」を含む言葉には「テル照る」があり、「タ」から派生したと考えられます。「アマテル天照」はほとんどが月に関係することから、月を表わす「タ」から「テ」に変化し動詞化して「テル」になったと想像します。三浦氏は「テル」に関連して「シタテルヒメ下照姫」を取り上げ、シタテルは「月照る」であると指摘しています。「テル」とは「ツキテル」を意味し、「テ」は「タル」の語幹「タ」から派生した「テ」と考えて良さそうです。

下照姫のシタテルは、シナテルと同じで、「月照る」の謂いである。あるいは微光が照ることの意である。『万葉集』に「橘の下照る庭」（⑱4059）と詠まれているが、「常世の橘の実が月のように照っている庭」である。神代紀九段本文では下照姫に高姫の別名がある。これは「地祇本紀」では高照光姫となっている。タカテルとは天高く照る月のことである。たとえば、しばしば高倉は月神を祀る盤座のことである……。(210-83, 251)

　　下照姫は高姫あるいは高照光姫とも呼ばれ、これは「月の山」天香久山が高山と呼ばれ、月神ウカノミタマを祀る外宮が高宮（タカミャ）と呼ばれるのと同じで、いずれも「タカ高」は月を示唆します。一方、「シタ」は「シナ・シラ・ヒラ・ヒナ」に通じ、「タカ高」と同じように月あるいは月光を指します。

　　「ヒラ」の場合は月あるいは月光に通じると同時に、私見では境界を意味する可能性があります。その例として現世と黄泉国を境する「ヨモツヒラサカ黄泉比良坂」の「ヒラ」、山口盆地の南西端に位置する「ヒラノ

平野」の「ヒラ」、京 (山背) と滋賀を境する「ヒラサン比良山」の「ヒラ」、などがあります。ヨモツヒラサカは月神イザナミが死後に赴いたところ、ヒラノは「月の都」周芳山口の境界に位置するところ、ヒラサンは桓武の「月の都」平安京と月信仰を有した海人族の居住したシガ (シカ・シキ) の境界に位置すること、など月信仰と密接に関係します。平安京の大極殿の西北には洛中と接する位置 (境界) にサクラ (月の華／コノハナ) の名所・平野神社があります。平野神社については前作を参照ください。(75-266)

「アマテル」は月を修飾する常套的形容句

　『万』では「アマテル」は月を修飾する常套的形容句でした。宮川久美氏の説を引用して三浦氏は以下のように述べています。(211-37) (452-106)

通説に反し宮川久美は、難波へ「押し照る」のは月であると正しく理解した。かってテル (照) は、日より月に多く関わっていた。『万葉集』でテル (照) は 113 回使用されている。そのうちアマテラス大神や日の皇子などのかかわるテル 14 回は、途中で語意の変化があったので除き、また難波がらみのオシテル 15 回を念のため除くと、残りのテルは 84 回となる。84 回中に、月に関係したものは 44 回、日が 10 回、日月ともにかかわるのが 3 回である。日の 10 回のうちには、「朝日照る」が 3 回あり、朝日が昇るときに去って行く月を惜しんでいる。(210-39)

　文武二年 (698 年) 十二月乙卯 (二九)、日神アマテラスオホミカミを創祀したと考えられています。それ以後、「テル」は太陽の輝きを指す言葉とされ、月との関係は薄れてゆきました。アマテラスは古くは月神で、アマテルタカミムスヒの名は「天照る月」を意味しました。(67-1-7)

私見のようにアマテルタカミムスヒが月神とすれば、アマテルタカミムスヒの意は「天照る月」となって素直に収まる。月は再生・新生の性格をもつので、ムスヒの神としても不自然ではない。日神にこうした性格は決してない。(210-127)

「テル」は橘・玉・鏡・桃花・ヒレなどと共に用いられる

　「テル」は橘・玉・鏡・桃花・ヒレなどと共に用いられ、それぞれ月 (光) との関係が濃厚です。(210-39) たとえば、私見では「タチバナ」は「月霊の華」と考えられ、その伝播の歴史からも月信仰を信奉した海人族との関係があります。「ニホンタチバナ」は「リュウキュウタチバナ」と近縁で黒潮沿岸に自生し、自然的にあるいは人為的に伝播したと考えられます。(167-827) また、「タチバナ」の別称「トキジクノカグノコノミ」は「常世の月にある木の実」を意味し、華も実もともに月を象徴します。

　「玉」は月光の凝結したもの、「鏡」とくに白銅鏡は『万』では月の象徴 (月代) とされ、いずれも背景に月信仰があります。

桃は月を象徴し邪気を払う実——モモ・モミ・マメなどマ行の二音は再生を意味する

　桃 (花) は『記』の中で重要な役割をします。イザナギが黄泉国から逃走するとき、ヨモツヒラサカの麓に生っていた「モモ桃」の実 3 個を追手に投げつけて難を逃れたことから、その桃にオオカムヅミと名付けたとあります。この「オオ」は「渡る月」を意味することから、「オオカムヅミ」とは「天空を渡る月の霊」になります。つまり「モモ」は月を象徴する実であり、『記』の記述も月信仰を背景に描かれたのが分ります。

　「モモ桃」や「ミマ孫」「モミヂ紅葉」「モミ籾」「マメ豆」のように「生まれでること再生することにマ行の二音が使われている」と三浦氏は指摘しています。(167-292) (169-31) (171-1-194) (432)

これらの例から、種子・果実・霊魂・子・新生児・小動物などや、それらが生れ出ること再生することに、マ行の二音が使われていることがわかる。だから、神や霊魂の御生れや化生にミムスのようにマ行二音の連続で始まる動詞があっても不思議ではないだろう。ムス・ウムスは語頭のミあるいはm音が脱落したのだろう。神代紀上一段第四では高皇産霊・神皇産霊に対して「皇産霊、此をば美武須毘と云ふ。」と訓注をつける。だから、上述のように古くは敬称の接頭語ミは動詞にはつかない (あるいは大きく譲っても、極くまれにしかつかない) から、ムスではなく、ミムスを動詞と考えるべきである。(210-135)

大伴家持の歌にも「桃」が詠われ「モモ」「シタテル」は月を暗示します。「シタテル」とは「シナテル」と同じで「月が照る」意味です。(211-19)「下照道に出立つをとめ」の句は、桃花の香りと相俟って「仄かな月明かりのもと、どこからともなくふーっと現れたをとめ」という妖艶で幻想的な場面が浮かびます。

春の苑　紅にほふ　桃の花　下照道に　出立つをとめ　　　（万⑲4139）

　古来、桃は邪気を払う実とされました。それは桃太郎の鬼退治にも反映され、桃の弓と葦（葦牙）の矢で鬼を射る伝承もあります。（水辺を好む葦と薦は月を象徴）また、漢武帝が西王母から受けた三千年に一度実のなる桃も、漢武帝の神仙思想と重ねて不死の月信仰を暗示します。『漢武帝内伝』(45-67)(192-67)

「ヒレ」は薄く呪能を与えるもの

　「ヒレ」は、天女が体に纏っている薄絹の長い織物です。魚は「ヒレ鰭」で海を泳ぎ、天女は「ヒレ領巾」で自由に空を飛ぶことができます。両者に共通する「ヒレ」は「薄いもの」を指します。銅鐸の胴体に付けられたのも「ヒレ」で、銅鐸に呪力を与えました。(212-30)(265-13-62)(万⑬3243)

　天女のヒレは絹織物で薄く光沢があり、月に光を与える力があるとも信じられました。このヒレを八尋殿（註3-46）で織っていたのがアマテラスヒルメ（オホヒルメ）またはテラスに仕える巫女神（機織女）と考えられています。(210-6)(244-127)

　八尋殿とは宇宙の中心に建てられた斎服殿を指し、巫女神が神衣を織る（あるいはそれを織らせる）場所で単に地上の神殿を天空に設定したものではない、とナウマン氏の指摘があります。きわめて神話的な世界であり、現代人の想像力をはるかに超えた宇宙の物語です。これはスサノヲが退治した「ヤマタノオロチ八岐大蛇／八俣遠呂智」にも通じます。神話世界で「八」は宇宙的な大きさを指し、地上での現実的な「八つの頭尾をもつオロチ」ではないと考えられます。(244-154)

　八尋殿で織られたヒレは呪具となり、月に光を与えたとあり、これは新羅の延烏郎・細烏女伝説にも通じる神話です。

そして織られた軽い布帛をヒレ（領巾・肩巾）と呼んだ。ヒレは主に采女などが項から両肩に渡し懸ける長い白布であるが、大殿祭の祝詞にあるように伴の緒などもヒレを渡し懸けた。だから、古くは男女ともにヒレを懸けて、その呪能に与った。一面では、ヒルメは機織女であるが、そうしたヒレを扱う女でもあったろう。中国においても、ヒレは仙女などの呪具で、たとえばヒレを投げて橋を作り危難を逃れる話がある。ヒレは仙女が空を飛ぶ羽衣でもあると考えれば、すばらしい呪布であることが理解しやすい。『万葉集』に次の歌がある。(210-343)

白妙の　天領巾隠り　鳥じもの　朝立ちいまして　入日なす　隠りにしかば　　　（万②210）

秋風の　吹きただよはす　白雲は　たなばたつ女の　天つ領巾かも　　　（万⑩2041）

　「ヒレ領巾」と同じく「ソデ袖」を振る所作にも呪力がありました。たとえば、天武が吉野勝手神社で勝利を祈願して琴を爪弾いたとき、背後にある「ソデフリヤマ袖振山」に天女が舞い降りて袖を振った伝承があります。天女は、役小角が弥山に祀った弥山大神の化身とされます。(18-469)

　また、恋中の「オオトモノサテヒコ大伴狭手彦」が朝鮮へ遠征するとき、「カガミヤマ鏡山（当時は領巾ふりの嶺）に登り「ヒレ」を振って船を帰らせようとした「マツラサヨヒメ松浦佐用姫」の伝承があります。

海原の　沖行く船を　帰れとか　領巾振らしけむ　松浦佐用比売　　　（万巻五・874）

　柿本人麻呂が「タカツノヤマ高角山」（島根県益田市）で妹（妻）に向けて袖を振った歌があります。「高」は月、「角」は三日月を連想させ、「タカ・ツノ・ヤマ」とは「三日月の山」の可能性があります。あるいは「タカ・ツ・ノ・ヤマ」で「月の港の山」かも知れません。先述した「コウヅ高津」に通じる可能性があります。

岩見のや　高角山の　木の間より　我が振る袖を　妹見つらむか　　　（万②132）

　あるいは、柿本人麻呂が石上神宮の瑞籬を詠んだ歌にも「をとめらが袖を振る」情景が詠われます。私見では、「をとめ」とは天女（アマツオトメ天乙女）で、遠い昔、この地で起きた事件を暗示するようです。

をとめらが　袖布留山の　瑞籬の　久しき時ゆ　思ひきわれは　　　（万④301）

　また「領巾も照る」が歌いこまれた下記の歌中、「潮」「玉もゆららに」「白栲の袖振る」など、いずれも背景に月あるいは月光を示唆し、非常に呪術的な歌です。（万⑬3432）

処女らが　麻笥に垂れたる　うみ麻なす　長門の浦に……荒磯の上に　濱菜摘む　海人処女らが　うなげる　領巾も照るがに　手に巻ける　玉もゆららに　白栲の　袖振る見えつ　相思ふらしも

　「ヒレ」の「ヒ」は「ヒ霊」と同根で、「ヒ霊」は「ヒレ領巾」によって招き寄せられたり、「ヒレ」に付着して人に呪能を与えたりするもの、と三浦氏は指摘します。この「ヒレ」の呪能を使いこなせたのが「ヒルメ」であり、呪能の高い「ヒレ」を織ることができたのもヒルメでした。「ヒレ」の光沢（照る）は月に光を与えると同時に、それを持つ人に呪能を与えるものでした。

ヒ（霊）はヒレ・ヒルのヒと同根だろう。ヒ（霊）は、ヒレによって招き寄せられ、ヒレに付着するものである。ヒレを織る、あるいはヒレの呪能をよく使いこなす女がヒルメである。なお、ヒコ・ヒメのヒは「系統につながる・直系の」の意味である。（210-345 ）

　以上、「テル照る」は橘・玉・鏡・桃花・ヒレなどと共に用いられ、単に光る意味ではなく「月（光）テル」であり月の光に包まれるもの（人・物・場）に呪能を与えると信じられたようです。淡い月の光に包まれた「月の都」周芳山口もそのような呪能を与えられた信仰空間（「場」）であった、と想像します。（第4,5章）

　改めて月信仰の視点から次の一首を見直すと、詠まれている空間がまったく違ってみえます。河内女王（カワチは月霊）は高市皇子の女で、大君は元正（ヤマトネコタカミツキヨタラシヒメ）を指すという説もあり、地上絵が描かれた当時、いまだ月信仰の世界が優勢であったことが窺われます。橘は「月霊の華」、下照は「月照る」、酒は「月の生の水の代用品」、大君は「大君は神にしませば」（柿本人麻呂・万③235）の通り「神／月霊」を示唆し、作者も含め月に由来する言葉で充たされています。おそらく、河内女王は額田王と同じく巫女の性格を持ち、巫祝的な歌を詠んだのでしょう。共に月を示唆する名をもつことも偶然ではないようです。（265-18-37）

　　河内女王一首

　　橘の　下照庭に　殿建てて　酒みづきいます　吾が大君かも　　　（万⑲4059）

4.「タチバナ橘とトキジクノカグノコノミ」小考──ともに月に由来する言葉

　前作まで、北斗図が描かれた背景に不老不死を追及する道教の神仙思想が存在したのではないか、という疑問がありました。その中で『記紀』に載る「トキジクノカグノコノミは今のタチバナ」という記事に着目し、「トキジクノカグノコノミ」と「タチバナ」の言葉を解析しました。しかし「トキジクノカグノコノミ」を「タチバナ」と同じものとした明らかな根拠を示すことはできませんでした。それは、月信仰の視点が欠けていたからです。

　今回、月信仰の視点から再検討し、「トキジクノカグノコノミ」に含まれる「カグ」と「タチバナ」に含まれる「タチ」が共に月に由来する言葉である可能性を考えました。

　「トキジクノカグノコノミ」を分解すると、「トキジクは常世」「カグは月」であることから「トキジクノカグノコノミ」とは「常世の月にある木の実」の意味になります。一般的に「カグ」は「カグワシイ」と解釈されるため上記の結果を得ることはできません。一方、「タチ」について「タ」は「足る」の語幹「タ」、「チ」

は「霊」と思われ、「タチバナ」とは「月霊の華」になります。結果、「常世の月にある木の実」と「月霊の華」はともに常世国・月に由来する言葉となり、不老不死の神仙思想（根源には月信仰が存在する）と結びつきます。(45-174)(46-250)(48-136)

　しかし、細かくいえば「木の実」と「花」では異なります。ここで参考になるのが天平八年十一月、左大弁葛城王（葛木王／橘諸兄）（註 3-17）などが橘氏を賜った時の聖武御製（あるいは元正御製）は、橘の特徴である「実も花も葉も常葉の樹」を能く詠っています。(265-6-179) したがって、一方を実とし他方を花としても同じことを指していると理解できます。

　つまり「月の王」である「カツラギオウ葛城王」が「タチバナ・月霊の華」姓を賜ったのは偶然ではなく、共に月信仰を背景にした命名と考えられます。このような賜姓においても信仰の影響は強く、「月の王」が「太陽の華」になることなどあり得ないのです。橘諸兄の母は藤原不比等の間に光明子を生んだ橘三千代（県犬養三千代）（註 3-18）で、「橘」「光明」「三」「千代（不死）」など月を象徴し暗示する言葉です。

橘は　実さへ花さへ　その葉さへ　枝に霜降れど　いや常葉の樹　　　（万⑥1009）
橘は実も花もその葉までも、冬には枝に雪が降っても、少しも変わらずいよいよ常緑の美し樹である。

　また、大伴家持(718 年-785 年)の短歌でも、橘の花も実も同時に称賛しています。花も実もともに月を象徴するもの、と考えて良さそうです。(265-18-133)

天平感宝元年(749)五月十七日大伴宿禰家持作之

反歌

橘は　花にも実にも　見つれども　いやときじくに　なほし見がほし
橘は花でも実でも観賞したが、いよいよいつと時のきまりなく、なお一層見たいものである。

　橘の実は寒気の中でも鮮やかな黄金色に輝き、その丸い形からも月を象徴する樹とされたに違いありません。「シタテル」とは「月照る」を意味し、輝く橘の実を月になぞらえたもの、と三浦氏の指摘があります。(210-288)

大君は　常磐に在さむ　橘の　殿の橘　直照りにして　　　（万⑱4064）
この歌は橘の実が下を照らしている庭に御殿を建てると理解されている。しかし、常葉（磐）の橘ではないが、常磐の月が照るような、すなわち、シナ照る庭に御殿を建てるという意識が家持の心の底流にある。その下敷きを押さえて解釈しなくてはならないと考える。

　三浦氏は『爾雅』釈天（註 3-19）を引用して「橘が月になぞらえられる名であり月の木である」と指摘しています。橘が月そのものとされたことから、「タチバナ」を「月霊の華」と解釈することに問題はなさそうです。

橘にしても、『爾雅』釈天に「月、甲に在るを畢と曰ひ、乙に在るを橘と曰ひ」とあり、しばしば月になぞらえられる名である。だから、橘も月の木でもあり、永遠の果物とされたのであろう。だからであろう、『延喜式』内膳式によれば、新嘗祭・正月三節・九月九日節には橘子を供えている。(210-287)

　「トキジクノカグノコノミは今のタチバナ」の問題は、『北斗図』では一章を割いて論じたにもかかわらず「トキジクノカグノコノミ」と「タチバナ」の関係を明らかにすることはできませんでした。しかし、月信仰の視点からは驚くほど簡単に解明することができたことから、古代人の発想の基底を形成した月信仰を認めない限り古代世界を深く知ることはできないと改めて感じました。

5. 「サケ酒」小考——なぜ、「サケ」は祭祀に必要なのか

　「サケ酒」の語源について、一般的には「栄の水」「栄のき」「（邪気を）避ける」などから「サケ」になったとされます。これらの説には「ツキ」の語源の場合と同じく、「サケ」も含めたあらゆる「水の源泉」とされ

る月への信仰心が感じられません。

　そのように考える理由の一つは、ナウマン氏が月の祭祀と酒について、インドや中央アメリカの例を挙げ、月にある「生の水」と酒が等価であり、酒は「生の水」の地上での代用品であった、と指摘しているからです。(244-181) さらに、『漢書』を引用して「酒は天の賜物であり、君主が天下の万人に与え、病人を養い酒なしに儀礼はおこなえなかった」ことを述べています。また、日本の伝説 (養老瀧) を引用して、酒と月の「生の水」の互換性を指摘しています。(32-595) (43-66) (46-40) (221-219) (245-178) (310-219) (346-138)

　ナウマン氏は「サケ」の古称「クシ」をあげ「不思議な」「秘密の」を意味する「クシ奇し」「クス薬」とも関連付けて考えています。『紀』では、「サケ」はオホナムチやスクナヒコナの神々 (共に月神) が造ったものでした。

　三浦氏の解釈では、再生や蘇りを意味する「サ」と、月の若さを表わす「ワカ」から派生した「カ (ケ)」で合成された言葉です。つまり「サケ」とは「再生し若くなるもの」の意であることから、月の「生の水」と不老不死の「ヲチミズ変若水」を具体的に表した言葉になります。(下記文中シケチとは神酒)

カ (ケ) はミキ (神酒) ではキになっている。してみるとサカ・サケのサも再生や蘇りを意味するサであるはずである。カ (ケ) はウカ・ウケ・ワカのことで、ウケ (受)・ケ (笥) のことではなないだろう。すなわち、シケチやサカ・サケは再生し若くなるものの意である。(210-65)

　「サケ」に関連して、有名な「ヌカダノオオキミ額田王」の長歌には三輪山に掛かる枕詞「うま酒」があります。なぜ三輪山に枕詞「うま酒」が掛かるのでしょうか。

長歌
うま酒　三輪の山　青丹よし奈良の山の　山のまにい隠るまで　道のくまいさかるまでに　つばらにも　見つつ行かむを
しばしばも
反歌
三輪山を　しかもかくすか　雲だにも　心あらなむ　かくさふべしや　　　（万①18）

　「ウマサケ」が三輪山の枕詞であることについて三浦氏は、「ミワ神酒／三輪」の「ワ」が渡しの「ヱ」と同音であることから、酒にかかる枕詞になった、と指摘しています。下記文中「ヱ」とあるのは、河内国南河内郡道明寺村国府 (現・藤井寺市) の石川と大和川の合流地点にあった「エガノイチ餌香市」の「ヱ」で渡しを意味します。その市では、高麗人が酒を醸し「うま酒」として人気があったそうです。

ウマサケは美味しい酒、美酒・良酒であるとされている。……『万葉集』では神酒をミワとする……私見ではミワのワは……酒をしめすヲ (・ヲシ) と通音で、やはり酒を指している。……このワは渡り・渡し・倭人の意でもある。……「三室の山」の室は酒の発酵を促す保温に適した室であったろう。……三輪山は神が隠るカムナビ山とも呼ばれて名高い。……酒の意のヲ・ワはヱにも変化したと思われ、渡しのヱと同音なのでウマサケの被枕になったと考えられる。(211-351)

　私見では、酒が月の「生の水」の地上での代用品であることから、「月の山」三輪山の枕詞になったのだろうと推測します。「月の山」三輪山に降り注ぐ月の「生の水」を集めて「ミワ酒」を醸す、つまり「生の水」を酒に変えることは信仰上も自然なことであったと想像します。事実、大神神社境内には万病に効くとされる薬井戸があり、その名「クスリ」から酒を示唆します。また、境内摂社の「サイ狭井神社」(註 3-30) の「サ」は「再生を繰り返す」意で、「サイ」とは月の「生の水」を湛えた井戸を窺わせます。(223-116) (214-69) (268-80) (319-116) (404-374)

　三輪 (山) が清酒発祥の地 (三輪明神は造酒の守護神) とされたのは、第十代崇神七年、オオモノヌシの祟りをその子オオタタネコに祀らせ、高橋邑の活日 (杜氏の始祖) に酒 (大物主神が醸したお酒) を献上させたところ疫病が終息したという伝承によるものです。「オオ」を名にもつオオモノヌシもオオタタネコも月神であり、この伝承

の背景には月信仰が存在します。

『日本の古社　大神神社』には、三輪山山頂にある高宮のそばに池（あるいは泉）があった、という記述があります。「月の山」と「生の水」と「岩（盤座）」が揃い、月信仰の祭祀を窺わせます。ちなみに、高宮の「タカ高」とは天香久山の別称・高山と同じで「月あるいは月のある世界」を意味します。これは、三輪山を「月の山（月神を祀る盤座の山）」と考えていた証です。したがって、「オオミワ」も「渡る月の神」と考えるのが自然です。

山頂には摂社の高宮がほんの小さな祠として祭られていて、そのかたわらに「奥津盤座」のなかば埋もれた祭祀跡があるのだが、……その小祠をとり囲んでまわりが何となく凹みになっている感じがした。これはひょっとすると、三輪山の山頂にも小さいけれど泉、あるいは池があったのではあるまいかと思った。(214-11)

大神神社の境内にある大宮川や拝殿横の井戸、出雲の佐太神社の「カラサデ神去神事」が行われる「シンチ神池」、月神コノハナサクヤヒメと同体の「フシノヤマ富士山」の「コノシロ池」の伝説、周芳山口の高倉山の盤座で行われる「おためし神事」、など月信仰と「生の水」との関係は濃密です。(262)(437-167)

旧約聖書の世界に目を移すと、エデンの園には牛乳、蜂蜜、水、ブドウ酒が流れる四つの川があり、その川を流れる液体は生命樹（註3-31）の下から湧出すると考えられていました。ユダヤの民間伝承にも、月の甘露（月―露―蜂蜜―エリクシルの結びつき）と同じ考えがあり、世界的に月信仰と酒は切り離せません。

ヌカタノオオキミに戻って、「ヌカタ」の「ヌカ」は額、「タ」はホムタ・サルタの「タ」と同じで月を指している、と三浦氏の指摘があります。その名の背景には月への篤い信仰がありました。

『姓氏録』左京神別に、「允恭の御世に額田部湯坐連が薩摩国の隼人を平らげて、その報告をしたとき馬を献上した。その馬の額に町形の廻毛があり、天皇は喜んで姓を額田部と賜った」とある。おそらく額に白いまだら毛がある、月額・月白と呼ばれる毛色の馬であろう。それが天馬の瑞祥があると信じられていたのだろう。……ヌカタのタには田を当てているが、ヌカタはヌカタリの約だろう。月は再生・新生を繰り返すので、貴人の出産に立ち会い産児に産湯をつかわしたユエ（湯坐・湯人）に額田の名はふさわしいと考えられる。(210-166)

ヌカタノオオキミは最高巫女・女官（月神に仕える）で、天智と天武の両者に召され、宮廷歌人の先駆者として天皇に代わって歌を詠んだ、と三浦氏は指摘します。月の名を負う巫女ヌカタノオオキミが「月の山」三輪山を詠じたのは、信仰の中心から離れることに悲しみ傷ついたから、と想像します。

額田王は天武紀二年正月の条では、額田姫王とあり、天武の子を産んだとある。また、『万葉集』④488番の題に「額田王が近江天皇を思ひて作る謌」とあるので、天智にも召されていたと考えられる。……額田王は皇極・斉明のアメトヨタカライカシヒタラシヒメの時から、宮廷歌人の先駆となる歌を天皇に代わって詠んできた。池田弥三郎は、額田王は宮廷の最高の巫女であり、信仰的な行事に携わったという。桜井満も、額田王は単なる宮廷歌人ではなく、近江朝の高級巫女であるとしている。額田王は『万葉集』①16・17・155番に長歌も残しているが、桜井によれば長歌は元来神ごとの場で巫祝によって謳われてきたものであるという。(210-166)(382-71)

最後に、酒は不老不死を実現しようとした石薬（寒食散などの神仙秘薬）（註3-32）の発動（副作用）を抑える効果があると信じられました。この場合の不老不死は道教の教義に基づくものであっても、その根源には月信仰が存在しました。「酒中の仙」と自称した唐の詩人・李白も不老不死の仙薬の開発に熱を上げたと記録されます。杜甫が詠った「李白一斗詩百篇」などの大量の飲酒も石薬の発動を暗示し、「散歩」も外に出て風に当たり体を冷やすための治療法の一つでした。(44-18)(45-78)(46-123)(157-2-688)(161-163)(172-19-81,173)(172-63,109)

石薬の副作用には「ヨウソウ癰瘡」もあり、布の硬い新しい服では瘡を悪化させたとあります。これを防ぐためには飲酒と古くゆるい服装が勧められました。だぶだぶの服とゆるい帯を「褒衣博帯」と呼び、古代中国の仙人や文人などが岩の上に立ち風に吹かれた姿で描かれているのは「褒衣博帯」と「体の冷却」を表現した

もので、その背後には石薬の常用による副作用があります。川原秀城氏は『毒薬は口に苦し』の中で、石薬と発動について次のように述べています。(161-132, 163)

薬発後、皮膚の防御機能が低下するため、皮膚が着物にすれて擦傷が出来ないように、だぶだぶの着物をき、帯をゆるく締めなければならない。また服散者が礼儀に背いて履（くつ）をはかず、屐（げた）をはいたのも、新品のごわごわした着物を身につけず、着古した着物をきたのも、同じく皮膚の擦傷を防ぐあるいは皮膚病を治療するためである。……石薬を飲まない人たちも名士のまねをして、簡便な着物をきだしたのである。

　日本の文人画も中国の仙人や文人に憧れた結果「褒衣博帯」で描かれていて、石薬の常用をも窺わせます。事実、東大寺の『種々薬帳』の中には神仙秘薬の原料が多く含まれ、聖武の時代にはすでに仙薬を常習していたと想像されます。(76-473) (388-79)

　玉や水銀を材料とする石薬が不老不死を実現する神仙秘薬とされたのは、玉や水銀が不死と再生を約束する月から齎されるもの、と考えられたからに違いありません。なぜなら、玉は月光の凝結したもの、水銀は月が雨のように降らすもの、だったからです。月信仰の影響は道教の教義のなかにも密かに続いていたのです。(126-9-141)

　以上、「サケ」は月の「生の水」の地上での代用品であり、再生を意味する「サ」と月の若さを表わす「ケ」の合成語と考えられます。つまり、不老不死の変若水と同じ性質をもちます。(第2章『漢書』食貨志・下の王莽の讃)

6.「カガミとカミ」小考 ── 「カガミ」とは「カ・ミ月霊」

　「カガミ」と「カミ」には、月の若さを意味する「ワカ」から派生した「カ（ガ）」が含まれることから、ともに月に関係した言葉と考えられます。ところが、『紀』の中で「カガミ鏡」は日神アマテラスの形代と記述されたことから、太陽との関係で考えられてきました。この記述が、日本は古代から太陽信仰の国であると頑なに主張されてきた根拠のひとつです。

　『字統』には、鏡は古くは水鑑（青銅鏡）を用いた、とあり月信仰との関係は述べられていません。(336-201) 一方、「カミ神」について『字統』には『説文解字注』を引用して、「天神なり。萬物を引き出すものなり」とし、さらに「神の観念の展開は、古代宗教思想の中心的な課題をなしている」としながらも、月信仰についての記述はありません。(336-470)『漢字源』でも事情は同じで、「日・月・風・雨・雷など、自然界の不思議な力をもつもの。天のかみ。」とするだけです。月信仰が存在した片鱗すらありません。（月信仰ではないものの、縄文時代に大宗教の存在を想定している説もある）(22-1-107)

　中村雄二郎氏が指摘したように、「神話の知」とは具象的なイメージで、実体験をもとに獲得されたものでした。エリアーデも「実在し、意味ある世界の認識は、聖なるものの発見と密接に関連している」と述べ、「人間として生きることは、それ自身に於いて宗教的行為である」と述べています。やはり、神も漠然とした創作ではなく、実在から獲得されたものだったのです。(173-13) つまり「カミ」とは、朝夕二回、潮を動かすもの、満ち欠けを繰り返し朔から三日後には三日月となって西の空に再生するもの、つまり古代の海人族の生活を導く「月」であったはずです。

　『紀』では鏡を日神アマテラスの形代と記述していても、鏡を日（太陽）にかけて詠んだ歌は『万』には一首もありません。柿本人麻呂の歌にも鏡が月を形容する「鏡なす」として詠われているように、特に白銅鏡はその色からも月の顕現と信じられました。(万②196)

　このような『紀』と『万』の間に乖離があるのは、皇権によって『紀』の改変が行われた結果と考えられます。(210-1) その傍証として『紀』の中で皇祖神の意識が曖昧であることがあげられます。逆に編纂されるまでの間、月信仰の証を消して日神アマテラスを造り上げるのに苦心したと想像できます。実際、イザナギが筑紫の日向の小戸の橘の檍原で禊（註3-33）をし、その右眼から生れた月神ツキヨミはすぐに姿を消しています。これは日神アマテラスを出現させるための演出と考えられます。その視点に立つと、『紀』はいたるところで月

信仰を消そうとしていることが分ります。たとえば、神武軍に誅殺された「ツチグモ土蜘蛛」(クモは月の暗喩)、物部守屋が戦闘で登った「ホオ朴 (月を象徴)」、秦造河勝と「常世の虫」(月信仰の象徴) の話、なども月信仰の証を消そうとした記述の可能性があります。(76-494) (323-3-141)

　以上から、「カミ」とは具体的に「ツキ月」であり、「カガミ」とは「カ」を畳語とすると「カミ神／月霊 (カ・ミ)」になり、アマテラスの形代とされたのも頷けます。なぜなら、アマテラスも古くは月神であったからです。

7.「カカシ」小考──なぜ、「カカシ」は一本足か

　一般的に「カカシ案山子」の語源は「嗅がし(カカシ)」とされ、古くは髪の毛や魚の頭などを焼き、串にさして田畑に立てたもので、その悪臭で鳥や獣を追い払ったことに由来するとされます。しかし、悪臭とするのは人の勝手な解釈と思われ納得できません。吉野氏は『記』などの記述から、「カカシ」とはウカノミタマとして尊崇されたヘビであり、「ウカ」は南方祖語で蛇を意味する「ウラ」の転訛であることは言語学で証明されている、と指摘しました。(88-311) (283-311)

稲を損う鼠の天敵で、ネズミを好んで捕食する蛇は田の神（カカシ）、倉の神（倉稲魂神（うかのみたまのかみ）として農耕地帯において尊崇された神。……「ウカ」は南方祖語で蛇を意味する「ウラ」の転訛であることは言語学で証明されている。(446-139)

　「ウカ」が南方祖語「ウラ」の転訛とする出典は不明で、「ウカ」はやはり三浦氏が指摘する月の若さを意味する「ワカ」から派生した語と考えます。しかし、吉野氏の指摘の中で「カカシはウカノミタマである」という点は、「カカシ」の語源を考える上で重要です。

　『記』には、オオクニヌシとスクナヒコナが出会う場面で、「カカシ」は「クエビコ久延毘古」あるいは「ソホド曾富騰」として登場します。「クエビコ」「ソホド」はカカシの古語で、「ド」は人の意か、とあります。

常世の国からカガミの船に乗ってやってきた少彦名神の協力を得て大国主は国土経営に当たったが……大国主命が出雲の美保崎におられるとき、鵝（が）の皮を着、カガミ（蘿芋）の船に乗って、波のまにまに寄ってくる小さな神があった。……ヒキガエルが出てきて、それは久延毘古クエビコが知っているという。そこでクエビコをよんでこれにきくと、はじめて少彦名神の名と由緒が判る。(141-107) (220-64) (266-252, 405)

　「カカシ」に関する『記』の要点に私見を加え、月信仰の視点から考えてみたいと思います。

　まず、月神スクナヒコナは「ガ鵝」の皮を着て、「カガミ蘿芋 (ガガイモ) の船」に乗り「波のまにまに」寄ってくる小さな神でした。(註 3-34)「スクナヒコナ少彦名神」の「スク少」とは多少の少ではなく、三日月から満月へ成長してゆく生命力に溢れた「若月」を指し、「オオクニヌシ」の「オオ」すなわち生長し満ち足りた「渡る月」の「オオ」と「スク」が対置します。

　次に「ガ鵝」(鳥偏) とあるのは虫のことではなく、おそらく雁を飼いならしたガチョウで、その皮とは胸元にある羽毛 (ダウン／古代、羽毛を含め皮とした) と思われます。古代から水鳥の羽毛は防寒具として利用されていました。(220-64) 雁とくに初雁と月は親密な関係にあり、『万』にも初雁、雁がね、として詠われています。弓削皇子とは天武の第六皇子で、「クサカベ」「タケチ」などとともにその名に月を暗示します。(265-9-59)

　アマテラスが初めて降臨したところとされる與喜天満宮 (奈良県桜井市初瀬天神山) には「ガギョウイシ鵝形石」と呼ばれる盤座があり、月神アマテラスと鵝の結びつきは親密です。(天神山は箸墓の東西軸の基点／第5章)

さ夜中と　夜は更けぬらし　雁がねの　聞こゆる空を　月渡る見ゆ　　(万⑨1701) 弓削皇子

　「カガミ」とは「ガガイモ蘿芋／カガミグサ」のことです。(167-450) 私見では、その三日月形の実 (袋果) から「カガ・ミ」つまり「月の実」とされ、「カガミの舟」とは実を割った殻を舟に見立てたのでしょう。「波のまにまに」は海面に映る月光「金波」を想像させます。つまり、月神スクナヒコナが登場する場面は、すべて

月で満たされています。(96-53) (266-424) ちなみに、ガガイモの白毛 (種子) は綿の代用として、また朱肉にも用いられました。

次にヒキガエルが登場し、月神スクナヒコナの素性について「クエヒコ久延毘古」が知っていることを告げる場面があります。この場面は、まるでおとぎ話のようです。ヒキガエルは月に棲むとされた月の精・蟾蜍ですから、月神スクナヒコナについては既知のはずです。「クエヒコ」はカカシの古語で、「動けないけれども物事を良く知っている」とヒキガエルが評価しています。つまり、「一本足で田に立ち世の中をよくみている」ということでしょう。また、「クエヒコ」は田の守り神で「山田の曽富騰」ともいわれていました。「クエヒコ」の一般的な解釈「クズレタガケ崩・彦」では、意味が分かりません。

そこで私見では、「クエ」は「ウカ」から派生した「ケ (クェ)」ではないかと考えます。すると「クエヒコ」とは「若月の壮士」あるいは月そのものを指す「ササラエヲトコ」(註 3-35) になり「アメノワカヒコ天若日子」と同じ意味になりそうです。「クエヒコ」が「ササラエヲトコ」を意味する可能性に関連して、『万』には「ササラエヲトコ」の一首があります。「ササラエヲトコ」つまり月であるクエヒコが天の原をゆっくり渡りながら世を照らしています。(265-6-144)

山の端の　ささらえをとこ　天の原　と渡る光　見らくし良しも　　　　（万⑥983）

右の一首の歌は、或いは云く、「月の別の名をササラエヲトコと曰ふ。この辞に縁りてこの歌を作りき」といふ。

「クエヒコが物事を良く知っている」と月精ヒキガエルが評価したのは、「世は人を映す鏡、人は世を写す鏡」とたとえられるように、鏡つまり月 (クエヒコ／ササラエヲトコ) は天の原を渡りながら世界を視ていると考えたからでしょう。(「身土不二」) (343-799) あるいは、月が知識と思考の力を持つと信じられたからと考えられます。このような信仰は、サンスクリット語で「月」の語幹「マ ma」と知性や理解力などの語幹が共通することにも認められます。(99-1-252)

また、『本草綱目』木部には月桂について以下の説明があり、月は月桂の子(実)だけでなく汞(水銀)を地上に雨のように降らせるとあります。地上に降り注いだ月桂子が月の「生の水」で満たされた田で芽吹けば桂樹になり、「カカシ」になる可能性があります。つまり「カカシ」とは「月桂子」「カ月の子」の意味し、豊穣を約束する月神ウカノミタマの依代といえそうです。

蔵器曰く、現に江東の諸所で、四五月後の晦になると、多く衢路の間で月桂子を得る。……古老は、これは月の中からくだったもの……。月桂から子を落とすという説は武后の時から起こったものだ。……宗の天聖丁卯の八月十五夜、月明に天浄く、杭州霊隠寺に月桂子が降った。その繁きこと雨の如く、その大いさ豆ほど、その円きこと珠の如く、その色には白きもの黄なるもの、黒きものがあり、殻は英実の如く、味は辛かった。(126-9-141)

月信仰の視点から「カカシ」を見直すと、「水田」とは月信仰をもっとも具体的に表現した「場」であり、単に稲を作る「場」ではなく全く異なる世界がみえてきます。

月の「生の水」で満たされた水田に立てられる「カカシ」は、豊穣を約束する月神ウカノミタマの依代であり「生命の木 (生命樹)」あるいは「月の桂」と考えられます。神の数を「ハシラ柱」で数えることからも、「カカシ」は天上と地上を結ぶ「ハシラ」、つまり田に立てられた「生命の木」になります。害鳥や害獣を追い払うためのものとは考えられません。「カカ・シ」は「カ」を畳語とすると「カ・シ」あるいは「カ・ハシ」であり、「月の子 (月桂子)」あるいは「月の柱」を意味することになります。(ハシ箸墓)

さらに、三田村氏が「シ」は「固まる、止まる」という意味を持つ音と指摘していることから、「カカシ」とは「カ・シ」で「月を止める (もの)」、つまり「月の依代」になります。(199-28, 31)

以上の事柄から、田毎に立てられた「カカシ」は月の生命力を田に導き、月からもたらされた「生の水」にいっそうの力を伝えたと想像されます。田毎に映る月影 (実際にはない) を「田毎の月」として愛でるように、田毎に立てられた月神ウカノミタマの依代「カカシ」が「臭いもの」ではあり得ません。(エデンの園の生命樹)

「ソホ・ド」について「ド」が人を指す言葉とすると「クエヒコ」の「ヒコ」と対応します。結果、「クエ」と「ソホ（ソォ）」が対応し、「ソホ」も月を指す可能性があります。古語「ソホ」は朱（丹生・楮）を指し、『本草綱目』の「月は汞（水銀）を地上に雨のように降らせる」という記述と併せて考えると、「ソホ・ド」は月から降ってきた「朱の人」の意味になります。(70-28, 91)(195-45)『魏志』倭人伝（註 3-36）にも「朱丹を以てその身体を塗る。中国の粉を用いる如し」と倭人の赤好みを示す記事があります。(96-209)(307-395)

　また、「ツキ月」に由来する「トキ鴇」の別称に「シトド朱鷺」があり、「シトド」は「巫鳥（志止止鳥・之止止）」とも表記され祭祀に関わる鳥であることが分かります。「ソホ・ド」と「シト・ド」では「ソホ」と「シト」が対応し、「ソホ」も「ツキ」に由来し祭祀と関係しそうです。(88-672)(283-672)「ト」が「門・戸」を指すと「朱の門（戸）」になり稲荷（祭神は月神ウカノミタマ）の朱鳥居を連想させます。(215-46)

　『万』には「ソホ緒」を用いた歌があり、「丹生の真緒」とは水銀朱のことです。(265-14-55)

真金吹く　丹生の真緒の　色に出て　云はなくのみぞ　吾が恋ふらくは　　　（万⑭3582）

　以上、「カカシ」「クエヒコ」は「月の子（月桂子）」を意味し、月の「生の水」で満たされた水田に立てられ豊穣を約束する月神ウカノミタマの依代（柱）の可能性があります。「ソホド」も「ソホ朱丹を塗った人」を表わす可能性があり、月神ウカノミタマを祭神とする稲荷の朱鳥居を連想させ、水銀（朱丹）を雨のように降らせる月と関係があります。

　「カカシ」を田に立てることに関連して、「斎串立て」で始まる短歌が『万』にあります。

斎串立て　神酒すゑ奉る　神主の　髻華の玉かげ　見ればともしも　　　（万⑬3229）
（斎串を立て、神酒をお供え申しあげる神官の、髪飾りのひかげのかずらを見ると、心がひかれることよ。）

　斎串は竹や榊で造られ麻や木綿をかけて神に捧げたもので、「立て」とあることから御神体としたもの、と沢瀉久孝氏の指摘があります。つまり「カカシ」のように立てたものであり、「イグシ」「ミキ」「タマ（玉は月光の凝結したもの）」「ヒカゲノカズラ（ヒカゲは月影）」など月信仰の祭祀を思わせます。(211-352)(265-13-25)

　ナウマン氏も神話的世界の宇宙観について、天柱として世界柱あるいは世界軸という宇宙であって単なる建物「柱」ではない、人間の日常世界の話に歪曲してはならない、と指摘します。素朴で敬虔な月信仰の世界に生きた古代人の「神話的な知」を考えると、「カカシ」も単に田に立てたものではあり得ないと思います。

この神話……それを人間の日常という視点から捉えるかぎり、そうした神話の内容に対処できないのである。……八尋殿は、時間の初めに宇宙の中心に建てられ、天柱として世界柱ないし世界軸といった宇宙的イメージを、家という小宇宙のなかに転移させる中心の柱をもっている。それは単なる婚舎以上のものだ。すでにこの中心の柱だけでも、八尋殿そのものが宇宙の引き写しであるのを特徴づけている。ところがここでは、八という数にもまた別の手掛かりが見つかる。(244-154)

　「ヒカゲノカズラ」は「領巾の光を放つかずら」つまり「月影のかずら」と考えられ、アメノウズメがアマテラスを天岩戸からおびき出す時に手次（天の蘿／領巾）にして舞い、率川神社（大神神社の境外摂社）の三枝祭ではヒカゲノカズラを舞姫の頭に飾り手にはササユリを持って「五節舞」を舞うときに用いました。(75-155)(88-1103)(214-69)「ササユリ」は「サ（畳語）＋ユリ」で「生命を再生するユリ」の意である、と三浦氏の指摘があります。(210-69)

　上述の斎串に関連して、内宮別宮・伊雑宮（三重県志摩市磯部町）の御田植神事で用いられる忌竹（コンバウチワ）があります。神が降臨する忌竹を田に立て豊年を願う神事で、カカシの原型を彷彿させます。(105-107)(397-42)忌竹に付けられた「サシハ翳」には北極星を神霊化した「太一」（註 3-37）と書かれ、忌竹が宇宙の中心（北極星／大極）と交信していることを暗示し、カカシを立てた動機を示唆して重要です。(397-43)

　最後に、月と田を比較すると表 3-1 になり、ごく自然に対応しているのが分ります。「月は天上の大地」「大地は地上の月」の信仰から、「田は地上の月」といえます。月信仰の世界にあった古代人が月から降り注ぐ「生

の水」で充たされた「田」を月世界と見做したとしても不思議ではありません。なぜなら、月世界と見做された「田」はなによりも秋の豊作を約束してくれる「場」であったからです。

表3-1：月と田の比較

	月	田	備考
顕現（大母神）	月は天空の田	田は地上の月	「タ」は「足る」の語幹
水	「生の水」の源泉	月から降り注いだ「生の水」	
象徴	蟾蜍（ヒキガエル）	カエル	月の眷属
眷族	ヘビ	ヘビ（水辺を好む）	月の眷属
聖樹	カツラ	カカシ	月の桂の象徴

＊大母神文化では地球と月は一つのものが二元的に顕現したものとみなされていた。　＊蟾蜍は嫦娥の化身。
＊水辺を好むヘビは「水の源泉」と考えられた月の眷属。　＊月の聖樹・桂が田に顕現したもの。(99-1-169)(412-36)

「カカシ」小考のまとめ——カカシが一本足であるのは下記の可能性による。

1. 月の子（月桂子）

2. 月の柱

3. 月の依代

8. 「カグヤヒメ」小考——なぜ、竹の中にいたのか？　どうやって入ったのか？

　垂仁記にはカグヤヒメという妃が載ります。しかし、このカグヤヒメが『竹取物語』の題材になった人物であるのかは不明です。

　カグヤヒメの「カグ」は「若月」を指す「ワカ・ウカ」に由来し、仄かな月の光を指します。カグヤヒメの養父はオホツツキタリネとされ、名にある「オホ」「ツツキ」「タリネ」もすべて月に由来する言葉です。「ツツキ」について三浦氏は、山城国綴喜郡には竹細工を得意とした大隅隼人が移住し竹と月の物語を伝承していた、と指摘します。(後述／隼人の楯の渦巻き文様)(364-78)　その「オオスミ」の中にも月が暗示され、物語は月を暗示する言葉で充たされています。

「垂仁記」中の垂仁の妃の一人にカグヤヒメがいる。カグヤヒメの父はオホツツキタリネである。……カグヤヒメは『竹取物語』の、月から来て竹の中にいたカグヤヒメと同じ名である。……微かな光・ほのかな光もさす。月の光もそうである。オホツツキはおそらく山城国綴喜郡に関係した名であり、『倭名類聚抄』には綴喜郡大住郷がある。綴喜は豆々木と訓む。そこは大隅隼人が移住したところで、森浩一は竹細工を得意とした隼人が竹と月の物語を伝承していたと推定する。大住郷には式内社月読神社もある。タリネのタリも月を指しているだろう。ネは接尾辞である。(210-156)

　では、カグヤヒメは「なぜ竹の中に入っていたのか」「どうやって入ったのか」この問題を考える前に、まず『竹取物語』の冒頭を引用します。「カグ」をはじめ月信仰に由来する言葉を考える上で、『竹取物語』は重要な古典です。

いまは昔、竹取の翁といふもの有けり。野山にまじりて竹を取りつゝ、よろづの事に使ひけり。名をば、さかきの造となむいひける。その竹の中に、もと光る竹なむ一筋ありける。あやしがりて寄りて見るに、筒の中光りたり。それを見れば、三寸ばかりなる人、いとうつくしうてゐたり。翁いふやう、「我あさごと夕ごとに見る竹の中におはするにて、知りぬ。子となり給べき人なめり」とて、手にうち入れて家持ちて来ぬ。妻の女にあづけて養はす。うつくしき事かぎりなし。いとおさなければ籠に入れて養ふ。……老翁やうやう豊かになり行。……三月ばかりになる程に、よき程なる人に成ぬれば……。(321-29)

カグヤヒメとは「月姫」

　「カグ」は、月の若さを表わす「ワカ」から派生した言葉です。そこで、カグヤヒメとは「カグ」が「若月」

を表わし、「ヤ」が呼びかけの意を表わす間投助詞の可能性があることから、「若月よ（姫）」と呼びかけた言葉の可能性があります。物語のなかでは、三室戸斎部の秋田から「なよ竹（弱竹）」すなわち「若竹のかぐや姫」と名付けられています。「タケ竹」は「タ」に由来することから、「若竹」とは「ワカツキ」の意味になります。本書では、カグヤヒメを月の都の人「月姫」としておきます。名付け親の名にも月を暗示する言葉「ミムロ」「ト」「インベ」「アキタ」が含まれます。

前作まではヘビ（原始蛇信仰）との関係で「ヘビヒメ」とし、不死の象徴・月の住人と考えました。月信仰の存在を知らず、陰陽五行思想や『易』や道教などを用いて解析した結果でした。(76-503)

引用した冒頭の中で、「竹」「光る」「三寸」「うつくしう」「籠」「豊か」「三月」などが月信仰にかかわる言葉として重要です。つまり、物語は冒頭から月信仰を暗示する言葉で構成され、作者が月信仰を濃厚にもつ人物であったことが分ります。『竹取物語』が造られたのは平安時代初期と考えられ、カグヤヒメが月からやって来たことを読者は理解できたはずですから、月信仰がいまだ盛んであったことが分ります。

竹と月が同体と考えられたことから、「月姫」カグヤヒメが竹の中にいたのは必然でした。その他に発見され得る場所として、月信仰と密接に関係した岩、瀧、池などが考えられても、これでは物語にならなかったのでしょう。

「カゴ籠」は「カグ月」と同体とされた竹で編んだものであることから、「いとおさなければ……」の通り、おさないカグヤヒメにとって一番落ち着く場所であったはずです。上記の大隅隼人が竹細工と月の物語を伝えたとあるとおり、竹で編んだ籠は月信仰と切り離せないようです。その証に、元伊勢と呼ばれた丹後一宮・籠神社（京都府宮津市）にも「コ籠」がつきます。主祭神は「アマテルクニテルヒコホアカリノミコト天照国照彦火明命（尾張氏の祖／海部は尾張の別称）」で、相殿には外宮に勧請された月神トヨウケノオオカミを祀っています。

「三寸」「三月」「三室」の「三」は月信仰で重要な数字で、満ちて行く月、満月、欠けて行く月の三態を象徴する数字、あるいは朔から三日月までの「三」日を指します。大和三山（天香久山・耳成山・畝尾山）、三輪山、大神神社の三鳥居などに含まれる「三」です。「三ヶ月」で成人したのは、竹の成長力を連想させます。たとえば、モウソウチクは一日で三尺（1m）も伸びることがあります。(99-1-164) (447)

「うつくしう」は、清らかな（清・浄）月あるいは月世界を表わす言葉です。

「豊か」は、月がもつ力のうち富をもたらす力を表わすと考えてよいでしょう。外宮の祭神トヨウケノオオカミの「トヨ」にもある通り、豊穣を約束するのは月であり月神でした。

「光る」は「高ひかる」「天ひかる」の言葉が示すように天空で光る月を指します。「輝・耀・篝」に含まれる「カガ」は、「月の若さ」を表わす「ワカ」から派生した「カ」の畳語です。微かに光るものや仄かに耀くのは月の光の特質です。（第5章・淡路島篝場山）

後述する、仁徳陵と岡ミサンザイ古墳（仲哀陵）の後円部中心を決定する東西軸の基点には、淡路島の「カガリバヤマ篝場山」が採用されていました。14代仲哀の和風諡号タラシナカツヒコと16代仁徳の和風諡号オホサザキには、ともに月に由来する言葉が含まれることから、「仄かな光」を指す「カガリバヤマ篝場山」が両陵墓に信仰上の根拠を与えたといえます。（第5章）

不死と再生思想

不死と再生は、人々が原初からいだいてきた切ない願いでした。その願いを現実の希望として見せてくれたのが他ならぬ月でした。暗闇の晦日から三日後には必ず再生する月の姿に、人の死と再生を重ね合せたはずです。月に引かれるようにして動く朝夕の潮の動きと、満ち欠けと三日後の再生（若返り）を繰り返す月の相（周期）は、目にすることのできる月の力です。このような月の姿に畏敬の念を抱き信奉していたのは、潮の動きを読んで舟を操り生業を立てていた海人族が中心でした。

その海人族が海の上で常に見ていたのは、天空に輝く満月と波に揺らめく月光（金波）であったに違いありません。「この舟に乗って金波を辿って行けば、常世の月の世界へ行ける」そのように夢想したとしても不思議

ではありません。この情景が前方後円墳の造形（俯瞰した形）に繋がったという私見は、空間考古学の章で詳しく述べたいと思います。（第5章・図5-40）

　さて、カグヤヒメが残した不死の霊薬を焼き捨てたのが「フシノヤマ富士山」でした。そのフシノヤマと祭神コノハナサクヤヒメは同体とされることから、コノハナサクヤヒメの中にも不死の象徴・月の意味が含まれるはずです。それは、若月を表わす「ワカ」に由来する「カ・コ」のうち「コ」と考えられます。つまり、「コノハナ」とは「月の華」の意味です。フシノヤマの八合目には、涸れることのない「コノシロ池」があり、そこには本来は海にいるはずの「コノシロ」という魚が棲み、縁起から食べることを忌む伝承（人を焼く臭いがする）があります。私見では、「コノシロ」は「月の代」で、その白く輝く肌に由来すると思われます。なぜなら、白（白銅鏡のように）は銀と並んで月を象徴する色だったからです。（16-13）

　ちなみに、コノハナサクヤヒメの父「オオヤマヅミ大山祇神」の「オオ大」は大小の大ではなく「渡る月」を意味し、「オオヤマヅミ」とは「渡る月の山の神（霊）」となります。オオヤマヅミとフシノヤマとコノハナサクヤヒメの関係は月信仰を背景にして親密です。（木花之佐久夜毘売の木は宛字／コ木も月）

　ちなみに、大山祇神社（註3-38）の祭神オオヤマヅミはニニギノミコトの甥でアマテラスの兄神になり孫神は「オチ乎知命」です。あきらかに月神の系統で、「オチ」は変若水に通じます。

　「山」を名にもつ「オオヤマヅミ大山祇神」を祀る大山祇神社（伊予国一宮／愛媛県今治市大三島町）が瀬戸内海を塞ぐように海上にあるのは、考えてみれば不思議です。御神体を鷲ヶ頭山とする「オオヤマヅミ」が「渡る月の山の神（霊）」であり、月を信奉する海人族の信仰の中心であることを知れば納得できます。後の時代、周囲は村上水軍（オチノミコトの裔で伊予守護大名河野家の分かれ）の活動拠点でした。（269-341）（317-148）

　また、「コノハナ」は「サクラ」の別称であることから、「サクラ」にも不死の象徴・月の意味が含まれるはずです。「サ」は繰り返しの意、「クラ」は盤座の「クラ」で、「サクラ」は「神霊が繰り返し顕現する依代」、と三浦氏は解釈しています。繰り返すものの代表は月で、繰り返し神霊が顕現する依代「サクラ」の中には、やはり月が含まれると考えられます。

　サクラに関連して、紫宸殿の前に植えられた「左近の桜、右近の橘」（註3-39）の名は共に月に由来し、永遠に絶えることのない朝廷を寿ぎ、かつ象徴します。その配置は「左祖右社」（註3-39）の原則に従い、月信仰を背景にした設計と考えられます（36-28）（75-372, 458）（133-6）（149-1-388）（213-68）（254-30）（305-35）（330-10）（394-17）

カグヤヒメは竹の節に溜った「神水」——月の「生の水」

　カグヤヒメは「どうやって竹の中に入ったのか」、三寸足らずといってもそのままでは入れません。この疑問に対して、「カグヤヒメは竹の節に溜る神水」が答えになりそうです。つまり、カグヤヒメとは神水を擬人化したもので、竹の節の中で光っていたカグヤヒメは、月から降り注ぐ「生の水」と考えられます。

　このように考える根拠は、五月五日は「薬降る日」つまり月から「生の水」が最も多く降り注ぐ日とされ、その水は節の中にも溜ると信じられていたからです。竹の中に溜った水は「神水（竹水）」と呼ばれました。この「神水」は八月十五日には消えて無くなるという伝承があり、カグヤヒメが月に帰った八月十五日望月の夜と結び付きます。このような事柄から、カグヤヒメとは「月の都の住人」の「月姫」であると同時に「神水」つまり月の「生の水」を擬人化したものと考えて良さそうです。（75-289）（344-269）

　「薬降る」は俳句の季語で五月五日に降る雨（実際に降らなくても）のことです。この季語は『本草綱目』にある、水銀を雨のように降らせる陰の宗主・月を踏まえています。さらに「神水」には天竹黄や竹糖という成分が含まれ、清熱解毒や気分不良などに用いるとあります。『竹取物語』の中で「翁心地あしく、苦しき時も、この子を見れば、苦しき事もやみぬ、腹立たしきことも慰みけり」、とあるのはカグヤヒメすなわち「神水（天竹黄）」の薬効を暗示しています。神水で煎じた生薬は薬効が高いと考えられ、高価で取引されました。（171-4-240）（169-31）また、「木六竹八塀十郎」（註3-40）という言葉があり「木は六月、竹は八月に伐採するのが良く、土塀は十月に塗る」という意味です。この竹の伐採時期八月も、カグヤヒメが月に帰る月日に反映された可能性が

あります。

　これらの事柄から、五月五日、翁は竹を伐りに行ったのではなく、高価な「神水」を探しに行き光る竹の節を見つけた、と想像できます。(76-503) (321-29)

　カグヤヒメは故郷・月を不死の都といっていることから、当時の読者は月と不死の繋がりを無理なく受け入れていたと推測されます。『日本神話事典』には、月と不死について次の説明があります。

月はその満ち欠けするさまから、死の起源や不老不死の信仰と結びつく。この点からみても死体化生神話の基底にある死と再生の思想は、ツクヨミにこそふさわしいものといえよう。なお、万(13・三二四五)には「月よみの持たる変若水」が歌われ、月の神が若返りの水をこの世にもたらすという信仰のあったことがわかる。(24-121) (126-9-141) (267-211)

　カグヤヒメが竹の中に入っていた理由を纏めると、下記の2点になります。

1. カグヤヒメは月から降り注ぎ竹の節に溜る神水（竹水）を擬人化したもので、竹の中に入っていたのは必然であった。
2. 竹と月は同体と考えられ、竹の中は「月の都の住人」である「月姫」カグヤヒメが最も落ち着く場所であった。

9.「クサカ」小考

　三浦氏は、日下を「ク・サカ」と訓み「ツキ・サカ」と解釈しました。「クサカ」には「草香」の表記もあり、「クサカツ草香津」「クサカエノサカ孔舎衙坂」などの地名もあります。孔舎衙坂では「サカ」が重複することから、「ク・サカ」ではなく「クサ・(サ) カ」ではないのか、という疑問が湧きます。

　「クサ草・叢・種」には草創という言葉のように「ものごとのはじめ」「原因・種」の意味があり、草香とは「クサ・カ」で、大和への「はじめの所」、あるいは「クサ・サカ」で「最初の坂」を意味するのではないか、とも考えてみたくなります。そのように考える理由は、三浦氏の場合と異なり大和から生駒山を越えてきた人の視点ではなく、船で河内湖を渡り草香津に到着した人の視点を考えるからです。現に、神武軍は河内湖を渡り草香津に上陸して、ナガスネヒコと孔舎衙坂で戦闘に至りました。すると「クサカツ草香津」とは神武軍が「最初に上陸した港」を意味すると考えても不思議ではありません。(210-298)

　「はじめ」に関連して、早春、萌え出るサワラビは再生の象徴で、再生を約束するのは月でした。月の水は月そのものを再生させる「生の水」であり、その水は雨や露となって地上に降り注ぎ、あらゆる生命を育むとも考えられました。つまり、サワラビも含め「クサ草」には「はじめ」と「再生」の意味が含まれ、その背景に月信仰があります。

　「クサ草」の可能性について、「サケ酒」の古称「クシ」との関連も考えられます。そのように考える理由は、「クシ酒」が「不思議な」「秘密の」を意味する「クシ奇／霊」あるいは「クス薬」とも関係するからです。「クシ酒」は「生の水」の地上での代用品であり「百薬の長」ともされました。(58-179) (245-180) 古代、生薬の多くは「草根木皮」つまり「草の根、木の皮」を用いたことから、「クサ草」と「クシ酒」「クス薬」には強い関係があります。(168-180) (169-31) (171-3-44) (171-5-556) (172-19-ⅴ) (189-151) (389) 医術を教えた月神オオクニヌシやスクナヒコナの神話に見られるように、病を治すのは月神の神格の一つでした。「クサ草」と「クシ奇／霊」「クシ酒」「クス薬」の語幹「ク」は、月の若さを意味する「ワカ」から派生したと三浦氏の指摘があります。(49-12) (124-194) (218-2-10)

　さらに、古代ヒンドゥー教の月神ソーマは山草であり、同時に不死 (アムリタ) を授ける神の飲料とも考えられ、その液汁から酒を醸していました。(99-1-178) ここにも「不死」の月 (神) と「クサ草」と「クシ酒」の関係が語られています。

　「クサ草」を含む他の例として、「ワカクサヤマ若草山 (俗称・三笠山あるいは春日野)」「ワカクサガラン若草伽藍」「クサナギノツルギ草薙 (剣)」などがありますが、ここでは触れません。(332-476)

　結果、「クサ草」には「ツキ月」と「はじめ」の2通りの解釈が生れる可能性があります。

クサカの解釈

三浦説：　「ク・サカ」として「月坂」。
池畑説：　1.「クサ・（サ）カ」として「はじめの坂」あるいは「はじめのところ」。
　　　　　2.「クサ・サカ」として「月坂」。

本章のまとめ

　皇統の名に含まれる「タラシ」は、満ち足りた月の「タル足る」から派生した月信仰を背景にする言葉でした。その「タラシ」を皇統に持ち込んだのは尾張氏の出自ヨソタラシで、古代の月信仰を語るとき尾張氏を避けて通れません。「タル」の語幹「タ」を含む「タ田」「タカ高」「タマ玉」「タツ龍」「タケ竹」「タチ太刀」などが月信仰と密接に関係した言葉です。月の若さを表わす「ワカ」から派生した「ウカ」を名に負うウカノミタマが月神であることを認めるだけで、月信仰の世界にあった古代が大きく変わりました。

　「ウカ」から派生した言葉には「ワク」「ウケ」「ク」「ケ」「コ」などがありました。「ワク」は、カグツチ（カグ・ツ・チ／月の霊）とハニヤマヒメの子のワクムスヒ（ワク・ムス・ヒ／稚・生産・霊）に使われ、その体から蚕と桑、五穀が化生した神でした。「ウケ」は外宮の祭神トヨウケビメにみられ、豊穣の霊力を持つ月神です。「ク」は「クサ草」「クシ奇／霊」「クシ酒」「クス薬」の語幹で、やはり「ワカ」から派生したと考えられます。「コ」は「ツキヨミ」が「コヨミ」に変化したことから明らかなように月を表わす言葉です。元伊勢と呼ばれる「コノジンジャ籠神社」が月神トヨウケノオオカミを祀っているのは、大きな謎の一つです。

　前作まで十分な解釈ができなかった「カカシ」「タチバナ」「トキジクノカグノコノミ」「カガミ」「カグヤヒメ」などを取り上げ、月信仰の視点からすっきりとした解釈が可能になりました。中でも、月から降り注ぐ「生の水」で充たされた「タ田」に立てられた「カカシ」は、「月の桂」を象徴し豊穣を約束する月神の依代である可能性が明らかになりました。このような「タ田」で育まれる「イネ稲」とは「命のもと」を指すと考えられます。「タチバナ」と「トキジクノカグノコノミ」が同じであり、それぞれ「月霊の華」「常世の月の木の実」と解釈できます。「カガミ鏡」は日神アマテラスの形代とされ、日本は古代から太陽信仰の国であると頑なに主張されてきた根拠のひとつでした。ところが「カ」が月の若さを表わす「ワカ」から派生した語であり、「カガミ」とは「カ月＋ミ霊」で「月霊」であることが無理なく理解できます。つまり、「カミ神」とは「月霊」を指す言葉でした。お正月の鏡餅は月の造形であり、豊穣を約束する月神の依代でもあったでしょう。三本の「タケ竹」を用いた松飾にも月信仰の名残りをみることができます。「カグヤヒメ」は月からやってきた「月（光）姫」であり、「タケ竹」の中にいたのは月から降り注ぎ竹の節に溜る神水を擬人化したものだったからです。

　以上、三浦氏の研究成果を引用して言葉に残された月信仰の痕跡を述べました。古代日本も月信仰の世界にあり、月信仰に由来する言葉から古代世界を解析すると従来とはまったく異なる世界が見えてきます。空間考古学が成立する可能性を考える上でも不可欠の要素になりました。

（註3-1）『隋書』「倭国伝」

『隋書』は唐初に撰上。

高祖文帝の開皇二十年（600）に「倭王、姓は阿毎、字は多利思比孤、阿輩雞彌と号す。使を遣わして闕に詣でる」（439-28）

隋が国内を統一して海東諸国を綏撫しようとするその機会をつかみ、日本もまた大陸の情勢をうかがうため使をつかわしたのであろうか。たまたまこの年は日本と新羅との関係がもっとも悪化し、境部臣が新羅征討におもむいており、二年のちには来目皇子、ついでその兄当麻皇子が、それぞれ征新羅将軍として画策するところがあったことも、あわせ考えるべきであろう。

「新羅・百済、皆倭を以て大国にして珍物多しとなし、並びにこれを敬仰し、恒に通使・往来す。

大業三年、その王多利思比孤、使を遣わして朝貢す。使者いわく、「聞く、海西の菩薩天子、重ねて仏法を興すと。故に遣わして朝拝せしめ、

兼ねて沙門数十人、来って仏法を学ぶ」と。その国書にいわく、「日出ずる処の天子、書を日没する処の天子に致す、恙なきや、云云」と。帝、これを覧て悦ばず、鴻臚卿にいっていわく、「蛮夷の書、無礼なる者あり、復た以て聞するなかれ」と。」(439-90)

（註3-2）「中臣寿詞」

天神賀詞あるいは中臣寿詞）は中臣氏が所有する寿ぎ詞で、天皇の即位式および大嘗祭において奏上された。

最重要点は、「天つ水」と「国つ水」を混ぜて供すること。「天つ水」とは月から齎された「生の水」であり、この時代には月信仰が盛んであった証である。

(141-459)

神祇令／「凡そ、践祚の日には、中臣、天神の寿詞奏せよ、忌部、神璽の鏡剣を上がれ」

令義解・天神賀詞／「謂ふ、神代の古事を以って、万寿の宝詞とするなり」

中臣の寿詞（天神賀詞）(300-45)

「前段

豊葦原の瑞穂の国統治の責任を、天孫にゆだれた高天原の神々が、中臣氏の遠祖、天児屋命、天忍雲根命に対して、補佐役として彼らが行うべきその呪術の要諦の指示。

要諦の第一

天孫の供御の水には現し国の水に天つ国の水を加える。

要諦の第二

天つ水を造る手段方法：「天神の与える玉櫛を占庭に挿し立てて祝詞を唱えれば韮と竹叢が生い出て、その下から天の八井が湧くから、この天つ水を天孫の供御の水とせよ」

後段：天地のなかを執り持ち仕える大中臣氏が称え寿ぐ天孫即位大嘗祭斉行の細目

前段の神示が格段に重い

天孫供御の水は天地の水であること

天津水採取法は秘事として強く意識されていた

秘中の秘の天津水の採取法を含むため、天神賀詞は大中臣宗家と摂関家のほかには一切、他見を許さず、両家の殿中奥ふかく秘匿されてきた。」

（註3-3）藤原氏

私見では「藤原」とは「不死の腹」で、永遠に絶えることのない家系を意味した。「不死の腹」を保証した「不改常典」。

この神勅こそ日本書紀の最重要眼目（300-291）

書紀撰上は720年、元明即位は707年、その即位の頃、おそらく日本書紀の編集会議はこの神勅起草最中。主筆は不比等。蘇我氏による易姓革命から皇室は防衛され、国家体制も定まった。天孫降臨に付き従う五部族の筆頭は中臣氏の祖で、この皇室と中臣氏の関係は以後、そのまま続く。即ち、藤原氏は皇妃を入れ続けることによって臣下ではあっても蔭の皇室として国家を握る。そこに至るまでは常に石上麻呂を立て自分はその次の位に甘んじている。女帝皆無の中国原理も、対策もねる、天照大神の神勅には性別は言及されていない。孝謙女帝、重祚して称徳天皇には則天武后の模倣が著しい。(300-293)

「不改常典」は、藤原不比等とその子孫に、宮廷と廟堂における身分的・政治的特権を保証することとなった。すなわち藤原氏は、「不改常典」によって、長く天皇家の外戚の身分を保持するとともに、また補政についての特権的地位を占めた。天平勝宝元年に、聖武天皇が東大寺に行幸して大仏を拝したが、その時の詔で、父の文武天皇と母の藤原宮子の恩恵によって、皇位を継承しえた所以を述べ、さらに次のように語っている。

かけまくも畏き近江大津宮に大八嶋国しろしめしし天皇（天智）が大命として、奈良宮に大八嶋国しろしめししし我が皇天皇（元正）と御世重ねて、朕に宜ひしく、大臣の御世重ねて、明浄心を以て仕へ奉ることによりてなも、天日嗣は平けく安く聞し召し来る、此の辞忘れ給ふな、棄

て給ふなと宜ひし大命を、受け賜はり恐まり、汝たちを恵ひ賜ひ治め賜はくと宣ふ……。(379-345)

(註3-4) 天智の諱カツラギ葛城

天智の諱は葛城皇子とされ、葛城氏との関係が推測されるが詳細は不明。崩御前後の記述は簡略で殯も誄もなく誰が養育したのかも不明。

(註3-5) アマテラスの御杖代

「ミツエシロ御杖代」の「シロ」は「かわるもの」ではなく神霊などが「生まれるもの（ところ）・顕現するもの（ところ）・再生するもの（ところ）・繰り返すもの（ところ）」と三浦氏は指摘している。

アマテラスを鎮めるところを求めて巡歴にでたヤマトヒメは、笠縫・篠畑・坂田・居倉・五十鈴と月信仰の盛んな処ばかりを選んで巡歴したのは、アマテラスが月神であったからである。

形代・事（言）代・霊代・机代・樋代・御杖代・御霊代・御手代・物代・社・依代などの語にあるシロは、「…に代わるもの・…となるもの・…としてのもの」などと解されている。しかし、「…となるもの」はまだよいが、そうしたシロを「代わるもの」とする理解では原意に近づけないのではないか。(210-72)

シロは神霊などが「生まれるもの（ところ）・顕現するもの（ところ）・再生するもの（ところ）・繰り返すもの（ところ）」であると捉え直す必要がある。たとえば、カタシロならば神霊・人などの形を再現するものである。

田代・苗代などでは、シロは「…を作るための地・…を掘るための地」であるとされている。これも苗などを「移し植えたり、生やし育てるところ」であると具体的に捉え直す必要がある。たとえば、「代掻き」とは稲の苗を移し植える田を耕し掻きならすことである。(210-73)

アマテラスの御杖代となったヤマトヒメは、垂仁二十五年アマテラスを鎮めるところを求めて巡歴にでかけるが、まず菟田のササハタに留まる。ササハタは檜原町山辺三の篠畑神社の地である。大倭や三輪などの奈良盆地から見て、弓月岳の向側は桜井市初瀬である。『万葉集』では「隠国の泊瀬」と詠われたところである。

オホヤマトや三輪の奈良盆地から見ると弓月岳の向こうは、月の出までは、月が隠っているように思われたところである。だから、『万葉集』では桜井市初瀬は「隠国の泊瀬」と詠われてきた。これは隠国を山に囲まれた国、あるいは埋葬地としてきた従来の説に説得力がないので、多少無理をして新しい見方を提出したものである。何しろ磯城の新木や他田坐天照御魂神社から、小川光三のいわゆる「太陽の道」を東にたどると、弓月岳を通り、筱幡に到るのである。

初瀬の先にはササハタがあり、さらに東に進むと伊賀の名張で、『万葉集』では隠（なばり）と詠われた土地である。ナバリも月が籠もると想像されていたところだろう。ヤマトヒメの最初の滞在地は、隠国とナバリの中間のササハタ神社付近である。次にヤマトヒメは近江国に留まる。『皇太神宮儀式帳』には「淡海坂田宮に坐す」とあり、通常米原市宇賀野の坂田宮を当てる。付近は息長氏の本貫の地である。宇賀野から2キロ南は朝妻筑摩である。

『万葉集』には次の歌がある。

しな立つ　筑摩さぬかた　息長の　をちの小菅　(⑬3323)

「しな立つ」のシナは月を指す。「しな立つ」はツクマのツク（月）にかかる。サヌカタの訓みは鹿持雅澄の『万葉集古義』に従った。月はもちろん永遠にヲチ返すものである。ヤマトヒメはこうした息長の地へアマテラスを案内してきたのである。(210-313)

宇賀野の2.5km東には日撫神社があり、スクナヒコナを主祭神とする。日撫に日が用いられていること、また少し東に日光寺もあることから、真弓常忠は太陽信仰にかかわるとの見方をとる。滋賀剛も日撫を日の出と考える。しかし、ヒナデはシナデと通じ、月の出を意味する。すなわち、「シナ立つ」と同じ意である。スクナヒコナは常世の神であり、常世の最たるものが月ではないか。このことは神社の祭礼が八月十五日であったことからもわかる。八月十五日は仲秋の名月である。

(210-313)

(註3-6) 古代では子供の名は母親が付けた

第十一代垂仁記に「凡そ子の名は必ず母の名づくる」とある。(141-195)(114-1-6)

亦天皇、命詔其后言、凡子名、必母名、何稱是子之御名。爾答白、今當火燒稲城之時而、火中所生。故、其御名宜稱本牟智和氣御子。又命詔、何爲日足奉。答白、取御母、定大湯坐、若湯坐、宜日足奉。故、隨其后白以日足奉也。又問其后日、汝所堅之美豆能小佩者誰解。美豆能三字以音也。答白、旦波比古多多須美智宇斯王之女、名兄比賣、弟比賣、茲二女王、淨公民。故、宜使也。然遂殺其沙本比古王、其伊呂妹亦從也。

126　|

（註 3-7）サルタヒコ

サルタヒコの諸説

神名に関して諸説を整理すれば、サル（タ）を〈先導者〉という意味で解釈するもの、サルを文字通り〈猿〉と見て〈戯る〉という点から解釈するもの、サナダ、サダ、サノタといった〈地名〉と関連付けて解釈するものなどあるが、定説はない。……このことからアマテラスの確立、伊勢の神宮の鎮座との関連を読み取る倉塚曄子などの説は注目される。(267-156)

サルタヒコは日神ではない。従来サルタヒコはある種の日神と考えられてきたが、果たしてそうか。(210-292)

サルは再生・新生の意

もともとサルタヒコのサルはサラ（更・晒）と同じで、再生・新生の意である。たとえば、「春さらば」「夕さらば」のサル・サラは「……となる・再びなる」ことをいう。再生の象徴は、満ち欠けを繰り返す不死の月である。サルタのタは田を指す場合もあるだろうが、おそらくタリ・タラシの語幹のタで月を表しているだろう。

鳥居龍造は、蒙古語で月を sara といい、日本語では月をササラエともいい、信濃の更科のサラは月のことといっている。サラシナは留保するとしても、このササラ（エ）のサラとサルタヒコのサルとは通音といえる。また、サルタヒコは磯部氏族が祀るから、海人に多い月信仰にも適合する。サラ・サル（タ）はサタに通じる。伴信友は、『神名帳考証』狭田国生神社の項で猿田毘古神は、サダヒコにて、地名ならんか。猿をサとのみよめる例は、古書にあり。

サルタヒコは月神

同じ九段第一にあるサルタヒコの「口尻明り耀れり」や、眼は鏡のごとく赤カガチのように照り耀いたという表現は、発行体としての性格である。『万葉集』では、照るものの第一は月であり、月はしばしば鏡になぞらえられる。アカカガチは赤いホホヅキのことであるという。そのアカは赤色または明るい色であり、チは接尾語であるという。カガは月または月光を意味している。先ほどの『出雲国風土記』のカガ（加賀）もおそらくそうだったろう。ホホヅキのホホは「ホホむ・ホホまる」のホホである。ホホヅキは膨らんだ丸い月である。『神選字鏡』にはホホヅキにヌカヅキの名もある。ヌカは額で、しばしば月を表している。額がはげたり剃り込めば月代とも呼ばれる。そこはヌカヅキともいう。すなわち月の意である。また、ホホヅキの実にカガミコの名もある。『万葉集』では銅鏡は、特に白銅鏡は月にたとえられる。こうしたことから見て、サルタヒコをある種の月神としてよいだろう。いわば月信仰を持った氏人の祖先神である。氏人の信仰していた月神は月読尊であるだろう。(210-285)

（註 3-8）和魂と荒魂

荒魂・和魂は神道で霊魂が持つ二面性を表し、荒魂は神の荒々しい側面（天変地異や祟りを起こし病を流行らせる神／モノ／疫神）、和魂は神の穏やかな側面を示すとされ、神格に対して陰陽思想を反映させた概念。(75)(267-39)(296-39)(335-39)(361-39)(429-70)(536-1-70)

『時代別国語大辞典』には、荒御魂について以下の説明がある。（ミタマは後世の言葉）神霊の動的で勇猛な面を尊んでいる。ミタマについての信仰で、その強力な、創造的なはたらきを神格化したもの。ニキミタマの対。(332-56)(266-56)

（註 3-9）和泉式部（978 年頃-没年不詳）

和泉式部を知るには紫式部の日記が一番である。

紫式部と和泉式部とは、ある期間朋輩として交際をもったと想像されるからである。

和泉式部という人とは、風流な消息のやりとりを、よくしたものである。和泉には仕様のない放縦の一面はあるが、それでも、友人などへ走りがきしておくる、うちとけた消息などには、さすがに文才豊かな女だけに、ちょっとしたことばの端々にも、匂うような美しさが出ていた。

完璧な歌をよむこと、博覧強記であること、歌の筋の通っていること、これらの条件をそなえた、まことの歌人とはみえないが、口にまかせて詠みちらした歌に、かならず、ひとふし人の目をひくものを詠みそえていた。(328)

（註 3-10）奥義書『カウシータキ・ウパニシャッド』

ウバニシャッドは、もと「近くに坐る」意味から、師弟の間に口伝せられた「秘密の教」をあらわし、さらにこの秘教密義をのせた聖典の名前となった。これが普通粉われている名称についての説明で、その内容として古代インド哲学思想の精華を含んでいる。最古の散文を主体とした6篇のウバニシャッドの一つが、カウシータキ・ウバニシャッドである。およそ西暦前800年-500年の間に成立した。(134-26)

古代インドが月信仰の世界にあったことを物語る。月神と輪廻、月界における問答
[二]　王は説いていう
およそ死んでこの世を去るものは誰しもまず月界へゆくのである。月はこれらの死者の生気を以て前半月の間は肥え太り、後半月を以てこれらの死者を地上へ再生させる。月は光天界への関門である。月は関守たる自己の問いに答え得た者をばその上方へ放ち遣り、答え得なかった者はこれを雨として下界へ降すのである。かく降された者は各々その宿業に応じ、その智明に応じて虫、蛾、鳥、虎、獅子、魚、蛇、人間等種々の境涯に再生する。(294-162)

サンスクリット『リグ・ヴェーダ』(前1200年頃)
創造は宇宙の巨人プルシャの切断からはじまる。(99-1-313)
月はかれの心から生まれ替わり、目からは太陽が生れた。
400年ほどあとの『アイタレーヤ・ウヴァニシャット』には、この外的宇宙のイメージを取り上げ、それを内部に向けて、月、太陽、風その他が人間のなかにそれぞれの「住処」を見附ける話が出ている。(99-1-313)

（註3-11）『大唐西域記』
『大唐西域記』一部十二巻の書は唐僧玄奘法師が、大宗・貞観三年（639）八月渡印のため長安を出発してより、十九年（645）正月長安に帰朝するまで、実に前後十有七年の間に、自ら体験し見聞した西域・インドの季候・風土・民族・習俗・言語・境域・物産・伝説等諸般の事項を記したかれの「志記」（記録）に基づいて編纂された「地志」（地誌）である。(54-307)

（註3-12）大日如来
大日は（梵）マハーヴァイローチャナ Mahavairocana の訳。摩訶毘盧遮那と音写し、大遍照とも訳す。真言密教の教主である仏で、一切の諸仏菩薩の本地。智慧の光が日光のようにあらゆる所にゆきわたるのでこの名がある。この仏の智徳の面を示したのが金剛界の大日如来であり、智拳印を結んでいる。その周囲に阿閦・宝生・阿弥陀・不空成就の四仏を置き、并せてこれを金剛の五仏という。理徳の面を示したのが胎蔵界の大日如来であり、中台八葉院の中央に位して、法界定印を結んでいる。東密では顕教の釈迦と大日は別体としているが、台密では同体としている。総合（343-948）

（註3-13）熊野大社（本宮）の伝承
熊野大社（本宮）の伝承（註3-13）には、熊野三所権現は「三枚の月形」になって天下ったとある。「三」は月信仰で重要な数字、月形はいうまでもなく熊野権現が月神であったことを物語るもの。熊は月を象徴する動物、
根本熊野三所権現
熊野本宮大社の主神：家津御子　素盞鳴尊
熊野速玉大社の主神：速玉男神　伊弉諾尊
熊野那智大社の主神：熊野夫須美神　伊弉冉尊 (210-308)(211-82)(329-16)
アイヌの熊祭も元は猪であった。(42-4-43 神聖な動物の屠殺)

（註3-14）瀧祭宮
瀧祭宮の祭神は高さ50cmばかりの小さな石であるが、重要な祭りに先だって祀られる社で内宮境内摂社の第一とされる。瀧祭宮は大和葛城山を基点とする東西軸上に決定され、これを測量基点として伊勢皇大神宮が設計されている。これは空間考古学が拓いた知見で、古代史を塗り替える可能性がある。(本文)

周芳山口の平井日吉神社の白石伝説と類似。

「白石」は白石英を主とする鉱石で、この辺りでは見られないことから、他の場所から搬入され榜示石として設置された可能性が高い。

717年に古四宮が赤田神社の位置に遷座した時にも、「白石」は榜示石として位置を決定するのに用いられたと推測される。(90-59)

実見すると、その素朴な外形から、原初的な榜示石の姿を見る思いがする。

社伝によると、天慶六（九四三）年の創建というが、これを立証すべき文書史料はない。この宮は、もとは平井の西部落の公会堂のところにあり、そのあたりを「古宮」というが、寛永二（一六二五）年に火事にあって社殿が焼失したとき、神霊が火難を避けて、台部落の田地のそばの岩、「白石」の上に飛行された。里人はこれを神慮と感じて、白石の東方の峰尾の上に神殿を建てて祭ったのが、今の日吉神社である。(75-71)

（註3-15）大和葛城山

大和葛城山（958.6m）は河内と大和の境界にあり、その名「カツラギ」は月の聖樹・カツラを指し、月信仰を象徴する「月の山」である。周辺は尾張氏の本貫の一つである。この山を東西軸の基点として伊勢皇大神宮の瀧祭宮が設計されたことは本文で述べた通りである。『紀』には葛城の名が42例、『記』には19例の記述がある。この山を中心として周辺には、種々の伝説が残されている。

葛城・宇智の地方は、北は大和川、南はほぼ吉野川（紀ノ川）にいたる、大和と河内（大阪府）・紀伊（和歌山県）との国境線をなす主として葛城連峯の地である。もとの郡名でいえば、北葛城郡・南葛城郡・宇智郡にあたるが、こんにちでは北葛城郡・大和高田市・御所市・五条市の地である。葛城連峯は主峯金剛山（1125m）を中心に南北に連瓦しその東麓一帯の地には、伝説時代の大和朝廷とのゆかりある地も多く、武内宿禰の後といわれる葛城氏や、その傍系にあたる巨勢氏の本拠もあって、はやくから帰化部民の吸収もさかんであり、政治経済の基礎もひらかれて、のちの万葉の時代の大和中央文化発展へのひとつの源となるところでもあった。(80-102)

神武紀

高尾張邑にも土蜘蛛がいた。小柄で手足の長い人が多く、葛の網で獣を獲っていたので、その地を葛城という。

頭の大きな八咫烏を飼い馴らした者の末裔が葛野主殿県主である。

元年の春正月。晴れて天皇となった。葛城の高丘に屋敷を構えた。

葛城高額媛の「葛城」「高額」は大和国の地名。母方は但馬国の田道間守の一族。

仁徳皇后磐姫（カツラギノイワノヒメ葛城磐之媛）は葛城髄津彦の娘で武内宿禰の孫。(457-79)

去来穂別天皇（第17代履中天皇）は、仁徳天皇の長男である。母は磐之媛命といい、葛城襲津彦の娘である。仁徳三十一年の春正月。皇太子（後継ぎ）となった。一説には十五歳であったという。

有徳天皇と一事主神

有徳天皇 – 葛城山の神　四年の春二月。天皇は葛城山）で狩りをした。すると背の高い人が現れ、谷間で出合った。その外見は天皇とそっくりであった。天皇はこれはもしや神であろうかと思いつつ、「どこの方か」と尋ねた。背の高い人は、「私は現人之神である。まずそちらの実名を名乗れ。その後で教えよう」と答えた。天皇が、「私は幼武尊です」と名乗ると、背の高い人は、「私は一事主神である」。

雄略の葛城山での狩。

雄略五年の春二月。天皇が葛城山で狩りをしていると、奇妙な鳥が現れた。大きさは雀ほどで、尾が長く地面についていた。そして、「ユメユメ」と鳴いた。その直後、怒り狂った猪が茂みから飛び出し、人に向って突進して来た。

飯豊青皇女の忍海角刺宮（葛城）での朝政。

飯豊皇女の朝政五年の春正月。清寧天皇が亡くなられた。

この「飯豐」という皇女の話が履中紀、清寧紀、顯宗紀に合計7例。

忍海部女王が正式な名で、飯豊は宮中で秘かに交合したことからつけられた渾名とされ、フクロウには不義の一面があります。(3961-294)

（清寧紀）三年秋七月、飯豊皇女が角刺宮で、男と交合をされたが、人に語って、「人並みに女の道を知ったが、別に変わったこともない。以後男と交わりたいとも思わぬ」といわれた。

（註3-16）伊勢の大神はヘビ

伊勢の大神は蛇神とされ（『扶桑略記』「坂十仏参詣記」荒木田神主家の伝承）、ヘビは月の眷属であることから伊勢の大神（日神アマテラス以

前）は月神であったことが判る。鎌倉期の「扶桑略記」には伊勢斎宮の夜毎の蛇神との同床が伝えられ、荒木田神主家の伝承にも日神天照大神は蛇で斎宮はその后である。そのために斎宮の御衾の下に、朝毎に蛇の鱗が落ちている。とみえている。」（98-163）（250）

出雲を始め、三輪、伊勢、諏訪、賀茂、稲荷、鹿島などの古社の祭神の起源、原像が蛇神である。これは日本神話の中にも古社の伝承にも認められる。

五虫「鱗虫」（体に鱗のある動物）」

「鱗虫」とは五行分類で「鱗のある動物」を指し「木気」に配当される。魚、蛇、龍、など鱗があれば全て五虫「鱗虫」とする。これは象徴的思考の表れの一つで、五行思想にも大母神文化が背景に存在したことを窺わせる。

五気	木	火	土	金	水	備考
五虫	鱗虫（蛇）	羽虫（鳥）	裸虫（人、蛙）	毛虫（鹿、熊）	介虫（亀、貝）	動物の分類（）は例

（註 3-17）葛城王（葛木王／橘諸兄）

葛城王については諸説あるが、天平八年（736）臣籍に降下する前の橘諸兄の名であるとするのが有力である。葛城も橘も月がらみである。『万葉集』には橘と月ともに詠まれた歌３首ある。垂仁紀九十年二月の条に、垂仁が田道間守を常世国に遣わして非時（ときじく）の香（かぐ）の木の実を求めしめたが、それは今の橘であるという。常世国とは月のような不死の国である。「非時の香菓」とは絶えることなくいつまでも薫る木の実のことであるが、カク（香）は香具山やカグヤ姫のカグと同じで永遠に再生する月が背景にある。（210-47）

葛城王が陸奥国に遣わされたとき、国司の緩慢なもてなしに怒りをあらわにしたが、前の綵女が捧げた歌で、葛城王を痛く喜ばせたと左注にある。アサカの意は朝の月である。歌意は、安積宿から明け方西を見ると、安積山といわれた額取山に沈んでゆく月が見えたが、山の井にアサカ山だけでなく月の影も映って見えたというのである。しかもカツラギ王は月の木であるカツラギを名にしており、映っているのは月の影はすなわち王の影でもあった。（210-256）

従来の解釈ではこの朝月と月影が忘れられて、またカツラギ王を月王の意と理解せず、名歌の鑑賞を損ねてきた。

安積香山　影さへ見ゆる　山の井の　浅き心を　吾が思はなくに（万⑯3807）

（安積山の山影まで写って見える山の井の水のように、浅い心で私はあなたを思っていないのです）

カツラキはカツラの木であり、月の象徴であるので、葛城王は月の王でもある。アサカ沼に写った月影は葛城王の姿にも重なっている。だからこそ、安積山の歌は名歌として手習いにも広く用いられてきたのである。（210-49）

アスカによく似た語にアサカがある。明日香村の飛鳥寺の東にアサカという小字がある。アサカはアスカと通音である。（210-47）

福島県郡山市日和田で詠ったもので、日和田の古名は安積宿である。アサカとは朝の月の意である。明け方日和田から西を見ると、月が安積山（額取山）に向かって沈んで行く。沼には安積山の影ばかりでなく、月影も映っている。（210-48）

安積山やアサカ沼は『大和物語』『古今集』『新古今集』『奥の細道』などにも取り上げられている。中世では理解されていた歌意が近世以降は理解できなくなってしまったのである。（210-49）

（註 3-18）県犬養三千代

橘氏は、源平藤橘すなわち源氏・平家・藤原氏・橘氏の四姓の一つで皇別氏族。その橘氏は敏達天皇を太祖とし、元明に仕えた県犬養三千代が橘宿禰姓を賜ったことから始まる。県犬養三千代は、天武の後宮に仕え敏達の玄孫・美努王に嫁して葛城王（諸兄）・佐為王を産む。また、天武、持統からの信頼も厚く、草壁皇子の長子・軽皇子（後の文武）の乳母に抜擢された。そして、美努王と離別後、藤原不比等に嫁いで聖武の皇后光明子を産み、三千代は皇后の生母という立場になった。和銅元年（708 年）戊申、三千代は元明から県犬養橘宿禰姓を与えられて橘氏の祖となり、宮中で絶大な影響力を持つようになる。和銅元年（708 年）戊申十一月、元明即位の大嘗祭後の宴会席上での話がある。（『続日本紀』には記録がない。）（67-4-79）

橘は果実の長上、人の好む所なり、霜雪を凌ぎて繁茂し、寒暑を経てしぼまず、珠玉と共に光を競ひ、金銀　に交じって美し。

ここでタチバナは最高の称賛を得ているが、これは『橘頌』を引用したものと思われる。「金銀に混じって美し」とは永遠に朽ちることのない喩えで、タチバナを不老不死の仙薬として詠っている。それは橘三千代の子、光明子の「光明」が、煉丹術の隠語「光明沙」として丹の意味で

も使われていることからも推測される。（161-287

藤原麻呂が、「天王貴平知百年」の瑞字のある亀を聖武に献上して天平（729 年-749 年）と改元されたが、その瑞龜が捕獲された場所が河内国古市郡で三千代の本貫であった。

（註 3-19）『爾雅』釈天：中国古代の字書。3 巻。撰者不明。漢代初期以前の成立。漢字を意味的領域により 19 部門に分け、類義語や訓詁を集めたもの。十三経の一つ。（118）

（註 3-20）佐太大神（註 5-7）と加賀の潜戸
『出雲国風土記』に載る佐太神社の神域で、出雲国二宮佐太神社の主祭神佐太大神の生誕地とされる加賀郷に加賀潜戸（島根県松江市島根町）と呼ばれる洞窟の記述があり、旧加賀神社が鎮座していた。この潜戸を朝の太陽光線が黄金の矢となって射たとき佐太大神は生れたとされる。（93-84）
「カガ」「サダ」の名称から、この光は太陽ではなく月光と考えられる。
加賀郷。郡家の北西二十四里一百六十歩なり。佐太大神の生れましし所なり。御祖神魂命の御子支佐加地比賣命、「闇き岩屋かも」と詔りたまひて、金弓を以て、射給ひし時に、光加加明きき。故、加加と云ふ。（93-21）

カガノクケド加賀潜戸
「クケド」は海にせり出した岩壁が侵食されて貫通した岩戸を指す。
「クケド潜戸（岩戸）」から生れたサダノオオカミは月神であるはず。
「カガ」「サダ」「キサカヒ」「イワヤ」「キンユミ」など月信仰を示唆する。
神話や物語は思想信仰に忠実で一貫性がある。

（註 3-21）『アイタレーヤ・ブラーフマナ』（『リグ・ヴェーダ』の伝承に属する散文集）
時代の推移と共に、ヴェーダのサンヒターに対し、それの説明解釈が必要となった。そして、この説明解釈を集成して、それぞれの本集に付随せしめるに至った。この集成せられた文献をブラーフマナ Brahmana と称する。（134-17）
ブラーフマナ（ブラフマン）は訳者により祈祷と訳されている。（350-7）月神的神格が示唆される。
ブラフマナス・パテイは、これら［万物］を、冶工のごとく鍛接せり。神々の初代において、有は無より生じたり。（350-314）

（註 3-22）宇宙卵の神話
中国の神話は宇宙の二元の力、陰と陽ではじまる。陰と陽の子、〈盤古〉は大宇宙卵のなかで 18000 年間成長してから、孵化した。卵の暗くて重い部分は下へ沈んで大地となり、軽い部分は上へ昇って空になった。つぎの 18000 年の間、〈盤古〉は毎日 3 メートルずつ大きくなって、大地からそれを押し上げて固定した。そのあと彼は死に、遺体は残りの世界になった。左目から太陽が、右目から月が、髪の毛と口ひげから星が、息から風と雲が、声から雷鳴が、汗から雨と露が生れた。（99-1-315）

盤古神話
天地を創造した神。唐代の『芸文類聚』巻一に引く三国時代の徐整の『三五暦記』に、「天地が混沌として鶏の卵のようであったときに、盤古はそのなかに生れた。18000 年たって、天と地が分かれ、軽くて透き通っているものがゆっくり登っていって天になり、重くて濁っているものがゆっくり沈んでいって地になった。」（32-566）

この伝説は『紀』の冒頭にそのまま使われている。
『紀』で陰陽の初出は国土の成立を語る箇所で、三国時代（220～280）の呉国の徐整が撰述した『三五暦記』を引用したことが明らかになっている。すでに陰陽思想が浸透していたことがわかる。（323-1-76）
陰陽の二気が「混沌」の中から分かれ、天地が造られている様子が分り易く描かれていて、美しい文体である。（75-184）

読み下し文

古に天地未だ剖れず、陰陽分れざりしとき、渾沌れたること鶏子の如くして、溟涬にして牙を含めり。其れ清陽なるものは、薄靡きて天と為り、重濁れるものは、淹滞ゐて地と為るに及びて、精妙なるが合へるは搏り易く、重濁れるが凝りたるは竭り難し。天先づ成りて地後に定まる。然して後に、神聖、其の中に生れます。

現代語訳

昔、天と地がまだ分かれず、陰陽の別もまだ生じなかったとき、鶏の卵の中身のように、固まっていなかった中に、ほのぐらくぼんやりと何かが芽生えを含んでいた。やがてその澄んで明らかなものは、のぼりたなびいて天となり、重く濁ったものは、下を覆い滞って大地となった。澄んで明らかなものは、一つにまとまり易かったが、重く濁ったものが固まるには時間がかかった。だから天がまず出来上がって、大地はその後で出来た。そして後からその中に神がお生まれになった。 （398-1-9）

古代ギリシャには渾沌、闇、あるいは海ではじまる四種類の創造神話がある。最古のものはギリシャ北部の土着（ギリシャ以前）の人々、ペラスギ人の神話で、彼らは〈万物の女神〉は渾沌のなかから裸で立ち上がり、海以外には何も見つけなかった、と想像した。女神の名はエウリユノメー「広くさまよう」という意味で、月の名前の一つでもある。女神は天と海とを分けると、南へ向かって踊った。すると、背後で風が吹きはじめ、馬上は振り向いて風をとらえ、両手の間でこすった。そこからヘビが生まれ、女神と交わると、女神はやがて来る生命を身ごもった。ハトの姿になった女神が海上に宇宙卵を生むと、ヘビのオピオンが卵を七重に巻いて、卵を割った。そこから月、太陽、星、大地、地上のあらゆる生き物が生れた。そのなかにはペラスゴスと呼ばれる人間もいた。(99-1-319)

（註 3-23）「ヤドリギ寄生木」

ヨーロッパでもヤドリギが月の神格をもつと考えられていた逸話。アイヌも同じように信じていた。

「ヨーロッパでは寄生木は昔から迷信的崇拝の対象になっていた。ドルーイド僧の崇拝するところであった。

プリーニウスの著名な一章「寄生木に寄せられた崇拝を見逃してはならない。このドルイードは寄生木とそれが生えている樹を、ただそれがカシワの樹である場合に限って無上に神聖なものと考えた。……この樹（カシワ）が神自身によって選び抜かれたしるしであると彼らは信じていたのである。……カシワの樹に生えた寄生木がすべての薬のうちでもっとも霊験あらたかだと信じられていたことを、さらにこの植物が月齢の第一日に鉄器を用いないで採取され、しかも採取にあたって大地に触れさせぬようにしたならば、その効験はいっそう増大されると信仰ぶかい人々が信じていたことを述べている。……」(42-5-38)

ヤドリギのもつ月神的神格

万能の治癒者であり、殆どの病気に効く妙薬。

一切の毒を消す力があり患部を癒す。

妊娠を助ける。

消化の力が優れている。

畑を豊かに稔らせる。

実より葉に効力がある。

伐採の儀式

特にカシワに寄生した場合、霊験が強いと考えられた。月齢6日までにヤドリギの儀式を行い、儀式には角のある白い雄牛を伴う。

黄金の鎌で寄生木を切り落とし白布に受け土に触れさせない。

（註 3-24）スカンディナヴィア神話

スカンディナヴィア神話とは、北欧神話の一つでキリスト教化される以前のノルド人の信仰に基づく神話を指す。ゲルマン神話の一種で、祭式には、蛇、鳥、卵などが、重要な役目を持つ。主神は母神と、植物の生長を表わす男神であった。この男神がデイオニューソスの元型である。母神の力は豊穣や、死後の生活にまで如ぶ。大地母神の、死をも超える力の象徴は、幼虫、サナギ、蝶として描かれる。新石器時代には、人類

が生物学的な概念を理解していたという証拠はない。だから、この時代に男根のシンボルが各地に見られることは、自然に生まれ出る生命の讃美を暗示するものと思われる。(14-183) (264-129)

(註 3-25) 古代ギリシャのメトン法

「一九年七閏法（古代ギリシャのメトン法）」とは、19 年に 7 回の閏月を加えて太陰太陽暦（旧暦）を正確に運用していく方法。(258-20) 置閏法とも呼ぶ。

すなわち、太陰太陽暦では 19 年間に 7 回閏月を加えることで太陽（陽）と月（陰）の誤差（年に 11 日）が解消されて、「陰陽が同時に再生して新たに出発する」ことになる。(31-58) (293-37) (75-102)

(註 3-26) 朔旦冬至

月の周期を基準にする太陰暦では、暦の「ツキ月」を十二回繰り返すことを太陰年と呼んだ。これは 354 日で太陽暦の一年 365 日より 11 日少なくなる。この時間のずれを修正するために古代から種々の方法が検討され、その一つが古代ギリシャのメトン法と呼ばれるもので十九年に七回閏月を加えて太陰太陽暦を正確に運用する方法。古代中国では章法と呼び十九年を一章とし、十九太陽年と十九太陰太陽暦年が一致する十一月朔日（1 日）の冬至、すなわち朔旦冬至を再生の祝いとした。（第 4 章／長岡京と平安京遷都について）(75-298)

長岡京遷都は桓武天皇が即位した天応元年(781)辛酉から 4 年後の甲子の年で、これは三革（甲子革令／戊午革運／辛酉革命）の中で革令の年、すなわち天命が革まる年とされ遷都に相応しい年。(268-159) (185-93) (258-190) この年は二十年に一度、十一月朔日が冬至になるという朔旦冬至の縁起のよい日次で、これ以上の吉辰（おひがら）はなかった、と村井康彦氏は述べています。(175-17) (219-1-172)

さらに、甲子と朔旦冬至の組合せは四千六百十七年(19×3^5)に一回しか巡ってこない天意の示される時であった。(19 は「一九年七閏法」)。(49-156)

黄帝が宝鼎（天命を受けた聖徳の君主の出現に応じて人の世にあらわれる鼎）を得たのが朔旦冬至であった、と『史記』「孝武本紀」にあり、桓武天皇自身も黄帝と同じく天命を受けた聖王と自覚していた可能性がある。(219-1-170) (270-111)

(註 3-27) 「天孫本紀」

『先代舊事本紀』は偽書とされるが、巻五の「天孫本紀」は尾張氏、物部氏の古来の伝承である。(276-103)

「天照国照彦火明櫛玉饒速日命……亦名は天火明命、亦名は天照国照彦天火明命、亦名は饒速日命、亦名は膽杵磯丹杵穂命。天照大日孁尊の太子正哉吾勝勝速日天忍穂耳尊、高御産巣日の……。奈良県大神神社・石上神宮・大和坐大国魂神社の主祭神。……」

(註 3-28) 斎服殿で神之御服

『書紀』にもアマテラスが服殿で神衣を織る織女（おおひるめ）の描写があり、衣料の奉献が行われていたことが判る。(75-385) (323-1-112) (339-26) (372-14)

伊勢神宮の祭祀も『書紀』の記述を忠実に踏襲しているとする指摘の通り、天皇家では現在も天子親耕と皇后親桑の祭祀を守り続けている。（宮内庁 HP）（御告げ文）(241-32,82) (429-1-93)

天皇は、新嘗祭に用いる糯米マンゲツモチと粳米ニホンマサリを神田に手播きして育てられている。

皇后は、皇居内の紅葉山御養蚕所で純国産種の小石丸、日本原産の野生種・天蚕などを育てられ、その生糸で織られた絹製品は宮中儀式に用いられる。

(註 3-29) 秦氏

弓月の君

秦氏の祖とされる伝説上の人物。秦の始皇帝の子孫で、百済に移住していた秦はた人・漢あや人から成る 127 県の民を率いて応神朝に来朝したという。融通王。(28)

(註 3-30) 境内摂社の「サイ狭井神社」

『延喜式』に「狭井坐大神荒魂神社　五座」と記載される古社。大神神社は大己貴神（おおなむちのかみ）の和魂（にぎたま）を祀り、この狭井神社は大物主神の荒魂（あらみたま）を祀る。荒々しい御魂のはたらきで疫病を退散させてくれるとして、病気平癒の信仰を集める。(214-48)

狭井神社　薬井戸（くすりいど）
神体山・三輪山からは豊富な御神水が湧き、これを拝殿左奥の御神水拝戴所でいただくことができる。特にこの御神水は病気に霊験あらたかといわれ、拝受する人々で昼夜賑わう。(214-49)

（註3-31）生命樹

「世界樹ユグドラシル」
北欧神話の世界観の中心には、一本の巨木があります。世界樹ユグドラシルです。スノリによればユグドラシルはトネリコの樹で、全世界の上に広がり天の上にまで伸びています。
その樹を支えるのは三本の根で、それらは別々の場所にかけ離れています。一本は神が見の住まいのところに、もう一本は原初の霜の巨人たちのもとに、三本目は原初の寒冷の地ニヴェルヘイムの上にあります。
この根の下にはフウェルゲルミルという泉があります。蛇のニーズホッグがこの根をかじっています。そこには多くの蛇がいます。霜の巨人たちのもとにある根の下にはミーミルの泉があり、その水にはかしこさと智慧が隠されています。神々のもとにある根の下には、ウルズの泉という神聖な泉があります。(264-132)

福音書をとりまいて成立した神話では、キリストが磔にされた木の十字架は、エデンの園の知恵の木が生えていた場所、つまり人間が原罪を犯した場所に建てられている。人間は〈知恵の木〉の実を食べることを禁じられていた。〈十字架の木〉から両側に伸びた枝に腕をのせてキリストが犠牲になったことは、〈知恵の木〉を〈生命の木〉に変え、キリスト自身であるその木の花や実は罪と罰の顕現である世界を癒すことになる。(99-1-99)

世界の神話には月に生えている樹木が語られている。
からみ合った木の枝の間に、まるで地上へ下りる途中に太い枝で休んでいるかのような月がよく見られるが、多くの国にそれぞれの〈ムーンツリー（月の木）〉がある。土地を肥沃にする露がその木のなかに集められ変容するのである。ときにはこの木は月の軌道の中にその輪郭を見ることができる。ここから〈生命の木〉という考えが生れ、この樹液はけっしてなくならず、果実は、ノイマンが言うように、「満月の貴い果実」である。多くの土地——なかでも、ポリネシア、メラネシア、モルッカ諸島、中国、スウェーデンなど——では、月に樹木が生えていると考えられており、常緑樹の名前がついている。中国では月にあるといわれる肉桂の木のように、切っても、翌月にはふたたび伸びてくるのもある。月に生えているものはなんであろうと、その不老不死の水で育てられるので、死ぬことはない。(99-1-61)

（註3-32）石薬と酒

最後に、酒は不老不死を実現しようとした石薬（寒食散などの神仙秘薬）の発動（副作用）を抑える効果があると信じられました。この場合の不老不死は道教の教義に基づくものですが、その根源には月信仰が存在しました。「酒中の仙」と自称した唐の詩人・李白も不老不死の仙薬の開発に熱を上げたと記録されます。杜甫が詠った「李白一斗詩百篇」などの大量の飲酒も石薬の発動を暗示し、「散歩」も外に出て風に当たり体を冷やすための治療法の一つでした。(44-18)(45-78)(46-123)(157-2-688)(161-163)(172-19-81, 173)

醒花亭
醒花亭の名は李白の詩「夜来月下臥醒　花影」からとったもので、書院の北の入側に額をかけて、その出典を示してある。(36-16)(453-96)
仙洞御所の建物は醒花亭を始め、内裏の華やかさはなく、いかにも仙人、隠者が棲んでいそうな枯れた風情があり、錬金術と神仙秘薬に溺れその副作用（発動）に苦しみながら「酒中の仙（発動を防ぐ特効薬は酒であった）」といわれ詩作に励んだ李白を彷彿とさせる。(75-289)

『抱朴子』では不老不死を得る仙薬の中で丹華（丹砂）を「第一の丹」とし、その丹砂の溶けた水で育った薬草が最良とされました。(183-172)

例えば「葛といえば吉野」と言われるように、古代日本で最大の丹砂（不老長生の石薬の原料）の生産地・大和鉱床群を控えた仙境・吉野の水で育った葛には霊力があると信じられたからです。（18-25）（70-93）（172-19-ⅴ）

伊吹山の神の怒りに触れて混濁したヤマトタケルの正気を取り戻させたのは、伊吹山の西を流れる醒井（居醒泉）の霊水でした。（323-1-308）

（註3-33）イザナギの禊

イザナギが黄泉国へイザナミを訪ねた後、その穢れを祓うために禊祓をした所。その名の中に月信仰の言葉が含まれている。「ツクシ」「ヒムカ」「タチバナ」「アオキハラ」（76-414）

三貴子の誕生。（267-158）三貴子が筑紫で生まれなければならなかった理由は、海人族の拠点であったからか。

右目から生れたツキヨミ

たとえば、八世紀に成立した有名な歌集『万葉集』の二、三の歌にも「若返りの水」の観念がみられ、この水は月神の月読のものだと言われる。月読は、先述した神話伝承にしたがえば、最初の父が右の目を洗ったときに生れた月神だという。この複雑な関係は、いくつかの異なる伝承が日本神話にたびたび挿入されたことをはっきりと示している。しかじかの伝承がしばしば利用されて、その過程でひどく分断され歪曲されている。しかし、はるかに時代をさかのぼれる一定の要素はいまでも確認できる。（245-172）

左祖右社の原則が活かされた記述になっている。

水中に沈むことで身を清めて再生する禊

水中に沈むことで身を清めて再生する、つまり月が水に「溺れて」、そのあとふたたび昇ることを示すものだからである。（99-1-169）

（註3-34）「カガミ蘿藦（三日月を暗示）の舟」

「カガミ」とは「ガガイモ蘿芋」。（167-450）

「カガ・ミ」と「ガガ・イモ」から「カガ」とは、「ウカ」から派生した「カ」の畳語で月を意味する。つまり「カガミ」「ガガイモ」も「月の形をした実・芋」を指す。

この実を半分に割ると三日月形になり、三日月は舟に見立てられることから月神スクナヒコナの乗物として相応しい。

スクナヒコナが登場する場面は月信仰を象徴する言葉・事物で構成され、一貫して破綻していない。神話を読み解く場合に月信仰の視点は不可欠である。

カガミ＝月の実、あるいは月の霊　　ガガイモ＝月の芋

（註3-35）「ササラエヲトコ」

「ササラエヲトコ」を意味する可能性に関連して、『万』には「ささらえをとこ」の一首がある。ササラエヲトコつまり月であるクエヒコが天の原をゆっくり渡りながら世を照らしている。（265-6-144）

山の端の　ささらえをとこ　天の原　と渡る光　見らくし良しも（万⑥983）

右の一首の歌は、或いは云く、「月の別の名をササラエヲトコと曰ふ。この辞に縁りてこの歌を作りき」といふ。

左注にあるように、ササラエヲトコは月の別名である。

天なる　ささらの小野の　ななふ菅　手に取り持ちて　ひさかたの　天の河原に（万③420）

天なるや　ささらの小野の　茅菅刈り　菅刈りばかに　鶉を立つも（⑯3887）

「ささら小野」は天上にある小野とするが、ササラは月と理解してよいだろう。

持統の和風諡号であるが、大倭根子天之広野日女であったろう。大倭根子は大和を根源とする意で天皇の御名に多い称号である。広野は月のササラ（サララ）野を指す。高天原広野姫は天之広野の天を高天原に改めたので、高天原と広野の間に意味の重複が感じられるようになった。『古事記』ではタカマガハラではなく、タカアマノハラと訓むように訓注がある。『記』では天原はただの一回のみで、高天原は十回を数える。『紀』は多くは天原で高天原の用例はすくない。なお、神代紀では日神と高天原は同一の一書にはない。『万葉集』は天原ばかりで、高天原はない。

そこで、天原にとくに高を架上する理由を考える必要がある。（210-405）

（註 3-36）『魏志』倭人伝

魏・呉・蜀、三ヶ国の歴史を西晋の陳寿がまとめた『三国志』です。……『三国志』の魏書・呉書・蜀書のうち、魏書の第三〇巻、烏桓鮮卑東夷伝のうち、東夷伝の最期に倭人の条があり、これを魏志倭人伝と呼んでいます。全部で二〇〇〇字ほどの文章です。（307-2）（439-17）

『魏志』：中国の魏の史書。晋の陳寿撰。「三国志」の中の魏書の通称。本紀 4 巻、列伝 26 巻。

『魏志』「倭人伝」：中国の魏の史書「魏志」の東夷伝倭人の条に収められている、日本古代史に関する最古の史料。（118）

（註 3-37）「太一」

福永光司氏は、道教の視点から古代日本を捉えなおし、卓越した研究成果を残している。月信仰について福永光司氏は何も述べていないが、日輪、天照大神、太一、大極、天皇など示唆に富む知見を紹介している。（45）

北極星信仰はもともと「馬の文化」圏の思想。

紀元前 5, 6 世紀には昊天上帝と呼ばれた。

3 世紀末から 2 世紀に、太一神あるいは天皇大帝、元始天尊へ変化した。

「太一」は当時宇宙の最高神で、道教では老子もその「太一神」からこの地上に派遣されたとなっています。

天照大神も太一神であるとも考えられ、今も遷宮などのとき、「太一」と書かれたのぼりが揚げられていますね。

天照大神は日輪、天皇は北辰の星（北極星）、つまり星で、矛盾しますね。そこは当時、既に入っていた儒教の家族制度の思想で、日輪を星の先祖に見立て、日輪と星を先祖と子孫の家族関係に置き換えて、その矛盾を解消しようとしています。

天武天皇は即以前、大海人皇子といわれ「海」の字がついています。その人が海原の神である天照大神を先祖として、天皇と一体化、そして既に見てきたように、天武朝の宮廷歌人、柿本人麻呂に「大君は神にしまば……」と詠ませるなど、自身を神格化させています。それは漢の武帝が自身を学者によって神とさせたようなものです。その神は道教の神仙の神もしくは神人明神の神と重なり合うような意味内容を持つ神だと思います。天武天皇はあまりに武帝を見習ったために、後に諡号として武帝の武の字をおくられ、天武と呼ばれたほどです。

「神宮」はもとより「神社」も中国古代の宗教思想用語でした。（45-53）

漢の武帝の明堂の祀り

『史記』「封禅書」元封二年（BC109）と五年（BC106）に記事がある。

「初め、天子泰山の東北阯に古時、明堂の処有り。険しきに処りて、敞からず。上、明堂を奉高の旁に治めんと欲すれども、未だ其の制度を暁かにせず。済南の人、公玉帯、黄帝の時の明堂の図を上る。明堂の図中に一殿有り。四面壁無く、茅を以って蓋う。水を遠し、水、宮垣を園る。複道を為り、上に楼有り、西南より入いる。命けて昆崙と曰う。天子之より入りて以って上帝を拝祠す、と。是に於いて、上、奉高をして明堂を汶水の上に作らしむること、公玉帯の図の如くせしむ。（元封）五年、封を脩むるに及び、則ち太一、五帝を明堂の上坐に祠る。高皇帝の祠坐をして之に対せしむ。（45-139）

この両槻宮と命名された「観」こそは、道教寺院のことである。

公孫卿という神僊（神仙）の道術者が、漢の武帝（在位前一四一〜前八七）に「仙人に会うことができます。……観をおつくりになって、ほし肉やなつめをお供えになれば神人を招くことができましょう。仙人は高楼に居住することを好みます」と説いたので、神僊マニアの武帝は、長安の西北方、宇宙の最高神、太一（太乙）神を祭る甘泉の聖地に「益壽」「延壽」という名の観を作らせ、仙人の来るのをひたすら待ち受けたという記事が『史記』孝武本紀にある。

（註 3-38）大山祇神社

愛媛県今治市大三島町にある伊予国一宮の大山祇神社は日本総鎮守とされ全国の山祇神社の総本山で、主祭神は三島大明神。

祭神オオヤマヅミはニニギノミコトの甥でアマテラスの兄神になり孫神は「オチノミコト平知命」で、あきらかに月神の系統。

オホヤマヅミとは「渡る月の山の霊」で月神である。

祭神の別称・三島明神、神社のある大三島、例祭の一人三番相撲、など月を象徴する「三」が頻出する。オチノミコトはオチミズを連想させる。

御神木の楠は桂と並んで古代には造船の用材として重視された。月信仰を有していた海人族の伝統を持つ。

『大三島詣で』(317-148) (76-404)

(註 3-39) 左祖右社と「左近の桜、右近の橘」

この「左近の桜、右近の橘」は左祖右社の原則にしたがって設けられたもので、両者を陰陽五行思想の視点から比較する。(76-458)

表：左近の桜と右近の橘の比較

	左右	方位	季節	五気	陰陽
左近の桜	左祖	東	春	木気	陽
右近の橘	右社	西	秋	金気	陰

＊季節を春と秋にしたのは五行による配当で、花の季節を示しているわけではなく、他の項目も同じ。

左祖右社の原則が、紫宸殿の「左近の桜、右近の橘」から、天子が南面した場合の東に位置する伊勢国の宗廟と西に位置する周芳国の社稷にまで拡大されているのがわかる。古代人は、拡大縮小して同じことを執拗に繰り返すのを好み、これは呪術や信仰の形でもありました。 (258-7) (287-17-394) (341-183)

(註 3-40)「木六竹八塀十郎」

「木は六月に伐るのがよく、竹は八月に伐るのがよい。土塀は十月に塗るのがよい」とする俚諺。

(註 3-41) 二分（春分・秋分）

実際の季節を知らせてくれて、人びとの生活の目安となる二十四節気は、立春から春、立夏から夏、立秋から秋、立冬から冬とし、四季は各九十一日間としました。二十四節気は、二至二分（冬至・夏至、春分・秋分）を軸とし、それとその中間点の四立（立春・立夏・立秋・立冬）を合せた八節の天文暦象を柱として成立しています。それぞれに季節にふさわしい名称がついています。古くは、冬至を基点にして、次の冬至までを一太陽年（実際の一年）とし、これを二十四に等分したのですが、(恒気法)、「天保暦」以降からは、春分を黄経 0 度とし、地球から太陽の位置が一五度移動するごとに一節気が進む法（定気法）に改めました。このように天保改暦（1842 年）で改めたのは、地球が太陽の周りを楕円軌道により公転しているという知見によるものです。以来、定気法では各節気の長さはまちまちになっています。(258-140)

四立（立春・立夏・立秋・立冬）の前 18 日間を「土用」と呼び、季節を転換させるのが「土用」の働き。(75)

この働きで一年は順当に推移すると考え、「土用」の持つ転換作用こそ中国思想の真髄を具体的に示すものといえる。

立春、立夏、立秋、立冬の前 18 日間は「時間の境界」の季節であり、空間や方位の境界と同じく「変化宮」として恐れられ禁忌を生み、また神が降臨し豊穣を齎す方位としても信仰された。(6-62) (206-28) (334-53)

土気は「木気」が春、火気が夏、金気が秋、水気が冬というように、いわゆる四季には配当されていないが、「土用」として冬季の終わり十八日間におり、四季の変化の中央にいて、四季を行き巡らせ四季の王となる。土気は微なるもの、力が衰えたものを常に扶助し、そのものの道を達成させる。五行循環は土徳の力に負うのである。(95-127)

土用の 18 日間の 18 は、以下の計算によって得られる値。

360÷5÷4＝18

360 は、一年を暦数ではなく度数で表した場合の日数（度数年）

5 は「土用」も含めた五季の 5 で、4 は四方に配当される「土用」の数

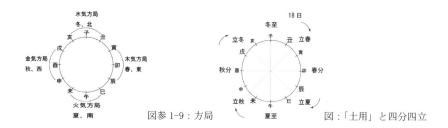

図参 1-9：方局　　　　　　　　　図：「土用」と四分四立

（註 3-42）尸解仙

尸解とは、蝉や蛇が脱皮して脱殻を残すように「屍を解く」の意味で、死体が消えると同時に仙人として昇天することを道教では尸解仙という。

（29-50）（161-49）（219-1-274）

尸解仙の例として、

『書紀』には、聖徳太子と尸解「片岡遊行の真人」の話がある。『史記』封禅書には、燕人の宋母忌などが方仙道を行い形解銷化の術をなした、とある。（24-1-274）（219-1-274）

形解銷化とは尸解を意味し、蝉や蛇の脱皮のように屍をこの世に残して仙人に生まれ変わる術のこと。（161-49）（76-476）

武内宿禰（草履を残した）、ヤマトタケル（白鳥になった）、倭姫命（500 歳で山に登って姿が消えた）なども尸解仙。

（註 3-43）住吉大社と住之江 （317-17）

摂津一宮

古代日本の海の神、海の民については、おびただしい文献と異なる学説が発表されている。うち、比較的他論文に引用頻度の高いのは上田正昭編『宗像と住吉の神』と思われるが、ここでは各主張まぜこぜにして、次のように仮定しよう。わが海人には 4 系統あり、

1. は、北アジアか寒流系縄文文化の原日本人。

2. は、北九州から宗像神を奉じて東遷したグループで、男女共漁し、潜水ノウハウを積む。

3. は、インドネシアおよび南中国苗族起源。南九州を経て、大山積神（伊予一宮の祭神）を奉じ、または綿津見 3 神を奉じ、瀬戸内から全国に拡散する。男漁女耕。

4. は、北九州から瀬戸内を東遷した民で、住吉神を祀り、釣・網漁法を開発。半農半漁。

やがて漁撈から遠ざかり、航行の民となるもの多し。このうち、宗像族は外洋航型で、5 世紀には宗像神の祭祀伝承が確立していたが、住吉神の沿岸航型祭祀は、遅れ江 6 世紀以降、中央政治権力と連繋しつつ成長する。住吉神社の社家津守氏は、政府派遣の北回り遣唐船に乗る程で、延喜式が数える住吉神社は 7 社から、なんと全国 2069 社へ発展した。（263-114）

源氏物語澪標図に、源氏の住吉神社参詣風景があって、17 世紀の鳥居前が海だとわかる。

私見では、航海の神であることから月神と考えられる。船団を思わせる社殿の配置、

三神（表筒男命・中筒男命・底筒男命）の「ツツ」は（大星オリオン座あるいは金星とする説あり）折口信夫は「蛇」としている。

ヘビは月の眷属であることからも、住吉三神は月神と考えるのが自然。「住吉の神の名は、底と中と表とに居て、神の身を新しく活かした三つの分化である。「つつ」と言う語は、蛇（＝雷）を意味する古語である。」（11-2-93）（287-2-93）

（註 3-44）「ヒサカタ久方」については諸説

「ひさかた」は賀茂真淵以来諸説ある。

「ひさかたの」の一説

賀茂真淵は「冠辞考」の中で、「ひさかたの」を「瓢型の」としている。「ひさかたの」＝瓢が丸く、その内側が虚ろなのが、天のそれに譬えられて、瓢型の天と言った。（95-223）

陰陽五行思想導入前の素朴な信仰の姿は北斗の食器としての大匙の形が穀物神とされた大きな理由ではなかったか？　瓢は神楽歌や皇大神宮儀式帳にみることができる。（291-120）

ひさかたの　天の河原の　とよへつひみ　あそびしらすも　瓢のこえする

さこくしろ　五十鈴の宮に　御饌立つと　打つなる瓢は　宮もとどろに

ヒサカタは「ヒサ＋カタ」で月あるいは月の照る天上世界を指す。

（私見では）「ヒタ（常）＋カ（場所）」であり、ヒサカタに当たる。ヒサカタは「ヒサ（久）＋カタ（区切られた所・県・国）」である。つまり、ヒタカ・ヒサカタは月あるいは月の照る天上世界である。（210-94）

シナ・ヒナは月が去って行く西方であるとしたが、月が昇ってくる東方は何であったか付言しておいたほうがよいだろう。私見ではそれはヒタと呼ばれており、「常」で書き表せられていた。たとえば、常陸はヒタミチの約言である。さらにいえばヒタカへの道である。景行紀二十七年二月の条に「東夷の中に日高国あり」とある。アヅマノヒナではヒナが東の国の意に用いられているが、東夷という熟した漢語を読み下したもので、ヒナの用例とすればむしろ珍しいものである。……また、『常陸国風土記』の逸文に、信太郡は「この地は、本、日高見国なり」とある。日高見国は常陸国から東方の諸国を指していたらしい。東北地方の北上はヒタカミの転訛である。（210-93）

中国においても蓬莱・方丈・瀛州の山島は東海の彼方にあった。それらの山島は日本からは西になるが、田道間守が非時の香菓を求めて訪れた常世国はそうしたところであろう。これらの島々は神島ともいいうる。垂仁紀二十五年三月の条にアマテラスが「是の神風の伊勢の国は、常世の浪の重浪帰する国なり」といい、「是の国に居らむと欲ふ」と倭姫命に告げたが、伊勢は東方の常世から月の光を浴びた浪が幾重にも押し寄せてくるところである。伊勢市二見の東方海上には神島もある。（210-94）

（註 3-45）主祭神「ミズハノメ罔象女」

罔象とは

①もやもやとただようさま。▽荘子はこの語をひっくりかえして「象罔」とし、虚無の別名としている。〔楚辞・遠遊〕②水中にいるという怪物。「水有罔象、丘有峷＝水に罔象有あり、丘に峷シュツ有り」〔荘子・達生〕（70-91）（385-177）

尿から生れた罔象女神

カグツチを産んで女陰を火傷して苦しんでいたイザナミの尿から化生した神の一柱。一般的に水神とされるが、月があらゆる水の源泉であることから、月神の神格をもっとも持つ神と考えられる。

丹生から闇罔象女、天水分神へ変化したとする説があり、「丹」は水銀であり「水」との繋がりは強い。（385-177）

（註 3-46）八尋殿

八尋殿は宇宙的な象徴：八尋殿は「八尋」の大きさの殿舎ではなく、宇宙的、世界的な象徴であり、神話世界を人間の日常世界の話に歪曲してはならない、とナウマン氏は指摘している。同じ意味をもつ言葉に、大八洲、八雷神、八拳須、八尺勾瓊、八百萬神、八尺鏡などがある。いずれも神話世界での象徴である。（244-151）

『古事記』『日本紀』の異伝 1 では、天柱を立てることと八尋殿を建てることとが一緒になっている。そのため伝統的な見解も、天柱をこの殿の中心にある柱だと想定している。殿の中心にある天柱は、人間という小宇宙に転移された世界柱という宇宙的イメージを正確に示すものだ。

第4章

周芳山口に残る
月信仰の痕跡

はじめに

　この章では、周芳山口に残る月信仰の痕跡について、地名、祭祀、空間考古学の3つの視点から検討します。地名については主に三浦氏の研究に従い、祭祀についてはキャシュフォード氏とナウマン氏の研究に従いました。著者が提唱する空間考古学については類似の研究がなく、私見のみを述べています。さらに、縄文時代から続く月信仰が地上絵に与えた影響についても言及しました。

　月信仰の痕跡について、下記の3つの視点から述べます。

1. 地名に残る痕跡
2. 祭祀に残る痕跡
3. 空間設計にみる月信仰の痕跡

1. 地名に残る痕跡

　周芳山口以外の地域に見られる同様の地名が、すべて月信仰に関わると主張するものではありません。周芳山口を「月の都」と捉えた場合、以下のように解釈できる可能性がある、という意味です。

「ヨシキ吉敷」は、月信仰を持つ海人族の居住したところ

　吉敷郡は山口県のほぼ中央に位置し、この地域に北斗図と五形図の地上絵も描かれていて、その謎を考える上で重要な地域です。古代に有力な豪族が支配したであろうことは、後述する朝田墳墓群 (註4-1) の存在からも考えられます。三坂圭治氏 (以下、三坂氏) は、吉敷村 (1937年当時) は三方を山に囲まれている、と述べています。文中、「ウノ宇野」とは持統 (幼名・ウノノサラサ鸕野讃良) を養育した宇野連の「ウノ」に通じる可能性があります (後述)。そのように考える理由は、宇野連は鸕の野邑 (河内国更荒郡／生駒山西麓の広域) に居住する新羅人で篤い月信仰を有していたからです。

吉敷村は山口県吉敷郡の西北部に在り、東は山口町の字上宇野令及び下宇野令、西は美祢郡の綾木村・真長田村及び小郡町に接し、南は吉敷郡大歳村に連なり、北は方便山脈を以て囲まれている。(192-1)

　三坂氏は『山城国安祥寺資材帳』を引用して、孝徳以前 (645年以前) に與之岐 (よしき) 国が存在した、と考えています。しかし、高橋氏は、『国造本紀考頭書』を引いて、この説に疑問を呈しています。(356-131) (358-52)

　一般的な説として、古代の吉敷郡は與之岐国造 (くにのみやつこ) が支配し、その中で吉敷村は與之岐国の中心でした。国造の祖はトヨタマネノミコトとされ、大崎玉祖神社の祭神タマノヤノミコトとの関係が考えられます。故五宮の祭神もまたタマノヤノミコトとする説は、誰が地上絵を描いたのかという謎を追及する上で重要でした。「皇化の恩沢に浴した」とは大和政権との繋がりが強いことを意味し、事実、「オオウチノアガタ大内県」と呼ばれる直轄領でした。(193-4) (194-480) (375-35-197)

古代吉敷郡の地には與之岐国造があり、我が吉敷村もまた與之岐国の一部として、豊玉根命及びその子孫の支配に属していた。このことは即ち吉敷村が国造時代に於て、既に相当皇化の恩沢に浴していたことを示すものに外ならない。(192-12)

　大化改新 (645年) 以後の周芳国について、三坂氏の言及があります。この中で達理山 (タツリヤマ) とあるのは多々良山 (タタラヤマ／現・防府市多々良) と考えられ (陶春日神社絵馬)、産銅地であったことが分ります。北斗図は天武十年 (681年)、五形図は文武二年 (698年) に描かれたと推測され、古代天皇制が確立され律令国家へ移行する激動の時代に企画されたことになります。皇祖神も月神から日神アマテラスへ転換された時代で、絶対王権を必要とした背景が考えられす。月神から日神への転換は世界的潮流の中で行われたものでした。大化改新で周芳国府も防府町 (1937年当時の呼称) へ移され、與之岐国が郡になったとあります。

この後孝徳天皇の大化二年に行われた所謂大化改新に於て、国造の世襲的に領有していた土地・人民は総て朝廷に収められて公地・公民となり、地方行政の区画として新たに国・郡・里の制度を設けられた。このとき周防国に於ても、国府を佐波郡防府町

に定め、以前四国造の管していた地は各々郡として周防国司の管下に置かるることとなり、與之岐国も改めて吉敷郡となった。吉敷郡の名は続日本紀天平二年三月十三日の條に、周防国熊毛郡牛島西汀、及び吉敷郡達理山より出すところの銅を長門の鋳銭に充つとして初めて見え、また貞観九年六月十一日附、山城国宇治郡安祥寺村の資材帳にも周防国吉敷郡保荘田券文一巻とある。
（192-113）

　吉敷郡の地名の由来について、高橋氏はあたらしく切り開くを意味する荒木（アラキ／開墾地）に由来し、荒木の荒を嫌って佳字の吉に変えたとしました。その例として岐阜県吉城郡（現・高山市）を上げ、荒城、荒木を佳字の吉に改めた例が多いと考えたようです。(359-142) その根拠には、元明和銅六年（713年）に出された「好字令」もあると思われます。(67-1-108)(376-1-10)
　用いられている漢字に拘ると上記の説も考慮されると思われます。しかし、「ヨシキ（ヨシシキの約言）」という訓に注目すると別の視界が開けます。三浦氏は『倭名抄』に載る地名を引用して、海人族が居住した地域には「シキ」と同じ「シカ・シガ」の地名が多いと指摘し、以下の例を上げました。(39)(210-101)

『倭名抄』　近江国滋賀郡　　播磨国飾磨郡　　筑前国糟屋郡志珂郷（志賀島）　　肥後国天草郡志記郷

　古代大和王朝初期に存在した宮都の名が「シキ」であり、磯城（『紀』）、師木（『記』）の字を宛てます。後に、「シキシマ（敷島・磯城島）」は大和や日本の別名にもなりました。崇神の磯城瑞籬宮、欽明の磯城島金刺宮は三輪山の南麓、現・桜井市金屋付近に存在し、いずれも「シキ」の名を持ちます。(211-204)
古代大和王朝の初期に宮都があったところにシキがあり、『紀』は磯城、『記』は師木と表記する。この地には崇神の磯城瑞籬宮（師木水垣宮）と垂仁の纏向珠城宮（師木玉垣宮）がある。欽明のそれは磯城嶋金刺宮（師木嶋大宮）である。狭義の磯城は大和国磯城郡の三輪付近にある。すると垂仁の宮都は、『記』に師木とあっても、『紀』の纏向にしたがって、域外としたほうがよいだろう。その狭義の磯城を欽明のときから磯城嶋といい、後にはそれが大和や日本の別名にもなった。ここにあるシキのキは乙類である。(210-99)

　「シキ」の「キ」には上代特殊仮名遣で甲類と乙類があり語源を求めることはできない、とする説があります。「シキ（志貴・磯城・之奇）」の「キ」は乙類で、上述の「シキ（敷・領・頻・重）」の「キ」は甲類です。三浦氏は、その点について「シ」が語幹であり「シ・キ」は複合語であろうと解釈しました。(210-99)
　上記の中で総名とは国を代表する地名という意味です。吉敷郡の中心であったこと、地上絵を描く場所として選ばれたことからも、三浦氏が指摘する呪能や聖性のある言葉が選ばれたと考えます。つまり、高橋氏が指摘するような荒城（殯宮）や荒木（開墾地）に由来するとは考え難いと思います。
　以下、三浦氏の説に従って検討します。
　吉敷郡の「シキ」は、大和や伊勢、近江、吉備、肥後など月信仰を持つ海人族が多く住んだことに由来する可能性があります。海人族とは、潮汐や潮流を支配する月相（満ち欠け）を読んで舟運や漁業を成り立たせてきた氏族を指します。吉敷郡の中心は泉香寺山を交点とする象限の第Ⅱ象限（西北域）に位置し、五形図の描点の多くと月信仰を背景に付けられたと考えられる地名の多くが含まれます。それは後述する「アサダ朝田（朝の月）」「アカダ赤田（明るい月）」など月相に関連する地名や、「ホツミ穂積（月光の霊）」「オオトシ大歳（月神）」など月神と思われる地名、「カツラガタケ桂ヶ岳（月の桂の山）」「コウノミネ鴻嶺（月の嶺）」など月を暗示する山名、などです。これらの事実から月信仰が盛んな地域であったと考えられます。ただし、これらの地名がいつ命名されたのかは分りません。(192-2)
　三浦氏は「シキ・シク・シケ・シコ」などの語は再生や繰り返しの意があり、繰り返す代表は月であると述べています。吉敷の「シキ」にも再生や繰り返しの意が含まれ、これは月信仰を持つ海人族が居住したことに由来する可能性があります。この場合の海人族とは、土師氏の氏神・土師八幡（祭神・応神天皇／天穂日命）が存在することからも地上絵を描いたと推測される土師氏と考えられます。その傍証として、土師氏の本貫の一つ「土

師の里」と呼ばれる河内国志紀郡（紀は乙類）も「シキ」であり、この地から移住した土師氏であった可能性を考えさせます。ちなみに「土師の里」には、土師氏の氏寺・道明寺（本尊・十一面観音）と土師天満宮（祭神・菅原道真／土師氏の祖・天穂日命）があります。月信仰を持つ海人族が居住したと考えられる他の傍証として、地上絵の研究から以下の知見が得られました。

1. 朝田神社（旧・住吉神社）、赤田神社、土師氏の氏神・土師八幡、故五宮（旧・朝田大明神）など月信仰を背景とする地名、社名が集中して存在する。

2. いずれも五形図の描点で互いに密接に関連し、五形図の中心的位置でもある。

3. 近隣に多良郷（月の郷）、河内（月霊）地名が存在し、いずれも月を暗示する。（後述）

4. 泉香寺山を交点とする第Ⅱ象限に相当する西北域（後天易で乾・天）で重要な地域である。（易・参照）

5. 「月神を祀る盤座の山」高倉山を望める丘陵尾根に朝田墳墓群が存在し、大きな勢力が存在したと考えられる。（424-88）

　「シケ（シキ・シク・シコ）」を含む言葉に「シゲナミ重浪」『紀』や「敷浪」『万』があり、「繰り返し打ち寄せる浪」を意味します。垂仁紀二十五年三月条には、伊勢についてアマテラスが「常世の浪が繰り返し打ち寄せる国」と述べる箇所があります。

是の神風の伊勢の国は、常世の浪の重浪帰する国なり。垂仁紀二十五年三月条

是川の　瀬々の敷浪　布く布くに　妹は心に　乗りにけるかも　　　（万⑪2427）

　吉敷には土師八幡（山口市吉敷上東）があり、五形円形の描点であり空間設計の基点でもあります。祭神はホムタワケ（後の応神天皇）と土師氏祖アメノホヒノミコト（天穂日命）です。応神陵（5世紀後半）は全国で2番目の規模を誇る前方後円墳で、河内国志紀郡（現・羽曳野市）の古市古墳群にあります。三浦氏は、その名にある「ホムタ」は生まれながらにして上腕が望月のように膨らんでいたことから満ち足りた月を表すと指摘しています。アメノホヒノミコトの神名は「月光の霊」と考えられ、やはり月神を示唆し、土師氏が月信仰の世界にあったことを窺わせます。

　以上から、吉敷郡の「シキ」は月信仰を持つ海人族が居住した地名を指し、この場合の海人族とは土師氏の可能性があります。土師氏の祖アマノホヒノミコト（ホヒは月の光）の名からも月信仰を濃厚に持つ氏族と考えられます（月神オオヒルメムチ、後のアマテラスの子は月神であるはず）。土師氏の伝承では古墳の造営を行ったとあり、その測量技術はおそらく海運の中で培われたと考えられます。その測量技術を古墳の造営に用い、地上絵を描く技術として応用したのではないか、と想像します。（土師氏をアマテラスの子と記述しなければならなかった理由は何か？　桓武朝での改変か？）

　月信仰と海人族の問題は、なぜ周芳山口に地上絵が描かれたのか、誰がいつ描いたのか、など地上絵の謎を解く上でも重要な問題です。西の與之岐国と東の伊勢国が共に月信仰を持つ海人族の地であったことは偶然ではありません。

　左祖右社の原則に従えば、南面して政事を行う天皇にとって左側すなわち東方には祖廟（宗廟）を置き、右側すなわち西方には社稷（土地の神と五穀の神）を置くことになります。つまり、共に月信仰が盛んであった東方の伊勢国に祖廟として内宮を置き、西方の周芳国には社稷として地上絵を描いたのではないか、と想像されます。（133-6）つまり、朝廷の国家祭祀として天神地祇を奉祭する調和が図られたのです。

　この思想に従えば「ヨシキ」の地名は呪能や聖性のある言葉が選ばれたはずです。古代大和王朝初期に存在した宮都に付けられた「シキ」と同じ言葉に由来する可能性があります。つまり、古代の周芳山口の吉敷は、大和や伊勢と同じく海人族が居住する月信仰の中心地「月の都」であったと考えられます。

　以下、「月の都」に相応しいと思われるいくつかの地名を月信仰の視点から検討します。

「アサダ朝田」は「朝の月」

　朝田 (山口市朝田) は故五宮が存在した地域で、吉敷の西方に位置します。現・朝田神社 (山口市矢原) は、明治39年 (1906年) の神社整理に関する内務省発布により、元・大歳村の一郷社 (旧・住吉神社) と六村社が合祀されたもので、朝田の名は故五宮が存在した地域の名に由来します。

　高橋氏は、「アサダ」とは「アソ・アソウ」などと同じで浅い水から湿地の意味になったものか、としています。(356-136) しかし、朝田の現地を調査 (2021年現在まで) しても朝田川流域に湿地と呼べる地域はなく、この説は懐疑的です。ちなみに現在、朝田神社 (旧・住吉神社) のある高畠の周辺は古来、椹野川の反乱が頻発した低湿地帯でした。 (284-9)

　三浦氏の研究から、「アサ・タ朝田」の「タ」は「タリ」の語幹で「満ち足りた月 (満月・望月)」を表し、朝田は「朝の月」と考えられます。現在の所在地は高畠であり、「タカ高」は月あるいは月のある天界を意味することも偶然ではないようです。近隣には高井の地名もあり、やはり月を暗示する可能性があります。

　三浦氏は、「タリ」は「タラシ」に由来し「タリ・タ・テ」としても用いられたと指摘します。その「タラシ」について三浦氏の見解を纏めると以下になります。

1. 古代の天皇などに多い名にタラシヒコ (ヒメ) のタラシはタルの未然形に尊敬の助動詞シのついたもので、満ち足る月を指していた。だから、タラシは『日本書紀』の足が正しく、『古事記』の帯は宛字であった。

2. 皇統では尾張氏出の孝昭皇后ヨソタラシがタラシのついた名の初めである。

3. 各地の首長や巫女王にもタリの名を持つものがあり、祭祀にあずかることが多かった。(額田王ヌカタオオキミ)

4. 『隋書』倭国伝によると、倭王タリシヒコは未明に政事をし、日が出ると執務を弟にゆだねた。しかも天は兄、日は弟と見なしていた。とすると、倭王自身は月 (神) であった。すなわち、タラシは満ち足りた月を意味していた。

5. タラシはタリ・タ・テとしても用いられていた。

6. 応神ホムタはポパイの上腕のししむらのように膨らんだ月の意。

7. 手長・足長・土蜘蛛やトダル・モモダル・チダルなどにもタリが含まれている。

8. タラシが満ち足りた月であるとすると、皇統はやはり月神系である。

　古代天皇の名に多い「タラシヒコ」の謎を月信仰の視点から明らかにしたといえます。皇統に「タラシの名を持ち込んだのは尾張氏の出自「ヨソタラシ」である点は特に重要です。尾張氏は海人族 (海部は尾張の別称) で後述する「クサナギノツルギ (草那藝劔／天武の病はクサナギノツルギの祟り)」、葛城 (葛城の神／武内宿禰／葛城髄津彦／宇迦之魂神)、宮簀媛 (熱田神宮／氷上姉子神社／日本武尊)、丹後 (天の梯立とイザナギ／豊受大神／籠神社) など月信仰と関係する伝承が多く、尾張氏を避けて月信仰を語ることはできません。(210-112)

　ちなみに、天武 (諱オオアマ大海人) の殯で誄をした「オホアマノアラカマ凡海麁鎌」(海部一族の伴造) (註 4-2) は海部で、尾張氏の系図にも大海姫の名が見られることから、天武と凡海氏 (天武を養育した) と尾張氏の関係は濃厚です。(332-486) 「オホ凡」も「渡る月」を意味し、凡海に養育された天武 (大海人) も月信仰の世界にあったと考えるのが自然です。

　「アサダ朝田」は、三浦氏が指摘するように大和の「アスカ明日香 (飛鳥)」と同じで「朝方に西の空に見える満ち足りた月」すなわち「西に沈む望月」を意味します。月を表す「タ」には多く「田」が宛字として用いられます。アスカの「カ」は元「ウカ」で「ワカ (月の若さ)」に通じ、「ウカ・カ・ケ・ク・コ」に変化します。朝方、明日香から西の空を見ると、大和葛城山 (カツラギサン／月の桂の山) に満ち足りた月が沈んでゆくのが見えた、と三浦氏は述べています。

カスガ (春日)・アスカ (飛鳥・明日香)・アサカ (安積・朝香) のカも月・月夜を指していた。カは古くはウカでワカ (若) に通じる。(210-2)

　月が沈む山には月に相応しい名前が付されました。明日香の西方には月の聖樹・桂を暗示する大和葛城山が

あり、同じように山口盆地の吉敷の西北方には「カツラガタケ桂ヶ岳」があるのも偶然ではありません。その証として、「月の山」桂ヶ岳は赤田神社（祭神オオナムチは月神）の「場」を決定する東西軸の基点に採用され、大和葛城山は内宮の「場」を決定する東西軸の基点に採用されています。（第4,5章）これは偶然の一致ではなく、明日香あるいは吉敷に居住した月信仰をもつ海人族は、月の沈む山を望み敬虔な祈りを捧げたのでしょう。

　朝田を「朝の月」と考えることで、泉香寺山を交点として山口盆地に描かれた第Ⅱ象限（西北）の領域に月信仰の痕跡が集中して残されているのが理解できます。朝田の西方には、さらに多良郷や河内地名があり「タラ」は「膨らんだ月」「カワチ（コウチ）」は「月の霊」を意味する可能性があります。（269-341）（317-148）

　古代の信仰は日常生活に深く根ざして人々の精神活動と行動を導いたはずですから、自らが居住し生活する地域に信仰の証として相応しい地名を付したことは十分に理解できます。逆にいえば、月信仰に無縁の地名などは考えられなかった、と想像します。

　「アスカ」と通音する「アサカ」の地名からも、「アサダ」は「アスカ」「アサカ」と同じ「朝方に西の空に見える満ち足りた月」を意味すると考えられます。

「アカダ赤田」は「明るく輝く月」

　三浦氏は、三河の赤引（アカラヒキ）生糸で織った和妙（ニギタヘ）を例に引き、赤を「明るく輝いている」と解釈し、その和妙は後述する延烏郎・細烏女（エンウロウ・サイウジョ）伝説にみるように月に光を与えたと指摘します。この指摘にしたがえば、「夕田」は朝田と同じく満ち足りた月を意味する「夕」の宛字で、赤田とは「明るく輝く月」と考えられます。（210-352）

ニギタヘは三河の赤引の絹糸で織ったものである。持統紀六年閏五月条では、赤引絲をアカラヒキノイトと訓んでいる。赤引は一般に赤い色を帯びることと訳しているが、明るく輝いていることとしたほうがより正確だろう。織られたニギタヘも明るく輝いていた。神話時代には、アマテラスがこのニギタヘを織っていたのである。

神代記の歌謡を掲げる。

赤玉は　緒さへ光れど　白玉の　君が装し　貴くありけり（記七）

緒も玉も光り輝いているのである。白玉の君が着ているヨソホヒもおそらく輝いている。……織物や衣裳の輝きを、単なる文学的表現とか文章のアヤとのみ軽んじてはならない。（210-357）

延烏郎・細烏女伝説について

　延烏郎（えんうろう）・細烏女（さいうじょ）伝説について、三浦氏は『三国遺事』を引いて以下のように述べています。

『三国遺事』巻一に、こうある。

新羅国の第八代阿多羅王の即位四年丁酉に、東海の浜に延烏郎・細烏女の夫婦が住んでいた。ある日延烏郎が海に行き、海藻を採っていると、たちまち一つの磐が彼を載せ、日本につれて行った。国人はこれを見て、これは常人ではないといい、立てて王とした。……磐はまた彼女を載せ、前のように日本へつれて行った。……このとき新羅の日月は光を失ってしまった。……延烏郎は……私の妃の織った細綃という絹がある。これで天を祭るとよいだろうといい、綃を使いに賜った。……その言葉のように祭をした。その後日月は旧来のように光をとりもどした。その綃を御庫に収蔵し、国宝とし、その庫を名づけて貴妃庫とした。天を祭るところを迎日県、また都祈野と名付けた。（210-352）

　細烏女の織る細綃（さいしょう）は日月に光を与え、細烏女がいなくなった新羅の日月は光を失ったとあります。絹の織物が日月に光を与える伝説は、織女アマテラス（ヒルメ）の織物でも月に光を与えたのではないか、と想像させます。日本の岩戸隠神話の本質は、延烏郎・細烏女伝説と同じように月に光を与える織物にありそうです。（210-354）

　文中、新羅の天（月）を祭る所を「トキノ都祈野」と名づけたことは、「トキ時」が「ツキ月」に由来したこ

とを示唆します。また、夫婦を載せた磐は、日本神話のニギハヤヒノミコトを乗せた天磐船を想像させます。このように東アジアに共通する言葉や伝説が存在することは、月信仰が古代では普遍的な信仰であった証になります。

　月に関連する言葉が蒙古語、朝鮮語と日本語で通用し、現代韓国語で月は「ダル dal」と表現します。(205-528,1671) 三浦氏は鳥居龍蔵氏の研究を引いて「シラ・サラ・タル・ササラ」などが月に関連する言葉であると述べています。

新羅は古く沙羅・沙尸羅・斯羅とも書かれており、シラはむしろサラである。鳥居龍蔵によれば、月は蒙古語で sara であり契丹語で賽離、ダクール語で sara/saroro であり、朝鮮語では tal・tar である。『万葉集』でも月の別名ササラエヲトコとあった。日本でもシラ・サラは白・更・新で、月信仰の再生観念と関わっていた。ササラは新羅からの渡来氏族の名であり、王城は慶州の月城（後に半月城とも）であった。従って新羅では天を祭るのは月を祭るのに主体があり、日を迎えて祭を終えた。しかし時代が下り月信仰が衰えると、新しく迎日などの用事が遣われて、いつか太陽信仰が重視されるようになったらしい。(210-354)

熱田と熟田津

　赤田と同じ意味を持つ例として、熱田神宮の「アツタ（後述する熱田の氷上姉子神社）」と、額田王の歌で著名なの「ニギタ熟田津」を取り上げます。その意味は共に「明るく輝く望月」を意味すると考えられるからです。尾張氏は濃厚な月信仰を持つ氏族であり、「ヌカタ額田王」も月を意味すると三浦氏は指摘します。「ヌカタ」の「ヌカ」は額を、「タ」は満ち足りた月を意味し、額に月形の廻毛のある天馬に由来するとしています。ちなみに、額田王の父は鏡王で「カガミ」は月神の意です。(85-234)(208)(382-37)

高木之入日売の高木は槻、すなわち月の暗喩であろう。……額に町形の廻毛がある馬を献上したのを允恭帝が非常に喜び、額田部の名を与えたとある。多分馬には月額・月白と呼ぶ白い廻毛があり、天馬の瑞祥があるとでも信じられていたのであろう。天馬は月までも駆け上がって行くという。……ヌカタのヌカは額、タはホムタ・サルタのタと同じで月を指しているのである。(210-112)

　額田王の歌中「月待つ」「潮もかなう」はいうまでもなく、「熟田」「船」「こぐ」など、月に支配される潮汐と潮流の関係がみごとに詠い込まれています。(第2章)「月の出入で潮が満つ」(註4-3) という俚諺の通り潮は月の動きに約6時間遅れるため、月待つとは船出する引き潮、つまり月が南中する時刻を待つという意味です。古代、舟は引き潮（下げ潮）に乗って出港し、待ち潮（上げ潮）を利用して帰港したからです。「月と潮とは古代航行の最大の関心事」と、犬養氏は述べています。ちなみに、熟田津は現在の松山付近（道後温泉付近の海浜か）と考えられ、古代から良港であったことが分ります。(72-11)(80-329)(177-57)(210-1)(217-180)(265-1-103)(289-3)(292-494)(304-125)

　弓削皇子（天武第九皇子）にも「夕さらば　潮満ち来なむ」として「スミヨシ」「アサカ」「タマ」「モ」など暗に月を詠った歌があります。水生植物の「モ」は「イネ」「アシ」「マコモ」「ガマ」などと同じく水との親和性が高く、「水の源泉」とされた月の顕現と考えられました。(御験・御神体／註4-17)「アサカ」は葛城王の歌にもあり、明日香と同じ朝の月を指します。(参照・註3-17)

夕さらば　潮満ち来なむ　住吉の　浅鹿の浦に　玉藻刈りてな　　　弓削皇子　(万②138)

赤田神社

　「アカダ赤田」には赤田神社があり、前作までは土師八幡と伽藍山西麓を基点として設計されたことを述べました。今回、月信仰の視点から新たに検討すると、「月の桂の山」である「カツラガタケ桂ヶ岳」を東西軸の基点とし月神を祀る土師八幡を基点とする方位線（巽乾軸／方位角315°）の交点に設計されたことが明らかになりました。結果、桂ヶ岳（月の桂の山）－赤田神社（明るく輝く月）－土師八幡（月神を祀る）で構成される信仰空間が浮び上りました。これは、赤田神社の「場」に「月神を祀る社」という根拠を与える設計思想で、前作までの

解析では明らかにできなかった結果です。土師八幡の祭神ホムタワケと赤田神社の祭神オホナムチはともに月神です。

　赤田神社には、神託により養老元年(717年)に古四宮から現在地へ遷座したという伝承があり、設計の基点になった土師八幡は717年には既に存在していたことが分ります。(土師八幡が社殿の形態であったかは不明)

　表4-1の赤田神社の位置は本殿奥としました。その理由は、拝殿前での測定ができないこと、江戸時代中期までに修復の記録があること、台風被害など社殿の位置が変更された可能性があるからです。本書で決定した誤差の基準 (0.7%以下) を充たさないにもかかわらず採用したのは、恣意的な解釈ではなく信仰空間を検討する上で重要な位置と判断したからです。

表4-1：赤田神社を基点とする距離と方位角

地点	緯度（°）	経度（°）	距離（m）	方位角（°）	誤差（%）	備考
赤田神社	34.1811	131.4316	0	0		
桂ヶ岳	34.1812	131.4062	2342	270.2786	0.5	
土師八幡	34.1717	131.4431	1487	134.5193	0.8	採用

＊線分（赤田神社－桂ヶ岳）の270°に対する誤差の計算。270.2786−270＝0.2894　誤差0.5%

＊135°に対する誤差の計算。135−134.5193＝0.4807　誤差0.8%

図4-1：桂ヶ岳－赤田神社－土師八幡で構成される月信仰の空間設計

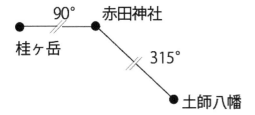

＊桂ヶ岳（月の桂の山）－赤田神社（明るく輝く月）－土師八幡（月神を祀る）で構成される月信仰の空間設計が行われた。

　現在、赤田神社の西側にある県道を除くと、神社の位置は吉敷川が流れる隘路であったと想像できます。つまり、赤田神社は吉敷川が造った隘路を塞ぐような位置に創建され、まるで当時の交通の要路・肥前街道の関所であった印象があります。肥前街道は、赤田神社を過ぎて西の浴 (凌雲寺跡のある台地の西側) を通り、地蔵峠 (東西・鳳翻山の鞍部) を越える道でした。おそらく、長登銅山に関係した街道と思われます。和銅元年 (708年) には和銅 (ニギアカガネ) が東国の秩父郡 (産出した遺跡が存在しない) から献上された伝承にもかかわらず、実際には長登銅山の銅で当時国内最大の産出地でした。9年後の養老元年 (717年) は「養老の瀧」と甘露が発見された年で、平城京遷都 (710年) をはさみ激動の時代でした。(1-314) (76-83) (78-23) (128-7) (251) (335-9)

　なお、陶春日神社 (708年創建) も鋳銭司 (跡) に隣接し、その創建には産銅と輸送、加工に関係した政治的事情が窺えます。(一の鳥居は往時の海岸線に接する)

「ホヅミ穂積」は「月光の霊」

　穂積の地名の由来について、『山口県地名考』『山口市史』に記載はありません。『地名語源辞典』には穂高岳を引用して「ホ」は山の意としています。(424) (426-524) (356)

　『日本古代人名辞典』第五巻には天武の第五皇子・穂積皇子や穂積朝臣老などの名が見え、飛鳥時代には存在した人名でした。(374-5-1602)

　三浦氏によれば、「ホ」は「ヒ火」の古形で、「ホノカ・ホノオ・ホタル」などの「ホ」で月光のような淡い光を指します。「ツ」は格助詞で位置・所在などの意を表して連体修飾語を造り、簡単には「……ノ」の意味です。「ミ」は霊 (神) で、和訓にある「クシビ・スダマ・チ・ミ」と考えられます。結果、「ホツミ」とは「火の霊」つまり「月光の霊」になります。上述の「ホ・ダカ」は「淡く輝く月」を指すようです。

穂の古訓について、三浦氏は「ホニ」を上げ月光の意としています。

忍穂のオシも渡りの意である。忍穂の穂はホではなく、ホノの時代があった。何故なら、六段第一で天忍骨尊であり、七段第三で天忍穂根尊であるからである。『日本書紀』の頭注は、忍穂をオシホニと訓み、訛ってオシホネになったとしているが、オシホノの転訛ではないか。……ホノはホノカ・ホノボノ・アケボノのように、微光や月光のような微かな、ほんのりしたものをさす。ホシホノ（忍穂）の場合は、渡る月の意である。(210-283)

土師氏の氏祖アメノホヒにも穂が用いられ、この「ホヒ」も「月光の霊」を意味します。つまり、穂積は土師氏と密接に関係した地名といえそうです。三浦氏は、火や穂など用いられている漢字に拘って本質を誤ってはならない、と指摘しています。

『記伝』は、火明の火は借字で、稲の穂が赤く熟するのをいうとし、それに従うものも多い。しかし、火明を穂の赤らみとしたのでは、天照国照彦は火明と同格またはその修飾句であるのに、この両者は異質となり、順当な接続とはいい難い。ホホデミやホデリも火が燃える様子と稲穂が赤く稔る意があり、稲（魂）の子とする説もあるが、稲とは関わりがない。(210-227)

「オオトシ大歳（穀物神であり月神）」については第3章。

「ワダ和田」と「タラゴウ多良郷」

「ワダ」と「タラゴウ」という地名が、椹野川に沿って山口盆地を東北から西南へ連なっています。「ワダ」は「オシテル」と同じ「渡り照る月」、「タラゴウ」は「丸く膨らんだ月の郷」と考えられ、月信仰を背景として付された一連の地名と考えられます。

三浦氏によれば、「渡り照る」を意味する「オシテル」の「オシ」はさまざまに変化し、「渡」と「凡」以外は宛字としています。当て字であっても、和・倭・尾・淡・粟・大・太・多などは、大和（倭）、尾張、淡路島、粟島、大坂、多神社（太安万侶も祀る多氏の社）などに関連して注目されます。

オシテル・オシテルヤのオシは、ワ・ヲ・アヲ・オホ・オホシ・オシなどと変化した一連の語の一つである。和・倭・雄・尾・小・渡・青・碧・淡・粟・逢・相・大・太・多・凡・押・排・忍などで表されている。これらは「渡し・渡り」の意味である。砂州・徒渉・舟などで渡るのである。これら用字のうちで「渡」と「舟で渡す」古義を持つ「凡」以外はすべて宛字である。(210-37)

「タラゴウ」の「タラ」は、「タリ・タル」の語幹が変化したもので「膨らんだ満月」の意味です。そこで「タラゴウ」とは「望月の郷」を意味します。「タラフク鱈腹」、「タラチネ垂乳根」、「タライ盥」など円く膨らんだものに共通した言葉です。(277-630)「タラチネ垂乳根」もその用字から誤解されやすく「垂れた乳」ではなく「膨らんだ乳」の意であると、三浦氏は述べています。宛て字に注意しなければなりません。

タラチネのネは接尾辞、タラチシのシは助詞であるとしても、『広辞苑』や『岩波古語辞典』のようにタラチを「垂れ乳」と解釈するのは当たらない。『大言海』はタラチをタラシととり、賞詞であるとする。津之地直一は「足乳ねの」（⑦1357 など）の用字を重んじて、十分満足するまで哺乳させて下さる意とする。やはり、満月のように膨らんだ乳と理解すべきであろう。「たらちめ」は満月のような乳を持つ女に適用したのである。しかし、その対をなす中世の枕詞「たらちを」は誤用である。男の乳は丸く膨らんではいない。(210-160)

「タカダケ高岳」は「月の山」、「ミヅ岳」は月の眷属「ヘビの山」

大内氏の御堀館（室町期／山口市大内）の北を塞ぐ「タカダケ高岳」と「ミヅ岳」について『大内村史』にも記載がなく、詳細は不明です。(76-50)(159-646)(228-61)(375-805) 続く東方の尾根には「ヒカミヤマ氷上山があり、その南麓には北斗七星図で北斗七星第 1 星に相当する北辰妙見社があり、前作では一帯を「氷上の里」としました。

「タカ高」は月を意味することから高岳は「月の山」と考えられ、同じ意味を持つ例に山口大神宮が建つ「コ

ウノミネ高嶺」があります。高岳の東に位置する「ミヅ岳」も月の眷族オロチの伝説が残ることから「ヘビ岳」と考えられ、大内氏も月信仰を有していたと考えられます。

「ミヅダケ」を考える上で参考になるのが、出雲大社（出雲市大社町杵築）の背後にある八雲山と意宇熊野大社本殿（松江市八雲町熊野）背後の山で、いずれも古代には「カヤマ」あるいは「ウカノヤマ宇迦山」と呼ばれていました。（オウ意宇は渡る意）『記』にも、月神スサノヲがオオクニヌシに向かって「出雲の宇迦の山の下に大きな宮居を造って国土の主となれ」といっています。(141-99)

「カヤマ」は「香山」と表記されることもあり、「カ」は天香久山の「カグ」と同じく月を意味します。出雲氏と土師氏（おそらく大内氏も）は同族とされ、大内と出雲に共有されるオロチ伝説も「カヤマ」が月信仰を背景にした山名とする傍証になります。

「ミヅ岳」の別の解釈として、三浦氏が指摘するように「ミヅ瑞」の古義は「朱丹の霊力」のあらわれとすると、「ミヅ岳」とは朱丹を雨のように降らせる「月の山」といえるかも知れません。(210-29)『本草綱目』には、月は汞（水銀・朱丹）を雨のように降らせるとあります。

宗の天聖丁卯の八月十五夜、月明に天浄く、杭州霊隠寺に月桂子が降った。その繁きこと雨の如く……桂子が紛紛として烟霧の如く、……塵沙、土石を雨らしたとか、金鉛、銭汞を雨らしたとか、絮帛穀粟を雨らしたとか、草木、花葉を雨らしたとか、毛血、魚肉を雨らしたとかいふ類のことが甚だ衆くある。(126-9-141)

「ウカノヤマ宇迦山」も「ウカ」が「ワカ」に由来することから「月の山」を意味すると考えられます

前作まで、古代は太陽信仰と原始蛇信仰が結び付いた信仰の世界であったと考えていました。しかし、明らかな月信仰の存在を知り、ヘビが月の眷属であり再生の象徴でもあることから、月信仰と蛇信仰は容易に結び付くことが分かりました。さらに、蝉や蚕、蛙などの変態、羽化、脱皮、あるいは冬眠する熊なども月の死と再生を暗示するものとして信仰されていたことを知りました。（象徴思考）（秦造河勝と「常世の虫」／註4-4）キャシュフォード氏にも同様の指摘があり、月は「生の水」を齎し地上の生命を生み出す源、としています。

月と地球の対応関係の比喩、あるいは類比のなかでは、月が天空で成長するのと対応して、地上でも成長があると考えられた。旧石器時代のローセルの女神像は、成長する子宮と対応する満ちてゆく三日月の角をもっていることから、多産と月の関係を暗示している。しかし、書き言葉が出現するとともに、古代人の多くは、地上の豊穣は月から生じると信じていることをはっきり言いあらわすようになった。月が湿り気や雨や露の源だと信じているのとまったく同様である。つまり、月は生命の水ばかりでなく、人間や動物の生命を生み出す源でもあるということだ。(99-2-3)

氷上山は元「ホノカミヤマ火上山」で「月神の山」か

前作までは氷上山の山名の由来について、『易』説卦伝で「乾」の象意「ヒ冰（水の異体字）」に由来すると考えました。その根拠は、東鳳翻山と氷上山、国津姫神社を結ぶ方位線が135°の巽乾軸（註4-5）を形成するからです。つまり、氷上山が東南・巽に位置する国津姫神社から見て西北・乾（後天易）に位置するからと解釈しました。(355-3-302)

表4-2の通り、線分（国津姫神社－氷上山－東鳳翻山）の方位角は135°で誤差の基準を充たします。

表4-2：東鳳翻山を基点とする距離と方位角（表1-12再掲）

地点	緯度（°）	経度（°）	距離(m)	方位角（°）	誤差（%）
東鳳翻山	34.2219	131.4428	0	0	—
氷上山	34.1728	131.5017	7690	135.0763	0.1
国津姫神社	34.0497	131.6483	26910	135.1628	0.3

＊線分（東鳳翻山－氷上山）の巽乾軸に対する誤差の計算。135.0763-135=0.0763　誤差0.1%

＊線分（東鳳翻山－国津姫神社）の巽乾軸に対する誤差の計算。135.1628-135=0.1628　誤差0.3%

「氷上」の名前の由来について『防長寺社由来』には「山腹にある不動水の畔に立つ龍のような松の大木に大星が宿り、その光が霊水に映った姿が「氷」のようであったので氷上山と号した」とあります。(420-308) この伝承にある「氷」「龍」「光」「霊水」などの言葉は、背景に月信仰を窺わせます。「龍」「光」「霊水」はいうまでもなく、月の別称には「氷輪」があるからです。

　考えてみれば、線分（東鳳翻山―氷上山）を発見した古代人は天与の巽乾軸に驚いたに違いありません。(44-92) (45-15) なぜなら、「地（巽）」から「天（乾）」へ向う巽乾軸とは、不死と再生を約束する月へ向う「道」つまり天橋（唐玄宗／イザナギ）に通じるからです。したがって、この線分をつくる東鳳翻山、氷上山、国津姫神社（祭神は月神宗像三女神）のいずれもが月信仰に関係すると考えられ、その視点から「氷上」の名を再考します。

氷上姉子神社について

　周芳山口の「ヒカミヤマ氷上山」（山口市大内氷上）の山名の由来を考える場合、尾張氏の「ヒカミアネゴジンジャ氷上姉子神社」（名古屋市緑区大高町火上山）が参考になります。それは、周芳山口と尾張に存在する「ヒカミ氷上」の地名について、共通した認識が存在した可能性が考えられるからです。

　氷上姉子神社の祭神は、『紀』では「ミヤズヒメ宮簀媛」で尾張氏女と記され、『記』では美夜受比売で尾張国造の祖、『尾張国風土記』では尾張連らの遠祖とされます。(5-441) (69-5) (76-347) (97-89) (109-33) (144-64) (145-61) (309-306) (332-475) 尾張氏は月信仰を濃厚に持つ氏族であったことから、ミヤズヒメも当然、月信仰を有し、その名から宮に仕える姫、巫女神が推測されます。『新修名古屋市史』では氷上の女性神官を指した言葉とします。当社を祀るのは海部で『熱田太神宮縁起』には「海部をもって神主となす。海部はこれ尾張氏の別姓なり」とあります。(332-486)

　氷上姉子の名は、ヤマトタケルの詠んだ歌に由来すると考えられています。

愛知潟　氷上姉子は　吾来むと　床避るらむや　あはれ姉子を　『尾張国熱田太神宮縁記』

　氷上姉子神社は「氷上山（火上山）」と呼ばれる丘陵上に鎮座し、その地名は大高町火上山です。『延喜式』神名帳（927年撰進）で社名は「火上姉子神社」と「氷上」ではなく「火上」と表記され、社伝では鎮座地は「ホダカホノカミ火高火上」であったとされます。その後、「火」の字から火災を忌んで現在の「大高氷上」に改めたとしています。(332-458)

　以上から、周芳山口の氷上山も「氷」ではなく「火」を用いて「ホノカミヤマ火上山」と表記した時期があった可能性を考えさせます。なぜなら、尾張氏と同じように大内氏も月信仰の世界にあったと考えられるからです（周芳佐波に尾張氏の勢力が存在した事実がある）。(332-489)

　そこで大内の氷上について下記の3点を検討します。3.は前作で検討した結果です。

1. ヒカミ

2. ホノカミ

3. 『易経』説卦伝乾の象意「ヒ冰」

1. ヒカミとする場合

　三浦氏は、ヒメの「ヒ」は織物の経糸に由来し直系を意味すると指摘しています。あるいは「ヒ（霊）」は「ヒレ」によって招き寄せられて付着し、「ヒレ」の呪能をよく使いこなす女がヒルメであるとしています。古代、「ヒラヒラ」したものには「ヒ／ヒレ」が依り付くと考えられたからです。天女の「ヒレ」や帯を思い浮かべれば良いでしょう。(物部の呪文／註4-6) (89-178)

ヒ（経）はヒタ（直）と延ばされた糸である。血筋のうちでも直系を指す。古代の系譜は縦糸図で示されていて、代々の血統のつながりを示す人名が縦に並べられている。直系の人名の上には縦線が真直ぐ引き下ろされている。……品陀の日の御子、大雀は品陀の直系の子の大雀の意であり、応神・仁徳は同一天皇ではないし、ホムタが満ち足りた月と形容した名であるとしても受

け入れられるだろう。(210-164)

　柿本人麻呂にも石上神宮のをとめが袖 (ヒレ) を振る歌があります。袖を振る (領巾ふる) のは相手の霊魂を招きよせ宿りこめる方法で、魂乞いの一方法でした。 (88-750) (265-4-60)「ヒ (霊)」は「ヒレ・ヒル」の「ヒ」と同根、と三浦氏は指摘しています。(210-345)

　氷上の文字を離れて訓に着目すると、「ヒカミ」は直系の神を意味する可能性があります。したがって、尾張国造の祖・宮簀媛を祀る氷上姉子神社の祭神ミヤズヒメとは直系の神の意味になります。ただし、ミヤズヒメの名は尾張氏系譜にはなく『記紀』に載ることから、ヤマトタケル伝承は天武のころまでに創作されたと考えられています。(332-519)

　氷上姉子神社は、古代、年魚市潟 (あゆちがた) と呼ばれる入江に突き出た熱田台地や笠寺台地に向き合った南方の台地にある火上山にあります。ここは海人族が居住した地域で『尾張国熱田太神宮縁起』 (尾張清経 874年) では海部氏 (尾張氏別称) とされます。(『尾張国熱田太神宮縁起』には海部、是尾張氏の別姓也とある) (290) (332-478)

　宮簀媛の訓みに関連して丹後の宮津 (港の名) が注目されます。ここには月神イザナギが計画した天橋立とその対岸に「コノジンジャ籠神社」 (コは月) があります。これは、尾張の年魚市潟に突き出た熱田台地や笠寺台地の対岸に氷上姉子神社が存在するのと同じ空間構造で、共に良港であったことも重要で海人族が活躍する「場」でした。(332-484) 丹後宮津の籠神社と尾張の氷上姉子神社を奉斎していたのは、ともに海部氏でした。このような尾張と丹後で認められる符合は偶然ではなく、海人族が奉斎した月信仰の現われと考えて良さそうです。(317-11) (332-478)「国宝　籠明神社祝部氏系図」

2.　ホノカミとする場合

　「ホノカミ」と呼ばれていた伝承が存在し、「ヒ火」の古形は「ホ」で「月のような淡い光」を指すことから、「ホノカミ」とは「ほのかな月の光の神 (霊)」と考えられます。ちなみに、火上山の「火」は尾張氏の祖で月神ホノアカリの「ホ火」であることから、「ホノカミ」が本来の訓みと思われ、「ホノカミヤマ火上山」とは尾張氏の祖神の山になります。これは、「ホノオ炎」「ホノボノ仄々」「アケボノ曙」「ホタル螢」などの「ホ」と同じで、周芳山口にある「ホツミ穂積」の「ホ」でもあります。

　ただし、「氷」の「ヒ」は上代特殊仮名遣で甲類になり、「火」は乙類で通音しないとする説もあり、断定はできません。しかし、上代特殊仮名遣は平安初期に急速に崩れたことから、可能性がまったくないとは言い切れません。(124-222) (332-521)

3.　『易経』説卦伝乾の象意「ヒ冰」

　線分 (国津姫神社－氷上山－東鳳翻山) が方位角 315° (135°) の巽乾軸であることから、『易』説卦伝乾の象意「ヒ冰」に由来する可能性もあります。詳細は前作までを参照して下さい。(75-411) (76-55)

熱田神宮で奉納された太々神楽

　月信仰の一傍証として「タタカグラ太々神楽」があります。元は月神・天照国照彦火明命を祀る熱田神宮で奉納された神楽で、江戸時代中期に氷上姉子神社で奉納されるようになりました。「タタ」は「タラ」に通じ膨らみ満つこと、と三浦氏は指摘しています。「タタカグラ」とは「月の神楽」を意味し月神に奉納する神楽であり、熱田神宮 (摂社十二社／十二は一年の月数) と氷上姉子神社がともに月神を祀る社であることが分ります。

　その「タタ」を含む例として、月神オオモノヌシの子オオタタネコ (大田田根子) があります。(210-119)「オオ」は大小の大ではなく「渡る月」を意味し、「タタ」は膨らんだ月、「ネコ」は直系を表す言葉です。結果、「オオタタ」とは「天空を渡る満月」を指し、月神オオモノヌシの直系を意味します。事実、崇神七年に起きた月神オオモノヌシの祟りをその子オオタタネコに祀らせて疫病が止んだ記事が『紀』にあります。

しかし、なぜ大和の国魂オオモノヌシの子が大和ではなく西方の河内陶邑 (陶邑古窯址群) に居たのでしょうか。崇神朝ではすでに大和を追われていたのでしょうか。(323-1-241)

大物主神の祟り（崇神天皇五年から続く疫病）

崇神七年十一月丁卯朔己卯、……卽ち大田々根子を以て、大物主大神を祭る主とす。……是に、疫病始めて息みて、國内漸に謐りぬ。五穀既成、百姓饒之。

　以上から、大内氷上の訓みには上記の 3 点の可能性があり、いずれの場合もその背景に月信仰が示唆されます。「ヒカミ」を「ホノカミ」と呼んだ可能性があり、この場合はもっとも月信仰に関わりがあります。『易』説卦伝・乾の象意「ヒ冰」とした場合も月の別称・氷輪を連想させ、同時に空間設計の遺跡としても重要です。

　「ホノカミヤマ月神の山」を北に抱く「氷上の里」に、北斗七星図で第一星に相当する位置を決定したのは必然であったようです。北斗図の設計中心として、北極星に相当する位置を「タタラヤマ多々良山」すなわち「膨らんだ月の山」に決定したのも、同じ設計思想によるものと考えられます。その思想はまた、不死鳥を象徴する東鳳翔山と氷上山を結ぶ方位線の延長線上に月神 (宗像三女神) を祀る国津姫神社を決定しています。つまり、この軸上には信仰上破綻した設計はなく、すべてが月信仰を背景に一貫しているのが分ります。

「オオウチ大内」は「渡る月のところ」か

　古代、周芳山口には「オオウチノアガタ大内県」と呼ばれる朝廷の直轄領がありました。「アガタ県」とは初期大和王権の支配地で、従属した在地首長に貢納をおこなわせていました。(88-22) (332-484) 貢納品はおそらく長登銅山の銅で、周芳山口は国内最大の産銅地でした。それはちょうど、大和と伊勢 (水銀座) (81-89) が中央構造線に沿った最大の水銀鉱床群であったことと符合します。(70-93) (いずれもが「月の都」であったことも偶然ではない／第4,5章) 今も昔も天然資源は経済的基礎の一つで、政治体制の基盤であり紛争の原因でもあります。(資源の呪い) (70-28, 91) (195-45) (272-95, 181) (384) (385)

　その「オオウチ大内」の意味について「比較的大きい盆地を指す」とする説があります。(356-131) しかし、大内とは本来は天帝が居住する場所を意味し、盆地の形容ではありません。『史記』天官書に載る蘇州天文図にみられるように、北斗七星が北極星を中心に回転する円の内側を紫微垣また大内と呼びました。(219-1-246) (279-1-246) 紫微垣に倣って地上に都を建設し、天皇の住居を紫宸殿と呼び大極殿も含めた区域を「ダイダイリ大内裏」と呼びます。つまり大内裏とは、天帝が居住する紫微垣を地上に再現した区画です。(大内県を紫微垣に擬した可能性もある) (75-392) (219-1-246)

　大内の地名の由来について、下記の 3 点の可能性が考えられます。

1. 北極星を中心に回転する北斗七星の内側の範囲
2. 「オホウチ渡り照る月の所（内裏）」
3. 「オホチ月霊」（コウチ・カワチ河内と同じ意味になる可能性）

1. 北極星を中心に回転する北斗七星の内側の範囲

　周芳山口に描かれた北斗七星図は、地上の北極星に相当する多々良山を中心に南方朱雀宿の範囲で回転するように設計されていました。∠ (横浜神社－多々良山－月読神社) が 110° であり、北斗七星図を描くと同時に南方朱雀宿を描いたと推測されます。結果、「オオウチ大内」とは、北斗七星図が多々良山を中心に南方朱雀宿図の範囲を回転する内側の地域を指した可能性があります。それは従来、指摘されていた地域より広い範囲になります。(75-392)

2. 「オホウチ渡り照る月の所（内裏）」

　三浦氏によれば、「渡り照る」を意味する「オシテル」の「オシ」は「オホ (大・太)」にも変化しました。(210-37)

そこで「オオウチ」の「オオ」にも「渡り照る（月）」の意味が含まれ、「オオウチ」とは「渡り照る月の所（内裏）」つまり、「仄かな月の光が照らす都」（月の都）である可能性を考えました。

3.「オホチ月霊」（コウチ・カワチ河内と同じ意味になる可能性）

　「オホウチ大内とは「オホチ」で「カワチ・コウチ河内（月霊）」と同じ意味になる可能性があります。「カワチ・コウチ」からは、古代の河内湖（難波入江）の情景を想いおこさせます。それは、河内湖が「月霊の湖」を意味し、生駒山の直越（ただごえ）道から河内湖を渡りてる月が遥かに望めたと想像できるからです。山に囲まれた（たたなづく青垣山こもれる）大和から来た旅人が眼前に広がる月と海に心を奪われたと想像することは難くありません。三浦氏は、難波入江の港であった「クサカツ草香津（日下）」は「月坂」と指摘しました。（私説では「はじめの港」あるいは「月坂」）（河内についてアイヌ語説がある）（426-112）

古代では河内の上町台地はあまり西や北へ発達しておらず、難波の海は日下の津（草香津）のあたりまで入り込んでいた。……クサカはク（カ・ウカ）の転訛したもの、すなわち月・月夜を指す「日」とし、サカはサガル（下）の語幹を利用したものであると考える。おそらく月坂の意味だろう。大和のものが生駒を越えて河内にゆく場合は下り坂になるので、下の字を選んだのであろう。（210-36）

　『万』に載る「オシテル」の用例17首のうち14首は難波に掛り、難波も月に関連した言葉であるはずです。『万』⑥977では「大和から草香山を越えて、難波の海を望んだ時、海は月光で輝いていた」と、現代ではけっして望めない難波の海の情景を詠っています。（私見では難波は「浅瀬の海面」／澪標が必要であった理由）

『万葉集』では、おしてる（や）やおしててらせるを用いたところが、17首中18カ所ある。そのうち3首は月にかかり、残りはすべて枕詞で難波にかかる。（210-36）

直越の　この道にして　おしてるや　難波の海と　名づけけらしも　　　（万⑥977）

おしてる　難波を過ぎて　打ち靡く　草香の山を　夕暮れに　吾が越え来れば　　　（万⑧1428）

おしてる　難波菅笠　置き古し　後は誰が着む　笠ならなくに　　　（万⑪2819）

「フシノカワ椹野川」は「月の都」周芳山口を流れる「不死の川」を意味する

　椹野川の川名の由来については、俘囚（フシュウ）をとする説があります。（194-504）俘囚とは、東国の蝦夷のうちで朝廷の支配下になり、全国に分散して移住させられた人々を指します。その「フシュウ」が「フシノ」になったとする説です。しかし、「ヨシキ」の節で述べたように地域の総名には呪能や聖性が付され、その地域を寿いだはずです。したがって、「月の都」を流れる清らかな川に「フシュウ」を宛てたとは考えられません。（131-410）（295-93）（426-311）（『倭名類聚鈔』巻八に吉敷郡俘囚）（458-8-21）

　「月神を祀る盤座の山」高倉山の水が流れ豊穣が約束された「ツネドミカワ恒富川」や、「明るい月」を意味する「アカダ赤田」を流れる「ヨシキカワ吉敷川」の支流を集めた「フシノカワ椹野川」は、神話的な「月の都」を流れる「フシノカワ不死の川」と考えられます。いずれの川も不死と再生を約束する月の「生の水」で満たされていたはずです。

　「フシ」の例として「アラマシノミヤ新益京」の皇居「フシハラノミヤ藤原宮」があります。この皇居の名から新益京が藤原京と呼ばれるようになったのは、1913年に発表された喜田貞吉氏の論文以後のことです。（喜田貞吉『藤原京考証』）皇居の名に臣下の名（藤原氏）を付けることは考えられず、『紀』に記載された藤原宮とは「不死の宮」つまり「決して絶えることのない宮」、より明らかにいえば「地上の高天原」「不死の常世の月世界」の意味と考えられます。天武が企画し持統と文武で実現した新益京は、その構造から不死（皇統が絶えることのない）の月信仰を背景にした設計と考えられます。つまり、地上に月世界を再現しようとした思想信仰です。文武二年（698年）、政治的な必要性から皇祖が日神とされた後も、月信仰は絶えることなく受け継がれていた傍証になります。（216-176）（339-150）（372-14）

「アラマシミヤ新益京」は、東に月が誕生した天香久山を、北に望月のような耳成山を構え、西に沈む月を連想させる畝尾山の大和三山に囲まれた「月の都」といえます。「アラマシ」とは、天香久山が象徴する「新月から勢いが増してゆく（満ちて行く）」姿を意味すると考えられます。

　天香久山には「月の誕生石」があることから、古代には月が香具山で生れたと考えられていました。つまり、晦日の暗闇から新月が生れるように、天香久山から月が生れたと連想したのでしょう。天香久山が大和三山の中で最も神聖な山とされたのは、生命力の溢れる満ちて行く（新益）月の象徴と考えられたからに違いありません。（不死の宮にもかかわらず、わずか16年で平城京へ遷都したのは、治水より理念が先行しすぎたから）（汚穢が溜ったとする説がある）（44-186）（281-58）（305-261）（346-163）（369-94）（370-38）

　大和の新益京の西方、矢田丘陵の西端（生駒山東斜面）の平群（ヘグリ）郡には、一般的に「アテギ／キヌタ／サワラ椹」と読むところを「フシハラ椹原」と読む珍しい地名があります。これは、山口盆地を流れる「フシノカワ椹野川」と同じ訓みで、地上絵を描いたと推測される土師氏が平群郡の出身であった可能性も考えさせます。（76-528）（119）

　椹野川がその北麓を流れる「ヒメヤマ姫山」には不幸な死を遂げた姫の伝説があり、その伝説が山名の由来とされます。この伝説は別にして、椹野川が「フシノカワ不死川」であれば、「ヒメ」とは「フシノヤマ富士山」の祭神コノハナサクヤヒメに由来する可能性があります。あるいは、周芳山口が「月の都」であることから、月の都の住人カグヤヒメに由来する可能性も否定できません。「ヒメヤマ」の場合も「ヨシキ吉敷」や「フシノカワ椹野川」と同じで、不幸な死を遂げた姫の名を「月の都」の中央に位置する山に冠するとは思われません。その山名には、呪能や聖性が付され地域を寿いだはずだからです。ただし、いつ命名されたかは不明で想像でしかありません。（90-52）（コノハナサクヤヒメの別名は神吾田鹿葦津姫）（天皇家の姓も「姫」であった／143-186）（註4-7）

　カグヤヒメが遺した不死の霊薬を焼き捨てた山を「不死の山」すなわち富士山（不二山／不尽山）と呼び、富士山の西側を南流する川を富士川（おそらく不死川／不尽河）と呼んだ例があり、椹野川を「不死の川」としても無理はありません。（『紀』皇極天皇三年七月条常世の神に富士川を不尽河とし、不尽は不死に通じる／毛利邸のナギ川）（321-67）（323-2-258）

　「フシノヤマ富士山」の八合目には、「コノシロ」という魚が棲み決して涸れることのない「コノシロ池」という伝説があります。「コノシロ（月の代）」の名は、月に譬えられる白銅鏡と同じように白く輝く体壁に由来すると考えられます（コノシロは現実には海水魚）。「フシ不死」の薬を焼いた「フシノヤマ」の祭神コノハナサクヤヒメの眷族が「コノシロ」であるのは偶然ではなく、月信仰に基づいた命名あるいは物語と考えられます。（16-13）

　「コ」も「ツキ」に由来する言葉で、「ツキヨミ」が「コヨミ」になったことからも明らかです。「シロ」は「神霊などが顕現するもの、再生するもの」で、「シナ・シラ・ヒラ・ヒナ」に通じ月あるいは月光を指しています。つまり、「コノシロ」とは月神の依代と考えられます。（210-73）

「タタラヤマ多々良山」は「丸く膨らんだ月の山」

　「タタラヤマ多々良山」（防府市多々良）は北斗図の設計中心であり、地上の北極星に相当します。大正時代、その南麓に毛利邸が建設され、邸内にある毛利邸祖霊社と向島立岩稲荷本宮と結ぶ185°の方位線は、防府平野の条里制の基準線になっています。したがって、祖霊社が存在する「場」は条里制が施行された大宝元年（701年／大宝律令）までには決定されていたと推測されます。毛利邸が建設されるまでは期山寺が存在しました。

　多々良山の「タタラ」の語源については定説をみません。三浦氏は「タル足る」の語幹「タ」に由来して「丸く膨らんだ袋」を意味し、背景に月信仰を指摘します。（210-3,116）

古代、製鉄や鋳物の鋳造に用いる送風装置をタタラと呼ぶ。『大言海』はタタラを叩き有りの略で、踏み轟かす義とするが、タラの畳語で丸く膨らんだ（革）袋ととるべきである。

　私見では「タツハラ龍腹」に由来し、「タツラ」「タタラ」へ変化したと考えます。結果、初代天皇の后ホトタタライスケヨリヒメの名にある「タタラ」は「皇孫を生む腹」を意味し、初代天皇の后妃に相応しいと考え

ました。「タタラ」の語源を龍腹と考えることで、「タタリ」「ツツラ」「タタミ」などへの転訛も理解できます。

　「タツハラ」の変化を纏めると以下になり、「タツハラ」が「タツラ」になり母音交替の結果、「タタラ」になったと推測します。(75-319) (76-402)

タツハラの変化：私説

1. タツハラ→タツラ→タタラ　　　　　　　　：多々良朝臣、ヒメタタライスズヒメ、蹈鞴

　　　　tatuhara　→　tatura（ha の脱落）→ tatara（母音交替）

2. タツハラ→タツラ→ツツラ　　　　　　　　：九十九折（九は龍を象徴する数字）、ツヅラフジ

　　　　tatuhara　→　tatura（ha の脱落）→ tutura（母音交替）

3. タツハラ→タタラ→タタリ　　　　　　　　：祟り（示現する＝「三碧木気」象意）(註 4-8)

　　　　tatuhara　→　tatara（母音交替）→ tatari（母音交替）

4. タツハラ→タタラ→タタム、タタミ　　　　：畳む（蛇の鱗と腹板は折り畳まれている）

＊蠱（龍蛇）による呪詛を祟りという。(336-230) ＊祟りは示現（龍蛇が配当される木気の象意）。祟り神の原像。(430-17) 音韻について (127-155)
＊蛇の鱗は折り畳まれ薄い皮膚によって連結されている。 (352-64)

　「タツハラ」から「タタラ」へ転訛する中間段階（タツラ／上記 2.）の一例に、陶春日神社の「国司総社参拝及鋳銭司古図」と題された絵馬があります。その絵馬には、現代の多々良山（防府市多々良）と考えられる「タツラヤマ達良山」が描かれていて、「タツラ」から「タタラ」への変化をよく表しています。

　三浦説と私説の両者に「膨らんだもの」という共通した性質があることから、本書では併記します。

「タタラ」の語源について二説

三浦説：「タタラ」は丸く膨らんだ袋の意味で、満月を暗示する。

池畑説：「タタラ」は「タツハラ龍腹」から転じた言葉で、「儲けの君」を産む家系を意味した。毛受腹と同じ意味を持つ。

「スゲウチ菅内」とは「月世界と同じ清々しい場所」を意味するのか

　「スゲウチ菅内」は、大内御堀の南に位置する地域です。その地に仁平元年辛未（1151 年）、五重塔を配した大伽藍・仁平寺が創建され、大内氏にとって重要な地域であったことが分ります。

　その菅内にある日吉神社は氷上山興隆寺金堂（現存しない）を基点として設計され、菅内は大内氏にとって父祖の地ではなかったか、と推測しました。(表 4-3) その理由は、日吉神社の「場」を決定したのは「死すれば則ち丘に首す」(註 4-9)、すなわち決して宗廟（故郷）を忘れない思想信仰にしたがった結果ではないか、と考えたからです。 (291-59, 167) つまり、日吉神社が創建された奥域の大内畑は、大内氏が土師氏から岐れた所だったのではないか、と想像されます。

　そのように想像する根拠は、土師氏と大内氏の結びつきを示唆する空間設計が残されているからです。

1. 土師八幡と大内畑伊勢社跡が泉香寺山を中心とする同心円上に存在する。（五形円形）
2. 土師八幡と氷上妙見社上宮が東西軸上に存在する。

表 4-3：氷上山興隆寺金堂跡を基点とする距離と方位角

地点	緯度（°）	経度（°）	距離(m)	方位角（°）	誤差（%）	備考
興隆寺金堂跡	34.1692	131.5000	0	0	—	参道奥
参道	34.1631	131.4992	681	186.2217	—	
日吉神社	34.1347	131.4953	3851	186.4631	0.4	

＊線分（興隆寺金堂－参道）と線分（興隆寺金堂－日吉神社）の誤差の計算。186.4631-186.2217＝0.2414　誤差 0.42%

表 4-4：泉香寺山を基点とする距離と方位角

地点	緯度（°）	経度（°）	距離（m）	方位角（°）	誤差（%）	備考
泉香寺山	34.1378	131.4564	0	0	―	
土師八幡	34.1717	131.4431	3955	341.9394	―	
大内畑伊勢社跡	34.1097	131.4828	3956	141.9907	―	残存鳥居

＊線分（泉香寺山－土師八幡）と線分（泉香寺山－大内畑伊勢社跡）の距離差は 1m。

表 4-5：土師八幡を基点とする距離と方位角

地点	緯度（°）	経度（°）	距離(m)	方位角（°）	誤差（%）	備考
土師八幡	34.1717	131.4431	0	0	―	
上宮跡	34.1717	131.4994	5191	89.9842	0.03	
朝田神社	34.1483	131.4431	2596	180.0000	0	残存鳥居

＊東西軸に対する線分（土師八幡－上宮跡）の誤差の計算。90-89.9842=0.0158　誤差 0.03%

　菅内が土師氏と大内氏の結びつきを示唆する重要な地域と捉えた上で、その地名「スゲ（古形はスガ）」を以下の 2 点から検討します。

1. スサノヲが日本初之宮を建てた出雲の須賀神社のスガ
2. 土師氏四腹の改氏姓で与えられた菅原のスガ

1. スサノヲが日本初之宮を建てた出雲の須賀神社のスガ

　出雲の「スガ須賀神社」は、主祭神スサノヲが八岐大蛇を退治した後に建てた宮殿が神社になったと伝えられ、日本初之宮とされます。また、スサノヲが和歌を詠んだことから和歌発祥地とされ、「スガ須賀」は歌中の「スガスガシ」に由来します。(38-10)

吾此地に来て、我が御心須賀須賀斯。とのりたまひて、其地に宮を作りて坐しき。故、其地をば今に須賀と云ふ。茲の大神、初めて須賀の宮を作たまひし時、其地より雲立ち騰りき。爾に御歌を作みたまひき。其の歌は、八雲立つ　出雲八重垣　妻籠めに　八重垣つくる　その八重垣をぞ。(141-89)(153-89)

　三浦氏は、「スガスガシ（清・浄）」が月の形容詞である、と指摘します。つまり、月神スサノヲの心を表現するのに最も相応しい言葉でした。(210-45)

　「スガ（スゲの古形）」は「スゲ（菅）」に通じることから、「スゲウチ」とは「清々しい場所」すなわち月信仰を暗示する地名ではないか、と想像されます。菅内について『山口県地名考』『大日本地名辞書　中国・四国』『山口市史』などにも記載はなく、詳細は不明です。(204)(356)(424)

　『地名語源辞典』には、地名用語として須賀と菅を並べて「スガはシガ志賀と同源同義で、霧氷の意。霧氷を生ずるような高山、高原などの地名につけられる語」とします。(426-197) 霧氷や高山は別にして、「スガ」が「スゲ」や「シガ」と同源同義とする指摘は菅内の地名を考える上で重要な示唆が得られます。すなわち、「シキ・シカ・シガ」は海人族が居住した地域の地名でした。(210-101)「シキ」は「シキ・シク・シケ・シコ」などと同じ再生や繰り返しの意で、繰り返すものの代表は月です。つまり、「シガ滋賀・志賀」と同源同義の「スゲウチ菅内」にも「ヨシキ吉敷」と同じく、その地名の背後に海人族と月の存在が暗示されます。「スゲウチ菅内」は後述する「スガハラ菅原」と同じ意味を持つ可能性もあり、土師氏（菅原氏は土師氏）と大内氏の関係を考える上でも重要な問題です。

　ちなみに「ヨシキ吉敷」の東鳳翩山を越えた西方には「ササナミ佐々並」と呼ばれる地域があり、「ササナミ」は「シガ滋賀」に掛かる枕詞でした。この地名は「ヨシキ吉敷」に海人族が居住した傍証になります。

ささなみの　志賀の辛崎　幸くあれど　大宮人の　船待ちかねつ　　　（万①30／通称「近江荒都歌」）

2. 土師氏四腹の改氏姓で与えられた菅原の「スガ」

土師氏四腹とは土師氏の支族を指す言葉で、桓武の生母・高野新笠 (タカノニイガサ) を生んだ中宮母家の土師氏は毛受 (モズ) 系統の支族で毛受腹 (モズバラ／モウケノハラ) でした。この毛受腹の土師氏が大枝朝臣となり、他の3支族が秋篠朝臣と菅原朝臣になったと考えられています。加賀前田家は大枝朝臣、菅原道真は菅原朝臣の末裔になります。 (76-395) (116) (166) (186) (247) (248-32) (366) (436)

これらの改氏姓は月信仰を背景にした可能性があり、その傍証として高野新笠の名があります。「タカノ高野」は月のある高天原、「ニイガサ新笠」は三日月を暗示します。そこで上記の三氏の姓を月信仰の視点から解析すると、以下になります。

この中で土師氏四腹としながら、なぜ大枝、秋篠、菅原の3支族しか記録にないのか不可解です。その理由として、月信仰を背景にした改氏姓で「三」が月を象徴する数字であったから、と想像します。

菅原 (スガハラ)：清々しい月の出る原 (所) か？／満ちて行く月を暗示。菅内と同じ意味の可能性。
秋篠 (アキシノ)：秋の月 (シノは月／シナに通じる)／秋の七夕から後の月までを暗示。
大枝 (オオエダ)：枝を張り巡らせる槻 (ツキはケヤキの古名)／望月を暗示。

菅内は月信仰を有する大内氏にとって重要な地域であり、月を修飾する常套句「清らか・清々しい」に通じる「スゲ菅」を採用した、と想像できます。その傍証としてスサノヲが日本初之宮を建てた出雲の須賀、土師氏が改氏姓した菅原氏を上げました。スサノヲは月神と考えられ、土師氏も月信仰を有していたと考えられるからです。ちなみに、土師氏と出雲氏は同族と考えられています。(247) (417)

まとめ

1. 菅内の地名には月信仰の背景が暗示され、菅内とは月世界と同じ清々しい場所を意味する。

2. 吉敷 (ヨシキ) と大内 (オオウチ)、菅内 (スゲウチ)、河内 (カワチ・コウチ)、菅原 (スガハラ) は同じ意味を持つ可能性がある。

「ヒラノ平野」は「月の光が照らす野」、「ヒライ平井」は「月の井」か

前作で平野について考察した結果は、下記になります。

1. 土師八幡の西南に位置する平野の地は土師氏にとって観念的に「坤」「大地の母」すなわち「ふるさと」として意識された可能性がある。(狐、死則丘首) (300-167) (註4-10)

2. 平野は『易経』後天易の「坤」の象意・たいらに由来し、「土気」の領分である四隅 (土用／境界) を意味する可能性がある。(註4-11)

上記で月信仰の存在を示唆するのは、ホムタワケ (後の応神) と月神アメノホヒを祭神とする土師八幡です。土師八幡社殿は平野を向いて設計されていることから、五形図を描いたと推測される土師氏 (毛受腹／大枝氏) は、平野一帯を観念的に「祖霊の降臨するところ」「母なる大地」として重視した可能性があります。土師八幡の周辺には吉敷、赤田、朝田、大歳、など月を暗示する地名が多く、月信仰を持つ海人族が居住した地域と推測されることから、平野もやはり月信仰に関連した地名の可能性があります。

三浦氏は、「ヒラ」が「シタテルヒメ下照姫」の「シタ」で「シナ・シラ・ヒラ・ヒナ」に通じ、月あるいは月の光を意味する、と指摘しています。したがって、月信仰の視点から「ヒラノ」は「月の光が照らす野」といえる可能性があります。(210-251)

平野の東北「ヒライ平井」にある平清水八幡には決して涸れることのないの清水の伝承があり、「ヒライ」とは「月の井」の可能性があります。この社殿南方に「月神を祀る盤座の山」高倉山があります。

平井には日吉神社が存在し、その白石伝説 (註4-12) も白が白銅鏡のように月の光を暗示することから、やは

り月信仰の痕跡である可能性があります。(90-59)

「タカクラヤマ高倉山」は「月神を祀る盤座の山」

　高倉山が「月神を祀る盤座の山」であることは「おためし神事」に最もよく表われているため、詳細は「祭祀に残る痕跡」の節へ譲ります。

　「タカ高」は「月あるいは月のある世界」を指し、「クラ倉」は盤座を意味することから、「タカクラ」とは「月神を祀る盤座」になります。(210-83) 三浦氏は、高倉（蔵・座）の多くは天照国照彦火明命の子・天香語山命（別名・高倉下）を祀る、と述べています。高倉下の別名が天香語山命であることから、「タカクラ高倉」は「カゴ香語」と同じ意味をもち「タカクラヤマ」とは「カグヤマ」つまり「月の山」になります。(210-406)

　周芳山口の高倉山は「月神を祀る盤座の山」であると同時に、大和の天香久山と同じ「月の山」と見做され、満ちて行く生命力に溢れた月を象徴し、周芳山口の中でも特に重視された山であった、と推測されます。

　大和と伊勢と周芳の「月の山」を比較すると、表 4-6 になります。

表 4-6 : 大和、伊勢、周芳の「月の山」の比較

国	山	意味	祭神	井泉	石・岩	備考
大和	天香久山	月の山	クニノトコタチ タカオカミ	壺（天香山神社に通じる）	月の誕生石	埴は国の象徴
	三輪山	月の山	オオモノヌシ	アマノマナイ	上・中・下盤座	設計基点
	大和葛城山	月の桂の山	クニノトコタチ	祈雨祈願	−	設計基点
伊勢	高倉山（外宮）	月神を祀る盤座の山	クライナタマ	御井（ヲシホイ）	盤座	設計基点
周芳	高倉山	月神を祀る盤座の山	スサノヲ ウケモチ	おためし神事	盤座	設計基点
	泉香寺山	月輪を象徴する山	−	不明（東麓に池）	−	設計基点

　地上絵を発見する端緒は、1994 年の冬至の朝、偶然、高倉山に昇る朝日をみたことでした。小川氏は『大和の原像』の中で、三輪山と多神社が東西軸上に並び、これを「太陽の道」と命名しました。(253-229) その記事と高倉山に昇る朝日とが結びついて、古い歴史のある山口にも似た設計があるかも知れない、と思いました。その後、約 340 ヵ所の山や神社を調査し、北斗図と五形図を発見したことは前作までに述べた通りです。

　今回、月信仰の視点から改めて地上絵と空間設計の全体を見直しました。結果、高倉山とは三浦氏が指摘した「月神を祀る盤座の山」であり、周芳山口が「月の都」である、という考えもしなかった視界が拓けました。(210-83) 高倉山に昇る朝日を見たことから始まった地上絵の研究が、高倉山に昇るのは「太陽ではなく月が相応しい」という結論を導き出したのは、なんとも皮肉なことでした。

「センコウジヤマ泉香寺山」は月輪を象徴する山

　「センコウジヤマ泉香寺山」は、地上絵を発見する端緒になった山の一つです。(76-44)(90-60) 平川の中原で椹野川の東、高倉山の西に位置する標高 61m の独立した小丘です。東麓には「ウルウ閏」地区があり、西麓は高倉山を水源とする「ツネトミカワ恒富川」が迂回し九田川にそそぎます。(表紙絵) 泉香寺山の「イズミ」と「ウルウ」とは月にある「生の水」を、「ツネトミ」とは豊穣を約束する月を連想させます。しかし、泉香寺山という山名に月信仰の痕跡を直接みとめることはできません。

　山名の由来になった泉香寺について、『防長寺社由来山口宰判』には以下の記述があり、文中、洞家とは曹洞宗のことを意味します。青鼈山は山号（寺号）であって、本来の山名をどれほど反映しているのかは不明です。青鼈山の「ベツ鼈」とはスッポンのことで、月を象徴します。（青鼈は中国語ではミドリガメを指す）(420-340)

恒富村禅宗青鼈山泉香寺　当寺往古は大内廿一代盛見公御建立にて、禅宗済家にて開山仏光恵光禅師にて御座候処、中古より洞

家に相成、本寺山口古熊永福寺末寺に相成、開山昌岩春盛大和尚にて御座候、開闢年代考え難く候事。

　泉香寺山の八合目あたりに「武者走り」と呼ばれる鉢巻状の段があり、前作までは方位盤として加工された痕跡ではないか、と想像しました。比較的よく残されている西側の「武者走り」の幅は 3-5m、頂上へ向かう傾斜角 30°の法面の距離は約 19m です。(計測可能な範囲)「武者走り」から頂上付近を眺めると丸くみえることから、巨大な円墳であった可能性も否定できません。いずれにしても山全体が人工的に加工された印象があり、山頂を一周する「武者走り」は月輪を象徴する可能性があります。なぜなら、輪は月信仰を象徴し世界的にも普遍的な造形であったからです。(244-232)

　山頂は歪な長円形で、明治 29 年 3 月に日清戦争凱旋記念碑を建設する時に平面を加工したのかも知れません（元は小高い盛り土状であった）。(90-62) 記念碑の位置から出土した経筒の中には腐食物 (おそらく経典の一部) がつまっていたとあり、これが地上絵の設計図であった可能性を考えてみたくなります。(経筒は国立博物館に収蔵され実見できない) 経筒の埋納は、平安時代の末法思想の影響を受けた信仰の証とされます。慎重に埋納された経筒は貴重な白磁小壺 (推定、唐時代) で蓋をされていたこと、などから築造したのは後代の大内氏であった可能性もあります。経筒が埋納されていた事実は、泉香寺山が重視されていた明らかな傍証になります。

月の嶺「コウノミネ高嶺」と高嶺大神宮（伊勢神宮より勧請）

　地上絵が描かれてから約 800 年後、永正十七年(1520 年)、大内義興 (1477 年-1529 年) が内宮の分霊 (皇祖アマテラス) を国内で唯一勧請し山口大神宮を創建しました。神聖で侵すべからずものとされた朝廷の祖霊を勧請できたのは、当時の大内氏の権勢と財力によるものだけとは考えられません。(勧請費用約 230 貫文) (35-134) (41-134) そのように考える理由は、伊勢と周芳山口が連携して宗廟祭祀の一翼を担ってきた歴史が伝えられていたのではないか、と想像するからです。(149-1-388) (305-35) (330-10) (418-459) さらに、土師氏 (大内氏の祖) の遠祖アマノホヒが皇祖アマテラスの直系と記録されたこと、桓武の外戚 (生母・高野新笠の母・土師宿禰真妹が土師氏であった) であったこと、も勧請を可能にした理由の一つと考えられます。いずれの理由にも、背景には月信仰の存在があります。

　『大内氏實録』には、山口へ伊勢神宮 (内宮・外宮) の分霊を勧請するまでの記録があり、文中、高嶺を「コウノミネ」と訓ませています。勧請に際しても外宮先祀の原則が守られています。(130-79)

永正十五年(1518)己寅冬十一月、神明を山口に勧請の宿念ありて宮地を高嶺山の麓に相す。

　十六年(1519)己卯冬十一月三日、高嶺外宮落成す。

　十七年(1520)庚辰夏四月八日、高嶺内宮落成す。

　現在の「コウノミネ鴻ノ峰」は、古く「コウノミネ／タカミネ高嶺」と表記され、「高」が月を意味することから「月の嶺」になります。これは外宮の古形「タカミヤ高宮」が「月の宮」であることと符合します。外宮を勧請する場所として「タカミネ高嶺」が選ばれたのは、高嶺が月を象徴する嶺として認められていた証になります。月神ウカノミタマを祀る「月の宮」外宮を「月の嶺」高嶺に祀り、信仰上一貫して破綻したところがありません。(内宮も本来は月神アマテラスを祀った)

　ちなみに、山口大神宮は山口市滝町にあり、「タキ滝」は多気大神宮 (瀧原宮) あるいは内宮境内摂社の瀧祭宮と同じ「月霊」を意味し、東麓を流れる川は五十鈴川です。

　高嶺に関連して、「月の山」三輪山山頂の「高宮」、大和葛城にあった月信仰を持つ尾張氏の居住地「高宮郷」、天香久山の別称「高山」、など「高」が含まれている場合は月信仰を背景にした命名である可能性があります。「月・月光に関わるものにタカ (高) の語の着くことが多いことがわかっている」と三浦氏の指摘があります。(210-405)

2. 祭祀に残る月信仰の痕跡

高倉荒神社の「おためし神事」

　高倉荒神社 (以下、荒神社) の「おためし神事」は旧暦正月二八日に行われ、暗闇の中での神事であったと推測されます。「月神を祀る盤座」で行われる神事には、古代の月信仰を示唆する事柄が多く含まれています。ただし、神事を実見できないため、『平川文化散歩』の記述と空間設計の知見から判断しました。

　『平川文化散歩』には「荒神の祭りは正月、五月、六月の二八日を定日として行われ、正月にはおためしの年占神事があった」という記述があります。下記の文中「境内の三神水」とは、盤座にある三日月形をした三つの窪みに溜る水を指すと考えられます。正月、五月、六月は和暦で、現代では月遅れの西暦 2 月 28 日に「おためし神事」が行われます。

注進案には「当社境内に三の神水あり、祭りの前日願成寺住侶、此三の神水に向ひ、其多少を測りて年の豊凶を占ひ、早田幾合、中田幾合、晩田幾合ということを書て本堂の長押に貼す、これを御ためしという、遠近の諸人輻輳し、彼御ためしを見てあらかじめ年穀を養ふの備をなせり」(90-108)

　明治維新の廃仏毀釈で願成寺 (高倉荒神の神宮寺) が廃止され、その後、荒神社も現在地に遷座したとあります。その際、激しい雹に神威を感じ信仰がより高まったと伝えられます。文中、大正三年七月十二日の月齢は 18.8 で、満月を 3 日過ぎた月夜でした。(387) 少し欠けた月は荒々しい月性 (欠けて行く月) を示唆し、雹を神意と受け止めたのでしょう。

明治維新とともに、神仏習合の祭祀が禁じられて、願成寺は廃止され、荒神社のみ山上にあって、諸人の信仰を維持した。……荒神社は人家に遠い山上にあって、登拝も維持も容易でなかったから、明治四四年に参拝に便利な現今の場所に仮遷座した。不思議にも、正遷座の大正三年盛夏の七月十二日に、恒富方面に雷雨があり、大粒の雹が降って稲田を害し、野菜も傷ついた。世上では移転が荒神の神慮にふれたかに恐れたが、神威とも感じて信仰はかえって高まった。(90-108)

　上記の「おためし神事」の中で月信仰を示唆する要素を列記すると下記になり、およそこの順で論を進めます。「おためし神事」に関連して、各地に残る年占神事と綱引きを取り上げます。最後に豊受大神宮 (以下、外宮／月神トヨウケ) の高倉山と御井の祭祀を引用し、比較検討します。その理由は、周芳山口の荒神社に高倉山と水の祭祀があり、外宮に高倉山と御井の祭祀があるのは偶然ではなく、共に月神を祀っているからです。

1. 月神を祀る盤座
2. 月信仰の象徴「三」の頻出
3. 神が活動する闇夜
4. 月から齎される神水
5. 年占神事と綱引き
6. 外宮の高倉山と御井の祭祀

月神を祀る盤座

　高倉山の山名の由来について、元・荒神社 (佐波荒神／現・防府市西佐波) (註 4-13) の社伝があります。推古十九年(611 年)、来朝した琳聖太子が海上守護の霊神として佐波郡西佐波に創祀し、その社名・高倉をとって高倉山と名付けたとされます。しかし、佐波荒神は高倉山の盤座を基点とする 135° (巽乾軸) の方位線上に存在することから、高倉山での祭祀が先に行われていたはずです。なぜなら、高倉とは「月神を祀る盤座」を意味し、その盤座を動かすことはできないからです。つまり、琳聖太子の伝承よりも高倉山での祭祀が古くから存在したことを示唆します。

　「おためし神事」が行われる盤座は、高倉山山頂 (標高380m) から約 80m 下の北西斜面にあり、縦約 20m、横約 10m の岩盤の露頭です。地質学的には周南層群と呼ばれる火成岩で、その表面には水平方向に三日月形の亀

裂が多数あります。(75-81)(90-108)

　盤座が信仰対象とされたのは、「岩は地上の月、月は天空の岩」(大母神) と考えられたからです。結果、岩 (盤座) は月 (神) として神聖視され「水と岩の祭祀」が始まった、と想像します。その証として、大和の香具山には「月の誕生石」があり月は香具山で生れたと信じられていました。その天香久山々頂には龍神タカオカミノカミを祀る国常立神社があり水の祭祀が行われた壺が残されています。(76-78)

　高倉荒神の祭神はスサナヲノミコト・ウケモチノカミと由来書にあり、スサノヲは月神です。ウケモチについて三浦氏は「トユケ・トヨウケにあるウケは、ウカであり、ワカと同じで再生不死の月に通じる」と指摘していて、やはり月神です。(210-281)

　荒神社が月神を祀るのは、なによりも盤座が存在するからです。

月信仰の象徴「三」の頻出

　荒神の祭礼、特に「おためし神事」には「三」という数字が頻出します。これは『竹取物語』でカグヤヒメの周辺に「三」が頻出したのと同じです。(神水の多少を測るのは定日の前日二七日)

1. 祭礼は正月、五月、六月の三回。

2. 二七は三の三乗。

3. 二七日の月相は逆三日月形。

4. 三つの神水。

5. 三つの年占。

　「三」は月信仰で重要な数字です。それは月が再生する朔から三日月までの三日間の「三」、あるいは月の三相 (上弦・望・下弦) の「三」を意味します。

　荒神社の祭礼は年「三回」、「おためし神事」の二八日 (陰暦正月二七日の夜) は晦日まで「三日」、二七は「三」の三乗であり、その夜の月相は「逆三日月形」で、「三カ所」の神水、「三つ」の年占、と「三」で貫かれているのがわかります。これらの符合は尋常ではなく、月信仰を反映していると考えるのが自然です。

　「三」は、古代の月信仰で普遍的に現われる数字です。たとえば、フランス・ローセルの女神が持つ三日月形の角、古代インドの 3 本の聖なる川 (ガンジス・ジャムナ・サラスヴァティ)、中国前漢時代の『淮南子』に載る 3 本脚のヒキガエル (蟾蜍)、日本の前期縄文時代の土偶に刻まれた 3 本の線 (涙・涎)、などがあります。

　日本神話で海幸彦 (ホデリ) と山幸彦 (ホヲリ) の神話にも「三」が現れ、山幸彦が竜宮で過ごしたのは「三年」でした。帰り際、豊玉姫から貰った潮盈珠・潮乾珠は潮を自由に制御できる珠 (玉は月光の結晶) で、月の性質を持ちます。この神話の中には、月中のカツラ (湯津香木) も登場することから、海神の竜宮とは月世界を想定して創作されたと考えられます (海は月の水で満たされている)。つまり、海幸彦と山幸彦の神話は月信仰を背景にした神話と考えられます。(天女や登竜の行く先は月宮／月鏡)

　この神話は浦嶋太郎と竹取物語の元になり、浦嶋太郎が竜宮で過ごしたのは山幸彦と同じ「三年」で、村へ帰ってみると「三百年」が経っていました。竹の中に入っていた「三寸」のカグヤヒメ (月姫) は、「三ヶ月」で成長し「三年」で月へ還って行きました。やはり、ここにも月信仰の象徴「三」が頻出します。

　正月、五月、六月の「三回」行われる「おためし神事」は、それぞれの月に行う意味があるはずです。正月の別称・睦月の語源について草木が萌え始める萌月 (もえつき) の説があります。五月の別称・皐月について、『万葉集辞典』では「五月は神聖な物忌の月で、サは霊的なものの活動を示す」として、「サツキ (五月)・サニ (さ丹)・サネハフ (さ根延ふ)・サヨ (さ夜)」などの例を上げています。(292-308) しかし「サの神」の「サ」とする説も根強くあります。三浦氏も「サ」は再生する・植え直し・繰り返し・進展を表す「サ」と指摘し、その例として「サツキ (五月・皐月)」「サケ (酒)」「サナヘ (早苗)」などを上げています。つまり、五月は田植の時期で、いわば稲の再生の季節になります。六月の別称・水無月は「ミナツキ」で「水の月」を意味し、月から

「生の水」が降り注ぐ月といえます。したがって、正月・五月・六月に祭礼を行うのは、霊的なものの活動が盛んになり水の恵み（月神／神水）が増え、稲の再生つまり稲作の季節を迎えるからと考えられます。(99-1-3)

神が活動する闇夜

「おためし神事」の祭日は例年正月二八日と定められ、神水の多少を判断するのは二七日（おそらく夜間）でした。年占の結果が発表されるのは二八日の零時、つまり暗闇の中での神事で神意を確かめる時間です。

古代、神事は神（つまり月）が活動する（出る）夜に行われました。崇神紀には箸墓を築く時に「日は人作り、夜は神作る」とあり、夕から暁までが神の時間、暁から夕までが人の時間でした。つまり、一日は夜から始まったことから、箸墓は「神が造り初め、人が従った」と考えられます。

古来のマツリゴトだけでなく、一般の祭りでも夕方から始まった。神や物の怪の出游するのも夕方から明け方の間であった。神や霊格の活躍するときは日中では決してない。……日神を祀るようになるのは、夜間の忌み籠りや神事が翌日の昼間に移動してからではないか。あるいは、国家仏教の日光讃美の経典や、金色に輝く仏教の影響ではないか。(210-146)

闇夜はただ単に暗いというのではなく、復活と再生の希望を与える時間でもありました。暗闇の神事を終えた後、夜明け前の一刻、東の空に低く逆三日月形の月（下弦・糸月・眉月）が現われ、それは豊穣を齎す神の顕現とも受け取られたに違いありません。(357-37) 闇の後の光の出現は、なんとも見事な演出です。ちなみに、2021年の和暦正月二七日（西暦3月10日）の月齢は26.3で、周芳山口での月出は午前4時51分でした。(387)

たとえば、芭蕉が『奥の細道』で東国へ出立したのは「弥生末の七日（二七日）」でした。その日は在明（有明）の月で光は鈍く消え入るばかりで、芭蕉は西行と同じく「月の詩人」でもありました。芭蕉が引用した「在明」の表現は『源氏物語』「帚木」にあり「月は有明にて光おさまれるものから、かほけざやかにみえて、なかなかをかしき曙なり」とあります。(342-43)

弥生も末の七日、明ぼのゝ空朧々として、月は在明にて光おさまれる物から不二の峯幽にみえて、上野谷中の花の梢又いつかはと心ぼそし。むつまじきかぎりは宵よりつどひて舟に乗て送る。千じゆと云所にて船をあがれば、前途三千里のおもひ胸にふさがりて幻のちまたに離別の泪をそゝく。(16-12)

壬申の乱（672年）で天武が吉野を発ったのは六月辛酉朔甲申（二四日）。天武が名張の横河に到着したのは夜半で、下弦の月が水平線に現われ、北斗七星は西の空低く懸っていました。(387) この光景も再生の希望を与える神（月神）の顕現を連想させ、「式」占（註4-14）は「天下二分の祥」とでて必勝を確信しました。天武の時代いまだ月信仰の世界にあり、この場面で「式」は神事のような印象があります。西の空にかかる北斗七星が必勝を確信させたこと、養育を受けた凡海氏の月信仰の環境と道教の北斗信仰の影響で、天武は後に北斗図を周芳山口に描いた、と想像が膨らみます。（ちなみに、天武の属星は北斗七星第七星破軍星で向うところ無敵を意味した。）(188-160)(303-117)(323-382)

復活の希望を与える神の顕現の例として、アマテラスの岩戸神話も闇夜の後の復活を描いたものといえます。世界の創造神話では普遍的に「最初に闇があった」と想像されていました。

洪水や氾濫といった古代の大惨事は古いものが消えて新しいものへ道を譲ることだという考えは、破滅に意味を見いだす月の周期的再生にまでさかのぼることができる。……月の消滅が最終ではないように、人間の消滅も個人としても人類全体としても、決定的なものではないのだから、人類には時間を超越した歴史があるということである。……月にまつわるもっとも複雑で興味深い物語は死と復活に関するものと言えよう。(99-1-38)

闇から光が現われることから、「闇は月に宿るもので、闇は月の神性の形態の一つである」とキャシュフォード氏の指摘があります。(99-1-26) この指摘から闇夜の神事とは、つまり月の神事であることがよく理解できます。

月から齎される神水

　神水とは、月から露や雨として地上に降り注ぎ、大地に豊穣を齎すと信じられた「生の水（不死の月の変若水）」を意味します。この「生の水」は、月そのものを再生させる不死の神々の食べ物とも考えられました。月の「生の水」に対する信仰は、世界中で普遍的にみられた信仰です。(99-1-3, 178)

　『万』の時代でも月から立ち上った霧が露となって地上に降り注ぐと信じられ、「袖を濡らす月の露」を変若水と期待したようです。(210-225)(211-389)

『万葉集』にも天つ水を詠ったものが他にもある。月を隠した雲はもしかしたら雲ではなくて、月から立ちのぼった霧であり、露しずくとなって降ってくるかも知れないと密かに期待している。

まそ鏡　照るべき月を　白たへの　雲か隠せる　天つ霧かも　　　　（万⑦1079）

この歌でも、月を賞美している間に、袖が露で濡れたのであるから、もしかしたら月の露しずくではないかとうれしく思ったのである。……裏に天つ水への憧景が隠れている。

ぬば玉の　夜渡る月を　おもしろみ　吾が居る袖に　露ぞ置きにける　　　　（万⑦1081）

　古代中国にも月の水を採る方諸の話があります。方諸のような金属製の鏡や岩（盤座）は、その表面に月の水を受けることから信仰の対象になりました。カガミ（鏡）が神の依代とされ信仰されたのは、月と同じように鈍く光るだけではなく、その表面に月の水が集まることにも由来したと推測されます。

古代中国でも月の水を珍重した。『淮南子』覧冥訓に「方諸、月に露を取る」とある。貝殻状の方諸という器で月の光を集めて、露を取るという。満月の時、月下にこれを置くと水が生じるらしい。

天武紀六年十月の条に、

物有りて綿の如くにして、難波に零れり。長さ五六尺ばかり、広さ七八寸ばかり、則ち風に随ひて松林と葦原とに飄る。時人の曰く、「甘露なり」といふ。(210-255)

　「月神・水・不死性（岩・蛇）」などの要素が月信仰に普遍的に見られる、とナウマン氏も指摘しています。

水すなわち雨やそれと同時に自然の豊穣性と月との関係は、今日に至るまで明白だ。月は今日でもなお雨をもたらすものであり、気象を作るものである。月の満ち欠けの変化が気象の変化を伴なうことを、だれもが知っている。他方蛇の意味については、岡正雄氏が言及している神話をまず指摘しておきたい。……とにかく岡氏はここで、「月―水―不死性―蛇―生命を授ける月の神―若水」という諸要素が一つにされていると見て、この月の神話が、きわめて古い広範囲に伝播した一つの型であるという見解を述べている。(244-41)

　生者だけでなく死者に対しても、「生の水」は再生を齎す水と考えられていました。ギリシャのエデンの園には水・蜂密・ぶどう酒・牛乳が流れ、その大地の中心には「生命の木」が立っていました。「生命の木」とは日本神話の湯津香木（カツラ）に、あるいは内宮の「心御柱」に相当する可能性があります。私見では、カカシも「生命の木」である可能性を考えています。（第3章）

ギリシャにおける死者への供物は特徴的には、牛乳や蜂密、水、ブドウ酒、油からなっていた。それは埋葬後の三日目と九日目と三十日目に墓に注がれた。ときには墓も、液体の供物が墓のなかの死者に直接達するように設計されていた。牛乳や蜂密、水、ぶどう酒は、大地の中心から発する「エデンの園の四つの川」にも流れていたし、その中心には生命の木も立っている。「生の水」との同一性、またそれに属する象徴表現との関係は明白である。(244-43)

　神水は地上のあらゆる「水の源」で、海も川も人や動植物の体の水分も月から齎されたと信じられていました。もちろん「月神を祀る盤座」に溜る神水も月から齎されたものです。また、神水（竹水）は竹節にも溜ると信じられ、竹節にいたカグヤヒメは神水を擬人化したものとも考えられます。

翁が竹節のカグヤヒメを見つけたのは五月五日と推測され、その理由は、薬猟が行われた五月五日は神水を採る日でもあったからです。神水（竹水／薬水）は、五月五日の正午に降る雨に合わせて（降らなくても）竹節に溜る水で、種々薬用にしたとあります。(170-253) (171-5-556) (172-19-ⅴ) おそらく「タケ竹」は「ツキ月」から派生した言葉で、「タケ」は月信仰で重要な位置を占めます。したがって、月から齎された神水は竹節に溜るのが必然でした。また「タケ竹」の異名が「蛇祖（ヘビは月の眷属）」であることも、「タケ」と「ツキ」の密接な関係を窺わせます。

　一茶の俳句にも五月五日は「薬降る」と表現され、芭蕉にも五月十三日（十三夜）を竹酔日（植えた竹が活着する日）とする句があります。五月・皐月は「霊的なものの活動」が最も活発になる季節でした。

　　薬降る　空よとてもに　金ならば　　　　一茶

　　降らずとも　竹植うる日は　蓑と笠　　　芭蕉

　「薬降る」は俳句の季語で五月五日に降る雨を指し、これは『本草綱目』に載る「不老不死の仙薬・水銀を雨のように降らせる月」を踏まえています。(126-9-141) つまり、竹節に溜った神水は「月の変若水」「生の水」で、八月十五日には消えて無くなるという伝承があり、カグヤヒメが月に帰って行った八月十五日満月の夜と結び付きます。(170-256)

　陽数が重なる五月五日は、薬草を採ったり鹿の袋角（鹿茸）を切ったりする薬猟が行われた日です。その理由は、五月五日に薬効が一番旺盛になると信じられたからです。(169-31) (171-5-556) (172-19-ⅴ) (189-151) (218-2-10) ちなみに、鹿茸は『神農本草経』（註4-15）で中薬に分類され不老不死の仙薬として用いられました。(189-151)

　高倉山の盤座に溜る神水も月から齎された「生の水」で、その量の多少で豊凶を占う「おためし神事」は月信仰の古態を残す貴重な遺産といえます。「月と岩と水」は月信仰の根源にある要素です。

年占神事と綱引き

　「おためし神事」に関連して、「月と水」の年占神事が各地に残されています。その中で、陰暦八月十五日の満月の夜、二つの集落が綱引きをして勝った方がその年の豊作になるという神事があります。綱は月の眷属ヘビを連想させ、綱を引き合うことは死と再生を繰り返す月の力を象徴していると思われます。この綱引きが「月の力による潮の満ち引きを綱の上に再現している」と高橋順子氏の指摘があります。また、「綱引きでずるずると引っ張られてゆくときの感覚が、波に足をとられたときに似ている」とも述べています。(203-117) (357-17)

　この神事もヘビを暗示する綱を引き合うことで、秋の収穫を約束してくれる「月と水（潮）」の関係を「おためし神事」とは異なる形で表現した、と考えられます。あるいはまた、綱引で月の動きとヘビの生態を擬くことで宗教行事とした、とも考えられます。古代人は「見立て」「擬き」「繰り返し」を好みました。(300-102)

　ヘビを綱に見立てた（綱引きをした）神話は、インド神話の「乳海攪拌」にあります。「乳海攪拌」では、マンダラ山に巻きつけた「ヘビオウ蛇王」を神々が引っ張って乳海を攪拌し、不死の生命を授けるアムリタ（あるいはソーマ）を出現させた、とあります。(99-1-180) (381-122)

外宮の高倉山と御井の祭祀

　外宮の西南の神域には高倉山があり、周芳山口の高倉山と同じ山名です。その山を源とする井戸は上御井神社と呼ばれ、その水は日別朝夕大御饌祭（註4-16）に用いられ、神酒の醸造にも使われます。

　外宮の神域にある高倉山は高佐山、日鷲山（ひわし）、賀利佐我峰、佐貫山、音無山で構成される山域の総称で、通常は日鷲山を高倉山と呼びます。山頂には、外宮が創祀される以前の度会氏のものと推測される巨大な高倉山古墳（円墳／6世紀中頃）と盤座があります。高倉山の古い表記は高坐山（高御座に通じる）で、「月神を祀る盤座の山」をより具体的に示した山名といえます。

外宮の正式名称は豊受大神宮で古形は「タカミヤ高宮」と呼び、「高」は月を意味することから「月の宮」と考えられます。祭神トヨウケは月神オオトシノカミの妹神ウカノミタマと同格になり、ウカノミタマはワカツキを神格化したものです。

高宮は多賀宮とも記され、山口大神宮の境内摂社・多賀神社と同じです。多賀神社の祭神はイザナギ・イザナミで国生みの神であり延寿・安産の神とされ、月神の性質を持ちます。社には安産石と呼ばれる石があり、やはりここにも月神的性質が現れています。ちなみに、「月の山」三輪山山頂にも高宮があり、伊勢、大和、周芳山口がいずれも月信仰の世界にあったことを窺わせます。

外宮古殿地（2013年遷宮）の南側には三ツ石と呼ばれる石積があり、ここで御装束神宝や奉仕員を祓い清める式年遷宮の川原大祓が行われます。三ツ石で大祓が行われるのは、「三」が月を象徴する数字であり三ツ石が月あるいは月の依代と考えられたからと推測されます。つまり、月神トヨウケを祀る外宮の式年遷宮において、月を象徴する三ツ石で行われる川原大祓は、その名からも月神を祀る大祓と考えられます。「カハラ」は「カ・ハラ」で「カ」は月を意味し「ハラ」は「原」と推測され、「カハラ」とは「月のある天空、高天原」の可能性があります。

三浦氏は「月読宮は在地の月信仰に始まる」と指摘し、伊勢は月信仰の卓越した地方で、日神アマテラスが祀られる以前は月神ツキヨミが祭祀の中心であった、と考えています。（外宮先祀の原則の拠り所）

伊勢神宮内宮の別宮の一つに月読宮があり、月読尊を祀る。……伊勢市の近郊にもツキヨミを祭る度会郡の川原神社や、多気郡の魚見神社がある。これほど月神を祀る神社が密集してある地域は、全国を見渡してもそう多くはない。……とくに外宮別宮の月夜見宮や川原神社などは古来から伊勢にあった月神であるが、内宮別宮の月読宮は王権の神話を取り込んで、アマテラスの弟神として祀られたものと区別している。追々説明するが、月読宮は王権の影響を受けて多少の変化はあったかもしれないものの、もともとは在地の月信仰に始まると私は考えている。（210-276）

ここで外宮と高倉山の位置関係を明らかにするために、前作で述べた伊勢神宮の設計の概略を記しておきます。古殿地（古外宮とした）と現在地（新外宮とした／2013年遷宮）のいずれが原初の位置であるか不明のため、本書では古殿地と現在地の両者で測定し計算しています。詳細な分析は第5章で述べます。

図 4-2：外宮と高倉山、内宮、鏡宮神社の位置関係

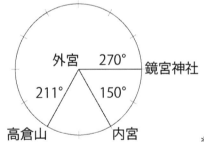

＊距離を無視して方位角だけで表示した。

表 4-7：外宮新殿地を基点とする距離と方位角

地点	緯度（°）	経度（°）	距離（m）	方位角（°）	誤差（％）
新外宮	34.4872	136.7029	0	0	－
鏡宮	34.4872	136.7522	4528	89.9860	0.02
高倉山	34.4821	136.6994	651	209.6093	0.7
新内宮	34.4550	136.7252	4118	150.1569	0.3

＊線分（外宮－鏡宮）の方位線90°に対する誤差の計算。90-89.9860=0.014　誤差 0.02%

＊線分（外宮－内宮）の方位線150°に対する誤差の計算。150.1569-150=0.1569　誤差 0.3%

＊線分（外宮－高倉山）の方位線210°（方位線150°の垂直鏡像）に対する誤差の計算。210-209.6093=0.3907　誤差 0.7%

「カガミノミヤ鏡宮」（註4-17）は「カガミ」が月の依代（あるいは月そのもの）であり（第3章）、高倉山は「月神を祀る盤座の山」であることから、それぞれを基点とする二つの方位線で決定された外宮は月神を祀る宮と考えて間違いありません。この空間設計は、周芳山口の赤田神社の位置が桂ヶ岳を基点とする東西軸と土師八幡を基点とする315°の方位線の交点に決定されていたのと同じ設計思想です。つまり、空間に根拠を与える思想で、月を象徴する桂と月神を祀る社で決定された赤田神社（アカタは「明るく輝く月」）は月神を祀る社と考えるのが自然です。

　「月神を祀る盤座の山」高倉山に降り注ぐ水は月から齎される「生の水」であり、その水は祭祀に用いられました。また、「生の水」の地上での代用品である酒を醸造するのにも用いられたのも当然でした。

　上記の事柄から外宮の高倉山と祭祀を纏めると下記になります。

1. 神域に高倉山があり、その山頂には盤座と巨大古墳がある。
2. 高倉山を水源とする井戸を祀る上御井神社がある。
3. 御井の水は祭祀に用いられる。
4. 神酒を醸造する水にも用いられる。

　酒は「生の水」の地上での代理品であることについて、ナウマン氏は次のように述べています。
ソーマは山草で、圧搾した液汁は発酵をうながし、その興奮作用から不死（アムリタ）を授ける神の飲料だとされる。神々は、この液汁を溜めた月の盆を飲み、死者も残りを頂戴する。……中央アメリカでは、月の上にいる家兎は「発酵したリュウゼツランの液汁から造ったプルケ[メキシコ酒]とも関係する動物で……月の所有する生の水と酒が等価であることがわかる。とすれば、酒が生の水の地上での代用品として通用したことにほかならない。（245-180）

　三浦氏は、上御井神社の別名オシホヰは「渡る月の井」の意味であると指摘しています。アマテラスとスサノヲとのウケヒで化生したアマノオシホミミ（神代紀六段本文・第三・神代記）の名ににある「オシホ」です。
『神宮雑例集』（1200年頃成立）によると、皇太神宮の皇御孫命が天降ったとき、天牟羅雲命が御前に立って天降ったとある。ところが食国の水はまだ熟さず荒き水であるので、天牟羅雲命を天の御祖の許に上らせた。御祖は、降臨のとき水を持たせるのを忘れていたといい、天忍井の長井の水を八盛に取って与えた。天牟羅雲命は、天忍石の長井の水を持ち帰って、皇御孫命の御水として八盛を奉り、残りを食国の井水に混ぜたと伝える。この井の水を神宮の大御饌に用いている。オシホヰのオシは渡る、ホはホノと同じで月を表す。すなわちオシホヰは渡る月の井である。（210-255）

　『風雅和歌集』にも次の歌があり、上御井神社の井戸を「をしほ井」としています。「をしほ井」はやはり「渡る月の井」を意味し、高倉山から流れ出る水が月から降り注いだ「生の水」であることを示します。（211-73）
世々を経て　汲むとも尽きじ　久方の　天より移す　をしほ井の水

　上記の事柄から、外宮と周芳山口に存在する高倉山と祭祀について、その類似点を纏めると下記になります。

1. ともに「月神を祀る盤座の山」高倉山が存在する。
2. 山頂付近に盤座が存在する。
3. 高倉山に降り注ぐ水は、月の「生の水」で神水とされ祭祀に用いられた。
4. 月信仰を背景にした空間設計が行われた。

　周芳山口の平清水八幡（高倉山の北東に位置する）境内には、**涸れることのない伝承をもつ「ヒラシミズ」**があり、「ヒラ」は「ツキ月」を意味し、「をしほ井」と同じ意味になります。ともに「月の都」と考えられる伊勢と周芳山口には、共通した月信仰の痕跡をいくつか認めます。

月神ウカノミタマを祀る向島奥宮

向島奥宮（龍穴／岩戸）は、周芳山口に残された地上絵と空間設計を考える上で最も重要な地点の一つです。祭神は月神ウカノミタマであることから、起源には月信仰が存在したと想像されます。しかし、現代でも月信仰の祭祀が具体的に残されているのかは明らかではなく、周辺の事柄から推測するしかありません。『山口県神社誌』にも記載がなく詳細は不明です。

境内にある由緒書きの概略は、下記の通りです。（文中、天明は元明の誤りか）

御祭神　宇迦之魂大神　この神は伊勢の外宮にお祭りしてある豊受大神の別名で私たちの食として生きるべき五穀をはじめとするすべての食物養蚕のことをつかさどられる神として信仰されている。全国的にある稲荷社の御祭神はこの神です。（天明天皇和銅四年二月壬午の日に伏見深草の長者伊呂具秦ノ君が勅命をこうむって伊奈利山の三峰に祀ったに始まる）信仰の起源はこれより更に古くさかのぼる。

この中で本書にとって重要な点は、下記の通りです。

1. 祭神はウカノミタマで伊勢外宮の祭神トヨウケと同じである。
2. 五穀養蚕の神。
3. 伊奈利山の三峰。
4. 信仰の起源は古い。

ウカノミタマは月神でありトヨウケと同じ神格を持ちます。五穀養蚕の神として信仰されて来た点も月神の性質です。伊奈利山の三峰の「三」は月信仰で重要な数字です。これらの事柄から、稲荷信仰の起源には月信仰の存在が推測されます。（秦氏と月信仰と稲荷／大和岩雄氏は月信仰について触れていない）（28-289）（440-289）

地上絵と空間設計で、龍穴そのものとその位置が占める重要な点を列記すると、下記になります。おおよそこの順序で論を進めます。

1. 月神ウカノミタマを祀る向島奥宮（岩戸／龍穴）が存在する
2. 向島奥宮と泉香寺山を結ぶ設計線が存在し、泉香寺山に信仰上の根拠を与えた
3. 向島奥宮と泉香寺山を結ぶ設計線（方位角321°）は、地上絵と空間設計に用いられた
4. 海運に関わる伝承が存在する
5. 向島（ムコウジマ）の地名は「渡る月」を暗示する
6. 月神・宗像三女神を祭神とする国津姫神社は向島奥宮を向いて設計されている
7. 島内の白瀧神社は「水と織女」との関わりを暗示する
8. 地上絵が描かれてから800年後、山口大神宮の位置を決定する基点として用いられた

月神ウカノミタマを祀る向島奥宮が存在する

ウカノミタマはオオトシの妹神になります。オオトシは月神イザナギ・イザナミの子スサノヲとカムオホイチの子、つまりウカノミタマはイザナギ・イザナミの孫神です。月神の子孫は月神ですから、スサノヲもオホイチもウカノミタマも月神になるはずです。ウカノミタマは若月（月の若さワカ）を神格化したもので再生の霊力を持つ月神です。伏見稲荷大社を始め全国の稲荷社の祭神でもあります。

月神を祀る向島奥宮は後述する室生龍穴神社奥宮（龍穴）と同じです。龍穴（岩戸）は、『万』で「ナバリ隠」と詠われた伊賀の「ナバリ名張」のように、月が籠る岩戸（西の山口は月が沈むところ）と考えられていたと想像されます。名張の西方にある室生龍穴神社奥宮近くには天岩戸と呼ばれる巨岩があることから、奥宮である龍穴は籠っていた月（朔）が昇るところであったと想像できます。（210-52,279）

向島奥宮と泉香寺山を結ぶ設計線が存在し、泉香寺山に信仰上の根拠を与えた

　向島奥宮と泉香寺山を結ぶ設計線が存在し、本書では泉香寺山に信仰上の根拠を与えた方位線と考えています。月信仰の視点が欠けていた前作までは、この線分を「聖なる軸」としていました。

　表1-6のように、線分（向島奥宮－大崎玉祖神社）と線分（向島奥宮－大内畑）と線分（向島奥宮－泉香寺山）の誤差はいずれも基準を充たし4者は同一線上に存在する、と判断できます。

　線分が描かれた当初、岩戸になにが祀られていたのか、大崎玉祖神社、大内畑伊勢社が同時に創建されていたのかは不明です。月信仰は縄文時代から途切れることなく続いていたこと、岩戸は月の出入り口（大和からみて西に位置する月の沈むところ）と信じられたこと、などから岩戸には古くから月神が祀られていた可能性があります。（向島奥宮を基点とする距離と方位角は第1章）

　泉香寺山が向島奥宮と結ばれて信仰上の根拠を得た結果、泉香寺山を交点とする象限を山口盆地に描き、設計中心として五形図を描いたと考えられます。さらに、泉香寺山が設計と信仰の中心であった痕跡は、朝田神社や陶春日神社の参道に残されています。つまり、朝田神社や陶春日神社の参道を進むと同時に泉香寺山を遥拝することになり、泉香寺山でも月神を祀っていたのではないか、と想像されます。

　この想像は逆に、ではなぜ「月神を祀る盤座の山」高倉山と向島奥宮を結ばなかったのか、という疑問を抱かせます。考えられる理由として、高倉山にはすでに月神を祀る盤座が存在し敢えて必要がなかったこと、泉香寺山とショウゲン山が南北軸上に存在し泉香寺山を象限の交点とした結果、五形図を描くのに相応しい地点であったこと、などがあります。

　以上から、向島奥宮と泉香寺山を結ぶことで、泉香寺山に信仰上の根拠を与えたと考えられます。このような設計思想は、東鳳翻山と向島奥宮を結ぶ線分上に山口大神宮を創建したのと同じ設計思想です。あるいは、三輪山を基点とする東西軸に存在する室生龍穴神社、多神社に信仰上の根拠を与え、大和葛城山と瀧祭宮を結ぶ東西軸上に内宮を創建したのと同じ設計思想です。

向島奥宮と泉香寺山を結ぶ設計線（方位角321°）は地上絵と空間設計に用いられた

　向島奥宮と泉香寺山を結ぶ設計線は、五形図の方形の2辺と鳳凰図の体軸に用いられています。結果、方位角321°の方位線が合計5本（1本は推定）存在し、北斗図と五形図を含めて地上絵の中で最も基本となる設計線といえます。以上から考えられる事柄は、下記の通りです。

1. 最も基本的な設計線として方位角321°の線分（向島奥宮－泉香寺山）が採用され、まず北斗図の中の鳳凰図（体軸）に用いられた。（第1章）
2. 五形図の中で方形図にも採用され、北斗図に継続して設計されたことを示唆する。（第1章）
3. 少なくとも元明朝（707年–715年）までは地上絵の存在が伝承され、設計図が残されていた可能性がある。

海運に関わる伝承が存在する

　向島の沖を通過する軍艦の艦長は必ず小船で上陸して奥宮を拝した、という伝承があります。これは、潮汐や潮流を支配する月相（満ち欠け）を読んで航海をした海軍の伝統と考えられ、向島奥宮の祭神ウカノミタマが月神であること、あるいは航海の神であることを知っていた可能性があります。

　毎年二月初午の日に行われる例祭には、近隣の漁師が舟で参拝する仕来りです。やはり、潮汐の影響を直接受ける漁業にとってウカノミタマが舟運や漁業の神、すなわち月神的性格を持つと考えられたからにほかなりません。（参照・古座川の河内祭）

向島の地名は月信仰を暗示する

　「アマサカルムカツ」は月の常套的形容句であると三浦氏は指摘していることから、向島の「ムカウ」について以下の推察が成り立ちます。それは、向島の西には「月島」と考えられる「タジマ田島」があることから、

向島とは月島に向って「西へ去って行く月の島」を意味した可能性があります。あるいは、対岸の多々良山（円く膨らんだ月の山）から見て、天空を渡って行く月を眺める意味で「ムカウ」と名付けた可能性もあります。防府地域にも月信仰を背景にした地名が多く認められます。

神功前紀仲哀九年三月条では、アマサカルムカツヒメはアマテラスの荒魂であるが、日神といいより月神または月神を祀る巫女神であった。なぜなら、アマサカルムカツは西へ去って行く月の常套的形容句であり、ヒメは潮汐や潮流をコントロールできるからである。すると、この日神は後の神態を表していて、本来のものではないことがわかる。(210-381)

月神・宗像三女神を祭神とする国津姫神社は向島奥宮を向いて設計された

国津姫神社（防府市富海）は、東鳳翻山を基点とする 135°の方位線上（天与の巽乾軸）に存在し、社殿は向島奥宮を向いています。表 4-2 のとおり誤差の基準を充たし、国津姫神社は線分（東鳳翻山−氷上山）の延長線上に存在します。(表 1-12・表 4-2)（図 5-21, 23）

表 4-8 のとおり線分 (国津姫神社−向島奥宮) の方位角は 223°で、現地で測定した国津姫神社社殿の方位角 224°と近似します。

表 4-8：国津姫神社を基点とする距離と方位角

名称	緯度 (°)	経度 (°)	距離 (m)	方位角 (°)
国津姫神社	34.0497	131.6483	0	0
向島奥宮	33.9981	131.5906	7820	222.9719

国津姫神社について『山口県神社誌』には、以下の説明があります。(418-503) (521-503)

天武天皇の時代 (673-) に、富海人が海岸守護のため、郷土の祖神として女神（田心姫命・市杵島姫命・湍津姫命）を岡の宮に奉斉したことに始まるという。……この周防娑婆一円を領した女首長神夏磯姫は、国津神として当社に祭られている。

国津姫神社が月神ウカノミタマを祀る向島奥宮を向いて設計された可能性が高いことから、国津姫神社も月信仰を背景に創建されたと推測されます。祭神クニツヒメとは月神・宗像三女神を、あるいは伝承にある筑紫平定に功のあった女首長・神夏磯姫（カンナツソヒメ）を指すと考えられます。

島内の白瀧神社は「水と織女」との関わりを暗示する

向島奥宮の近隣に白瀧神社があります (祭神は不明)。拝殿の背後には瀧があり水との関係が濃密であることを示唆します。

全国にある主な白瀧神社を例に上げると、群馬県桐生市の白瀧神社の祭神は千千姫命と白瀧姫命で、境内には降臨石とされる巨石とケヤキの巨樹があります。ケヤキの古形はツキで月神の暗喩です。千千姫命は栲幡千千姫万幡姫命の別名で、その「タクハタ栲幡」「ヨロズハタ万幡」から織女神と考えられます。

秋田県山本郡八峰町の白瀑神社の祭神は「ホノムスヒ火産霊神」で「ホ」は「月の光」を指し、「ムスヒ」は生産の神で、やはり白瀑があります。

山梨県南都留郡富士河口湖町河口にある母の白瀧神社の祭神は栲幡千千姫万幡姫命（タクハタチチヒメヨロズハタヒメノミコト）で、アメノオシオミの皇后でありコノハナサクヤヒメの姑神になります。第二一代雄略紀に載る栲幡千千姫万幡姫命は別名ワカタラシヒメで、「ワカ」「タラシ」を含み月信仰に関わる名前です。関係するアメノオシオミとコノハナサクヤヒメも月に関係します。

以上から、白瀧神社は月信仰に関係した社と考えられ、「月と水と織女」の関わりを示唆します。

地上絵が描かれてから 800 年後、山口大神宮の位置を決定する基点として用いられた

大内義興によって創建された山口大神宮（高嶺大神宮／1519 年外宮／1520 年内宮）の位置は、線分（東鳳翻山 - 籾置石-

向島奥宮）と大内氏館（現・龍福寺本堂の位置）を通る東西軸の交点に設計されました。山口大神宮の位置を決定するのに東鳳翻山と向島奥宮を結ぶ方位線を用いたことから、大内義興も向島奥宮の意味を知っていた可能性があります。

表4-9の結果から、東鳳翻山、籾置石（モミオキイシ）、向島奥宮は一直線上に存在します。籾置石は測量時に榜示石として設置され、山口大神宮外宮は籾置石を通る南北軸上に決定されたと考えられます。

同じ例として、内宮（伊勢皇大神宮）の位置を決定する榜示石として使われた瀧祭宮があります。あるいはまた、御垣内の奥玉神（オキタマノカミ）と呼ばれる岩も榜示石として使用された可能性があります。（瀧祭宮を通る東西軸と外宮を基点とする方位角330°の線分の交点にミヤヒ神と奥玉神が存在する／内宮の所管社のうち瀧祭宮につぐ第2位で、実見できない）（奥玉の森には石を積んだ神籬がある）（30-161）（105-100,111）（250-50）（324）（333-97）（378-104）（397-77,138）（天智紀に神宮の記載がないのはなぜか）

表 4-9：東鳳翻山を基点とする方位線

名称	緯度（°）	経度（°）	距離（m）	方位角（°）	誤差（%）	備考
東鳳翻山	34.2219	131.4428	0	0	－	
大神宮外宮	34.1844	131.4681	4769	150.7199	0.8	採用
籾置石	34.1842	131.4681	4788	150.8496	0.6	
向島奥宮	33.9981	131.5906	28324	151.1776	－	

線分（東鳳翻山－外宮）と線分（東鳳翻山－奥宮）の中心角差は 0.4577　誤差 0.8%

線分（東鳳翻山－籾置石）と線分（東鳳翻山－奥宮）の中心角差は 0.328 誤差 0.6%

大月に残された月信仰の痕跡

月信仰を濃厚に残す一例として、「オオツキ大月」（山口市徳地町大月）という集落を取り上げます。徳地町船路東の奥河内川を遡ると、昭和43年（1968年）頃に廃村になった大月という集落がありました。『徳地町史』にも具体的な記載がなく、教育行政の節で昭和32年大月分校（徳地小学校）の名が見えるのみです。(363) 元住民の所在も月信仰の伝承も不明です。いつ拓かれた土地であるのかも不明で、平家落人の伝説もあまり明らかではありません。しかし、川沿いに残された細い旧道を辿ってみると、伝説通りに家族を伴って落ち延びてきた人々の歩く姿が目に浮かぶようです。後述する大岩（盤座）を発見したとき、月神の加護を確信し、この地に定住することを決めたのではないか、と想像します。

大月には樹齢約300年のカツラの巨樹があり、1995年に山口市天然記念物に指定されています。大月という廃村に興味を抱いたのは、この巨樹を調査した時のことでした。若いころ居住地から少し離れた大月周辺で山菜やマツタケを採り、豊かな自然を楽しんだという藤村ユキコ氏にお話を伺うことができました。しかし、廃村後50年を過ぎた大月についての詳細は不明でした。

祭祀に残る月信仰の痕跡として、この大月集落を取り上げた根拠は以下の7点で、類例として高知県幡多郡に現存する大月町を取り上げます。先に結論を述べると「オオツキ」「カツラ」「オオトシ」「カワノ」「イワクラ」「ホオノキ（古名ホホ／エノキ）」「カワチ」など月信仰を暗示する言葉の符合は尋常ではありません。篤い月信仰を持つ人々の集落と考えられ、「月の都」周芳山口にかねて存在した「月の鄙」大月といえそうです。

「月の鄙」大月に残る月信仰を象徴する要素について、下記の順で述べます。

1. 「オオツキ大月」という集落名
2. 月の聖樹カツラの巨樹の存在
3. 月神オオトシを祀る大年神社の存在
4. 社殿背後の大岩（盤座）
5. 社殿前の「ホオ朴木」
6. 「コウノ河野」という姓

1.　「オオツキ大月」という集落名

　大月（大槻とする説もあるが槻は月の暗喩）の地名で問題は「オオ大」にあります。これは大小の大ではなく「オオ／オホ」で「渡る」を意味します。つまり「オオツキ」とは「渡る月」を表した地名です。同じ地名の例として、「オオタカ大高（名古屋市緑区）」「タカツキ高月（備前国赤坂郡）」「タカツキ高槻（大阪府）」などがあります。(112-210)（360-49）

　大月に残された月信仰を象徴する要素を検討する上で参考になる人名に、『記』に載るカグヤヒメの父オホツツキタリネがあります。三浦氏は『竹取物語』のカグヤヒメと同じであること、「ツツキ（山城国綴喜郡）」には竹細工を得意とした大隅隼人が移住し竹と月の物語を伝承した、と指摘します。つまり「ツツキ」の地名と物語の伝承は、住民の月信仰の証として残されたと推測されます。移住した大隅隼人の「オオスミ」も「スム（澄・清）」が月を修飾することから「天空を渡る澄む月」を暗示します。（タケ第3章／カゴシマは「月の島」の可能性がある）(210-156)「ツツキ綴喜」には月神を祀る月読神社（式内社で延喜年間には存在）があり、月信仰の名残と考えられます。一方、大月には月神オオトシノカミを祀る大年社が残され、人々の敬虔な信仰生活を想像させます。

　「ツキ」を含む地名の例としてあげた高月郷（備前国赤坂郡）は、大月と同じように月信仰の痕跡が濃厚です。住民の姓には月を象徴する「カツラギ葛城・葛木」を含む者が多く、大月の元住民の姓が「カワノ」であったことと符合します。また、「アカサカ赤坂」は「アカダ赤田」（現・山口市吉敷）と同じように「明るい月坂」、「タカツキ高月」は「天空を渡る月」と考えられ、地名も月信仰を暗示します。その高月には高倉山と巨岩（盤座）が存在し、この点も周芳山口の高倉山の場合と同じです。

『倭名抄』によれば備前国赤坂郡に高月郷がある。背後の山の中腹に高蔵神社があり、天香山命と天火明命を主祭神とする。この元宮は本宮高倉山の頂にあったといい、頂上付近に散在する多くの露岩のうち、頂上南面の巨岩が元宮であるという。ここに高月・天香山・天火明・高倉（高蔵）がでてくるが、これらの符合は尋常ではない。しかも、高倉山の片方は葛木郷である。系譜を見ると、尾張氏は大和国葛城郡の高尾張に居を構えていた。なおかつ、葛城氏との間に婚姻関係がある。名前に葛城・葛木を織り込んでいるものが多数いる。カツラギは葛ではなく、月の桂に関連する。(210-249)

2.　月の聖樹カツラの巨樹の存在

　黒河内川の礫場には「カツラ桂」の巨樹があり、樹高23m、主幹目通り7.8m、根回り周囲10.3m、樹齢約300年と標識にあります。1995年「船路の大カツラ」として山口市天然記念物に指定されました。

　「カツラ桂」は月にあると信じられた聖樹（月面の文様から想像された）で、後に月そのものを表す言葉になりました。「カツラヲ桂男」「ツキヒトヲトコ月人壮士」といえば月を表すと同時に、月に住む仙人を意味します。中国には「ゴコウ呉剛」という月中の仙人といくら伐っても生えてくる桂の伝説があり、共に永遠の生命を持つもの「不老不死」の象徴です。（特に断らない場合、カツラは日本の桂を指す）(32-229)

桂は、月の桂というように、また桂男は月の異名であるように、月との関係が密接である。カツラは中国では木犀を指しているが、日本では丸い小葉をたくさんつける、若葉も紅葉も美しい落葉高木を指している。これは雌雄異種で、ヲカツラ・メカツラと呼んで区別することもある。枝は、京都の葵祭や各地の春から初夏の祭で、富・トビと呼ぶ採物や飾物に用いられている。(210-282)

　神話だけでなく、現実にも桂は月信仰を持つ海人族には親しみのある樹木で、腐食しにくく船楫や船の構造材に用いられました。つまり、海上での命運を左右する楫には桂を必要とし、航路を決定する桂楫は水を制御する月神の顕現とも信じられたと想像します。そこで、たとえ大月のような山奥で船を必要としなくなっても、月信仰を持つ人々は居住する地域に自らの信仰の証として、また守護神として桂樹を植えた、あるいは自生樹

を大切に守ったのではないか、と想像できます。水辺を好む樹木であることから、「水の源泉」と考えられた月と結びつけられた可能性もあります。(202-66) それは、水辺を好むヘビが「水の源泉」月の眷族とされたのと同じ発想です。(99-1-169, 210) ちなみに、桂と同じように水辺を好むマコモやアシが古社の祭礼で御神体とされ、船の構造材に用いられたクスノキが御神木とされるのも同じ発想と考えられます。

『万』にも「カツラカジ桂楫」を含む歌があり、その船 (三日月／月船) を漕ぐのは「ツキヒトヲトコ月人壮士」で、万葉人の月に対する心象がよく分ります。

天の海に　月の船浮け　桂楫　かけてこぐ見ゆ　月人壮子　　　　(万⑩2223)

月人壮士も月神を表す言葉で、同じ言葉に「ツキヨミ」「カツラヲ」「ササラエ」などがあります。

中川経雅によれば、月神を月読男・月人壮士・カツラ男・ササラエ壮士などというから、御形は天を馬に乗って経巡る若者として表したものだろうという。この考えに従うべきである。後文のために注意を促しておくが、中世以前は天童は月の形であって、日を指してはいない。(210-277)

3. 月神・大年神を祀る大年神社の存在

大月には大年神社 (仮称) といくつかの小祠が残されています。その社殿や小祠を修造した山内富次氏にお話を伺うことができました。社殿に残された万延元年 (1860年) の奉納札から、住民の姓はすべて「カワノ河野」で、祭神は大年神を始め多くが月神であることが分ります。

大年神社内の奉納札より抜粋

祓玉清玉布　于時万延元年庚申九月二十六日神主・上野静計代　大工・伊藤権右衛門

世話人　河野茂平治　河野利兵衛　河野伊兵衛　河野伊三郎　河野参治郎

阿那　大年神　稚彦神　天熊人神　天照大神　保食神　稲荷大明神

4. 社殿背後の大岩 (盤座)

社殿の背後には見上げるほどの大岩 (高約10m、幅約15m) があり、今は苔生しカヅラが絡み付いて全体像を窺うことはできません。この大岩と社殿内に置かれた石の形 (三角形) が似ていることから、この大岩は盤座でありご神体であったと想像できます。三角形の「三」は月を象徴する数字でした。

盤座をご神体とするのは天香具山神社を始め、大神神社 (三輪山／高宮)、與喜天満宮 (鵝形石)、熊野速玉大社 (ゴトビキ岩) など古社の多くに認められます。

香具山の山頂より北に下がったところに天香具山神社がある。本殿の背後には巨大な岩石があり、磐境となっている。境内には赤埴聖地の碑が立ち、さらに登ると白埴聖地の石標がある。神武前紀戊午年九月の条に天神が夢で神武に告げるには、天香山の社の中の土を取りて、天平瓮八十枚を造り、併せて厳瓮を造りて、天神地祇を祭れ。(210-232)

大和の香具山には「月の誕生石」があり、月は香具山で生れたと考えられていました。(2021年月の生成に関する隕石の研究)「月の誕生石」の伝承は、月と地球は同じとする世界的な大母神文化の現れです。キャシュフォード氏は、大母神文化では地球と月を一つのものと考えた、と述べています。「月は天上の大地」「大地は地上の月」と考えたのです。(99-1-35)「宇宙卵」から月、太陽、星、大地、地上のあらゆる生き物が生れたとする古代ギリシャ神話は、現代の宇宙物理学になぜか似ていて不思議です。(100-74, 286) (237-4-128) (412-36)

香具山の「月の誕生石」は三つ (「三」は月を象徴) の花崗岩からなり、かっては標縄が懸けられていた盤座でした。(391-128)

実は天香山の東北側には月の石、または月の誕生石と呼ぶ三個の花崗岩の大石がある。そこは北麓の出屋敷から東へ入った山中である。また、藤原宮大極殿の南庭からはやはり東方になる。かって岩群に標縄が懸っていて、大石から月が誕生したと伝える。吉田金彦は、この石は盤座であり、豊穣石であったと判断している。(210-231)

「月の誕生石」のように岩が神聖視された理由として、以下の点が考えられます。

1.　その不朽性が月の永遠性に通じた。

2.　玉（岩）は「月光の結晶」で根本物質と考えられた。

3.　岩は夜間に月の「生の水」である「ツユ露」を帯びる。

4.　「岩は地上の月、月は天空の岩」（大母神）と考えられた。

5.　月神を運ぶのは天磐船（アマノイワフネ）と考えられた。

　岩（盤座）を神聖視する理由の一つは、「地上の月である岩」の不朽性が「天上の岩である月」の永遠性に繋がると考えられたから、と想像できます。その傍証に香具山の山頂には天常立尊社・国常立尊社があり、「トコタチ」とは「永遠に再生するもの」を指し、永遠に再生するものは月であり月神です。(323-1-154)

香具山の山頂には国常立命神社が鎮座する。常立のトコ（常）は通説にあるような床や底ではない。トコタチとは、永遠に再生するものである。あたかも月に似た性質である。康永元年（1342）の坂土仏の『太神宮参詣記』に述べられている外宮の神は月神であり、イザナギ・イザナミ二神が生んだものではないが、一説では国常立尊であるという。(210-232)

　岩の不朽性については、月神オオヤマヅミの子で短命の「コノハナサクヤヒメ木花開耶姫」と長命の「イワナガヒメ磐長姫」の神話で明らかに語られます。(323-1-154)（オオヤマヅミについて第 3,4 章）槇佐知子氏も、コノハナサクヤヒメとイワナガヒメは短命な植物と長命（不朽）な石の象徴、と指摘しています。(172-1A- V)

　「玉」は月光が凝結したものと考えられ、特に月愛珠（月長石／漢訳「水晶」）と呼ばれた白玉は月光に照らされると輝き冷たい湿気を滲出するといわれたました。(54-295) この伝説も「岩は地上の月、月は天空の岩」という大母神の現われの一つです。心理学者 CG・ユングの「根本物質はあらゆるものの母である」という言葉をキャシュフォード氏は引用し、語幹「ma」が「母」と「物質」の両方を意味すると述べています。

「ムーンストーン」と呼ばれる乳白色の石が月光の結晶と考えられていたようなものだろう。ギリシャ語では、マトリクス matrix（サンスクリット語で母や測定を意味する ma から、また、ソーマの杯としての月を意味する mas から派生した）は「母」と「物質」の両方を意味する――この二つはかっては、感情を構成する共通の要素に属していたとユングは言う。「根本物質はあらゆるものの母である。」(99-1-185)

　『淮南子』天文訓や『周易参同契』には「方諸（陰燧）を翳せば月の水を得る」という文言があります。同じように、月光に照らされた岩（盤座）の表面に夜露が結ばれることから、月の「生の水」を得るものとして神聖視されたと考えられます。(157-1-135) (346-138) 明日香村の酒船石と呼ばれる巨石遺跡も月の「生の水」を集めるものではなかったかと想像します。キャシュフォード氏は、このように外見が似ている、つまりあらゆる「水の源」である月と水を滲ませる岩が似ている、ことから生じる連想を「しるしの原理」と呼びました。外見が似ているという直観から岩と月が結びつけられたに違いありません。(99-1-215)

　月神スサノヲが逆剝した「アマノブチコマ天斑駒（天馬）」を「イミハタドノ斎服殿」に投げ入れたのは、スサノヲの持つ荒々しい月性（欠けて行く月）の一面と斑馬の皮膚の文様が月の表面（クレーターの文様）と似ているからでした。ナウマン氏も馬の斑状の外観は月性を持つと指摘します。(323-1-112)

インド神話の斑牛……月獣が好んで二色ないし斑のものとして表されるのは、驚くにはあたらないのだ。馬の斑状の外観とは、それが月性をもっていることを示しているのだろう。少なくともそれによって光と闇の交替を示唆しているといえよう。(244-128)

　海人族が信奉した月神の運行は海人族らしく（天空を渡る）船によると考え、その船を「イワフネ岩船（天磐船）」と形容しました。この場合「岩」とは不死の象徴「月」を指し、天磐船とは「月船」にほかなりません。延烏郎・細烏女伝説に登場する磐（船）や降臨するニギハヤヒが乗った「アマノイワフネ天磐船」によく表されて

います。

『記紀』『風土記』『万葉集』などの古代文献には太陽の船や日の船の語はない。他方、『万葉集』には月の船が詠われている。松本信広は、万葉人は月神の運行は船によると思惟しており、それは岩船として形容されることが多いし、岩石を神聖なものとして畏敬し、天上に神がいるところを盤座であるとしていたほどであると述べている。(210-244)(198-44)

　『万』には、柿本人麻呂をはじめ月の舟が多く詠われていて、三日月を舟に見立てるのは古代世界に共通した象徴的思考でした。(99-1-141, 215)

大船に　真楫繁貫き　海原を　榜ぎ出で渡る　月人壮子　　　　(万⑮3615)

5. 社殿前のホオ樹

　社殿前の階段傍には神木と思われる「ホオ (朴)」の大樹があります。朴の倭訓「ホホ」の古名は「エノキ」です。朴樹と書いて「エノキ」と読ませている箇所が『壱岐国風土記』逸文にあり、「常世の祠にある」と記されていることから月信仰と関係するはずです。(壱岐も海人族の拠点の一つで、壱岐の月神の祖はタカミムスヒ)(440-528)
『壱岐国風土記』逸文「常世の祠あり。一つの朴樹あり。鹿の角の枝生ひたり。長さ五寸ばかり、角の端は両道なりと云へり。」ヤドリギはエノキには非常に着生しやすいが、ケヤキの梢にもしばしば着く。そして股別れした鹿角のような枝を同じ所に群がり茂らせている。常緑のヤドリギは再生のシンボルの一つでもある。(210-110)

　応神の諱ホムタの「ホホ」(ホホム・フフムは膨らんだ状態)(註4-16) は膨らんだもの、すなわち望月を暗示します。つまり「ホオ／ホホ朴」は、その大きく円く膨らんだ白い花の印象から月そのもの、あるいは月の象徴とされた、と想像します。「円い」「膨らむ」は満月を、「白い」は白銅鏡に譬えられる鈍い月光を、連想させるからです。同じ例に、月光のように白く月のように丸いルナリア (Lunaria annua／合田草) の果実もありました。(99-1-215)

　朴には欅 (ケヤキ／古名ツキ) と同じく「ヤドリギ宿木」が枝に着生します。その着生したヤドリギと枝で造る鹿の角のような形からヤドリギは再生の象徴とされたとあります。

　顕宗前紀の歌には「タカキノツノサシノミヤ高木角刺宮」が登場し、高木は「ツキ (ケヤキ)」を、角刺は常緑のヤドリギを指します。そこで、高木角刺宮とは「ヤドリギの着生したツキ」すなわち「不死の月の宮」を意味します。「不死の宮」を暗示する宮名は、後の斉明の「フタツキノミヤ両槻宮」、持統・文武の「フシハラノミヤ藤原宮 (新益京の皇居)」と同じ発想です。(43-89)(44-132, 168)(210-110, 235)

　九州の装飾古墳の中でも随一の規模を誇る 6 世紀の王塚古墳 (福岡県嘉穂郡桂川寿命) の発掘で、玄室の「サカツキ杯」の上に「ホホバ朴葉」が敷かれていました。月を暗示する「サカツキ」の上に月そのものを表す「ホホ」の葉が置かれていたことから、この墳墓の被葬者も月信仰の世界にいたと考えられます。壁画の文様は太陽信仰を表現するという解釈が一般的です。しかし三浦氏は、同心円文 (月の永遠性)、ワラビ文 (月で死者の再生を願う)、騎馬文 (天馬か?) などの文様は月信仰と密接に関係すると指摘します。(433) 古墳の所在地も「カホ (月の光)」「カツラガワ (月の川)」「ジュミョウ (運命・死を掌る月あるいは北斗七星の輔星)」で月を暗示します。

　同じ装飾古墳の例として、珍敷塚 (メズラシツカ) 古墳 (福岡県うきは市吉井町) の壁画があり、ヒキガエル (月象徴)、船、同心円、ワラビ文など壁画の文様は、やはり海人族と月信仰を濃厚に表現しています。珍敷に「シキ」が現われるのも、「シキ」に再生や繰り返しの意が含まれ被葬者が信奉した月信仰を暗示します。(第2, 3章)(210-298)

　最後に、丁未の乱(587年)で物部守屋が「ホウノキ」に登って矢を放ったのは、守屋も月信仰の世界にあり朴が月を象徴する樹であったから、と想像されます。(詳細は註4-16)

6. 「カワノ河野」姓

　「カワ (カハ)・コ (ウ)」は月を表す可能性があり、「河・高・蚕・籠」などが宛てられました。そこで「カワノ」とは「月の野」、つまり山口の「ヒラノ平野」や「ヒライ平井」「カワチ・コウチ河内」などと同じ意味

になる可能性があります。(240-33)

　河野姓に関連して、伊予一宮・大山祇神社の宮司であった三島大祝家（オチノミコトの裔／2002年現在81代）は、後に伊予守護大名河野家となり、さらに村上水軍が分れました。(269-341) (317-148)

　祭神オオヤマヅミはニニギノミコトの甥でアマテラスの兄神になり孫神は「オチノミコト平知命」（変若水を連想させる）で、あきらかに月神の系統です。祭神の別称・三島明神、神社のある大三島、例祭の一人三番相撲、など月を象徴する「三」が頻出し、御神木の楠も古代には造船の用材として重視されたことなどから、月信仰を有していた海人族の伝統を持ちます。

　以上、「カワノ河野」は月あるいは月のある天空を表し、篤い月信仰をもっていた海人族の裔の姓と考えられます。

7. 奥河内川という川名と清流

　川名に「カワチ河内（コ・ウチ月霊）」が現われるのは偶然ではありません。「コウノ河野」氏が居住する地域に「大月」という地名を付け、「大岩（盤座）」を背後に構えた社殿で「月神・大年神」を祀り、その前には月（ホホ／円く膨らんだ月）そのものと考えられる神木「ホホ朴」を植え、さらに地域を流れる川の名に「月霊」を意味する「コウチ河内」を付したのは不思議ではありません。さらに、黒河内川の清流が洗う「カワラ礫場（高天原／月の原）」には月の聖樹「カツラ桂」を植えた（あるいは自生を祀った）のは月信仰の証であり、住民の篤い信仰生活を彷彿とさせます。

　河内を考える場合、摂津「カワチ河内」や「コウチ河内祭」（和歌山県東牟婁郡古座川町）、「カワチオウ河内王」などの例があります。

　「コウチ河内祭」（地元ではコオッサマ）は古座川の中流（六蛇の瀬）にある巌島（河内明神／祭神スサノヲ）に三日のあいだ舟で渡御する祭りで、河内明神は実は蛇神（月の眷属）とする伝承があります。この祭りには、「六蛇の瀬」にある「巌」が御神体であり祭神が月神スサノヲであること、三日間の「三」、「月の瀬」を始め祭りを執り行う5地区（月の瀬、古座、古田、高池、宇津木）の名、祀を務める上﨟と呼ばれる「三童児」（漁師の子でなければならない）は「舟」で渡御すること、など「月と岩と水」で代表される月信仰の本質が現われています。祭りに参加できる条件が「漁師と船」であることも、祭りを主導したのが月信仰をもつ海人族であったことを想像させます。したがって、「コ・ウチ河内」とは「月霊」と考えて良さそうです。(446-132)

　「カワチオウ河内王」は天武朱鳥元年（686年）に新羅の金智祥の饗応接待役として筑紫に下り、持統三年（689年）太宰帥となった皇族で、持統八年（694年）に筑紫で客死したとされます。その墓所は「カワラダケ香春岳（月の原／三つの峰で構成／福岡県田川郡香春町）」（註4-17）の東方に「カガミヤマ鏡山大神社（月神の山／703年創建／山は墓所の意）」として残り、近くには「カガミイケ鏡池（月神の池）」があります。(160)「カワラ」「カガミ」このように「カワチ河内王」の周辺には月信仰を暗示する伝承や言葉が多いことから、「カワチ」とは、やはり「月霊」と考えて良さそうです。(28-210) (129-36) (275-222, 255) (353-10, 223) (400-13) (415-27, 8) (416-10)

8. 高知県幡多郡大月町の月山神社

　上記の大月と月信仰の関係を考える上で、高知県幡多郡大月町の月山神社が参考になります。その祭神「三日月形の月光石」は役小角が発見したという伝承があります。また、祭神・月弓大神は海の守り神とされます。月山神社の所在地の周辺は「月ヶ丘」という地名です。(357-147) (426-77)「オオツキ大月」はいうまでもなく、「ハタ幡多」は月神の神格の一つ機織（女）を、「ゲッコウセキ月光石」は月光の凝結した月長石を、「ツキユミ月弓」はツキヨミを、海の守護神は潮汐を操る月の力を、すべてに月信仰に関わる言葉で貫徹しています。

　古代日本では太陽信仰が盛んで月信仰はなかった、と現代でも頑なに信じられています。三輪山を通る東西軸の実体は「月の渡る道」であるにもかかわらず「太陽の道」とされてきたのが、その典型的な例です。しかし、太陽信仰の視点から上述の問題を検討した場合、月信仰の痕跡はまさに「白日の下に晒され」一瞬にして

雲散霧消します。太陽信仰を強調する余り強い「太陽光」で古代文化が「闇」に包まれてしまうのは、なんとも皮肉なことです。著者も前作までは太陽信仰の側に立ち、月信仰については漠然とした立場で、「大月」という集落が残した重要性について余り理解できないでいました。

すでに廃村になったものの大月の存在は月信仰を考える上で極めて重要です。今後も地域に残された月信仰の痕跡を丁寧に分析することで、日本人が伝えてきた「月の文化」を掘り起こしたいと思います。

3. 空間設計にみる月信仰の痕跡

第1、2節では地名に残る痕跡と祭祀に残る痕跡を述べてきました。最後に空間設計にみる月信仰の痕跡について、おおよそ以下の項目に沿って述べます。大日古墳と国津姫神社を含む空間設計については第5章で述べることにします。

1. 泉香寺山と土師八幡を中心とする信仰空間に共通する設計思想
2. 泉香寺山を中心とする信仰空間
3. 土師八幡を中心とする信仰空間
4. 大崎玉祖神社を中心とする設計

1. 泉香寺山と土師八幡を中心とする信仰空間に共通する設計思想

個別の設計を述べる前に、泉香寺山と土師八幡を中心とする2つの信仰空間に共通する設計について図示します。

図4-3：泉香寺山を中心とする信仰空間　　図4-4：土師八幡を中心とする信仰空間

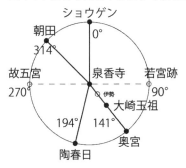 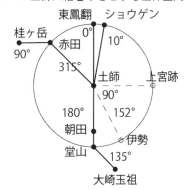

＊両図とも距離を無視して方位角だけで表示した。＊実線と●は現存するもの、破線と○は現存しないもの。

＊ショウゲン：ショウゲン山　朝田：朝田神社　泉香寺：泉香寺山　若宮跡」：毛割若宮跡　大崎玉祖：大崎玉祖神社　奥宮：向島奥宮

陶春日：陶春日神社　東鳳翻：東鳳翻山　赤田：赤田神社　土師：土師八幡

上宮跡：北辰妙見社上宮跡　伊勢：大内畑伊勢社跡

図4-3、図4-4から共通点を纏めます。月信仰を背景にした泉香寺山と土師八幡を中心とする信仰空間が明らかに存在します。

1. 設計中心は南北軸と東西軸の交点に位置し、その両側、あるいは片側に山、あるいは神社（跡）が存在する。
2. 設計中心は東鳳翻山やショウゲン山、向島奥宮あるいは間接的に桂ヶ岳から、信仰上の根拠を与えられている。
3. 月信仰の根源をなす不死を暗示する315°（近似する314°／巽乾軸）の方位線が存在する。
4. 設計中心から発する方位線上には、いずれも月信仰を暗示する社名の神社を配置する。
5. この空間に思想信仰上、異質なものは含まれていない。

表 4-10：泉香寺山と土師八幡の設計上の比較

設計	泉香寺山	土師八幡
321° 方位線	向島奥宮	（平清水八幡 806 年）
東西軸	故五宮、毛割若宮跡	北辰妙見社上宮
南北軸	ショウゲン山	東鳳翻山、朝田神社、堂山
巽乾軸（315°）	朝田神社（近似 314°）	赤田神社
設計線痕跡	陶春日神社、朝田神社参道	表参道（伽藍山）・裏参道（赤田神社）
五形図「円」	中心	描点

表 4-11：泉香寺山を中心とする「円」（再掲）

地点	緯度（°）	経度（°）	距離（m）	方位角（°）
泉香寺山	34.1378	131.4564	0	0
土師八幡	34.1717	131.4431	3955	341.9394
大内畑伊勢社跡	34.1097	131.4828	3956	141.9907

＊線分（泉香寺山－土師八幡）と線分（泉香寺山－大内畑伊勢社跡）の距離差は 1m。

表 4-12：土師八幡を基点とする距離と方位角（再掲）

地点	緯度（°）	経度（°）	距離(m)	方位角（°）	誤差（%）
土師八幡	34.1717	131.4431	0	0	－
上宮跡	34.1717	131.4994	5191	89.9842	0.03
朝田神社	34.1483	131.4431	2596	180.0000	0

＊東西軸に対する線分（土師八幡－上宮跡）の誤差は 0.0158°　0.03%。

2. 泉香寺山を中心とする信仰空間

　図 4-3 は、泉香寺山を中心とする円周上に泉香寺山からの距離を無視して「方位」だけで表示したものです。泉香寺山を中心とした信仰空間が造られ、同時に五形図の描点として「場」を決定した苦心の跡が窺えます。

　泉香寺山が信仰空間の中心であるとする根拠は、以下の通りです。

1. 月神ウカノミタマを祀る向島奥宮を基点とする方位線（方位角 321°）で結ばれ、信仰上の根拠を与えられた。

2. 陶春日神社と朝田神社の参道は、泉香寺山を基点とする設計線の痕跡である。

3. 泉香寺山を通る東西軸上に月信仰を暗示する社名の故五宮（旧・朝田神社）と毛割若宮跡が存在した。

4. 泉香寺山を取り囲むように、月神を祀るあるいは月信仰を背景にもつ社が存在する。

5. 「武者走り」は月輪を象徴した造形で、泉香寺山が月の山であることを暗示する。

表 4-13：泉香寺山を基点とする距離と方位角

名称	緯度（°）	経度（°）	距離（m）	方位角（°）	誤差（%）	祭神／名称／象徴
泉香寺山	34.1378	131.4564	0	0	－	月輪
ショウゲン山	34.2333	131.4567	10593	0.1495	0.3	象限
毛割若宮跡	34.1381	131.5167	5562	89.6403	0.6	ホムタワケ
故五宮	34.1378	131.4208	3284	270.0100	0.02	アサノツキ
向島奥宮	33.9981	131.5906	19839	141.3221	－	ウカノミタマ
陶春日神社	34.0878	131.4417	5710	193.7454	－	オボロツキ
朝田神社	34.1483	131.4431	1692	313.5200	－	アサノツキ
藪台春日神社	34.1500	131.3817	7021	281.1340	－	オボロツキ

＊現・朝田神社の旧称・住吉も「澄む月」を表す可能性がある。＊誤差は南北軸、東西軸に対するもの。

泉香寺山を基点とする距離と方位角を改めて表 4-13 に示します。表中、祭神／名称／象徴としたのは、その「場」が象徴するもの、その社の祭神が月神あるいは月を暗示すること、などを指します。例えば、信仰の中心である泉香寺山の「武者走り」は月輪を象徴した造形であること、若宮の祭神ホムタワケは「膨らんだ月」を暗示すること、「カスガ」は「オボロツキ朧月」を暗示することなどです。

1. 月神ウカノミタマを祀る向島奥宮を基点とする方位線（方位角321°）で結ばれ、信仰上の根拠を与えられた

　線分（泉香寺山−向島奥宮）が最も基本的な設計線です。向島奥宮には月神ウカノミタマが祀られ、その奥宮と結ぶことで泉香寺山に信仰上の根拠を与えたことになります。同じ例として、外宮と高倉山、内宮と大和葛城山、土師八幡と東鳳翔山、赤田神社と桂ヶ岳、国津姫神社と東鳳翔山と氷上山、佐波荒神と高倉山、などがあり、月神を祀る社の「場」を決定する重要な設計です。

2. 陶春日神社と朝田神社の参道は、泉香寺山を基点とする設計線の痕跡である

　陶春日神社の「カスガ」は「オボロツキ」を、朝田神社の「アサダ」は「アサノツキ」を意味し、共に月信仰を背景にした社名です。朝田神社の旧称「スミヨシ住吉」も「スム」が月に懸る常套句であることから「澄む月」を暗示します。(210-45) この二者の参道が泉香寺山を基点とする設計線の痕跡であることが重要で、泉香寺山を中心とする信仰空間が造られています。

3. 泉香寺山を通る東西軸上に月信仰を暗示する社名の故五宮（旧・朝田神社）と毛割若宮跡が存在した

　故五宮（旧・朝田神社）は泉香寺山を通る東西軸上に存在し、その社名「アサダ」は大和の飛鳥と同じ「朝の月」を意味し五形図の描点としても重要です。

　毛割若宮は小鯖八幡宮別宮で古くより鎮座していたと石碑に記され、本宮の主祭神・応神の皇子が仁徳（若皇子）であったことから若宮八幡宮と呼ばれたとあります。昭和 27 年に撮影された国土地理院の空中写真で確認すると、石碑の位置より少し東へ移動した所（現在は病院敷地）に参道らしい道と建物があり、若宮であったかも知れません。

　故五宮、毛割若宮跡は現存しないため、泉香寺山を基点とする設計線が参道に残されていたかは不明です。

4. 泉香寺山を取り囲むように、月神を祀るあるいは月信仰を背景にもつ社が存在する

　泉香寺山を囲むように月信仰を暗示する社が配置され、これは明らかに意図された空間設計です。

　線分（泉香寺山−ショウゲン山）は泉香寺山を交点とした象限を描くための南北軸で、東西軸には西に故五宮、東に毛割若宮跡（ともに現存せず）がありました。この象限の第Ⅱ象限、すなわち泉香寺山からみて西北域に「ヨシキ」があり、古代周芳国の中心地であったと推測されます。象限を描いて山口盆地を 4 つの区画に分割し西北域（第Ⅱ象限）を重視した理由は、西北が「祖霊の降臨するところ」とする思想信仰を背景にした空間設計であったと推測されます。　(206-28) (355-2-302)

5. 「武者走り」は月輪を象徴した造形で、泉香寺山が月の山であることを暗示する

　泉香寺山は、地上絵を発見する端緒になった山でした。山口市平川の中原に位置する標高 61m の独立した山（丘）で、その山名は明治に廃寺となった泉香寺の名に由来します。(76-44) (90-60) 泉香寺は曹洞宗の寺で、いつ創建され命名されたかは不明です。(420-340) 山の八合目あたりに「武者走り」と呼ばれる鉢巻状の段があり、前作までは方位盤として加工された痕跡ではないか、と想像しました。(図 4-5) (90-60) その理由は、泉香寺山が五形図の設計中心であることから、方位盤であれば測量と設計に役立つと思えたからです。

　しかし、月信仰の視点からは、この「武者走り」は月輪（ゲツリン／ガチリン）を象徴した造形、と考えるようになりました。月の別称には以下のものがあり、中でも月輪という名称は月を「まるい輪」のように譬えたも

ので、仏教用語にも広く認められます。あるいは月魄、玉盤、玉輪と呼ばれることもあり、月は「まるい」「輪」「玉」などで象徴されました。(357-52)『事物異名類編』にも月の異称として「夜光」「水鏡」「白玉盤」「玉輪」「珠輪」などが載ります。 (308)

　比較的よく残されている西側の「武者走り」の幅は 3-5m、頂上へ向かう傾斜角 30° の法面の距離は約 19m です。(計測可能な範囲) 約 20 年前、保存状態の良かった東側の「武者走り」は雑木が繁り侵入できる状態ではありません。「武者走り」から頂上付近を眺めると円墳の頂点にも見えることから、泉香寺山が巨大な円墳であった可能性も否定できません。

　明治 29 年 3 月、日清戦争凱旋記念碑の建設中に泉香寺山々頂から出土した経筒は、泉香寺山の位置が重視されていた傍証になります。(経筒は国立博物館に収蔵され実見できない) (90-62) 経筒を埋納するのは平安時代の末法思想の影響を受けた信仰です。(第 5 章／凌雲寺跡)

石碑をこの山頂に建設する地開き工事があった。その時、世に珍しい「経筒」を掘り当てたのである。その地点は小高い盛り土状であって、土中に縦一・四〇メートル、幅〇・九メートル、厚さ一〇センチぐらいの平石があった。それを除くと下に木炭層があり、中央は石で四方を囲み、その内側にも木炭をつめ、その中央に銅の筒状の容器と土器があり、銅筒の中には腐食物がつまっていた。(122-62（90-62）

図 4-5：泉香寺山の想像図

立面図＊灰色の円周で囲まれた「武者走り」と呼ばれる構造は、月輪の造形と思われる。＊グーグルの航空写真を引用加工した。

　「輪」で月を象徴する例として最も著名なのが三輪山です。別名「ミムロヤマ御室山」とも呼ばれ、「ムロ」は「月が隠れるところ」、つまり三輪山から月が出てくることを意味すると推測されます。

　九州地方に多い装飾古墳の壁画にも月を「輪」で象徴したものが多く見られます。三浦氏によれば福岡県の珍敷塚古墳の石室に見られる円形は月であり、「一般的には太陽と考える説がほとんどであるが、同心円も暈をかぶった月と捉え、喪葬には太陽ではなく月が相応しい」と指摘しました。(210-298)

　縄文時代の土偶や土器にも月を象徴した「輪」の造形が多く認められます。(99-1-207) ナウマン氏は、縄文土器に認められる螺旋や円は月の公転を示すと指摘しています。(244-122)

第二の土偶に飾られた「宝冠」そのものも、こうした象徴性にうまく符合している。第二、第三の場合には、宝冠をかたどる紐の起源が一つに結ばれた二重螺旋だと見なせる。さらに、十分に展開した紐を上から見ると、四分円に分割された円の図が現われるが、この図もまた偶然そうなったのではない。それはすでに縄文中後期の土偶にみられ、その後頭部に刻まれていた図案なのだ。このことを別にしても、それは中国の新石器時代に由来する周知の図案であり、どの四分円にも三日月があるのをしばしば見かける。これはヘンツエが示したとおり、月をさまざまな段階に分割しているのだ。中国の土器では、螺旋との直接の関係が見てとれる。すなわち、四分円に分けられた円が螺旋の中心となり、螺旋の方は運動のプロセスである公転を示すのである。

　以上、泉香寺山は月神ウカノミタマを祀る向島奥宮から信仰上の根拠を与えられ、周芳山口を「月の都」と

する信仰空間の中心でした。その信仰空間に、さらに地上絵が描かれたと考えられます。古代の月信仰を背景にした貴重な空間設計の遺跡です。

3. 土師八幡で造られる信仰空間

　土師八幡は吉敷に居住した土師氏の氏神と考えられ、この社を中心にした信仰空間が造られています。

　土師八幡（山口市吉敷上東）の「場」は、前作までは土師八幡を基点とする東西軸上に北辰妙見社上宮が決定された考えました。今回、再検討の結果、土師八幡は北辰妙見社上宮跡を基点とする東西軸上に決定されたと考えるのがより合理的です。その根拠は、前方後円墳の設計では「場」の多くが東西軸と南北軸の交点に決定され、その設計法は地上絵にも継承されたと推測されるからです。(第5章)

　土師八幡を中心とする信仰空間が造られ、同時に土師八幡は地上絵の描点としても採用されました。土師八幡と他の描点については、それぞれの節を参照して下さい。(第4,5章)

　土師八幡の「場」と「方位」を決定した軸。

「場」の決定

1. 東鳳翻山を基点とする南北軸（東鳳翻山-堂山）。

2. 北辰妙見社上宮を基点とする東西軸。

「方位」の決定

ショウゲン山と伽藍山東嶺を結ぶ線分。

表 4-14：東鳳翻山を基点とする距離と方位角

名称	緯度（°）	経度（°）	距離（m）	方位角（°）	誤差（%）	備考
東鳳翻山	34.2219	131.4428	0	0	—	
土師八幡	34.1717	131.4431	5569	179.7154	0.5	
一の鳥居	34.1703	131.4431	5724	179.7231	0.5	設計線痕跡
朝田神社	34.1483	131.4431	8164	179.8058	0.3	
堂山	34.1336	131.4428	9795	180.0000	0	

＊線分（東鳳翻山－土師八幡）の南北軸に対する誤差の計算。180-179.7154=0.2846　誤差0.5%

＊線分（東鳳翻山－一の鳥居）の南北軸に対する誤差の計算。180-179.7231=0.2769　誤差0.5%

＊線分（東鳳翻山－朝田神社）の南北軸に対する誤差の計算。180-179.8058=0.1942　誤差0.3%

表 4-15：上宮跡を基点とする距離と方位角

名称	緯度（°）	経度（°）	距離（m）	方位角（°）	誤差（%）
上宮跡	34.1717	131.4994	0	0	—
土師八幡	34.1717	131.4431	5191	270.0158	0.03

＊線分（上宮跡-土師八幡）の東西軸に対する誤差の計算。270.0158-270=0.0158　誤差0.03%

表 4-16：ショウゲン山を基点とする距離と方位角

名称	緯度（°）	経度（°）	距離（m）	方位角（°）	誤差（%）	備考
ショウゲン山	34.2333	131.4567	0	0	—	
土師八幡	34.1717	131.4431	6947	190.3985	0.7	
土師八幡参道鳥居	34.1708	131.4428	7050	190.4733	0.6	設計線痕跡
伽藍山東嶺	34.1244	131.4317	12298	190.8090	—	

＊線分（ショウゲン山-伽藍山東麓）の方位角 190.8090 に対する線分（ショウゲン山-土師八幡）の方位角 190.3985 の誤差の計算。190.8090-190.3985=0.4105　誤差0.7%

＊線分（ショウゲン山-参道鳥居）に対する線分（ショウゲン山-伽藍山東麓）の誤差の計算。190.8090-190.4733=0.3357　誤差0.6%

図 4-6：土師八幡の「場」と「方位」の決定

*●と実践は現存、〇と破線は現存しない。＊距離を無視して方位角だけで表示。

上記の事実から考えられるのは、以下の事柄です。

1. 土師八幡の拝殿の「場」は、東鳳翻山を基点とする南北軸と上宮跡を基点とする東西軸の交点に決定された。

2. 土師八幡の拝殿の「方位」は、線分（ショウゲン山-伽藍山東嶺）の方位角に決定された。

3. 土師八幡には設計線の痕跡が 3 本残されている。

　　拝殿から参道鳥居までの参道は線分（ショウゲン山-伽藍山東嶺）の痕跡である。

　　一の鳥居の位置は東鳳翻山を基点とする南北軸の痕跡、あるいは測量時の目印（測点）と考えられる。

　　裏参道は、赤田神社の「場」を決定した土師八幡を基点とする 315°の設計線の痕跡である。

土師八幡を中心とする設計線（土師八幡を通過する設計線も含む）(75-47)

　　北辰妙見社上宮　：同一緯線上（土師八幡を基点として上宮跡が決定された可能性もある）

　　朝田神社　　　　：同一経線上

　　虚空蔵堂（堂山）：同一経線上（東鳳翻山と堂山を結ぶ南北軸上に土師八幡が設計された、とする方が正しいかも知れない）

　　赤田神社　　　　：土師八幡 - 赤田神社（巽乾軸）

　　大内畑伊勢社跡　：泉香寺山を中心とする同心円上

　　土師八幡が信仰空間の中心であるとする根拠は、以下の通りです。

1. 東鳳翻山を基点とする南北軸上に決定され、信仰上の根拠を与えられた。

2. 北辰妙見社上宮（跡）を基点とする軸上に決定され、信仰上の根拠を与えられた。

3. 土師八幡を取り囲むように、月神を祀るあるいは月信仰を背景にもつ社が存在する。

4. 大崎玉祖神社を中心とする信仰空間

　　周芳国の一ノ宮・大崎玉祖神社を中心とする信仰空間があります。

　　大崎玉祖神社の「場」は地上絵の描点ではありません。しかし、その「場」は地上絵の謎とその背景にある月信仰を考える上で重要です。大崎玉祖神社を中心とする信仰空間には、以下の特徴があります。

1. 大崎玉祖神社の「場」は、線分（泉香寺山-向島奥宮）と堂山を基点とする巽乾軸（135°）の交点に決定された

2. 大崎玉祖神社の「方位」は、神奈備山と考えられる「月の島の山」田島山を向いて設計された

3. 玉祖の根源と推測される田島玉祖神社が田島山の真南に位置する

4. 「オホサキ大崎」は「天空を渡る月がよく見える所」、「タジマヤマ田島山」は「月の島の山」と考えられる

1. 大崎玉祖神社の「場」は、線分（泉香寺山-向島奥宮）と堂山を基点とする巽乾軸（135°）の交点に決定された

　　線分（泉香寺山-向島奥宮）と堂山を基点とする巽乾軸（135°）の交点に決定された大崎玉祖神社は、二重に信仰

上の根拠を与えられたことになります。つまり、線分（向島奥宮−泉香寺山）は月神ウカノミタマを祀る向島奥宮と結ぶことで信仰上の根拠を与えた方位線でした。また、堂山を基点とする巽乾軸は道教で不老不死を実現する「道」（巽乾軸）と考えられ、不死は月信仰に根源を求められる思想でした。その堂山は不死の象徴・東鳳翻山と南北軸で結ばれ、やはり月信仰の根拠を与えられています。すなわち、幾重にも信仰の根拠を与えられたことになり、篤い月信仰をもつ土師氏にとって大崎玉祖神社がいかに重要であったかが窺えます。（向島奥宮を基点とする距離と方位角は第1章）

図 4-7：大崎玉祖神社を中心とする信仰空間

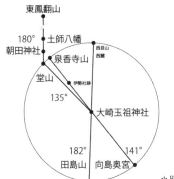

＊距離を無視して方位角だけで表示。

表 4-17：堂山を基点とする距離と方位角

名称	緯度（°）	経度（°）	距離（m）	方位角（°）	誤差（%）
堂山	34.1336	131.4428	0	0	—
大崎玉祖神社	34.0578	131.5336	11870	135.0733	0.1

＊135°に対する誤差の計算 。 135.0733-135=0.0733 誤差 0.1%

表 4-18：田島山を基点とする距離と方位角

名称	緯度（°）	経度（°）	距離（m）	方位角（°）	誤差（%）
田島山	34.0214	131.5322	0	0	—
参道口	34.0551	131.5335	3740	1.8390	—
大崎玉祖神社	34.0578	131.5336	4040	1.8335	0.01

＊線分（田島山−参道口）と線分（田島山−大崎玉祖神社）の中心角差 1.839-1.8335=0.0055 誤差 0.01%

2. 大崎玉祖神社の「方位」は、神奈備山と考えられる「月の島の山」田島山を向いて設計された

　表 4-17、18の結果から、田島山、参道口、大崎玉祖神社は一直線上に存在し、社殿は田島山を向いて設計され、参道は設計線の痕跡と考えられます。同じ例は、朝田神社と陶春日神社にも認められます。（第5章）

　「月の島の山」田島山を向いて設計されたことから、大崎玉祖神社の起源は月信仰の社と考えられます。『山口県神社誌』には以下の説明があり、月信仰についての言及はありません。（418-461）

祭神玉祖命　五伴緒神の一柱であり天の岩戸隠れの神事で、玉祖命は八坂瓊勾玉を造られ、その後天孫瓊瓊杵尊が日向国に降臨の時、供奉した五伴緒神の一柱として、国土統治の御創業を補佐されたことは記紀に載るところである。社伝では、この後に玉祖命は大前（大崎）に住居して中国地方を平定し、ついにこの地で神避りました。亡骸は御祖の地（江良の玉の岩屋）に葬り、その威霊を祀ったのが当社の起源と伝える。創建年月は不詳であるが、以後玉造連玉祖氏が祭祀を司ったと思われる。

3. 玉祖の根源と推測される田島玉祖神社が田島山の真南に位置する

　田島玉祖神社（防府市田島）は田島山の真南（同一経線上）、すなわち南北軸上に存在します。しかし、その「場」を決定した東西軸は見出せません。

表 4-19：田島山を基点とする距離と方位角

名称	緯度（°）	経度（°）	距離（m）	方位角（°）	誤差（%）
田島山	34.0214	131.5322	0	0	―
田島玉祖神社	34.0142	131.5322	799	180	0

　田島玉祖神社は田島山を御神体と仰ぐ位置に孤立することから、周辺にある4ヵ所の玉祖神社の中でも最も早い時期、つまり地上絵が描かれる以前に創祀された可能性があります。（創建年代は不詳）田島玉祖神社は老松神社の基点でもあり、そこから創建年代を特定できる可能性があります。

祭神：玉祖命　室町時代の長禄元年（一四五七）、周防国一ノ宮玉祖神社の御分霊を岡庄（中関南山手）に勧請し、文正二年（一四六七）に現在地田島へ遷した。田島は古くから一ノ宮の社領であり、……。（418-464）

4.「オホサキ大崎」は「天空を渡る月がよく見える所」、「タジマヤマ田島山」は「月の島の山」と考えられる

　「オホ」は「渡る月」を意味し、「オオサキ」とは「渡る月のキシ（岸）、ミサキ（岬）」つまり「天空を渡る月がよく見える所」を意味する可能性があります。防府湾中央に月神ウカノミタマを祀る「渡る月の島」向島があり、その西方には月神を祀る大崎玉祖神社が「月の島の山」田島山を向いて設計されています。これは、古代の月信仰を反映したものと考えて無理がありません。なお、田島山の真南には田島玉祖神社があります。大崎玉祖神社から望む田島山は、秀麗な円錐形をした神奈備山の風格を備え、大和の三輪山を彷彿させます。大崎玉祖神社の一の鳥居から参道を望むと、田島山の頂上がまるで鳥居を額縁にしたかのようにみえます。

　南北朝期（1336年-1392年）、今川貞世（註4-18）が九州探題に任じられて西下した際、防府地方を記したくだりがあります。その中に「大崎の沖に田島が見える」という記述があり、干拓前には海上に浮かぶ島でした。「オホサキ大崎」の沖に浮かぶ「月の島」田島の天空をゆっくりと月が渡って行く――「オホサキ」に立って「タジマ」を望むと、一刻、古代の月信仰の世界を追体験できそうです。（65-82）

外の海（富海）の磯ぎわから折れ曲がった橘坂（浮野峠力）を越えると、西の麓は入り海で前方に島（向島）を見て、国府に着く。桑山寄りの松原はかた浜で塩を焼いている。干潟の路を行くと、島々・入江が続き、大崎の沖に田島が見えてくる。

　大崎玉祖神社の社伝から、神話にある「タマノヤノミコト玉屋命」とは「タマノオヤノミコト玉祖命」のことで、奉斉したのは玉造連玉祖氏とされます。（日本神話では玉造部の祖とする）しかし、その社名と祖神の名に反して、周辺には玉石の発掘跡も玉造の遺跡もありません。（76-383）（234-302）（317-125）（418-459）

　この問題について考えられるのは、「タマノオヤ」とは「月あるいは月光」を意味し、玉石の分布や玉造とは関係がないことです。なぜなら、「タマ玉」は「月光の凝結したもの」と考えられたからです。

　北斗図にも五形図にも含まれない大崎玉祖神社（周芳国一宮・式内社）は、地上絵を描く以前の早い段階（北斗図681年以前）で、あるいは比較的遅く（古事記／712年以後）に創建された可能性があります（「場」の決定とは異なる）。つまり、神話創造の段階（天武朝から文武朝）で土師氏の祖神として創作された可能性があります。今後、土師氏の研究に大きな示唆を与える問題です。（「周防国正税帳」天平十年の断簡には大崎玉祖神社の弥奇玉作部五百背の名がある／岩屋は墓の意味）（311-130）（372-14）（76-354,383）（234-302）（317-125）（418-459）

設計線の痕跡のまとめ

泉香寺山：　　　　朝田神社参道（「方位」の決定）　　　　陶春日神社参道（「方位」の決定）

土師八幡：　　　　表参道（土師八幡の「方位」の決定）　　裏参道（赤田神社の「場」の決定）

大崎玉祖神社：　　参道（「方位」の決定）

国津姫神社：　　　表参道（向島奥宮を向く「方位」の決定）　西参道（「場」の決定）

氷上山興隆寺：　　参道（菅内日吉神社を向く「方位」の決定）

本章のまとめ

　以上、周芳山口に残された月信仰の痕跡を３つの視点から解析し、濃密に設計された信仰空間であることを明らかにしました。

　地名に残る痕跡では、海人族が居住した地域に多い「シキ」という地名をはじめ、「アカダ」「アサダ」「ホツミ」「オオトシ」などを月信仰の視点から解釈しました。北斗七星図で第一星に相当する北辰妙見社の北を塞ぐ氷上山の訓みが、氷上姉子神社と同じく「ホノカミ」と訓んだ可能性についても言及しました。

　祭祀に残る痕跡では、「月神を祀る盤座の山」高倉山での「おためし神事」を取り上げました。これは月信仰の古態を残す貴重な祭祀です。また、1968 年頃に廃村になった大月に残る祭祀の痕跡を、「カツラ」「イワクラ」「ホオ」など樹木や盤座などから考察しました。

　空間設計にみる月信仰の痕跡では、泉香寺山、土師八幡、大崎玉祖神社を取り上げ、それぞれを中心として構成される信仰空間を考察しました。各中心が独立したものではなく、互いに密接に繋がって信仰上の根拠を与え、周芳山口全域で一つの信仰空間を造り上げている、つまり周芳山口は「月の都」であったことを明らかにしました。

（註 4-1）朝田墳墓群

山口市大歳朝田の丘陵尾根に造られた古墳時代の円形台状墓群。（424-82）

山口県山口市朝田字赤岸・吉敷字上南谷にあり、低丘陵上に立地する墳墓群。弥生時代後期後半から古墳時代後期にかけての墳墓群である。本墳墓群は集団墓の段階、特定個人墓の段階、家族墓の段階へという変遷が見られる。在地系墳墓から畿内系墳墓、九州系墳墓への移行・影響がみられる。国指定遺跡。（285-18）

（註 4-2）凡海麁鎌（海部一族の伴造）

凡海麁鎌が海部一族の伴造であることから、「オオミ」は月を表している可能性を考えている。

大海宿禰菖蒲は、凡海宿禰麁鎌にもつくら。（大宝元・三条）。朱鳥元・九天武天皇崩じて殯宮に壬生の事を誄し（書紀）、大宝元・三陸奥に遣わされ、金を冶せしめられた。時に追大肆（続紀）（374-2-318）

＊大肆は冠位四十八階のひとつ。明浄正直勤務追進それぞれに大広壱弐参肆を配当。

美濃国安八磨郡は天武（大海人皇子）の湯沐令（ゆのうながし／皇族の領地）で湯沐邑に多品治（おほのほんぢ）がいた。

（註 4-3）「月の出入で潮が満つ」（242-16）

月が南中してから満潮になるまでの時間と、干潮になるまでの時間は、ほぼ一定している。地点により異なり、函館４時間、本州中部 5，6 時間である。これは、水陸分布、海底の地形、海水と海底の摩擦や抵抗などの束縛を受ける。潮汐力は、地球の中心におよぼす引力と、地球表面におよぼす引力の差が起潮力として働き、地球上で潮の干満をひきおこす。干満が最大、大潮は、新月と満月のとき、太陽と月の起潮力が重なる。最小、小潮は上弦と下弦の時になる。干満差は 1m 程度、最大の有明海で 5.5m。（217-180）（304-125）

（註 4-4）秦造河勝と「常世の虫」

皇極紀三年に常世の神を祭ると老人は若返ると宣伝し、虫である常世の神はタチバナや山椒に生じるとある。（398-2-141）

皇極三年(644)甲辰秋七月、東国の富士川の辺の人、大生部多(オオフベノオオ)が、虫祭りをすることを勧めて言うのに、これは常世の神である。この神を祭る人は、富と寿命が得られる、と言った。……葛野の秦造河勝は、民の惑わされるのをにくんで、大生部多を打ちこらした。その巫女らも恐れて勧め祭らせることを止めた。……この虫と言うのは常に橘の木に生じ、あるいは山椒の木にもつく。その長さは四寸あまり、その大きさは拇指程、その色はみどりで黒い斑がある。その形は大変蚕に似ている。

「常世の虫」の生態の描写はまるで昆虫図鑑の趣があり、アゲハチョウの幼虫と考える説がある。（267-224）

アゲハチョウの幼虫に似た虫が不死の「常世の神」とされたのは、蝶の生態から連想された可能性があり、仙人の異名「羽人」は「羽化昇天」する尸解仙に由来し、これは蝶が蛹から羽化して飛び去る姿を連想させる。

（註4-5）巽乾軸

道教で最も重要と考えられた軸で、「巽／地」（南東）から「乾／天」（北西）へ至る軸で、地から天に昇る軸ともいえ、これは常世国へ至る道ともいえる。不老不死を実現しようとする神仙思想で重視した。

神仙思想の根源には月信仰が存在した。

周芳山口の信仰空間には巽乾軸が多用され、月信仰の根源である不死と再生をを実現しようとした可能性がある。

（註4-6）物部の呪文（89）

石上神宮で十一月に行われる鎮魂の祭りは蘇生を願うもので、一陽来復すなわち全陰の中に一陽が現れる蘇生を象徴する「子」の時に行われたと考えられる。

『石上神宮』には、「鎮魂」と呪言について以下の説明があり、「布留」は「鎮魂」の「ふる」で後述する遊部の本業で、遊部を統括する土師氏との接点がある。（76-386）

ニギハヤヒノミコトの御子ウマシマジノミコトが天璽十種瑞宝を以て神武天皇と皇后との聖寿の長久を祈られたのが鎮魂祭の始めと伝えられ、その故事に倣って斎行されるものです。「鎮魂」とは「内なる魂を振い起させる」という意味で、「たまふり」と訓じます。……今も「一二三四五六七八九十ふるべゆら　ゆらとふるべ」という呪言を唱えます。（89-74）

（註4-7）コノハナサクヤヒメの別名は神吾田鹿葦津姫

『紀』での本名をカミアタツヒメあるいはカミアタカアシツヒメ。コノハナサクヤヒメは別名。

大林太良他監修『日本神話事典』大和書房2005　（380）

「アタカ」は「アサカ」に通じ「朝の月」を示す可能性があり、「月の華」である「コノハナ」と整合する。

（註4-8）「三碧木気」象意

九星には『易経』、五行の象意が含まれ、煩雑で難解。暦学の視点からは根拠が薄弱であっても当時の人々の行動を制した、とする指摘がある。

一から九までの数を中心とし、東西南北及び東北・東南・西北・西南の八方に配し、その数に色の名を白・黒・黄・碧・緑の五色に配当し、五行説を配合して判断したもので、これによって人間の運命を方位的に示していったものである。……まことに根拠の薄弱なものである。

表：九星象意

後天方位	北	東北	東	東南	南	西南	西	西北	中央
後天易	坎	艮	震	巽	離	坤	兌	乾	
後天地気	一白水気	八白土気	三碧木気	四緑木気	九紫火気	二黒土気	七赤金気	六白金気	五黄土気
方位十支	子	丑寅	卯	辰巳	午	未申	酉	戌亥	辰未戌丑
四門		鬼門		地門		人門		天門	
数	一	八	三	四	九	二	七	六	五
色	白(色始)	白	碧	緑	紫	黒	赤	白	黄
季節	冬至	立春	春分	立夏	夏至	立秋	秋分	立冬	土用

＊紙面の都合上、象意は重要と思われるものだけを記載した。

（註4-9）「死すれば則ち丘に首す」

宗廟を望拝することに関して、許慎の『説文解字』（AD100年成立／文字を解説したもの）に「狐に三徳有り。その色は中和（黄）。前を小とし後を大とす。死すれば則ち丘に首す。これを三徳という。」という文言。（164-272）（436-4）（300-167）

三徳とは狐の色・形・徳行から示唆されるもので「仁（木徳）・礼（火徳）・信（土徳）」を指し、仁徳とは「死すれば則ち丘に首す」、信徳とは「その色は中和（黄）」、礼徳とは「前を小とし後を大とす」、とあります。（291-59）

この中で「死すれば則ち丘に首す」すなわち決して祖廟（故郷）を忘れないこと、この徳が宗廟を望拝する設計に活かされ、連続した方位線の壮大な設計になっています。（300-167）

（註 4-10）「坤」「大地の母」

『易経』小成の卦で、すべて陰爻で構成された「坤為地」は「二黒土気」で母／坤／土気）大地を指す。（75-181）

「易に六義あり」といわれ、六義とは「変・不変・簡・象・数・理」を意味する。この中で「変・不変・簡」とは宇宙の法則を意味し、たとえば「変」とは月の満ち欠けのような変化を意味し、「不変」とは満ち欠けを繰り返しても変わることなく月が存在することを意味し、「簡」とは日月の運行のような「変」「不変」の原理は簡単であることを意味する。

「象・数・理」とは、その法則を認識するための方法である。つまり、六義とは宇宙の法則とそれを認識するための方法であるといえる。

「象・数・理」は、万象を数に還元して宇宙の理を究める学問であり、中でも「数」が最も重要になる。（236-1-72）（362-60）

『書紀』と『続紀』の紀年構成を貫く聖数の思想も数の重要性を示唆する。（31-10）（236-1-72）

『易経』では、その基本である陰陽（乾坤）の働きを戸の開け閉めで喩えていて、閉じて動かない状態を陰、開け閉めで動く状態を陽、とする。さて易の基本は陰陽、乾坤であるが、たとえて言えば、戸を閉ざしたように静かで動かない状態はこれを坤（陰）と言い、戸を開いたように外へ向かって動く状態は、これを乾（陽）と言い、閉じたり開いたり、すなわちあるいは陰となりあるいは陽となることはこれを変と言い、変化往来して窮まりないことを通と言い、変通の結果がはきり卦爻の形で具現されればこれを象と言い、象に基づいて形作られる物はこれを器と言い、その器を製作して実用に供するのは、これを法と言い、人々がその法を利用して進退出入ことごとくこれによる働きはこれを神と云うのである。（355-3-245）

（註 4-11）「土気」の領分である四隅（土用／境界）

立春、立夏、立秋、立冬の前 18 日間を土用と呼ぶ。（5-62）（6-62）（8-188 注 10）（34-45）（76-30）（206-28）（268-28）（334-53）（558-127）（562-45）（584-53）

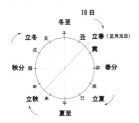

（註 4-12）平井日吉神社と白石伝説（75-71）

平井の日吉神社には「白石」伝説というものがあります。「白石」は白石英を主とする鉱石で、この辺りでは見られないことから、他の場所から搬入され榜示石として設置された可能性が高いと考えられます。

717 年に古四宮が赤田神社の位置に遷座した時にも、「白石」は榜示石として位置を決定するのに用いられたと推測されます。（90-59）

実見すると、その素朴な外形から、原初的な榜示石の姿を見る思いがします。

社伝によると、天慶六（九四三）年の創建というが、これを立証すべき文書史料はない。この宮は、もとは平井の西部落の公会堂のところにあり、そのあたりを「古宮」というが、寛永二（一六二五）年に火事にあって社殿が焼失したとき、神霊が火難を避けて、台部落の田地のそばの岩、「白石」の上に飛行された。里人はこれを神慮と感じて、白石の東方の峰尾の上に神殿を建てて祭ったのが、今の日吉神社である。

日吉神社は、古代に近江国日吉社より勧請し、江戸時代の寛永二年（1625）に現在地へ遷座したと『山口県神社誌』あり、神紋は大内菱です。（109-5）（418-569）

（註 4-13）元・荒神社（佐波荒神／現・防府市西佐波）

琳聖太子が来朝した推古十九年(611年)辛未と仁平元年の干支が同じ辛未であることから、仁平元年から遡って創作した伝承ではないか、と推測した。詳細は前作までを参照。

荒神（三宝荒神）とは陰陽道の竈神（カマド神）を指す。 （283-110）（90-106）

竈神とは竈の神のことで、竈神を重視した理由は『史記』「封禅書」に「かまどをまつれば不死」という記述があることが典拠と考えられる。 （219-1-284）

その祀り方にも原則があり、「竈神は西北に祀る」という「戌亥の信仰」の存在がある。(206-1)

これを裏づけるように線分（高倉山盤座-佐波荒神）は135°の巽乾軸になり、佐波荒神（元・高倉荒神）からみて高倉山盤座は西北の位置になる。

土師氏おそらく後の大内氏が高倉荒神を重視していた理由は、従四位下土師宿禰馬手が持統天皇の葬儀で造御竈副に任命され、天皇の竈（竈神）を築く重要な任務に就いた記録がある。馬手は壬申の乱の功臣で、天武元年(672)壬申六月辛酉朔甲申に屯田司舎人として仕えている。屯田司舎人は屯田を直接主管する重要な職分で、天皇以外には東宮（皇太子）だけに従う立場にあり土師氏と天皇の親密な関係を窺わせる。 （434）（443-1-41）（1-122）（161-50）

高倉荒神（竈神）を重視した理由

1.『史記』「封禅書」に「かまどをまつれば不死」という記述が「月の都」周芳山口に相応しい。

2. 高倉山は「月神を祀る盤座の山」で、「おためし神事」は月神の祭祀の古態を残す。

3.「祖霊あるいは竈神は西北に祀る」「戌亥の信仰」に基づく。（206-1）

4. 同じ例として平安京の西北に祀られた平野神社が皇室の祖霊で竈神であった。（197-362）

＊『大内氏實録』では重村は茂村か。（147-322）（49-62）

（註 4-14）「式」占

古代は科学的世界であると同時に祀りと呪術の世界でもあり、高度な数学的知識と土木工事で巨大古墳を造り同時に呪術をもって完成させる、そのようなことが行われたと想像できる。現代でも地霊への祭祀・地鎮祭は行われ、高層ビルの屋上にも神社が建立され、古代の思想信仰は脈々と受け継がれている。（76-374）

福永光司氏は、遁甲に用いた「式」について述べている。

また「式を秉る」の「式」というのも、道教における占いの道具で、古くは『史記』の日者列伝などに見えております。ちなみに、わが国の『日本国見在書目録』にも著録されている「黄帝龍首経」に多く引用されている『式経』は、「式」の占いに関する道教の代表的な経典です。そして、これらはいずれも天武天皇が 道教と密接な関係を持っておられたことを有力に示します。（46-35）

そして、朝鮮で発掘された式盤について以下の説明があります。（45-174）

天武天皇が使ったものと全く同じ式が朝鮮半島の平壌の近くの楽浪遺跡から漢代のものとして出土しています。……平盤の中央にセットされた北斗七星をぐるっと回して、その柄の部分がどこを指しているかということで戦争の勝ち負けや、農作の豊凶、その他あらゆることを占っていくものです。この占いは漢代に大変流行しましたが、中国ではすぐにすたれてしまいます。

井上聡氏は、式磐は中国古代宇宙観の精華であった、と指摘している。（84-167）

北宗、『景佑六壬神定経』には式盤の構造の説明があり、四隅をそれぞれ天、地、人、鬼と呼んでいる。西北を天門乾となし、東北を鬼門艮となす。東南を地戸巽となし、西南を人門坤となす。

（註 4-15）『神農本草経』と石薬

1. 『神農本草経』は、最古の漢方生薬の教科書と言われており、漢方の基本文献の一つとされている。漢方処方や傷寒論を学習する者にとって、『神農本草経』はたいへん有益な書物である。（189-1）

2. 観念的にすぎる記述もある。（161-27）

3. 科学的に正しい命題であり、かつ驚くほど示唆に富んでいる。（161-28）

4. 神農本草経の薬物学は臨床的、技術的な傾向を強く持ちながら、同時に極めて神秘的、超現実的である。　（161-42）

5. 『神農本草』の中には、神仙家の金丹術ないし錬金術の影響が顕著に認められる。（161-52）

6. 『神農本草』は神仙術との関係が深く、『集注本草』は道教と切っても切れない関係にある。（161-87）

7. 『神農本草経』の原本はなく、上清（茅山）派道教の開祖陶弘景（AD456〜536）が『神農本草経』を底本にした『本草経集注』が残り、早い時期に日本へ伝来して古代医療を支えた医薬学書でした。『神農本草経』の上薬とは養命薬ないし滋養強壮薬で毒性がなく、不老延年を望む者は上薬を服用すること、とあります。（189-11）

石薬について

1. 上薬の筆頭が「玉泉」で翡翠などの宝石類、玉を液化したものと考えられ、次に丹砂（硫化水銀）、水銀、空青、曾青、雲母などの石薬が続き、これらの多くが仙薬とされた。

2. 上薬の中でも「不死」とされるのは水銀と石龍芮（タガラシの種子）の2例だけ。（189-64）（24-118）

3. 丹砂の異名には、赤帝、太陽、朱砂、朱鳥、朱雀などが並び、『事物異名類編』にも丹矸（『淮南子』）、赤児（『雲笈七箋』）などがある。

4. 古代中国では、石薬と呼ばれた岩石や鉱物系の薬剤は、草木類よりも秀れた薬効があると考えられていた。その思想は我が国の記紀にも及び、木花開耶姫と磐長姫の神話を生んだ。

5. 中唐（806）の梅彪が著した『石薬爾雅』は、煉丹術の概要を知る上で極めて重要な書とされる。（161-170）

6. その中で真珠は丹砂の異名とされ、別名に一名、精。一名、真珠。…一名、赤帝。一名、太陽。一名、朱砂。一名、朱鳥。…一名、朱雀。

東大寺『種々薬帳』

1. 天平勝宝八年（756）聖武天皇の四十九日、東大寺に献納した遺愛の品の中に『種々薬帳』として記録されている。

2. 『種々薬帳』に収められたものを帳内薬物と呼び、記録のある60種の内38種が現存する。（388-79）

3. 『種々薬帳』で注目されるのは、寒水石、鐘乳床、雲母粉、太一禹余粮、赤石脂、など神仙薬の原料になる金石薬の多さと、さらに金石薬の解毒薬・紫雪の存在である。

4. 紫雪は、不老長生の金石薬の中毒を解き発動を防ぐ万能薬。

5. 『医心方』第四章には服石発動の救解法として、高熱がある者は紫雪を服用せよ、と説く。（172-19-81）

6. 巻八脚病篇には金石薬の副作用に対して、熱毒が旺盛で腹が張る者は紫雪を服用せよ、と勧める。（172-63）

7. 発動とは石薬の激しい副作用が現れることで、最も激しいものは発熱。（161-132）

「年に八、九度、思いがけない薬発が起る。不測の薬発がおこれば百病が叢生する。数日から数十日、寒熱が交互に繰返し、日夜、寝られない。呼吸が突然停止し、精神に異常をきたし、精神昏迷に至る。急に憂におち、急に怒りだし、些細なことにびくびくし、頭がぼけ物事を忘れ、恍惚となり人を認知しない。また有害な薬発に至らなくても、体中にこもった薬熱のため冬に裸で氷を食べ、夏の暑さに悶え苦しむ。咳が止まらず、温瘧や傷寒に似た寒熱症状をきたす。浮気が流腫をいたし、四肢はだるい。」

8. 飛鳥時代の天皇は煉丹をしていた。

9. 古今東西、権力者の最大の欲望は不老不死

10. 大和は神仙秘薬丹砂の古代最大の生産地であった。

11. 飛鳥が都とされ伊勢に皇大神宮が創建された理由の一つに、この丹砂があった。（385-24）

帳外薬物

1. 帳外薬物とは『種々薬帳』に記録のない薬物で、「記録がないこと」が「秘中の秘」の証拠になる。（148-293〜294（161-293）

2. 帳外薬物の内、丹、雄黄、白石英などはいずれも神仙薬の原料。……薬櫃の底に溜まった薬塵に丹砂が発見され煉丹の可能性を示す。

3．天平時代に紫雪が使われていたことから、不老長寿の神仙薬が普及していたと考えて間違いない。

不老不死と仙道

1．『紀』で語られる永遠の象徴に「天壌無窮の神勅」、「万世」、「無端事」、「蜻蛉の臀呫」などの言葉がある。

2．道教の根本教義「不老不死」に基づく言葉で、根元には月信仰がある。

3．朝廷にとって不老不死とは「天壌無窮」、「万世一系」になる。

4．永遠とは不死であり皇孫が永遠に栄えることで、朝廷にとって仙道を説く道教は理論的支柱であった。

5．仙人や仙境、仙薬に関する説話を描いたと思われる記事が記紀の中に多く見られる。

6．道教の思想信仰と明確な関連性を持ち始めるのは、天皇の称号を用いた天武朝の頃と指摘している。（193-9）（46-9）

7．この思想の背景にある道教の定義を、村上嘉実氏は簡潔で分り易く述べている。（183-18）

8．窪徳忠氏もやはり不老長生は道教の目的と説き、道教の根本教義に不老不死がある。（108-74）

9．伝来が明らかな仏教にしても道教的な要素が豊富に含まれていた、と福永光司氏は指摘する。（46-208）

『古事記』に見る煉丹術

1．『記』神代には煉丹術の化学的変化を神格化した箇所があり、古代江南の冶金技術が古代日本と具体的な交渉を持っていた傍証の一つになる。（46-170）

2．『記』神代　次に国稚く浮きし脂の如くして、久羅下那州多陀用弊流時、葦牙の如く萌え騰る物に由りて成れる神の名は、宇摩志阿斯訶備比古遅神、次に天之常立神。……二柱の生誕を記述して「国稚く浮きし脂の如くして」の「浮きし脂」は『抱朴子』金丹篇の錬金術理論書の中でも使われる 言葉で溶鉱炉の中で金属が脂状になることを示す。……『古事記』天地開闢神話における「浮きし脂の如く」、「久羅下なす」、「葦牙の如く萌え騰がる」などの字句表現がまた同様に中国古代の冶金鋳や理論と密接な関連を持つ。

3．宇摩志阿斯訶備比古遅神と天常立尊は、水銀の萌芽を神格化したもの。（346-58）

4．鼎器の中の変化について、「清らかな物は上に浮かび」と表現されたのが葦原中国の原型であり、葦牙とは金属の結晶を意味する。（94-2-135）（346-92）

5．共に水辺を好み毎年生える角（牙）状の新芽から、葦牙と真薦草があらためて注目される。

『万葉集』に見る煉丹術　―　真金吹く

1．『紀』に煉丹術は何も語られていないが『万』には煉丹術を描いたと思われる歌がある。（265-14-55）

真金吹く　丹生の真朱の　色に出て　云はなくのみぞ　吾が恋ふらくは　万⑭3560

2．松田寿男氏は「真金吹く丹生の真朱」はアマルガム法による黄金の精錬に由来すると指摘。（195-45）

「丹生が朱砂、つまり丹を産出する地点であることは、中国古代の四川省のことを書いた『華陽国志』という本のなかに、いまの四川省江県のことを丹興県としているのとまったく同じである。……朱砂の産地であるから、「に」が生ずる県の意味にほかならない。日本にも丹生という地名が……ことごとく朱砂の産地であった。

3．真金とは黄金のこと、吹くは精錬、丹生は朱砂の産地、「マソホ」は朱砂として歌を解釈している。（195-46）

4．市毛勲氏は古典に残る朱の記事を、朱に関する呪術と産出に分類できると指摘した。（70-49）

『古事記』、『日本書紀』、『風土記』、『万葉集』などには主に関する伝承や記録が残されている。それらは類・朱に関する呪術と、Ⅱ類・朱の産出とに二大別できる。前者に属するものとして、丹塗矢の伝承、赤楯の記録、丹塗船・丹浪の伝承など、後者には丹生郷の伝承、血原の伝承、伊勢の水銀坑の物語などが属している。……また、枕詞に「さ丹塗の」、「青丹よし」などがあり、その解釈には種々認められるが、前者はⅠ類、後者はⅡ類に属するものと思われる。

（註 4-16）朴木「ホホ」（ホホム・フフムは膨らんだ状態）

「ホホ」は膨らむ意。

腕のホムタの形はポパイの上腕の膨らんだ肉塊のさまである。また、ホムタのホムはホホム・フフムと同じで、膨らんでいる意である。タはタ

リ・タルの語幹で、タリ・タラシと同じく膨らんだ月の意である。もちろん、ホムタとなっても膨らんだ月の意である。(210-164)

ほむたの　日の御子　大雀　大雀　佩かせる太刀　本つるぎ　末ふゆ　冬木のすからが　下樹のさやさや (記47)

前作までは月信仰の存在を知らず原始蛇信仰の視点から解析を試みていたため、すべてをヘビに結びつけて考えていた。

守屋がなぜ最期に朴の木に登って矢を放ったのか、その背景にはやはり月信仰が存在した。(76-572)

守屋の最期とホウノキ

物部守屋が最期に朴(ハハキ、ホウノキ)の樹上から矢を射て臨戦したのはなぜか。「ホオノキ(古名ホホ/エノキ)」

「書紀」泊瀬部天皇条秋七月……澁河の家に到る。……大連、衣摺の朴の枝間に昇りて、臨み射ること雨の如し。……願に非ずば成り難けむ。

乃ち白膠木を斬り取りて、疾く四天王の像に作りて……。注二六　朴はホオの木。しかし、古来、エノキと読む。通釈に衣摺村衣摺神社の境内

に榎の古樹あり、これを守屋榎というとあるのは後世の付会であろう。(323-162)

葛洪とホウノキ

『抱朴子』は葛洪の称号「抱朴子」から名づけられたもの。この「抱朴」は朴の木にしがみつき矢を放っている守屋を連想させる。

表：物部守屋と厩戸皇子の対比

	用いた木	読み	意味	象徴するもの	期待するもの
物部守屋	朴木	ホウノキ、ハハキ	月	月	不死、戦勝祈願
厩戸皇子	白膠木	ヌルデ、フシノキ	不死の木	月	不死、戦勝祈願

(註4-17)「カワラダケ香春岳 」

「(月の原/三つの峰で構成/福岡県田川郡香春町)」

香春岳は福岡県田川郡香春町にある石灰岩の山で、地中から突き出したような異様な形をした三峰からなる。

「宇佐八幡託宣集」よると、渡来した新羅の神が八幡神となった経緯が記述されている。

「豊前国風土記に曰く」として「田河郡鹿春郷……昔は新羅国の神自ら度り到って来、此の河原に住む。便ち則ち名づけて鹿春神と曰ふ。また

郷の北に峯あり……、その第二の峯には銅ならびに黄楊、竜骨などあり……」を載せており、宇佐八幡宮と鹿春社もしくは鹿春の銅が奈良・平

安の昔から強く結びつけられていることを知る。

「宮柱」長光家文書の宇佐八幡宮への銅鏡奉納の事も同様に、その来歴の古さを肯定してよいであろう。(44-191)

香春岳の銅と大仏鋳造の託宣

鹿春岳は古く産銅地としても知られ、奈良大仏建立を託宣したことでも知られる。

香春岳には、銅と黄楊、竜骨が存在した竜骨とは化石で神仙秘薬として用いられた。(189-23)(160)

赤染氏と常世連

香春採銅所の古宮八幡社(祭神は豊比咩命)の宮柱である長光家に伝来。「宮柱」長光家は、香春社の辛国大比売命を祭祀する氏族の赤染氏と同

族か、赤染氏そのものであろうと推定されている。(44-190)

その赤染氏は『続日本紀』天平十九年(747)八月条「赤染造広足、赤染高麻呂らに常世の連の姓を賜う」

『日本書紀』垂仁紀百年条「常世の国は則ち神仙の秘区にして、俗人のいたらん所には非ず」

神体・真薦草と八幡神、出雲大社

八幡大神と豊前国の香春とが銅もしくは銅鏡を媒体として結ばれ、豊前国の下毛郡、上毛、筑城、中津、京都の四郡が銅鏡奉納の聖なる路線と

して宇佐の八幡大神と密接な関連を持つ。これを実証するもう一つの重要な媒体は、好んで、水沢、池畔に寄生する植物の「薦」(真薦)。

「薦」は「菰」とも書き、沼沢などの浅い水の中に自生し、葉は細長く茅に似て、古代の中国(特に江南地域)では晋の周処の「風土記」に「菰

の葉を以てもちごめを包み、之を角黍と謂う」

梁の宗懍「荊楚歳時記注」に「夏至の節日には粽を食す。周処の「風土記」はこれを言いて、角黍と為す」などとあるように、邪鬼病魔の祓除、不老長寿の祈願をこめて、水沢の菰の葉を用い、粽を作る習俗があったのである。(44-91)

マコモと月

マコモ（真薦草）はイネ科の水生植物で、その新芽を食用にする。灰汁がなく生食も可能で、あらゆる調理にたえる。

私見ではマコモは「マ・コ・モ」で「月の藻」と考えられる。あらゆる「水の源泉」と信じられた月との親和性が高い。これは水辺を好むヘビが月の眷属とされたことに一致する。「コ」は月の若さをあらわす「ワカ」から派生した「ワカ・ウカ・カ・コ」の「コ」と考えられる。同じ例に「カイコ」「ナマコ」「コノシロ」「コノハナ」などがある。上清（茅山）派道教、宇佐八幡宮、出雲大社などでは神体とされ重視される。

薦と水田稲作農耕

上清（茅山）派道教と『神農本草経』

『神農本草経』の上薬とは養命薬ないし滋養強壮薬で毒性がなく、不老延年を望む者は上薬を服用すること、とある。(189-11)

上薬は、一百二十種は君となす。命を養うを主る。以て天に応ず。毒なし。多く服し、久しく服するも人を傷めず。身を軽くし気を益し、不老延年を欲する者は、上経に本づく。

八幡大神と月信仰

1. 三角池：「三」は月を象徴する数字。

2. マコモ：「月の藻」

3. 菱型池：菱形は縄文土器にも認められ金星を象徴すると考えられている。

豊前国宇佐郡の菱型池の辺に、小倉山の山麓に初めて出現した八幡大神が「奇異の瑞を帯びる鍛冶の翁」の姿。

4. 銅と鏡：「カガミ」は月神の依代であり「カミ」。

5. 稲作の守護神：豊穣を約束するのは月神の神格。

6. 周辺の地名と月。

7. 医術と巫術：医術も月神の神格　「サケ／クシ酒」と通音する「クス薬」「クサ草」

（註4-16）日別朝夕大御饌祭

日別朝夕大御饌祭（ひごとあさゆうおおみけさい）とは、朝夕の二度、外宮の御饌殿で御飯、御水、御塩などを内宮と外宮、別宮それぞれのご祭神に奉り、「国安かれ、民安かれ」との祈りと感謝を捧げるお祭りで、外宮の御鎮座以来、約1500年間続けられいる。（外宮HP引用）

（註4-17）「カガミノミヤ鏡宮」

鏡宮神社を東西軸の基点として外宮が設計されたことを述べた。しかし、鏡宮神社は近世初頭にはその位置が分らなくなっていた。清水潔が現在地を割り出して現社殿が創建された。この位置が正しいことを空間考古学の手法で明らかにしたといえる。

『伊勢神宮とは何か　日本の神は海からやってきた』の中で、植島啓司氏は次のように述べている。

「鏡宮神社と朝熊神社については長く廃絶していて近世初頭にはすでにそれがどこにあったかさえわからなくなっていたという。朝熊神社はいまは五十鈴川と朝熊川が合流する地点の東の丘の上にあり、鏡宮神社はその対岸に造られているが、どちらも内宮の摂社・末社として由緒正しい神社だったにもかかわらず、そこが古来の鎮座地かどうか確証があるわけではなかった。」

「これについては清水潔が鎮座地についての文献をひもといて、結論として「『建久三年皇太神宮年中行事』六月十五日条に『次に鹿海より各船に乗る。(中略)海路の間。小朝熊前に於て、船に乗りながら神拝あり』とあることも考慮し、これを実地に踏査するとき、まず現社地のほかに適地を求めることは困難ではないかと思われる」としている。実際に歩いてみても他にそれらしきところは見つからない」(397-126)

鏡宮神社の伝承

「朝熊神社の社地を掘ったときに彫り出された石の上に鏡があり、さらにその鏡の下にはそれを守護するかのように蛇がひそんでいて、それを

祀ったものとされている。この神社は「『儀式帳』にこそ見えていないけれども、『朝熊神社属社ニテ古典旧記等ニモ顕然記載有之、往昔ハ格別御崇敬』の社であったとして、これまた皇太神宮末社に復することが聞届けられた」という。ここは見かけ以上に格式の高い神社なのである。

（397-128）

（註 4-18）今川貞世

今川了俊は（俗名「貞世」）は、南北朝時代の後半二十五年間を、北朝方の九州探題として、九州の南朝勢力を制圧し、室町幕府の基礎を築いた足利一門の武将である。応永二年（1395）讒にあって帰東し、没するまでの約二十五年間の隠遁生活を、主として歌論書の述作に捧げ、冷泉歌風の宣揚と連歌指導につとめた歌人でもあった。『難太平記』の著者。（162-1）

第5章

空間考古学が成立する可能性について

はじめに——「なぜ、こんな所に」と「なぜ、あっちへ」の疑問から

疑問と飛躍から

　空間考古学が成立する可能性を考えるようになったのは、ふとした疑問と飛躍からでした。その疑問は、調査した現場で感じたものです。

　約30年前、やっとの思いで調査対象になった神社に辿り着くと、いつも不思議に思うことがありました。

　「なぜ、こんな所に（あるのか）」

　一息ついて振り返ると、さらに不思議に思うことがありました。

　「なぜ、あっちへ（向いているのか）」

　この二つの疑問「なぜ、こんな所に」と「なぜ、あっちへ」の謎を解き明かす試みが本章の主題です。つまり、その「場（位置）」と「方位（方向）」を考えようとしています。（古墳と神社自体を研究しているわけではない）

不動産広告の例

「駅から歩いて5分、緑に包まれた小高い丘にある閑静な住宅街の南向き戸建て。都市ガス、上・下水道完備。近隣にバス停、小中学校、スーパー、病院、郵便局、駐在所……。」

　現代では、このような条件が土地の価値（価格）を左右するのは間違いありません。古代では都市ガス、上・下水道、スーパーなどはなく、これらを除くと「小高い丘」と「南向き」しか残りません。事実、箸墓や仁徳陵など畿内の大規模前方後円墳などは河川から離れた段丘に築造されています。つまり、水害を避ける安全な場所を選んでいるのです。（132-54）（155-40）（156-118）（178-5）（179-5-235,354）（187-22）（285）（312-18）（399-43）

　しかし、「場」と「方位」を決定する基準は安全だけだったのでしょうか、疑問です。それは、例えば前方後円墳が「あっち、こっち」を向き、同じように神社も「あっち、こっち」を向いているからです。

　「もしかすると、前方後円墳が神社に変わったのではないか。」

　ふとした飛躍が空間考古学を考える契機になりました。つまり、地上絵を発見する過程と空間考古学の着想とは切り離せないものだったのです。

「場」を選ぶ基準

　古代にも「場」を選ぶ基準がありました。

　まず、洪水で一瞬にして全てを失うことは現代と何ら変わりはなく、河川から離れた安全な場所、丘陵地を選ぶのは当然であったと思われます。　（50-181）（221-216）（351-65）

　山と山を結ぶ、あるいは山と龍穴（月神が潜む岩戸）を結ぶ、あるいは東西軸や南北軸など特定の線分（軸）の交点に「場」を求めるのは、前2作で明らかにした知見です。このような「場」を選ぶ基準と設計方法が存在したことは事実です。（75-35）

大規模前方後円墳の設計と月信仰

　古代人は重要な「場」を決定するのに信仰上の根拠を必要とし、その根拠を月信仰に求めたのは自然のことであったと考えられます。

　月信仰は縄文時代から続いている信仰でした。文武二年（698年）、皇祖を日神アマテラスとして創造した時代にも、月信仰は脈々と受け継がれていました。したがって、古墳時代（3世紀代〜）も月信仰の世界にあったと考えられます。つまり、前方後円墳の「場」と「方位」と「造形」も月信仰を背景に決定された可能性があ

ります。その傍証の一つとして、石室内に埋納された鏡の存在があります。『紀』神代紀九段第二では白銅鏡をアマテラス自身（月神として）の形代としていることから、鏡は月神の形代あるいは月神そのものと考えられていたことがわかります。「カガミ」と「カミ」が通音するのも不思議でした。(第3章)

「カガミ鏡とはカミ神のことだったのか」

空間設計と空間考古学の定義

　著者が定義する空間設計とは、ある特定の「場」と複数の「場」を結ぶことで、地域や空間に信仰上あるいは思想上の根拠を与える設計を意味します。そして空間考古学とは、そのように設計された空間を構成する複数の「場」の緯・経度から距離と方位角を計算し「場」の意味を発掘する研究です。

　本章では、前方後円墳の「場」と「方位」の決定法を明らかにし、下記の仮説を立証しようとしています。その結果を元に、前方後円墳と神社に共通した「場」と「方位」を決定する方法を述べ、最後に空間考古学が成立する可能性について述べています。(神社の「場」と「方位」の解析：第1,4章)

仮説

1. 前方後円墳の解析

　前方後円墳の「場」と「方位」の決定法が存在した。

2. 神社の解析

　その決定法が神社にも継承され、後円部が社殿に、前方部が参道に変化した。

3. 空間考古学による歴史的事実の発掘

　「場」と「方位」の意味を明らかにすることで、未発見の歴史的事実が明らかになる。

1. 前方後円墳の「場」と「方位」の解析——前方後円墳が神社に変化した

　前方後円墳と神社に共通する「場」と「方位」の決定法が存在した、という仮説を証明するために下記の解析を行いました。

解析対象：

大和と河内に存在する前期から後期までの大規模前方後円墳のうち、『日本古墳大辞典』（以下、『古墳』）で測量図が記載された11例を採用した。

解析方法：

1. 前方後円墳の後円部中心（以下、後円部）と前方部底辺中央部（以下、前方部）の位置を緯・経度で表した。

2. 後円部の緯・経度の求め方は、下記の3通り。（図5-1, -2／○数字、アルファベットは図中のもの）

　①地形図上で公表されている位置（後円部の三角点）の緯・経度を採用した例。

　②『日本古墳大辞典』に記載された測量図で後円部が特定できた例。

　③接合部（後円部と前方部）の中央（⑥）に直交する線分と後円部の最大径（a）との交点とした例。

3. 前方部の緯・経度の求め方は、下記の2通り。

　①『日本古墳大辞典』に記載された測量図で前方部が特定できた例。

　②後円部（①）と接合部中央（⑥）を結ぶ線分（①－⑥）と前方部の交点を採用した例。

4. 体軸と体軸基点の決定法。（図5-1, -2）

　①後円部と前方部を結ぶ線分（①－②）を体軸とし、線分の距離を墳体とした。（一般的な墳丘長よりは短い）

　②体軸と直交する線分（①－⑤）を延長し、「山立て」に該当する山（以下、体軸基点）が存在するかを調査した。(註5-1)

　③直交する線分が確認できない場合、体軸の延長線（①－②）上に存在する体軸基点を調査した。

　④明らかな基点が認められない場合は不明とした。

下記の模式図は、前方後円墳と呼ばれる特徴を単純に表現したものです。(179-5-231)

図 5-1：後円部の解析法：　　　　　　　　　　　図 5-2：体軸の解析法

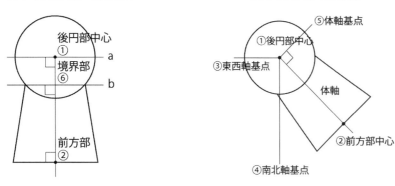

①：後円部　　②：前方部　　③：東西軸基点　　④：南北軸基点　　⑤：体軸基点　　⑥：後円部と前方部の接合部中央

a：後円部を通る前方部に平行な線分　　　b：⑥を通る前方部に平行な線分

　以下の解析では、対象の模式図と古墳測量図を併記し、緯・経度の決定が恣意的なものでないことを示しています。ただし正確な緯・経度とはいえないため、計算結果が誤差の基準を充たしていても断定はできません。空間考古学が確実に成立するためには、より正確な測量を求める必要があります。

前期古墳──4 例（箸墓、崇神、垂仁、景行）
　前期古墳の解析には、箸墓、崇神、垂仁、景行の 4 例を対象としました。まず、箸墓の解析 1 から始めます。後述する解析 2 は、月の出・入角から解析したものです。

箸墓（倭迹々日百襲姫陵）の解析 1──「山立て」（地文航法）による測量と設計
　『古墳』には、下記の記載があります。地形図上での墳体は図 5-3 のように前方部が東方へ傾いています。実際の位置と異なることがあり、辞典を参照する場合には注意が必要です。(285-464)

群名：箸中古墳群

墳名：倭迹迹日百襲姫陵（古墳名は学会名、宮内庁比定名、通称のいずれも掲載した）　　　住所：奈良県桜井市大字箸中

築造時期：4 世紀前半　　墳丘全長：275m　　後円部径：150m

古墳特徴：　最古式に属する古墳の一つ。

　箸墓の位置の決定は、「山立て」による測量で行われたと仮定して、東西軸と南北軸、体軸の基点となる山を探索しました。その結果、後円部は初瀬の天神山 (瓢湖 455m) を基点とする東西軸と、明日香畑の無名山 (標高 538m) を基点とする南北軸の交点に決定されています。体軸は、初瀬山の北方の無名山 (標高 497m) を基点とし、後円部と結ぶ 249°の方位線を体軸としています。それぞれの誤差は表 5-1 の通りで、いずれも誤差の基準を充たします。(＊山名の不明なものを無名山とした)

図 5-3：箸墓の設計

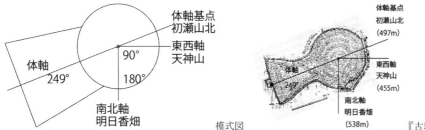

模式図　　　　　　　　　　　　　　　　　　　『古墳』の図を引用加工

表 5-1：箸墓後円部を基点とする距離と方位角

地点（m）	緯度（°）	経度（°）	距離（m）	方位角（°）	誤差（%）	軸	備考
後円部	34.5391	135.8412	0	0	—	—	
前方部	34.5385	135.8393	187	249.1130	—	体軸	
天神山（455）	34.5391	135.9149	6765	89.9791	0.04	東西軸	三輪山東
明日香畑（538）	34.4531	135.8416	9540	179.7793	0.4	南北軸	明日香南
初瀬山北（497.6）	34.5544	135.8906	4842	69.4645	0.6	体軸基点	三輪山東

＊天神山（三輪山東／455m）を基点とする東西軸に対する誤差の計算。 90-89.9791=0.0209 誤差 0.04%

＊明日香畑（538m）を基点とする南北軸に対する誤差の計算。 180-179.7793=0.2207 誤差 0.4%

＊初瀬山北（長谷寺北／497.6m）を基点とする体軸に対する誤差の計算。 249.1130-69.4645=179.6485 0.3515 誤差 0.6%

表 5-1 から読み取れる事実は、以下の通りです。

1. 後円部は、天神山（455m）を基点とする東西軸と明日香畑（538m）を基点とする南北軸の交点に決定された。

2. 体軸は、後円部と初瀬山北（497.6m）を結ぶ 249°の方位線に決定した。

結果から浮かぶ新たな疑問は、以下の通りです。この疑問については箸墓の解析 2 として後述します。

1. 箸墓を「月の山」三輪山（466.9m）の真西に築造しなかった理由は、なにか。

2. 南北軸の基点である明日香畑と箸墓の関係を説明できない。

行燈山古墳（崇神陵）

崇神陵の可能性がある行燈山古墳について、『古墳』には下記の記載があります。(285-308)

墳名：崇神陵　　住所：奈良県天理市柳本町字アンド

築造時期：4 世紀前半頃　　墳丘全長：340m（周幅を含む）　後円部径：160m

古墳特徴：丘陵地形を利用した丘尾切断法で築造。南側の周堀内から長さ約 70 ㎝、幅約 50 ㎝の銅板 1 枚が発見され、その両面に方形格や内行六花文・重圏文などが線刻されていた。（＊設計図ではなかったのか？）

図 5-4：行燈山古墳（崇神天皇）

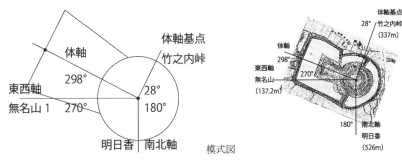

模式図　　　　　　　　　　　　　　　　　『古墳』の図を引用加工

表 5-2：行燈山古墳後円部を基点とする距離と方位角

地点（m）	緯度（°）	経度（°）	距離（m）	方位角（°）	誤差（%）	軸	備考
後円部	34.5573	135.8497	0	0	—	—	
前方部	34.5580	135.8481	166	297.8710	—	体軸	
無名山 1（137.2）	34.5572	135.6891	14739	270.0024	0.004	東西軸	香芝市北
明日香（526）	34.4734	135.8492	9307	180.2828	0.5	南北軸	北山西
無名山 2（337）	34.5887	135.8700	3950	28.1303	0.5	体軸基点	竹之内峠北
纏向山（566.9）	34.5416	135.8871	3849	116.8905	1.7	参考	初瀬

＊無名山1を基点とする東西軸に対する誤差の計算。　270.0024-270=0.0024　誤差0.004%

＊明日香（526m）を基点とする南北軸に対する誤差の計算。　180.2828-180=0.2828　誤差0.5%

＊無名山2を基点とする体軸に対する誤差の計算。　297.8710-28.1303=269.7407　　270-269.7407=0.2593　　誤差0.5%

＊纏向山を体軸基点とする設計の可能性もある。　297.8710-116.8905=180.9805　誤差1.7%

　表5-2から読み取れる事実は、以下の通りです。

1. 後円部は、無名山1を基点とする東西軸と、明日香（御破裂山西）を基点とする南北軸の交点に決定された。

2. 体軸は、無名山2と後円部を結ぶ線分に直交する方位線に決定された。

3. 渋谷向山古墳と行燈山古墳の南北軸が共有された。

4. 南北軸の基点の意味については明らかではない。

菅原伏見東陵（垂仁陵）

　垂仁陵について、『古墳』には下記の記載があります。地形図上での墳体は図5-5のように前方部が東方へ傾いています。実際とは異なることがあり、辞典を参照する場合には注意が必要です。(285-304)

墳名：菅原伏見東稜（宝来山古墳）　　　住所：奈良県奈良市尼ヶ辻（佐紀・盾列古墳群）

築造時期：4世紀後半頃　　墳丘全長：227m　　後円部径：123m

古墳特徴：埴輪と葺石をもつ整美な南面の前方後円墳。平野部に立地。周堀内の東南部に一小円墳があり、垂仁紀の田道間守の説話によって陪塚とする伝えがある。

図5-5：垂仁陵の位置と体軸の設計

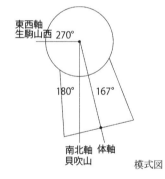 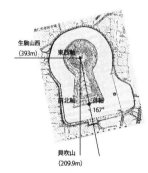

模式図　　　　　　　　　　　　　　『古墳』の図を引用加工

表5-3：垂仁陵後円部を基点とする距離と方位角

地点（m）	緯度（°）	経度（°）	距離（m）	方位角（°）	誤差（%）	軸	備考
後円部	34.6804	135.7811	0	0	—	—	
前方部	34.6790	135.7816	162	163.5620	—	体軸	
生駒山西（393）	34.6795	135.5651	19795	269.7725	0.4	東西軸	生駒山系
貝吹山（209.9）	34.4690	135.7823	23452	179.7306	0.5	南北軸	畝尾山南
神感寺南（474）	34.6577	135.6693	10552	256.2248	4.6	参考	生駒山系

＊生駒山西（393m）を基点とする東西軸に対する誤差の計算。　270-269.7725=0.2275　　誤差0.4%

＊貝吹山（209.9m）を基点とする南北軸に対する誤差の計算。　180-179.7306=0.2694　　誤差0.5%

＊神感寺南を基点とする体軸に対する誤差の計算。　256.2248-163.5620=92.6628　92.6628-90＝2.6628　　誤差4.6%

　表5-3から読み取れる事実は、以下の通りです。

1. 後円部は、生駒山西（393m）を基点とする東西軸と、貝吹山（209.9m）を基点とする南北軸の交点に決定された。

2. 体軸基点は不明である。

上記の結果から、垂仁陵の後円部は生駒山西を基点とする東西軸と、貝吹山を基点とする南北軸の交点に決定されています。体軸は神感寺南を基点とした場合、誤差の基準を充たさないために参考とします。

渋谷向山古墳（景行陵）

　景行陵について、『古墳』には下記の記載があります。(285-220)

墳名：景行陵　山辺道上陵　　　住所：奈良県天理市渋谷町向山

築造時期：4世紀後半から末期の巨大古墳　　墳丘全長：300m　　　後円部径：165m

古墳特徴：山麓の傾斜変換点に立地し、周堀を巡らす

図5-6：渋谷向山古墳

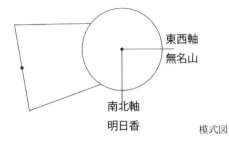
模式図

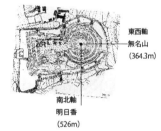
『古墳』の図を引用加工

表5-4：渋谷向山古墳後円部を基点とする距離と方位角

地点（m）	緯度（°）	経度（°）	距離（m）	方位角（°）	誤差（%）	軸	備考
後円部	34.5509	135.8496	0	0	—	—	
前方部	?	?	—	—	—	—	不明
無名山（364.3）	34.5510	135.9187	6342	89.8802	0.2	東西軸	天神山北
明日香（526）	34.4734	135.8492	8597	180.2449	0.4	南北軸	北山西

＊明日香北山西（526m）を基点とする南北軸に対する誤差の計算。180.2449-180=0.2449　誤差0.4%

＊無名山（364.3m）を基点とする東西軸に対する誤差の計算。　90-89.8802=0.1198　誤差0.2%

　表5-4から読み取れる事実は、以下の通りです。

1. 後円部は、天神山北の無名山を基点とする東西軸と、明日香（御破裂山西）を基点とする南北軸の交点に決定された。

2. 前方部が確定できないため、体軸は不明である。

中期古墳——4例（応神、仁徳、履中、伝・反正）

　中期古墳の解析には、応神、仁徳、履中、伝・反正の4例を対象としました。

誉田御廟山古墳（応神陵）

　応神陵について、『古墳』には下記の記載があります。地形図上での墳体は図5-7のように前方部が東方へ傾いています。実際とは異なることがあり、辞典を参照する場合には注意が必要です。(285-95)

墳名：誉田御廟山古墳　恵我藻伏崗陵（『延喜式』）　　　住所：大阪府羽曳野市誉田

築造時期：5世紀　　墳丘全長：425m　　後円部径：250m

古墳特徴：古市古墳群でも傑出した規模。

図 5-7：応神陵の位置と体軸の設計

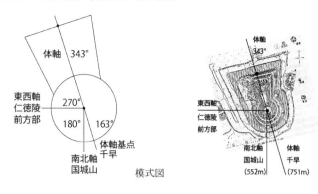

表 5-5：応神天皇後円部を基点とする距離と方位角

地点 （m）	緯度 （°）	経度 （°）	距離 （m）	方位角 （°）	誤差 （%）	軸	備考 （m）
後円部	34.5619	135.6096	0	0	—	—	三角点 （58）
前方部	34.5643	135.6087	279	342.7651	—	体軸	
仁徳陵前方部	34.5622	135.4862	11325	270.2034	0.4	東西軸	
国城山 （552）	34.2901	135.6102	30151	179.8950	0.2	南北軸	和泉山系
千早駅東 （751）	34.4035	135.6688	18394	162.7869	0.04	体軸基点	金剛山系

＊仁徳陵前方部中心と基点とする東西軸に対する誤差の計算。　270.2034−270＝0.2034　誤差 0.4%

＊国城山（552m）を基点とする南北軸に対する誤差の計算。　180−179.8950＝0.105　誤差 0.2%

＊千早駅東（751m）を基点とする体軸に対する誤差の計算。　342.7651−162.7869＝179.9782　180−179.9782＝0.0218　誤差 0.04%

　表 5-5 から読み取れる事実は、以下の通りです。

1. **後円部は、仁徳陵前方部を基点とする東西軸と国城山を通る南北軸の交点に決定された。**

2. **体軸は、後円部と千早駅東を結ぶ方位線に決定された。**

　上記の事実から考えられる事柄と新たな疑問は、以下の通りです。

1. **応神陵後円部と仁徳天皇前方部の緯度が一致し、応神陵は仁徳陵を基点とした可能性がある。**

2. **結果、仁徳陵が先に築造され、後に応神陵が築造された可能性が高い。**

3. **父子関係が逆転し、治定の可否が問われる。**

4. **体軸の基点には金剛山系（千早駅東）が採用された。**

5. **百舌鳥古墳群と古市古墳群が密接に関係している。**

　応神陵の後円部は仁徳陵の前方部を基点とする東西軸と、国城山を基点とする南北軸の交点に決定されています。前方後円墳の築造の方法は、まず石室の存在する後円部を決定して後に前方部を築造すると考えられます。つまり、仁徳陵が先に築造され、その後に応神陵が築造されたことになります。これが事実とすると、応神は仁徳の父になり、治定の正否が問われることになります。いずれにしても両者の間には密接な関係があり、百舌鳥古墳群と古市古墳群の繋がりを考える上で重要な問題を提起することになります。このような従来は考慮されなかった問題が提起されるのも空間考古学が拓く新たな視界です。

大山古墳（仁徳陵）

　仁徳陵について、『古墳』には下記の記載があります。地形図上での墳体は図 5-8 のように前方部が東方へ傾いています。実際とは異なることがあり、辞典を参照する場合には注意が必要です。（155-40）（285-447）

墳名： 大山古墳　　住所：大阪府堺市大仙町

築造時期：5世紀中葉から後半頃　　墳丘全長：486m　　後円部径：249m

古墳特徴： 三重の周堀葺石と埴輪

図 5-8：仁徳陵の位置と体軸の設計

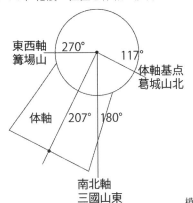

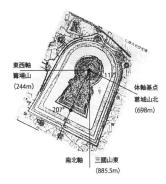

模式図　　　　　　　　　　　　　『古墳』の図を引用加工

表 5-6：仁徳陵後円部を基点とする距離と方位角

地点 (m)	緯度 (°)	経度 (°)	距離 (m)	方位角 (°)	誤差 (%)	軸	備考 (m)
後円部	34.5649	135.4880	0	0	—	—	三角点(44)
前方部	34.5620	135.4862	362	207.1798	—	体軸	
簀場山 (244)	34.5658	135.0047	44352	270.2661	0.5	東西軸	淡路島
三国山東 (885.5)	34.3647	135.4877	22208	180.0712	0.1	南北軸	和泉山系
葛城山北 (698)	34.4813	135.6817	20057	117.4853	0.5	体軸基点	金剛山系

＊簀場山 (244m) を基点とする東西軸に対する誤差の計算。270.2661−270=0.2661　誤差0.5%

＊三國山東 (三角点) を基点とする南北軸に対する誤差の計算。180.0712−180=0.0712　誤差0.1%

＊大和葛城山北 (698m) を基点とする体軸に対する誤差の計算。207.1798−117.4853=89.6945　90−89.6945=0.3055　誤差0.5%

　表 5-6 から読み取れる事実は、以下の通りです。

1. 後円部は、簀場山（淡路島）を基点とする東西軸と、三國山東（和泉葛城山系）を基点とする南北軸の交点に決定された。

2. 体軸は、後円部と大和葛城山北（岩橋山南）を結ぶ線分に直交する方位線に決定された。

　上記の事実から考えられる事柄と新たな疑問は、以下の通りです。

1. 「月の山」大和葛城山系を基点としていることから、仁徳も月信仰の世界にあった可能性が高い。

2. 簀場山を東西軸の基点としたのは、なぜか。

3. 南北軸基点として三國山（和泉山系）が採用されなかったのは、なぜか。

立地条件の検討——海岸段丘の位置

　上記の疑問に対して、立地条件から検討すると新たな視点が生れます。つまり、南北軸の基点を三國山（標高885m）とし、あるいは体軸基点を大和葛城山（標高958.6m）とした場合、体軸が西方へ 7° ずれることになり、築造予定地の海岸段丘を外れて施行が不可能になることが分ります。図 5-9 では仁徳陵が当時の段丘端に築造されているのが理解できます。(表 5-7)

表 5-7：三國山を南北軸基点とし大和葛城山を体軸基点とした場合の計算

地点（m）	緯度（°）	経度（°）	距離（m）	方位角（°）	誤差（%）	軸	備考（m）
後円部	34.5649	135.4880	0	0	—	—	三角点(44)
前方部	34.5620	135.4862	362	207.1798	—	体軸	
三国山（885）	34.3624	135.4845	22466	180.8212	1.4	南北軸	和泉山系
大和葛城山	34.4562	135.6823	21535	123.9968	0.5	体軸基点	金剛山系

＊後円部は標高44mの三角点を採用した。

＊三國山（885m）を基点とした南北軸に対する誤差の計算。180.8212-180=0.8212　誤差1.4%

＊大和葛城山（959.2m）を基点とした場合の体軸の変化。　123.9968＋90＝213.9968　213.9968-207.1798=6.8

前方部底辺と、底辺に平行に後円部を通る切断面は図5-9の通りです。ともに墳体の西側が海岸段丘の端に位置し、ぎりぎりの選択であったことが分ります。(156-131)

図5-9：仁徳陵の後円部と前方部の断面図（体軸に直交する切断面）

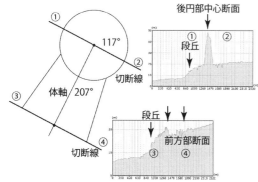

国土地理院地形図で断面図を引用加工

＊断面図を見ると墳体は海岸段丘の端に築造されているのがわかる。　＊前方部307m、後円部直径249m

　後円部を通る体軸で断面をみると図5-10になります。やはり後円部から北側では徐々に標高が下がり、立地条件としてぎりぎりの選択であったことが分ります。

　前方後円墳後円部の「場」の決定には信仰上の根拠を必要とし、かつ現実的に築造場所の立地条件も考慮されました。すなわち、上記の断面図をみると、当時の海岸段丘端ぎりぎりの所に築造されたのが理解できます。したがって、三國山（標高885m）を体軸の基点とした場合、海岸段丘を外れることになり、築造は不可能であったと推測されます。

図5-10：仁徳陵の体軸面での断面図

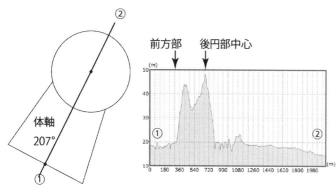

国土地理院地形図で断面図を引用加工

＊墳体の体軸面での断面図をみると段丘上に安定して築造されているのがわかる。

　仁徳陵の後円部は簀場山を基点とする東西軸と、三國山東（三角点）を基点とする南北軸の交点に決定されま

した。このように東西軸の基点が淡路島に存在することは、他の前方後円墳と異なることです。なぜ、淡路島が選ばれたのか、直ちに答えることはできません。この問題は今後の重要な研究課題になります。（国生み神話）

百舌鳥ミサンザイ古墳（履中陵）

『古墳』には履中陵について、下記の記載があります。(285-608)

墳名： 百舌鳥ミサンザイ古墳　石津ヶ丘古墳　　住所：大阪府堺市石津ヶ丘

築造時期：5世紀前半頃　　墳丘全長：360m　　　後円部径：205m

古墳特徴： 百舌鳥三陵の一つ

図 5-11：履中陵

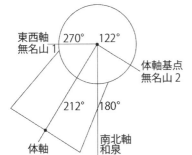
模式図

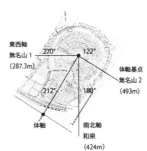
『古墳』の図を引用加工

表 5-8：履中陵後円部を基点とする距離と方位角

地点（m）	緯度（°）	経度（°）	距離（m）	方位角（°）	誤差（%）	軸	備考
後円部	34.5546	135.4781	0	0	−	−	
前方部	34.5526	135.4766	261	211.8209	−	体軸	
和泉（424）	34.3918	135.4781	18060	180	0	南北軸	三國山北
無名山 1（287.3）	34.5551	134.9764	46046	270.2113	0.4	東西軸	淡路島
無名山 2（493）	34.4592	135.6624	19961	121.9651	0.3	体軸基点	葛城山西

＊無名山 1（淡路島 287.3m）を基点とする東西軸に対する誤差の計算。　270.2113-270=0.2113　誤差 0.4%

＊無名山 2（大和葛城山西 493m）を基点とする体軸に対する誤差の計算　211.8209-121.9651=89.8558　90°に対する誤差0.1442　誤差 0.3%

表 5-8 から読み取れる事実は、以下の通りです。

1. 後円部は、和泉を基点とする南北軸上と無名山 1 を基点とする東西軸の交点に決定した。
2. 無名山 2（大和葛城山西）と後円部と結ぶ線分に直交する線分を体軸とした。

上記の事実から考えられる事柄は、以下の通りです。

1. 南北軸の基点は三國山北（和泉山系）が採用された。
2. 東西軸の基点は無名山 1（淡路島）が採用され、これは仁徳陵（篝場山）、土師にさんざい古墳（大戸山）と同じ思想である。
3. 体軸基点の無名山 2 は大和葛城山の西に位置し、やはり金剛山系に根拠を求めた可能性がある。

土師にさんざい古墳（反正陵の可能性）

土師にさんざい古墳について、『古墳』には下記の記載があります。(285-437)

墳名： 土師にさんざい古墳（18 代反正陵候補）　　住所：大阪府堺市百舌鳥西之町

築造時期：5世紀後葉-末葉　墳丘全長：290m　　後円部径：156m

古墳特徴： 二重の周堀　大王墓の可能性

図 5-12：土師にさんざい古墳

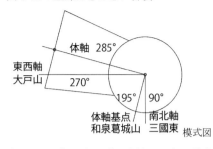

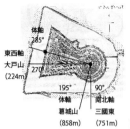

模式図　　　　　　　　　　　　　　　　『古墳』の図を引用加工

表 5-9：土師にさんざい古墳後円部を基点とする距離と方位角

地点（m）	緯度（°）	経度（°）	距離（m）	方位角（°）	誤差(%)	軸	備考
後円部	34.5467	135.4995	0	0	—	—	
前方部	34.5472	135.4973	209	285.3595	—	体軸	
大戸山(224)	34.5475	134.9535	50116	270.2563	0.5	東西軸	淡路島
三國東(751)	34.3754	135.4993	19002	180.0555	0.1	南北軸	和泉山系
和泉葛城山(858)	34.3480	135.4344	22839	195.2036	0.3	体軸基点	和泉山系

＊大戸山（淡路島／224m）を基点とする東西軸に対する誤差の計算。270-270.2563＝0.2563　　誤差 0.5%

＊三國東（和泉山系／751m）を基点とする南北軸に対する誤差の計算。180.0555-180＝0.0555　　誤差 0.1%

＊和泉葛城山（和泉山脈 858m）を基点とする体軸に対する誤差の計算。285.3595-195.2036＝90.1559　　誤差 0.3%

表 5-9 から読み取れる事実は、以下の通りです。

1. 後円部は、大戸山を基点とする東西軸と三國東（751m）を基点とする南北軸の交点に決定した。

2. 和泉葛城山（858m）と後円部を結ぶ線分に直交する線分を体軸とした。

後期古墳——3 例（河内大塚山古墳、見瀬丸山古墳、岡ミサンザイ古墳）

最後に、古墳時代後期の大規模前方後円墳の 3 例(河内大塚山古墳、見瀬丸山古墳、岡ミサンザイ古墳）について解析します。

河内大塚山古墳（雄略陵？）

河内大塚山古墳について、『古墳』には下記の記載があります。(285-108)

墳名：　雄略陵？　　　住所：大阪府羽曳野市南恵我ノ荘

築造時期：6 世紀後半　　墳丘全長：335m　　後円部径：185m

古墳特徴：　古墳時代後期に見られる剣菱型　第 5 位の規模

図 5-13：河内大塚山古墳

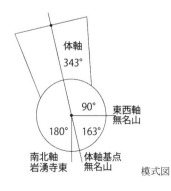

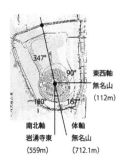

模式図　　　　　　　　　　　　『古墳』の図を引用加工

表 5-10：河内大塚山古墳後円部を基点とする距離と方位角

地点（m）	緯度（°）	経度（°）	距離（m）	方位角（°）	誤差（%）	軸	備考
後円部	34.5719	135.5682	0	0	—	—	
前方部	34.5740	135.5674	244	342.5100	—	体軸	
芝山（112）	34.5719	135.6506	7561	89.9766	0.04	東西軸	金剛山地北
岩湧寺東（559）	34.3830	153.5676	20955	180.1509	0.3	南北軸	和泉山系
無名山（712.1）	34.3835	135.6390	21888	162.6935	0.3	体軸基点	和泉山系

＊後円部は標高45mの三角点を採用した。

＊芝山（紀見峠西／112m）を基点とする東西軸に対する誤差の計算。（箸墓に用いられた石を産出した芝山と推定される）

90-89.9766＝0.0234　　誤差0.04

＊岩湧寺東（紀見峠西／559m）を基点とする南北軸に対する誤差の計算。　　180.1509-180＝0.1509　　誤差0.3%

＊無名山2（紀見峠東／712.1m）を基点とする南北軸の誤差の計算。342.5100-162.6935＝179.8165　180-179.8165＝0.1835　　誤差0.3%

　表5-10から読み取れる事実は、以下の通りです。

1. 後円部は、芝山を基点とする東西軸と岩湧寺東（標高559m）を基点とする南北軸の交点に決定した。

2. 無名山と後円部を結ぶ線分に直交する線分を体軸とした。

見瀬丸山古墳（欽明陵？）

　見瀬丸山古墳について、『古墳』には下記の記載があります。前方部が不明瞭のため体軸は不明としました。

（285-544）

墳名： 欽明陵に比定　　　住所：奈良県橿原市見瀬の岡ミサンザイ古墳

築造時期：6世紀後半　　墳丘全長：310m　　後円部径：150m

古墳特徴： 古墳時代後期の古墳としては日本最大の墳丘と石室を有する。

図 5-14：見瀬丸山古墳

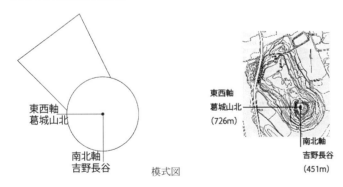

模式図　　　　　　　　　　　　　　　　　　　　『古墳』の図を引用加工

表 5-11：見瀬丸山古墳後円部を基点とする距離と方位角

地点（m）	緯度（°）	経度（°）	距離（m）	方位角（°）	誤差(%)	軸	備考
後円部	34.4758	135.7983	0	0	—	—	
前方部	?	?	—	—	—	—	不明瞭
葛城山北（726）	34.4762	135.6834	10556	270.2734	0.5	東西軸	金剛山脈
吉野長谷（451）	34.3081	135.7990	18603	179.8015	0.4	南北軸	吉野下市南

＊大和葛城山北（金剛山系／726m）を基点とする東西軸に対する誤差の計算。　270.2734-270＝0.2734　　誤差0.5%

＊吉野長谷（吉野下市南／451m）を基点とする南北軸に対する誤差の計算。　180-179.8015＝0.1985　　誤差0.4%

表 5-11 から読み取れる事実は、以下の通りです。

1. 後円部は、大和葛城山北（標高 726m）を基点とする東西軸と吉野長谷（451m）を基点とする南北軸の交点に決定した。

2. 体軸は不明である。

上記の事実から考えられる事柄と新たな疑問は、以下の通りです。

1. 「月の山」大和葛城山系に根拠を求めていることから、月信仰をもつ人物の陵墓であった可能性が高い。

2. 吉野長谷との関係は不明。

3. 体軸は不明であるが、おおよそ南東を向いている。

岡ミサンザイ古墳（仲哀陵）

岡ミサンザイ古墳について、『古墳』には下記の記載があります。(285-364)

墳名： 仲哀陵古墳 　　住所：大阪府藤井寺市藤井寺

築造時期：5 世紀後半 　　墳丘全長：242m 　　後円部径：148m

古墳特徴： 古市古墳群の後半期を代表する。

図 5-15：岡ミサンザイ古墳

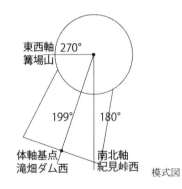

模式図

『古墳』の図を引用加工

表 5-12：岡ミサンザイ古墳後円部をを基点とする距離と方位角

地点 （m）	緯度 （°）	経度 （°）	距離 （m）	方位角 （°）	誤差(%)	軸	備考
後円部	34.5658	135.5942	0	0	—	—	
前方部	34.5644	135.5936	165	199.5213	—	体軸	
簀場山 （244）	34.5658	135.0047	54097	270.1672	0.3	東西軸	淡路島
紀見峠西 （365）	34.3827	135.5943	20312	179.9741	0.05	南北軸	和泉山系
滝畑ダム西 （481）	34.3801	135.5165	21801	199.1342	0.7	体軸基点	三國山東

＊簀場山（淡路島／244m）を基点とする東西軸に対する誤差の計算。270.1672-270=0.1672 　誤差 0.3%

＊紀見峠西（和泉山系 365m）を基点とする南北軸に対する誤差の計算。180-179.9741=0.0259 　誤差 0.05%

＊滝畑ダム西（三國山東／481m）を基点とする体軸に対する誤差の計算。199.5213-199.1342=0.3871 　誤差 0.7%

表 5-12 から読み取れる事実は、以下の通りです。

1. 後円部は、簀場山（標高 244m）を基点とする東西軸と紀見峠西（標高 365m）を基点とする南北軸の交点に決定された。

2. 滝畑ダム西（標高 481m）と後円部を結ぶ線分を体軸とした。

上記の事実から考えられる事柄は、以下の通りです。

1. 東西軸の基点として仁徳陵と同じ簀場山を採用しているのは注目に値する。

2. 南北軸の基点として和泉山系が採用された。

3. 仲哀陵と推定されることから仁徳陵の設計基準とされた可能性がある。

百舌鳥古墳群と古市古墳群の比較検討
後円部と体軸の決定

百舌鳥古墳群と古市古墳群のうち、後円部と前方部いずれも明瞭であった 14 代仲哀陵から 18 代反正陵 (土師にさんざい) を比較すると、表 5-13 になります。表 5-13 から読み取れる事実は以下の通りで、両古墳群の密接な関係が示唆されます。特に 14 代仲哀陵、15 代応神陵、16 代仁徳陵は東西軸で結ばれ、明らかに同じ設計思想で築造されています。

1. 百舌鳥古墳群の東西軸の基点は淡路島にあり、2 例は簀場山 (標高 244m) で、1 例は大戸山 (標高 224m) であった。
2. 古市古墳群の東西軸の基点の内、応神陵は仁徳陵の前方部を採用した。
3. 仲哀陵は仁徳陵と同じ淡路島の簀場山を採用した。
4. 体軸基点として百舌鳥古墳群の 2 例は金剛山系を、1 例は和泉山系を採用した。
5. 体軸基点として古市古墳群の 1 例は金剛山系を、1 例は和泉山系を採用した。

表 5-13 : 仲哀、応神、仁徳、履中、土師にさんざい古墳の比較

時代	中期				後期
名称	15 代応神	16 代仁徳	17 代履中	18 代反正	14 代仲哀
地域	羽曳野	百舌鳥	百舌鳥	百舌鳥	藤井寺
後円部					
東西軸基点	仁徳	淡路	淡路	淡路	淡路
	前方部	簀場山	無名山	大戸山	簀場山
南北軸基点	金剛山系	和泉山系	和泉山系	和泉山系	和泉山系
	国城山	三國山東	和泉	三國山東	紀見峠西
体軸基点	金剛山系	金剛山系	金剛山系	和泉山系	和泉山系
	千早	葛城山北	無名山	三國東	滝畑

＊14 代仲哀陵が後期とされる根拠は不明。

体軸の決定法は図 5-16 の通りで、読み取れる事実は以下の 2 点です。
1. 14 代、15 代の体軸は、後円部と任意の山 (山陵) を結ぶ線分に決定した。
2. 16 代、17 代、18 代の体軸は、後円部と任意の山 (山陵) を結ぶ線分に直交する線分に決定した。

図 5-16 : 推定 14 代から 18 代までの体軸の決定

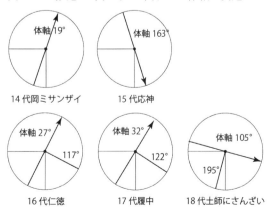

上記のうち東西軸で結ばれる14代、15代、16代の関係は図5-17の通りで、読み取れる事柄は以下の点です。

1. 仁徳陵は仲哀陵の東西軸の基点・箸場山を採用した。
2. 仁徳陵は、仲哀陵を基準として築造された印象がある。
3. 応神陵の後円部は、仁徳陵の前方部を基点とする東西軸上に決定された。
2. 応神陵と仁徳陵の位置関係は180°回転させた点対称に近く築造された可能性がある。

図5-17：仁徳陵と応神陵、仲哀陵の関係

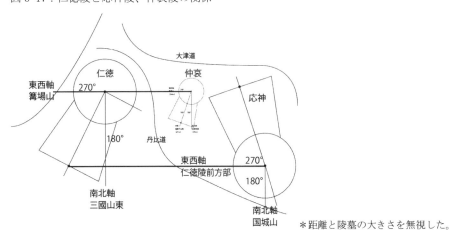

＊距離と陵墓の大きさを無視した。

立地条件の検討——人の視点の問題

　14代仲哀陵と15代応神陵、16代仁徳陵の「場」(位置)と「方位」(体軸)について、街道を行き交う人の視点から検討します。

　仁徳陵の後円部北端と応神陵南端を迂回するように丹比道が東西に走っています。また、大津道は仁徳陵、仲哀陵、応神陵のいずれも北端を東西に走っています。このような位置関係から、両街道は陵墓を築造した後に設けられた可能性が高いと考えられます。

　これらの位置関係をみると、丹比道を大和へ向う場合は右手に仁徳陵後円部、左手に仲哀陵前方部、左手に応神陵後円部を見ることになり、律動的に視界が変化します。また、大津道を大和へ向う場合、仁徳陵と仲哀陵は後円部を、応神陵は前方部を見ることになり、丹比道と視点が変化します。仁徳陵の場合、大和へ向う場合いずれの街道を通っても後円部を見ることになり、両街道の位置は仁徳陵を強く意識した可能性があります。

和風諡号と月信仰

　各被葬者の和風諡号を検討すると、「タラシ」「ホムタ」「オホ」「カツラギ」などが含まれ、背景に月信仰の存在が示唆されます。(表5-14)

表5-14：天皇の和風諡号と出自

天皇	和風諡号	父	母
14代仲哀	タラシナカツヒコ	ヤマトタケル第二子	垂仁皇女フタジイリヒメ
15代応神	ホムタワケ	タラシナカツヒコ第四子	オキナガタラシヒメ 神功皇后
16代仁徳	オホサザキ	ホムタワケ第四子	イオキイリヒコ孫 ナカヒメ
17代履中	イザホワケ	オホサザキ長子	カツラギノソツヒコ女 イワノヒメ

＊神功皇后：母カツラギノタカヌカ（天之日矛の玄孫）

籥場山を東西軸の基点とした問題

　空間考古学の視点から得られた最も重要な知見は、14 代仲哀陵と 16 代仁徳陵がともに東西軸の基点として淡路島の籥場山を採用したことです。「カガリ」は「月の光」を意味し、淡路島の「アワ（ハ）」は「渡し・渡り」を意味する「オシ」が変化した言葉でした。また、「アワ（ハ）」は月神スクナヒコナの伝承がある米子中海の「アワシマ粟島」と同じで「月が渡る」意味が背景にあります。つまり、仲哀も仁徳も月信仰の世界にあったと考えられます。

　ちなみに、仲哀の和風諡号タラシナカツヒコと仁徳の和風諡号オホサザキには「タラシ」「オホ」「サザキ」などが含まれ、15 代応神の和風諡号ホムタにもやはり月に関わる言葉が含まれます。（210-37）

籥場山の「カガリ」の意味

　東西軸の基点になった「カガリバヤマ」の「カガ」は「カ」の畳語で、もとは月の若さを示す言葉でした。つまり「カガリ」とは「月の光」を指し、籥場山を東西軸の基点に選んだ背景には月信仰が存在したと考えられます。

　「カガリ籥」について、『漢字源』には以下の説明があります。

竹部　《音読み》コウ・ク　《訓読み》かご，かがり，ふせご

かご。竹を組んでつくった荷かご。

かがり。木や竹を四角く組んで火をつける組み木。かがり火。

ふせご。火や香炉の上においおいかけ、その上に衣類などをのせて、かわかしたり香をたきこめたりするのに用いるかご。

《和訓》かがる《解字》会意兼形声。「竹＋（音符）冓コウ（＝構。前後を同じ形に対応させて木や竹を組む）」。

　上記の通り、「カガリ」は「カゴ」「フセゴ」とも訓み、「カゴ籠」のように竹であるいは木で編んだ容れ物です。「カガ」「カゴ」「コ」は月の若さを示す「ワカ」から派生した「ウカ」が変化した「カ」と考えられます。「カ」は「カカ・カグ・カゴ」ともなって、月光のような「かすかな光」を意味しました。つまり「カガリバヤマ」とは「月の光の山」を意味します。

　応神の子・仁徳の和風諡号「オホサザキ」は「繰り返し天空を渡る月」の意味でした。したがって、後円部基点を淡路島の「カガリバヤマ」すなわち「月の光の山」に求めたのは月信仰を背景にした選択であったと推測されます。

　ちなみに、丹後宮津の「コノジンジャ」も「カゴ籠」を用い「月の社」の意味でした。ここには月神イザナギが月まで届く天橋（天橋立）を造ろうとした伝承があります。丹後には海人族の伝承が多く残されています。
（267-25）（440-470）

参考　箸墓の解析 2——月の出・入角による設計の可能性（天文航法の応用）

　箸墓の解析結果から浮上した新たな疑問——月信仰を背景にしているのであれば、なぜ東西軸の基点として「月の山」三輪山が採用されなかったのか——に対して、箸墓の体軸は月の出・入角で決定された可能性を検討しました。

　そのように考える理由は、第十代崇神紀十年七月条に箸墓は「夜は神が造った」と記述されているからです。月信仰の「神」とは月であり、神が活躍する夜とは月（満月）が昇り沈むまでの間、つまり月の出入が関係している可能性があるからです。

　第十代崇神紀十年七月条の原文と口語訳を引用します。

『紀』に載る箸墓の記述。（原文と口語訳）

崇神紀十年七月条「謂箸墓也。是墓者、日也人作、夜也神作。故運大坂山石而造。則自山至于墓、人民相踵、以手遞傳而運焉。時人歌之曰、飫朋佐介珥、菟藝廼煩例瓱、伊辭務邏塢、多誤辭珥固佐麼、固辭介氐務介茂。」

ヤマトトトヒメは、オホモノヌシの妻となったという。けれどもその神は昼は来ないで、夜だけやってきた。……大神は答えて「尤もなことである。あしたの朝あなたの櫛箱に入っていよう。どうか私の形に驚かないように」と。……明けるのを待って櫛函を見ると、まことにうるわしいコヲロチがはいっていた。……驚いて叫んだ。……その時箸で陰部を撞いて死んでしまわれた。時の人はその墓を名づけて箸墓という。その墓は昼は人が造り、夜は神が造った。大坂山の石を運んで造った。山から墓に至るまで、人民が連なって手渡しにして運んだ。時の人は歌っていた。

大坂山に人々が並んで登って、沢山の石を手渡しして、渡して行けば渡せるだろうかな。(398-1-121)

この記述の主要部分を抽出すると、以下になります。

1. ヤマトトトヒモモソヒメは三輪山のオオカミの妻になった。

2. ヤマトトトビモモソヒメが箸で女陰を撞いて死んだので、箸墓と名付けた。

3. 箸墓は、昼は人が造り、夜は神が造った。

4. 大坂山の石を人民が手渡しして運び墓を造った。

　箸墓の名前の由来は、ヤマトトトビモモソヒメが箸で女陰を突いて亡くなったから、としています。箸で女陰をついて死ぬものかどうかは別にして、やはり「ハシ」という言葉が気になります。その墓は「昼は人が造り、夜は神が造った」とし、石は大坂山から人の手で運んだとあります。

　「夜は神が造った」とするのは、神つまり月神が活動するのは夜であったからです。(210-19) この場合の「神」とは、ヤマトトトビモモソヒメが三輪山のオオカミの妻であり、箸墓が「月の山」三輪山の麓にあることから月神オオモノヌシ（オオカミ）の可能性があります。ヤマトトトビモモソヒメの名前の意味については残念ながら分りません。「オオサカヤマ大坂山」(註5-2) は、「クサカ日下」を「月坂」と解釈したように「渡る月の坂」の可能性があります。

　以上、この話の背景には月信仰が明らかに認められることから、箸墓の体軸を決定した方法にも月が関係していたのではないか、という疑問が湧きます。そこで、新たに月の出・入角で体軸を決定したという仮説を立て、下記の方法で検討しました。

　仮説：箸墓の体軸は、後円部から望む月の出・入角を参考にして決定された。

　　　　（月の出の方位角を出角、月の入りの方位角を入角とした）

　解析方法：

1. 2020年の月の出・入角（°）と南中高度（°）と月齢の関係を調査した。

2. 2020年の「冬至前後の月の出・入角（°）と南中高度（°）と月齢を調査した。

3. 1900年、1950年、2000年、2050年、2099年の8月の満月の出・入角（°）と南中高度（°）と月齢を調査した。

＊WSのKeisan（生活や実務に役立つ計算サイト）で計算した。　＊現地での測量が困難なため、測量地点の指定は奈良市（34.6931,135.8269）標高104mとした。箸墓の存在する桜井市とは南北に約20㎞（緯度にして約11′）離れているため、近似的にに箸墓での測量値とし下記の計算を行った。

　上記の仮説を図示すると以下になります。後円部から眺めた三輪山に昇る月（月出）の出角101°で、大坂山付近へ沈む月（月入）の入角249°になり、この方位線を体軸とした、という仮説です。

図 5-18：後円部から見た予想される月の出・入角と断面図

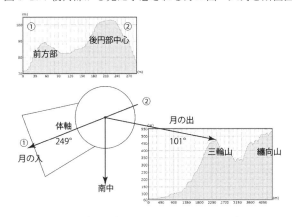

＊箸墓の断面図は線分（②−④）で行ったもの。三輪山の断面図は線分（②−④）に平行な線分で行ったもの。線分（②−④）が月の入角で体軸として採用されたと仮定して作図した。いずれも国土地理院地図から引用加工した。

　後円部を基点として三輪山、岩橋山（註5-3）と周辺の無名山との関係を計算すると、上図①の方位線が 101°になり、無名山を結ぶ方位線が 249°になります。無名山（661.2m）とは金剛山系の尾根の一つで、岩橋山の南に位置します。　（芝山—5.5 km—二上山—3.5 km—岩橋山—0.6 km——無名山）

表 5-15：箸墓後円部を基点とする距離と方位角

地点（m）	緯度（°）	経度（°）	距離（m）	方位角（°）	誤差(%)	軸
後円部	34.5391	135.8412	0	0	—	
前方部	34.5385	135.8393	187	249.1130	—	体軸
三輪山（466.9）	34.5350	135.8668	2394	100.9461	—	
岩橋山（658.6）	34.4933	135.6793	15710	251.1773	3.6	参考
無名山（661.2）	34.4885	135.6809	15754	249.1716	0.1	体軸基点

＊線分（後円部 - 岩橋山）の方位角と体軸の誤差の計算。　251.1773-249.1130=2.0643　誤差3.6%

＊線分（後円部-無名山）の方位角と体軸の誤差の計算。249.1716-249.1130=0.0586　誤差 0.1%

　上記の方法 1 で、2020 年（5月から10月）の月の出・入角と南中高度と月齢の関係を調査した結果は、表 5-16 の通りです。8月と9月の満月の出角が 108°と 98°で表 5-16 の方位角 101°に近似し、入角が 250°と 259°で、箸墓の体軸（249°）に近似します。南中高度は 37°-58°で、比較的低くゆったりと天空を渡って行く月の姿が想像できます。

表 5-16：2020 年（5月から10月）の満月の出・入角

奈良市（年月日）	月出方位角（°）	南中高度（°）	月入方位角（°）	月齢（日）
20200508	113	40	251	15.0
20200606	119	34–31	244	14.4
20200706	118	31	241	14.8
20200805	**108**	**37**	**250**	**15.4**
20200903	**98**	**45**	**259**	**15.0**
20201002	88	53–58	269	14.7

＊日付は 2020 年 5 月 8 日を 20200508 と表記し、以下同じである。

　上記の方法 2 で、2020 年冬至前後の月の出・入角と南中高度と月齢を調査した結果は、表 5-17 の通りです。12 月 21 日の出角が 101°で計算値と一致し、入角が 262°、南中高度は 47°でした。12 月 19 日の入角が 250°

で計算値に近似します。

表 5-17：2020 年冬至前後の月の出・入角

奈良市（年月日）	月出方位角（°）	南中高度（°）	月入方位角（°）	月齢（日）
20201219	112	38	250	4.4
20201220	107	42	256	5.4
20201221	101	47	262	6.4
20201222	95	52	263	7.4
20201223	89	58	269	8.4

　上記の方法 3 で、1900 年、1950 年、2000 年、2050 年、2099 年の 8 月の満月の出・入角と南中高度と月齢を調査した結果は、表 5-18 の通りです。いずれの年も 8 月（旧暦七月）の満月の出角が 92°から 109°の範囲にあり、入角が 249°から 265°の範囲にあり、計算値と近似するのが分ります。特に 2000 年 8 月 15 日の満月の出角 109°、入角 249°と最も近似しています。南中高度は 37°-48°です。

表 5-18：過去と未来の 8 月満月の出・入角

奈良市（年月日）	月出方位角（°）	南中高度（°）	月入方位角（°）	月齢（日）
19000810	107	42	251	14.6
19500829	92	49	265	15.4
19500909	90		266	15.0
20000815	109	37-40	249	15.0
20000913	101	46	256	14.7
20500803	104	40-45	253	15.2
20500901	95		261	15.6
20990802	109	45	248	15.1

　上記の解析から得られた結果は、以下の通りです。

1. 8 月の満月は出角 92-108°で、方位角（後円部-三輪山）101°と近似した。

2. 8 月の満月は入角 249-265°で、体軸の方位角（後円部-初瀬北）249°に近似した。

3. 2020 年に限れば、出角 109°で方位角（後円部-三輪山）101°、入角 249°で方位角（後円部-初瀬北）250°で体軸に最も近似した。

4. 1900 年、1950 年、2050 年、2099 年にも同様の傾向が認められた。

5. 南中高度は、37°-58°であった。

　結果から考えられる事柄は、以下の通りです。

1. 箸墓の体軸は、後円部から望む 8 月と 9 月の満月の出・入角で決定された可能性がある。

2. 測量には、天文観測にもとづく天文航法が応用された可能性がある。

3. 前方後円墳の最初期（3 世紀半ばすぎ）から月信仰を背景にした測量と設計が存在した可能性がある。

箸墓の「ハシ」の意味

　箸墓の名前の由来について、下記の説があります。

1. 被葬者ヤマトトトビモモソヒメが「ハシ箸」で女陰を撞いて死んだことに由来する。

2. 「ハジシ土師氏」が築造したことに由来する。（土橋寛氏説 347-35）

1. の説で「ハシ箸」について、古墳時代にはすでに大和言葉に「ハシ」が存在したことから、三田村氏は箸墓の「箸」を肯定的に捉えています。(199-31) 一般的に箸の言葉は平安時代以後とし、「ハシハカ箸墓」を否定する根拠になっています。

2. の説で陵墓に臣下の名を冠するとは考えにくいため、「ハジシ土師氏」説については賛同できません。しかし、後述する「ハシ境」の視点から「ハジシの墓」とされた伝承について検討します。

まず「ハシ箸」について三田村氏は、「箸」と同じように「ハシ」と発音する「橋・端・嘴・梯」の語源は同じであると述べています。(199-28, 31)

「ハシ」を短母音に分けて、まず「ハ」は「鼻・葉・花」などに含まれ、すべてものの先端にあり、何かの入口や出口であり、境目にあるものを表わす音とします。さらに、「山の端」の「ハ」が「境目」を意味するとも述べています。

山の端という言葉があります。この時のハは何を現わすのでしょうか。山側を言うのでしょうか。空側を言うのでしょうか。どちらにしてもこちらから見える世界と見えない向こう側の境目を言っているわけです。(199-28, 31)

次に「シ」について、三田村氏は「固まる、止まる」という意味を持つ音と指摘します。

SHI＝シは何を表わすのでしょうか。「ちょっとうるさいな」と思った時「しっ」と言います。この動作は、皆で狩りに行って、向こうに動物の臭いや気配がした時に、人差し指を口に当てて止まれ、動くなという動作をします。このときに発している言葉は「しっ」という発音です。この「しっ」を日本人は「固まる、止まる」という意味でも使い始めていったのです。(199-28, 31)

つまり「ハ」と「シ」という音を含む「ハシ」は「遠くにある異界のものと自分を含めたこちらの部分をつなぎとめる」という意味を含み、これが「ハシ」の語源だと述べています。(199-31)

三田村氏の説を纏めると、下記になります。

箸：他の命と自分の命をつなぐ。

橋：向こう側とこちら側をつなぐ。

柱：はしら（柱）は大地と屋根を繋ぐ、あるいは大地と天空をつなぐ。

梯：高さの違う所をつなぐ。

端：あちらとこちらの境目。

『紀』の記述と三田村氏の説にしたがって、箸墓の「ハシ箸」について検討します。

「ハシ箸」は「他の命と自分の命をつなぐ」ものであり、同じ「ハシ」と訓む言葉に共通するのは「あちらとこちらを結ぶ」という意味です。「昼は人が造り、夜は神が造った」という『紀』の記述から、人（こちら）と神（あちら）が協力して造った墓、つまり「人界と天界を繋ぐ」墓の可能性があります。

この視点に立つと箸墓の「ハシ箸」は、天界に繋がる「ハシ橋」であり、被葬者が死後に憧れた常世の国・月世界へ届く「ハシ梯」の可能性もあります。また人界の「ハシ端」に造られた意味を含む可能性もあります。

以上を纏めると下記になります。

1.「ハシ箸」とした場合：

「ハシ」は「あちらとこちらを結ぶ」つまり「人界と天界」を繋ぐ意味で名づけられた可能性がある。

2.「ハシ橋」とした場合：

「ハシ」は月に届く天橋（註 5-4）の可能性があり、イザナギが計画した天の梯立の神話の例がある。(267-25) (440-470)

3.「ハシラ柱」として場合：

「人界と天界」を繋ぐ、つまり「この世とあの世」を繋ぐ可能性がある。神を「ハシラ柱」とする表現がある。

内宮の「心御柱」も「人界と天界」を繋ぐ装置の可能性がある。(209-3, 176) (220-37)

4. 「ハシ梯」とした場合：

「ハシ梯」は月に届く梯子の可能性がある。唐の玄宗が道士の帯から生れた梯で月へ昇った逸話がある。(99-1-172)

5. 「ハシ端」とした場合：

崇神紀十年七月条「夜は神が造り、昼は人が造った」記述から、「人界と天界を結ぶ」墓であり、その位置が人界の「ハシ端」とされた可能性がある。また大坂山から三輪山の麓まで、奈良盆地の「端から端まで」手越しで石を運んだ意味を含んだ可能性がある。

　　次に「土師氏が造ったからハシハカ」という説に対して――「ハジシ土師氏」(註 5-5) とは「ハシ境」つまり神界と人界の境界で働く巫女的な性格をもつ氏族――という視点で検討します。そのように考える根拠は――「祭祀を主らむは、(土師氏の遠祖) 天穂日命、是なり」つまり「祭祀を執り行ってきたのは土師氏の遠祖アメノホヒノミコトである」と『紀』に載るからです。(323-1-50)

　　土師氏が陵墓を造営した記録は、雄略九年夏五月条の土師連小鳥の 1 例だけで、古墳を造営したとされる氏族の印象とは異なります。したがって、「土師氏の墓」という説には疑問があります。(111) (116) (136) (142) (166-12) (186) (224) (247) (366) (396) (417) (435) (434)

　　『時代別国語大辞典』には、土師は「ハニシ」と読み、その「ニ」が略されて「ハシ (ジ)」になった、とあります。この説明も土器や陵墓との関係で語られ、それは「土」の字に拘った解釈の可能性があります。

埴をもって埴輪などの土器を作ることを職業とした人。またその氏の名。ハジとも……。『日本書紀』には……ハジの訓を付しているものもある。ハニシの部族をハニシベという。埴輪の制が廃せられた後は、凶礼・陵墓の任務を掌る。(266-588)

　　「ハシ境」を考える上で「カグヤ加久矢」と「ハジユミ波士弓」の対応が参考になります。『記』『紀』に載る矢と弓の表現を纏めると、表 5-19 になります。

表 5-19：『記』『紀』に載る矢と弓の対応

神	天若日子	天若日子	ニニギノ命	ニギハヤヒ命／神武
出典	天孫降臨　　『記』	天降　　『紀』	降臨　　『紀』	所持　　『紀』
矢と弓	波波矢（ハハヤ） 麻迦古弓（マカゴユミ）	羽々矢（ハハヤ） 鹿児弓（カゴユミ）	羽々矢（ハハヤ） 梛弓（ハジユミ）	羽々矢（ハハヤ） 歩靭（カチユキ）
矢と弓	加久矢（カグヤ） 波士弓（ハジユミ）	鹿児矢（カゴヤ） 鹿児弓（カゴユミ）		

＊表中、「天之」は省略しているが、加久矢は本来、天之加久矢とされる。＊『紀』の注には、「アマノハハキリ天羽羽斬」の「ハハ羽羽」は大蛇、とする。(323-1-135 注二三)

　　表 5-19 をみると「カゴ」と「ハジ」「ハハ」が対応し、共に月を表わす言葉と考えられます。つまり「カグヤ」「ハハヤ」とは「月 (光) の矢」であり、「カゴユミ」「ハジユミ」は「月 (光) の弓」といえそうです。

　　天界から放たれた矢 (カグヤ／ハハヤ) の名に「カグ・ハハ」が付されているのは、天界と人界を繋ぐ「ハシ (梯・柱・橋)」の意味を込めているからでしょう。三田村氏も、「ハ」はものの先端にあり、何かの入口や出口であり、境目を意味すると述べていました。

　　『古語拾遺』には「ハハ」は古語で大蛇を意味するとあり、ヘビは月の眷属であることから月と「ハハ」の関係は濃密です。「ハハ」は「月はあらゆるものを生み出す万物の母」という月信仰 (大母神文化) に由来し、「カカ」の転訛である可能性があります。(99-1-29) (174) (279) (280)

『古語拾遺』　素盞鳴神、天より出雲国簸之川上に降りまして、天十拳劔（其の名は天羽羽斬、今石上神宮に在り。古語に大蛇を羽羽といふ。言は蛇を斬る也。）を以て、八岐の大蛇を斬る。

「カカ」「カグ」は月光を意味する、と三浦氏は述べています。

『岩波古語辞典』のカゲ（影・陰・蔭）の項には、「古形カガの転。カガヨヒ・カグツチのカガ・カグと同根。光りによってできる像。明暗ともにいう」とある。さらにいえば、カカ・カガ・カグ・カゴが月や月光を指すことが多かったように、カゲも微かな光や月光を意味することがある。もちろん『万葉集』には日の影を詠ったものも四首あるが、多くは月影・朝影などの微かな光や、面影のようなはかないものである。(210-257)

　上記1. 2. の説を検討した結果、「ハシハカ箸墓」とは「人界と天界を繋ぐ墓」の可能性があります。あるいはまた、「ハシ」が月を意味する「カゴ」と対応することから、「月の墓」である可能性もあります。「月の山」天香久山には「月の誕生石」があることから、「月の山」三輪山の「ハシ境」に「月の墓」箸墓が築造されても不思議ではありません。

　月の光に反応して光る月長石に似て、「月の山」三輪山に昇る満月に呼応し「月の墓」箸墓が怪しく光る、という情景を想像すると『紀』の編者が箸墓を特に記述した意図がより深く理解できそうです。

立地条件の検討

　一つの疑問があります。月信仰を背景にして箸墓が「人界と天界」を繋ぐものとして築造されたとすると、なぜ「月の山」三輪山の正面に計画されなかったのか、という疑問です。そこで箸墓の立地条件を検討してみました。

　まず、体軸面（図a）と箸墓の前方部断面図（図c）と箸墓体軸に平行な線分で三輪山の断面図（図b）を比較します。

図5-19：箸墓の体軸に平行な箸墓と三輪山の断面図

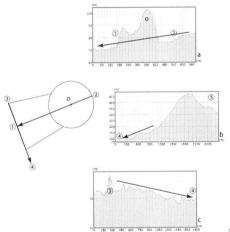

＊o：後円部　①：前方部中央（標高72m）　②：後円部端（標高89m）

③：前方部北端（73m）④：大神神社鳥居付近（69m）⑤：三輪山東麓（370m）

＊図aは線分①－②での断面図。

＊図bは線分①－②に平行な線分④－⑤での三輪山の断面図。

＊図cは線分③－④での断面図。(413-40)(179-5-9)

図5-19から読み取れる事実は以下の通りです。

1. 図aで、線分（②-①）が示すように、前方部から急激に標高が下がる。標高差約16m。

2. 図bで、その傾向は当然線分（⑤-④）でより強い。標高差約100m。

3. 図cで、前方部での断面を示す線分（③-④）では④にかけて標高が下がる。標高差約7m。

上記の結果から、現在地より南方の三輪山正面は低湿地 (初瀬川流域) になり築造することは困難であったと想像されます。古代人は、信仰世界にありながら合理的かつ現実的な制約を受け入れています。(179-5-9) (187-21)

　箸墓は信仰上の根拠を得るために天神山を東西軸の基点とする必要があり、その体軸を金剛山系の岩橋山周辺へ向かわせる必要があったと想像できます。これは信仰上の根拠を淡路島の簿場山に求めた仁徳陵、仲哀陵と同じ思想信仰によるものです。

　「信仰上の根拠を与える軸」については、本章の最後で再び取り上げます。

箸墓のまとめ

　箸墓後円部は、天神山を基点とする東西軸と明日香畑を基点とする南北軸の交点に決定され、体軸は初瀬山北の無名山を基点とし後円部を結ぶ 249°の線分に決定されていました。この決定法は「山立て」(地文航法) を応用したものです。

　「場」と「方位」の決定には天文航法による方法も存在したのではないか、という疑問を検討した結果、箸墓後円部から見た月の入角が近似し、月の出・入角で体軸が決定された可能性についても言及しました。

　箸墓に信仰上の根拠を与えたのは初瀬の天神山で、月神アマテラスが初めて降臨した伝承があります。

　箸墓の「ハシ」が人界と天界を結ぶ境界「ハシ端／橋」である可能性についても言及しました。さらに、古墳を築造した伝承がある「ハジ土師」が「ハシ箸」と同音の「ハシ端」に由来する可能性も述べました。

　「月の山」三輪山の西北に、「月 (神界) と人 (人界) を結ぶハシハカ」、あるいは「月の墓／ハシハカ」を築造した、と考えます。

「前方後円墳の造形」小考

　前方後円墳の名称は、蒲生君平 (1768 年-1813 年) の『山陵志』に由来し、俗称として以下のものがあります。

1. 車塚：貴人を乗せた車に見立て、円丘を車蓋に、方丘を轅 (ながえ) とした。
2. 瓢塚：後円部と前方部をつなぐ形がヒサゴに似ていることから。
3. 茶臼山：後円部が茶臼に似ていることから。
4. 二子山：後円部と前方部を二子に見立てた。
5. 銚子塚：後円部を器に前方部を銚子の柄に見立てた。

　いずれも前方後円墳の形をいい得ています。しかし、ここで注意しなければならないのは、前方後円とする場合は上空から俯瞰 (鳥瞰) した視点で、高い山にでも登らない限り知りえない形であることです。一方、上記の 1. から 5. の名称は、人が仰視 (仰望) した視点で知り得る形であることです。

　そこで、箸墓の断面図から少し飛躍すれば、以下の疑問がうかびます。
「前方後円墳の形は、仰視した二上山の形をまねたのではないか。」

　このような疑問を考える根拠は、以下の点です。
1. 人の仰視した視点から、前方後円墳と二上山の形が似ている。
2. 山陵 (天子と皇后の墓) とは、丘 (山) の形をした墓を指すこと。
3. 箸墓の石材は芝山産 (芝山火山岩) であるにもかかわらず、大坂山 (二上山) から運んだと記録された。
4. 月の出入角で解析した結果、三輪山に昇った月が岩橋山 (二上山の北) 付近に沈む。
5. 古くから喪葬の地とされたこと。

　「フタカミヤマ二上山」は、河内と大和の境にあって雄岳と雌岳からなり、その優美な姿は両国から望むことができます。雄岳山頂には伝・大津皇子の墓があり、特に西側は古くから喪葬の地であり大坂山とも呼ばれ

ていました。(179-5-235)(383-16)

　西方に対しては、どの民族も一種の信仰を持ち、中国にあっては崑崙信仰の形態をとっている、と白川静氏は西方に対する信仰を指摘します。(51-56)(336-493) また、ナウマン氏は道教の虎 (饕餮) で表現される思想信仰から西方を死者の世界とし、同時に死と再生 (永遠の生) の世界でもあると指摘しています。この指摘から飛躍すれば、二上山とは「二つの神格 (死と再生) をもつ世界」つまり「二神山」ではないのか、とも考えてみたくなります。

後期道教の思想や世俗道教では、虎は西王母と関係があります。……西王母は同時に、死と再生について月にまつわるすべての象徴表現を伴なう月の神だと言えます。最後に忘れてならないのは、永遠の生をもたらす桃のある西王母の庭と同様、中国の信仰によれば死者の世界も、虎ないし西王母が支配する西方にある、ということです。(244-22)

図 5-20：箸墓と二上山の断面の比較

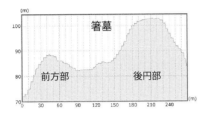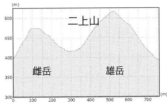

＊国土地理院地図サービスより引用改変　＊箸墓は後円部
と前方部を通る断面。　　＊二上山は各山頂を通る断面。

　断面図をみると、河内と大和の両国から望める二上山の姿から前方後円墳 (山陵) を考えたとしても不思議ではありません。三笠山や三輪山など月 (特に半月) を象徴する山 (「しるしの原理」) があることから、月と山と前方後円墳の繋がりは親密です。箸墓の「ハシ」は人界と天界を結ぶ「ハシ境界 (端・橋)」であり、天文航法を応用した月の出・入角から体軸が決定された可能性についても述べました。

　二上山の別称「オオサカヤマ」は、「クサカ」を「月坂」と解釈したように「渡る月の坂」の可能性があります。つまり、「月 (神界) と人 (人界) を結ぶハシハカ」あるいは「月の墓／ハシハカ」からみて「月の山」三輪山に昇った月が「渡る月の山」大坂山へ沈んでゆく、そのような光景が想像できます。この光景は月信仰で満たされていて破綻したところがなく、清らかな信仰空間が目に浮かびます。

　「月の都の人はたいそう清らかで老いることがない」とカグヤヒメに語らせたように、また三浦氏が指摘したように「キヨ・キヨシ (清・浄)」は月の形容詞で、月信仰の世界にあった古代人は「清らかな空間」を造ろうとしたはずです。神社境内が清浄を保とうとするのも、「月の都が清らか」であるという信仰によるものと考えられます。(210-45)(211-394)(321-62)(383-16)

　箸墓の造形は、私見では以下の 2 通りが考えられます。

1. **高所からの視点**：前方後円の形で、月が海面を照らす印象を具象化した造形。(図 5-40)
2. **人の視点**：山稜の形で、二上山の姿に似せた造形。(図 5-20)

参考　大日古墳と国津姫神社の存在意義

　山口県は栃木、岐阜、香川などと並んで大規模前方後円墳の空白地帯の一つとされます。その空白地帯に築造された大日古墳 (防府市高井大日) は古墳時代終末期の小規模前方後円墳でありながら、いくつかの重要な存在意義があります。(179-5-379)

　まず、築造された時期 (7c 後半) が地上絵を描いた時期 (681 年-698 年) と重なることです。

「ひょっとすると、地上絵を描いた人々が大日古墳を築いたのではないか」

　このような疑問がさまざまに湧いてきます。その石室には龍山石 (流紋岩質溶結凝灰岩／兵庫県高砂市) (註 5-6) で造

られた家型石棺が残されていました。龍山石は当時の高級品で、大王（仁徳陵など）あるいは有力豪族の墳墓にしか用いられない石でした。(285-326) 大豪族の墳墓ではなく小規模であるにもかかわらず、この地域では稀な高級品の龍山石が使われていたのはなぜでしょう。

『古墳』には、以下の説明があります。(285-326)

墳名： 大日古墳　　住所：山口県防府市高井

築造時期：7世紀後半　　墳丘全長：45m　　後円部径：19m

被葬者は、大内氏の氏祖・琳聖太子（百済第26代聖王の第3王子）とも、あるいは土師娑婆連猪手とする説もあります。ともに聖徳太子との繋がりで語られます。琳聖太子が来朝したのは推古十九年（611年）とされ、『大内多々良氏譜牒』によれば荒陵（現・四天王寺）に登って聖徳太子より大内県を拝領したとあります。実在が疑われる人物です。(193-1) 一方、土師娑婆連猪手が死亡したのは皇極二年（643年）で、やはり地上絵を描いた時期とは少し隔たりがあります。しかし、聖徳太子の異母弟・来目皇子（註5-7）の殯を周防国佐波（跡地は桑山塔ノ尾古墳）で行った記録があり、実在が確認されます。(76-39)（323）

「なぜ、実在が疑われる琳聖太子と大豪族ではない土師娑婆連猪手の石棺が、高級品の龍山石で造られたのか」

さらに、大日古墳が飛鳥岩屋山古墳（円墳あるいは八角墳／奈良県明日香）と同じ設計図（岩屋山式）で築造された可能性があることが重要です。岩屋山式（註5-8）の類例は、奈良と南河内に複数認められます。(65-40)（132-3, 154）

「大日古墳の被葬者は、あるいは築造した人は、飛鳥から来たのではないか」

両墓が同じ設計図で造られた可能性について、大林達夫氏の指摘があります。

大日古墳の石室は畿内奈良県高市郡明日香村にある岩屋山古墳、同桜井市ムネサカ1号墳の石室を縮小したもので、その規格性は造成した工人が両古墳の設計図でも持っていなければ不可能なほどである。当時の畿内中心部の古墳が防府平野に出現することは、畿内との強い結び付き、そして畿内の両古墳に関与した築造工人の移動、また設計図の移入なしには不可能であったろうと考えられる。ただし畿内にある両古墳のように切石を用いたものではない事情を考えると、やや変則的である。急造の必要があったのか、あるいは調達した石材で十分築造可能であったと判断したのか、興味のある問題である。(65-40)

資料を元に大日古墳と岩屋山古墳の玄室の大きさを比較すると、大日古墳は岩屋山古墳の約76%の縮尺で築造されたようです。岩屋山古墳の見事な切石は用いられず縮小された築造は、経済的理由からでしょうか、あるいは急ぐ必要があったのでしょうか、疑問です。（大化二年646年の薄葬令の影響も／後漢末からの薄葬令）(76-53)（179-5-226）（285-71）

表5-20：玄室の大きさ比較

	長さ(m)	幅(m)	高さ(m)	平均
大日古墳	3.6	2.2	2.2	—
岩屋山古墳	4.9	2.7	3.0	—
大日/岩屋山×100(%)	74	82	73	76

＊（285-71）より引用。

大日古墳が岩屋山古墳を縮尺して築造されたことから、設計図が存在したはずです。その可能性の一つとして、泉香寺山の山頂から発見された経筒（註5-9）が注目されます。その中には紙のような遺物が納められていました。

「経筒の中に入っていた遺物は、大日古墳の設計図ではなかったのか」

設計図が存在した傍証として、大日古墳より約 400 年前に築造された行燈山古墳（前期古墳／崇神陵?）で方形格が線刻された銅板が発見され、設計図であった可能性が指摘されています。また、古代中国の中山王国（戦国時代／BC403 年-BC221 年）の王墓からも銅板に刻まれた墓の設計図が発見されました。（178-37 ）（377-87）（410-45）方形格とは、古代の地図に用いられた方格法（註 5-10）で、海図にも用いられた可能性があります。

「海人族が常に用いていた海図を描く方法（方格法）が、古墳の設計図にも応用されたのではないか」

　大日古墳の墳名の由来について、前作まで大日如来と関連付けて考えていました。その理由は、やや時代が隔たるものの大日古墳を築造した人が五形図を描いた可能性と、五形図が大日如来を象徴する可能性とを考えたからです。大日如来は日神アマテラスと同一視され、大日如来を象徴する五形図を描くことと内宮に日神アマテラスを創祀することが、東西の調和をはかる国家的事業として企画された可能性を考えたからです。

「文武二年（698 年）、日神アマテラスを創祀し五形図を描いて東西の調和をはかったのではないか」

　しかし、月信仰の視点から「大日」とは月神アマテラスの古称「オオヒルメ大日霎」を意味したのではないか、と考えるようになりました。なぜなら、月信仰で充たされた信仰空間の中に異質なものは含まれないはずで、日神では祭祀が破綻してしまうからです。

「大日はダイニチと訓むのではなく、オオヒルメ（大日霎尊）ではなかったのか」

　さて、一方の国津姫神社について『山口県神社誌』の祭神は宗像三女神で月神です。（418-503）

　宗像三女神を郷土の祖神とすることから、当時の富海は宗像氏の支配下にあった可能性があります。海人族・宗像氏は卓越した月信仰を持つ氏族でした。

「周芳山口は、大和と宗像の勢力が伯仲していたのではないか」

　壬申の乱（672 年）で大活躍したにもかかわらず、謀反の疑いで処刑された高市皇子（天武の長子）の母は、天武の嬪に入った宗像徳善女・尼子郎でした。

「宗像徳善女・尼子郎が天武の嬪になったのは、人質の意味だったのか」

　国津姫神社は壬申の乱の翌年、天武二年(673年)に創建された伝承があります。これは、北斗図が描かれたと推測される天武十年（681 年）の 8 年前、五形図が描かれたと推測される文武二年（698 年）の 25 年前になります。このような視点に立つと、大日古墳と国津姫神社を含む信仰空間がまず設計され、その後に地上絵が描かれた可能性が浮上します。つまり、地上絵は「月の都」周芳山口の信仰空間に描かれたと考えることが可能です。

「大日古墳を築いた集団が国津姫神社を創建し、地上絵を描いたのではないか」

　これらの疑問はさらに本章の仮説に迫る問題に発展します。つまり、前方後円墳が月信仰を背景に設計された造形とすると、それを継承した神社も同じ背景を持つはずです。国津姫神社の社伝にあった周防娑婆一円を領した女首長・神夏磯姫を国津神として祭ったという社伝からも、神社は前方後円墳が変化したものではなかったのか、と想像できます。古墳の位置について、境界領域の問題を取り上げた小林茂文氏の研究があり、古墳と神社について境界領域として共通の認識があった、と指摘しています。（109-306）つまり、古墳と神社が同じ信仰対象であった、といっているのです。

「もしかすると、国津姫神社は前方後円墳が神社に変化した最初期の具体例ではないのか」

　以下、いくつかの疑問に対する解答として大日古墳と国津姫神社の「場」と「方位」を決定した解析結果を提示します。最後に、大日古墳と国津姫神社を含む信仰空間の設計について述べています。

大日古墳の「場」と「方位」の決定

まず、結論から述べます。

大日古墳の「場」は、大平山東 (仮称／標高550m) を基点とする東西軸と、線分 (金成山-面貌山) の延長線、あるいは線分 (古四宮-天之御中主神) (註 5-11) の交点に決定された可能性があります。この決定法は、大和の前方後円墳の「場」を決定するのと同じ「山立て」(地文航法) を用いた方法です。

1. **大平山東を基点とする東西軸と、線分 (金成山-面貌山) の延長線、あるいは線分 (古四宮-天之御中主神) との交点。**

   ＊線分 (古四宮-天之御中主神) は、巽乾軸 (方位角135°) である。

2. **南北軸の基点は不明である。**

解析結果を図示すると、図5-21になります。ただし、大日古墳の測量図では後円部が不明瞭なため、解析に用いた緯・経度は羨道入口で測定した値です。したがって、計算結果はすべて参考値とし、方位線は破線で図示しました。しかし、大日古墳を取り囲む信仰空間を構成する山や神社の存在から、大きくははずれていない結果と考えています。今後、より正確な測量と解析が期待されます。なお、羨道入口から後円部中心と推定される石室中央までは約10mで後円部径は約19mとされることから、緯・経度の測量誤差は1秒以内と推定されます。

図 5-21：大日古墳の「場」と「方位」を決定した軸

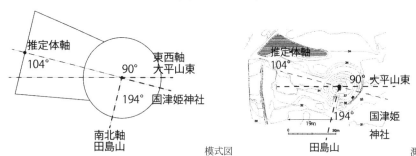

模式図　　　　　　　　　　　　　　測量図は防府 Web 歴史館より引用加工。＊大日古墳の位置は防府 Web 歴史館の図より推定した。後円部が不明瞭であり、その緯・経度と計算結果はすべて参考値とし、設計線はすべて破線で示した。

大平山東を基点とする東西軸と交わる2本の方位線を図示すると、図5-22の通りです。

図 5-22：　大日古墳の「場」を決定した可能性がある基点と線分

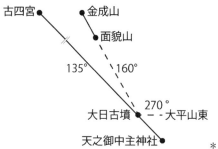

＊距離を無視して方位角だけで表示した。＊大日古墳の位置が不明瞭であるため、一部破線で示した。

表 5-21：大平山東を基点とする距離と方位角

地点 (m)	緯度 (°)	経度 (°)	距離 (m)	方位角 (°)	誤差 (%)
大平山東 (500)	34.0728	131.6450	0	0	—
大日古墳	34.0725	131.5478	8972	269.8147	0.3

＊大平山東を基点とする線分の東西軸に対する誤差の計算。　270-269.8147=0.1853　0.3%

古四宮を基点とする距離と方位角を計算すると表5-22になり、古四宮、大日古墳、天之御中主神社（車塚妙見神社／防府市車塚町）は一直線上に存在します。（古四宮、天之御中主神社との結びつきは地形図上で偶然に知り得た）

大日古墳と古四宮、天之御中主神社を結ぶ方位線は、大日古墳と国津姫神社を結ぶ方位線と同じ意味を持ち、古墳と神社が同じ信仰対象であることを示しています。さらに、推古二十四年（616年）の創祀とされる天之御中主神社は前方後円墳そのもので、天之御中主神の別称・車塚からも前方後円墳が神社に変化した具体例である可能性があります。

表5-22：古四宮を基点とする距離と方位角

地点	緯度（°）	経度（°）	距離（m）	方位角（°）	誤差（%）	備考
古四宮	34.1633	131.4383	0	0	―	
大日古墳	34.0725	131.5478	14265	134.8835	―	巽乾軸
天御中主神社	34.0519	131.5736	17565	134.6693	0.4	巽乾軸

＊線分（古四宮-大日古墳）と線分（古四宮-天之御中主神社）の中心角差は0.2142　誤差0.4%

金成山を基点とする距離と方位角を計算すると、表5-23になります。金成山と面貌山を結ぶ方位線の延長線上に大日古墳が決定されたといえます。この結びつきを知り得たのは、金成山の山頂近くにある秋葉社の祠を調査した時、金成山と面貌山を結ぶ延長線上に大日古墳が存在する西目山が望めたからです。

面貌山の「貌」は祖廟を意味する「ミタマヤ」と訓み、「面貌」とは「ミタマヤへ向く」意味になります。金成山と面貌山を結ぶ延長線上に大日古墳を築造したこと、あるいは存在することを暗に示す命名です。つまり、祖廟の存在を暗示する山名を残しておいたことになり、おそらく土師氏（あるいは大内氏）が大日古墳を築造した時点ですでに金成山周辺に勢力をもっていた傍証になります。

表5-23：金成山を基点とする距離と方位角

地点（m）	緯度（°）	経度（°）	距離（m）	方位角（°）	誤差（%）
金成山（222）	34.1639	131.5085	0	0	―
面貌山（186）	34.1469	131.5158	2002	160.3521	―
大日古墳	34.0725	131.5478	10767	160.3111	0.07

＊2つの線分の中心角差による誤差の計算。　160.3521-160.3111=0.041　誤差0.07%

大日古墳の体軸「方位」の決定

大日古墳の体軸「方位」の決定は、線分（田島山－大日古墳）に直交する線分を体軸とした可能性があります。線分（田島山－大日古墳）の方位角は194°で、大日古墳の体軸に相当する線分（大日古墳－国津姫神社）の方位角104°と直交することになります。この決定法も、大和の前方後円墳の「方位」を決定する方法と同じ「山立て」（地文航法）が用いられています。（表5-24）

表5-24：田島山を基点とする距離と方位角

地点（m）	緯度（°）	経度（°）	距離（m）	方位角（°）	誤差（%）
大日古墳	34.0725	131.5478	0	0	―
田島山（222）	34.0214	131.5322	5848	194.2627	0.5

＊194°に対する誤差の計算。　194.2627-194=0.2627　誤差0.5%

大日古墳の体軸の先に国津姫神社が創建されたと仮定して計算すると、表5-25になります。推定体軸104°に対する誤差は基準を充たしません。しかし、国津姫神社を向いて築造されたのは確かです。今後、より正確な測量のもとに再検討されることを期待します。

表 5-25：大日古墳を基点とする距離と方位角

名称	緯度（°）	経度（°）	距離（m）	方位角（°）	誤差（%）	備考
大日古墳	34.0725	131.5478	0	0	—	
国津姫神社	34.0497	131.6483	9617	105.2194	2.1	参考

＊線分（大日古墳－国津姫神社）の 104°に対する誤差の計算。105.2194-104=1.2194　誤差 2.1%

　これらの結果から考えられる事柄をまとめると、以下になります。

1. 大日古墳の「場」の決定は、大平山東を基点とする東西軸に決定された可能性がある。

2. 南北軸は不明である。

3. 金成山、古四宮を基点とする線分の交点に決定された可能性もある。

4. 大日古墳の「方位」の決定は、線分（後円部－田島山）に直交する線分を体軸とした可能性がある。（測量は羨道入口）

5. 大日古墳の設計には「山立て」（地文航法）が採用され、畿内の前方後円墳の設計法を継承した可能性がある。

6. 線分（大日古墳－国津姫神社）と線分（天之御中主神社－古四宮）は、古墳と神社が同じ信仰対象であることを示唆する。

7. 古墳が神社に変化した可能性がある。

国津姫神社の「場」と「方位」の決定

　国津姫神社の「場」と社殿の向き「方位」の決定には、前方後円墳で採用された方法が継承された可能性があります。社殿の位置は、東鳳翔山を基点とする 135°の方位線（巽乾軸）と向島奥宮を基点とする 223°の方位線の交点に決定されています。線分（東鳳翔山－国津姫神社）と線分（奥宮－国津姫神社）の交角は 88°で、ほぼ直交します。

　巽乾軸は道教で永生を得ると信じられた軸です。道教は古く月信仰をも習合して成立した中国固有の民間信仰で、「永生を得る」とするのは月信仰の不死と再生の思想信仰が背景にあります。国津姫神社の祭神が宗像三女神（月神）であることも、月信仰の背景を示唆します。

　東鳳翔山と基点とする距離と方位角を計算すると、表 5-26 になります。表中、国津姫神社 1 とは、現在地を指します。（表 1-12、表 4-2 と同じ内容であるが、国津姫神社の位置を現在地 1 と仮定地 45 として問題にしているため再掲した）

表 5-26：東鳳翔山を基点とする距離と方位角

地点（m）	緯度（°）	経度（°）	距離（m）	方位角（°）	誤差（%）
東鳳翔山（734）	34.2219	131.4428	0	0	—
氷上山（222）	34.1728	131.5017	7690	135.0763	—
国津姫神社 1	34.0497	131.6483	26910	135.1628	0.2

＊線分（東鳳翔山－氷上山）と線分（東鳳翔山－国津姫神社）の方位角差 0.0865　誤差 0.15%

　国津姫神社は向島奥宮を向いて造営され、現地で測定した方位角 223°（43°）と計算で得られた方位角が一致します。

表 5-27：向島奥宮を向く国津姫神社

地点	緯度（°）	経度（°）	距離（m）	方位角（°）	誤差（%）
向島奥宮	33.9981	131.5906	0	0	—
国津姫神社 1	34.0497	131.6483	7820	42.9397	0.1

＊現地で測定した 223°に対する誤差の計算。　223-42.9397=180.0603　誤差 0.1%　＊国津姫神社 1 とは、現在地を指す。

　仮に線分（向島奥宮－国津姫神社）と線分（東鳳翔山－国津姫神社）の交角が 90°になるように、線分（向島奥宮－国津姫神社）の方位角が 45°になる位置（以下、国津姫神社 45 と表記）を求めると、表 5-28 になります。国津姫神社 45 の

位置は、現在地より東方の朝日山の山麓に隠れて向島奥宮を望むことができなくなります。創建当初の富海の地形は不明ですが、富海湾の中央よりは外れて海岸守護の目的がなくなります。これは立地条件を考慮した設計で、箸墓や仁徳陵で認められたのと同じ設計思想です。

表 5-28：線分（向島奥宮－国津姫神社）の方位角 45°とした場合の位置

地点	緯度（°）	経度（°）	距離（m）	方位角（°）	誤差（%）	備考
向島奥宮	33.9981	131.5906	0	0	－	
国津姫神社 45	34.0482	131.6513	7894	45.2345	0.1	参考

＊交角の 90°に対する誤差の計算。　135.1629−45.2345=89.9284　90−89.9284=0.0716　誤差 0.1%

上記の解析から考えられる事柄は、以下の通りです。

1. 国津姫神社の「場」は、東鳳翻山を基点とする 135°の方位線と奥宮を基点とする 43°の方位線の交点に決定された。
2. 東西軸、南北軸は不明である。
3. 上記の線分と大日古墳の体軸の延長線との交点に決定された可能性もある。
4. 国津姫神社の「方位」は、向島奥宮を基点とする 43°（223°）の線分に決定された。
5. 「場」と「方位」の決定法は、前方後円墳の「場」と「方位」の決定法と同じ「山立て」が採用された。
6. 奥宮の祭神ウカノミタマと国津姫神社の祭神・宗像三女神はともにスサノヲの子で、従姉妹同士になり共に月神である。

大日古墳と国津姫神社を取り囲む信仰空間

解析結果から、大日古墳と国津姫神社を取り囲む信仰空間を図示すると、図 5-23 になります。構成する要素（山と神社）は月信仰を背景とした名称であることから、月信仰の空間設計と考えられます。（金成山は不明）

図 5-23：大日古墳を取り囲む信仰空間

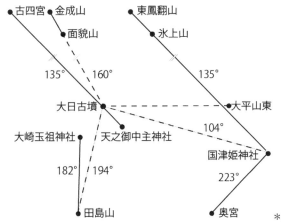

＊距離を無視して方位角だけで表示した。大日古墳の位置が不明瞭であるため、一部破線で示した。

図 5-23 から考えられる事柄は、以下の通りです。

1. 周辺の神社、山の名称の多くは月信仰の視点から読み解くことが可能である。（第 3 章）

オオヒラヤマ大平山：渡る月の山。「ヒラ」は「シナ・シラ・ヒナ」と同じく月を意味する。

タジマヤマ田島山：月の島の山。

大崎玉祖神社：「タマノオヤ」とは月あるいは月神を指す。玉は月光の凝結したものと考えられた。

古四宮：現・赤田神社の「アカダ」は「明るい月」を意味する。

天之御中主神：オオナムチ、サルタヒコを配祀神とすることから、ミナカヌシの神格は月神と考えられる。天照坐伊勢太神宮ではトヨウケとアメノミナカヌシを同一視し、続く神タカミムスヒ、カミムスヒも月神である。

面貌山：貌は「ミタマヤ」と訓み、面貌とは祖廟に向く山の意味になる。

東鳳翻山：「ホウベン」は不死鳥・鳳凰が羽を翻す意味で、月の不死と再生思想を示唆する。

氷上山：もと「ホノカミ火上」の可能性があり、「ホノ」とは仄かな光で月を指し、「ホノカミ」とは月神を表わす。

国津姫神社：祭神は宗像三女神（タゴリヒメ・イチキシマヒメ・タギツヒメ）で月神。

向島奥宮：月神ウカノミタマを祀る岩戸は月の沈むところと考えられ、古来、海人族の崇敬を受けた。

（金成山：五行の法則で命名された可能性があり本書では混乱を防ぐために言及をさけた。）

2. 土師娑婆連猪手また琳聖太子の墓と推測される大日古墳は、月信仰を背景にした墳墓と考えられる。

3. 被葬者を土師氏とした場合、「ハシ」が人界と天界の境界を意味し、大日古墳は箸墓と同じ意味を持つ可能性がある。

4. 被葬者を琳聖太子とした場合、「琳」は澄み切った「玉」、すなわち「玉の祖」月の隠喩の可能性がある。(308)

5. 大日古墳の「大日」は月神アマテラスの古称「オオヒルメ」の可能性がある。(210-333) (323-1-88)

6. 古墳と神社が方位線で結ばれているのは、同じ信仰対象であることを示唆する。(109-306)

　　大日古墳と国津姫神社で構成される空間設計で重要な点を列挙します。このような複数の「場」と「方位」に含まれる意味を発掘することで、空間考古学が成立する可能性があります。

1. 前方後円墳と神社に共通する「場」と「方位」の決定法が存在した。

・大日古墳の東西軸の基点は大平山東と推定され、国津姫神社の東西軸は不明である。

・線分（田島山-大日古墳）と線分（大日古墳-国津姫神社）は直交する。

・線分（東鳳翻山-国津姫神社）と線分　　（向島奥宮-国津姫神社）は、ほぼ直交（88°）する。

・大日古墳と国津姫神社の存在は、前方後円墳の「場」と「方位」を決定する方法が神社に継承された可能性を示唆する。

2. 前方後円墳の構造も神社に継承され、同じ信仰対象であった。

・古墳の構造も神社に継承され、同じ信仰対象とされたことを示唆する。

・約40年という短い期間内に大日古墳と国津姫神社が建設されたと推測され、前方後円墳が神社へ変化した最初期の具体例である可能性がある。

・空間考古学が成立する可能性について、大日古墳と国津姫神社の存在は重要である。

参考　五色塚

　　5世紀中葉以降の築造と推定される五色塚古墳について、触れておきます。その理由の一つは、東西軸の基点に「シギサン信貴山」が採用されているからです。(表5-29、図5-24)

　　信貴山は「月の山」大和葛城山をもつ金剛山系の尾根の一つです。「シキ（シギ）」は海人族が居住した地域に多い地名で、月信仰を背景にもつ証です。（古代周芳山口の「ヨシキコク奥之岐国」もその一例と考えられ、周芳佐波には尾張豊国（『続紀』）が居住したという説もある。）(39) (179-5-277) (210-101, 105) (332-489)

　　兵庫県最大の古墳で、瀬戸内海に向けて海岸が最も突出した垂水丘陵南麓の台地を利用して築かれ、前方部を明石海峡に向けています。(156-135)すなわち、船が海峡を東進する時、白く輝く葺石で覆われた墳墓全体が望めるように築造されています。関門にあたる五色塚古墳を望みながら海峡を通過し大阪湾に入ると、まず目にしたのが巨大な仁徳陵ではなかったか、と想像します。(240-35) つまり、五色塚古墳と百舌鳥古墳群（あるいは古市古墳群を含めて）で広大な信仰空間を形作っていた可能性が考えられます。その設計思想が神社を描点とする信仰空間（地上絵も含む）へ継承されたのではないか、本章の仮説にかかわる重要問題です。(263-97)

　　『古墳』には、五色塚古墳について下記の記載があります。(285-232)

墳名：　五色塚古墳　　住所：兵庫県神戸市垂水区五色山

築造時期：5世紀中葉から後半頃　　墳丘全長：194m　　後円部径：125m

古墳特徴：　前方部を明石海峡に向けている

表 5-29：五色塚山古墳後円部を基点とする距離と方位角

地点（m）	緯度（°）	経度（°）	距離（m）	方位角（°）	軸	誤差（%）
後円部	34.6299	135.0461	0	0	—	—
前方部	34.6289	135.0455	124	206.3797	体軸	—
信貴山（447）	34.6284	135.6624	56514	89.9936	東西軸	0.01
無名山（175.7）	34.7413	135.0462	12358	0.0425	南北軸	0.07
行者杉西（725）	34.3836	135.6490	61740	116.0948	体軸基点	0.5

＊信貴山を基点とする東西軸に対する誤差の計算。90－89.9936＝0.0064　誤差0.01%

＊無名山を基点とする南北軸に対する誤差の計算。0.0425　誤差0.07%

＊行者杉西と体軸の交角の90°に対する誤差の計算。206.3797－116.0948＝90.2849　誤差0.5%

図 5-24：五色塚古墳

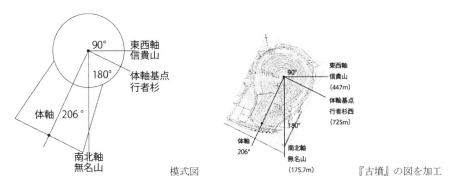

模式図　　　　　　　　　　　　　『古墳』の図を加工

　以上、五色塚古墳は前方後円墳が人の視点を意識した複数の古墳群で造る空間、つまり信仰空間の要素として計画された可能性を示唆しています。この設計思想が後代になって神社を描点とする信仰空間と地上絵の設計に継承された可能性があります。

解析結果のまとめ

　古墳時代前期から後期までの大規模前方後円墳11例について解析した結果は以下の通りです。

表 5-30：前方後円墳の設計

時代	前				中				後			合計
記号	①	②	③	④	⑤	⑥	⑦	⑧	⑨	⑩	⑪	11
名称	箸	垂	渋	行	応	仁	履	に	河	見	岡	
地域	桜	佐	天	天	羽	百	百	百	羽	橿	藤	
後円部	○	○	○	○	○	○	○	○	○	○	○	11
前方部	○	○	×	○	○	○	○	○	○	×	○	9
後円部												
東西軸	○	○	○	○	○	○	○	○	○	○	○	11
地域	初瀬	生駒	初瀬	生駒	仁徳	淡路	淡路	淡路	金剛	金剛	淡路	
南北軸	○	○	○	○	○	○	○	○	○	○	○	11
地域	明日	生駒	明日	明日	金剛	和泉	和泉	和泉	和泉	吉野	和泉	
体軸	○	×	×	○	○	○	○	○	○	×	○	8
地域	初瀬	生駒		初瀬	金剛	金剛	金剛	葛城	和泉		和泉	

＊表中、○は誤差の基準を充たす基点が存在する例、△は誤差の基準に近似する例、×は対応する基点を見いだせない例、を意味する。○数字は図 5-25 の数字。

＊①箸：箸墓　②垂：垂仁陵　③渋：渋谷向山　④行：行燈山古墳　　⑤応：応神陵　⑥仁：仁徳陵　⑦履：履中陵

⑧に：土師にさんざい古墳　⑨河：河内大塚山古墳　⑩見：見瀬丸山古墳　⑪岡：岡ミサンザイ古墳

＊地域

桜：桜井市　佐：佐紀・盾列古墳群　天：天理市　羽：羽曳野　百：百舌鳥古墳群　藤：藤井寺市　橿：橿原

＊体軸：体軸基点

＊墳体の長さは、後円部中心と前方部前縁部中心を結ぶ線分の長さとした。結果、公表されている墳体の長さとは異なっている。

　表5-30から読み取れる事実は、以下の通りです。

1. 後円部に対応する東西軸の基点が存在する例は11例（100%）で、その基点は初瀬2例、生駒山系2例、淡路島4例、金剛山系2例、仁徳陵前方部1例であった。

2. 後円部に対応する南北軸の基点が存在する例は11例（100%）で、その基点は明日香3例、生駒1例、金剛山系1例、和泉山系5例、吉野1例であった。

3. 後円部に対応する体軸基点が存在する例は8例（73%）で、初瀬2例、生駒1例、金剛山系3例、葛城1例、和泉2例であった。

4. 共通の東西軸の基点を持つものは仁徳陵と岡ミサンザイ古墳（仲哀陵）の2例（2%）で、淡路島の簀場山であった。

5. 共通の南北軸の基点を持つものは渋谷向山古墳と行燈山古墳の2例（2%）で、明日香の明日香（仮称／526m）であった。

　上記の事実から後円部と体軸の決定法をまとめると、下記になります。

1. 後円部の決定法　：東西軸と南北軸の交点。

2. 体軸の決定法　　：後円部と任意の山（山陵）を結ぶ線分に直交する線分。

　　　　　　　　　　後円部と任意の山（山陵）を結ぶ線分。

後円部を決定した軸と基点の図示

　後円部を決定する「山立て」（地文航法）を図示すると、図5-25になります。

　ここで注目されるのは、東西軸のうち仁徳陵と岡ミサンザイ古墳（仲哀陵）は共に淡路島の簀場山（緯度34.5658）を基点としていることです。表5-31の計算結果から、仲哀陵の後円部（緯度34.5658）を仁徳陵（緯度34.5649）の基点とした可能性は否定的です。また、応神陵（緯度34.5619）の東西軸の基点が仁徳陵前方部（緯度34.5620）であることも注目に値します。つまり、仲哀陵、応神陵、仁徳陵は密接な関係にあります。

東西軸を決定した設計の可能性

1. 仲哀陵と仁徳陵は、ともに簀場山を基点とした。

2. 仲哀陵の後円部を仁徳陵の基点とした可能性は否定的である。

表5-31：岡ミサンザイ古墳（仲哀陵）後円部を基点とする距離と方位角

地点（m）	緯度（°）	経度（°）	距離（m）	方位角（°）	誤差(%)	軸	備考
後円部	34.5658	135.5942	0	0	—	—	
仁徳陵後円部	34.5649	135.4880	9746	269.4432	1.0	—	参考
簀場山（244）	34.5658	135.0047	54097	270.1672	0.3	東西軸	淡路島

＊270-269.4432=0.5568　1.0%

　また、渋谷向山古墳（景行陵／経度135.8496）と行燈山古墳（崇神陵／経度135.8497）の2例は、南北軸の基点（明日香／経度135.8492）を共有しています。談山神社の西方に位置する明日香（御破裂山西）について、南北軸の基点とした理由は不明です。

南北軸を決定した設計の可能性

1. 渋谷向山古墳と行燈山古墳は、ともに明日香を基点とした。

2. 渋谷向山古墳が行燈山古墳の後円部を基点とした。

　下記の計算から、渋谷向山古墳が行燈山古墳後円部を基点とした可能性は否定的で、両者は明日香を基点としたと考えられます。(表5-32)

表5-32：渋谷向山古墳後円部を基点とする距離と方位角

地点（m）	緯度（°）	経度（°）	距離（m）	方位角（°）	誤差（%）	軸	備考
渋谷後円部	34.5509	135.8496	0	0	—	—	
行燈後円部	34.5573	135.8497	710	0.7406	1.3	—	参考
明日香（526）	34.4734	135.8492	8597	180.2449	0.4		北山西

＊線分（渋谷 - 行燈後円部）の180°に対する誤差の計算。0.7406　誤差1.3%

＊線分（渋谷 - 明日香）の180°に対する誤差の計算　180.2449-180=0.2449　誤差0.4%

　後円部の「場」を決定する方法として、東西軸上に存在する基点が重視されたようです。これは古墳の「場」を決定する測量法が、船の進路を決定する地文航法に由来する可能性を示唆します。

図5-25：後円部を決定する東西軸と南北軸（全11例）

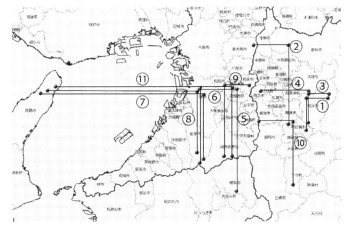

①箸墓　②垂仁陵　③渋谷向山　④行燈山古墳　⑤応神陵　⑥仁徳陵　⑦履中陵　⑧土師にさんざい古墳

⑨河内大塚山古墳　⑩見瀬丸山古墳　⑪岡ミサンザイ古墳

　図5-25から読み取れる事柄は、以下の通りです。

1. 東西軸の基点を西方に求めたのは7例で、うち4例は淡路島に、3例は金剛山系と生駒山系に存在した。

2. 東西軸の基点を東方に求めたのは2例で、いずれも初瀬に存在した。

3. 南北軸の基点はすべて南方に求め、うち6例は百舌鳥古墳群と古市古墳群で、大和の4例は飛鳥、吉野、櫻井に存在した。

体軸の決定法の図示

　各古墳の後円部のみを抽出して体軸を図示すると、改めて墳体が「あっちこっち」を向いているのが分ります。(図5-26)

図 5-26：体軸の比較

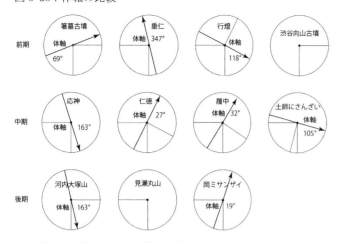

＊後円部のみを抽出して東西軸、南北軸、体軸の基点を表示した。　　＊前期 4 例、中期 4 例、後期 3 例に配列した。

　この中で注目されるのは、土師にさんざい古墳（反正陵の可能性）の体軸基点が和泉葛城山（標高 858m）であることです。後述する、内宮の境内摂社・瀧祭宮の東西軸の基点は大和葛城山（標高 959.2m）でした。（金剛山系と和泉山系に同名の頂が存在することに注意）その名から葛城山は「月の山」と考えられ、「場」の決定に月信仰上の根拠を与えたと考えられます。

　図 5-26 から読み取れる事実は、以下の通りです。

1. 線分（後円部－体軸基点）に直交する線分を体軸とするものは 5 例で、うち前期が 2 例、中期 3 例であった。後期には認められなかった。

2. 線分（後円部－体軸基点）を体軸とするものは 4 例で、うち前期 1 例、中期 1 例、後期 2 例であった。

3. 体軸が不明なものは 2 例であった。

図 5-27：体軸基点（体軸基点と後円部を結ぶ線分）

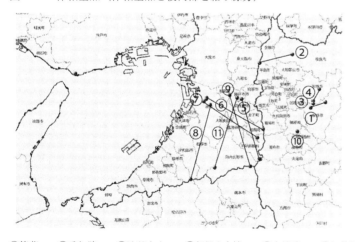

①箸墓　　②垂仁陵　　③渋谷向山　　④行燈山古墳　　⑤応神陵　　⑥仁徳陵　　⑦履中陵　　⑧土師にさんざい古墳

⑨河内大塚山古墳　　⑩見瀬丸山古墳　　⑪岡ミサンザイ古墳

　図 5-27 から読み取れる事柄は、以下の通りです。

1. 金剛山系、和泉山系を体軸基点に採用したのは 6 例であった。

2. 初瀬の山を基点としたのは前期の 2 例であった。

3. 生駒山を基点としたのは垂仁陵の 1 例であった。

解析上の問題点

　解析結果には下記の問題点を含みます。しかし、現時点では一応の傾向を示すことができたと考えます。今後、現地でのより正確な測量が行えるようになれば、さらに詳細な空間設計を再現することが可能になると期待します。

1. 現時点では正確な測量が不可能で、解析の元になる緯・経度の信頼性が低い。

2. 誤差の基準を充たしていても、参考値とせざるを得ない。

　解析結果を纏めると以下の通りで、冒頭の仮説を立証できたと考えられます。

1. 前方後円墳には、発生初期の箸墓から「場」と「方位」を決定する方法が存在した。

2. 「山立て」を用いた「場」と「方位」の決定法は、神社の「場」と「方位」を決定する方法と同じである。

　この解析結果を元に、以下の事柄が考えられます。

1. 前方後円墳の「場」と「方位」を決定する方法が神社に継承された。

2. 前方後円墳の「構造」も神社に継承され、後円部が社殿に、前方部が参道に変化した。

3. 「場」と「方位」の意味を「発掘」し明らかにすることで、空間考古学が成立する可能性がある。

後円部が社殿に、前方部が参道に変化した

　次に後円部が社殿に、前方部が参道に変化したという仮説を図示します。(図5-28)

図 5-28：前方後円墳から神社へ継承された設計法（地文航法の応用）

1. 地文航法　　　　　　2. 前方後円墳の設計　　　　3. 神社の設計

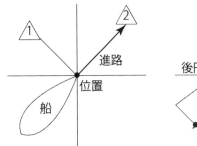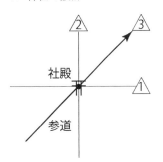

1. 地文航法では、周辺の目立つ山が自船の位置を知る目標（山立て）として用いられた。

2. 前方後円墳の「場」と「方位」の決定には、地文航法で用いた自船の位置の決定法が継承された。

3. 「山立て」に採用された山は信仰上重視された山が採用され、その証は山名に残されていることが多い。

4. 神社の「場」と「方位」は「山立て」（地文航法）により決定され、前方後円墳の測量方法が継承された。

5. 神社の構造は前方後円墳の構造を継承したもので、後円部が社殿に前方部が参道に変化した。

　以上から、前方後円墳と神社の「場」と「方位」を決定する方法が同じで、いずれも「山立て」が採用されていることから設計方法が継承され、前方後円墳が神社に変化した可能性があります。前方後円墳の設計方法が神社に継承されたことから、前方後円墳の構造もまた神社に継承された可能性があります。つまり、死者を納める石室のある後円部が祭神を祀る本殿に、葬列が進む前方部が社殿に向う参道に変化した可能性を考えます。(図5-39)（長い参道の根拠）ちなみに、本殿の創始は天武朝とする説もあります。(209-174)　(341-185)　(399-57)

2. 信仰空間の設計──月信仰の根拠を与えられた都市設計
伊勢の信仰空間──大和葛城山を基点とし内宮に収束する設計

内宮は日神アマテラスを祀る宮として存在します。しかし、『紀』に記載された皇祖神の曖昧さ、その創祀の成り立ちの不確かさ、『皇太神宮儀式帳』の記述、などから本来は月神を祀る宮ではなかったのか、という疑問が湧きます。(76-213, 494) 月信仰を濃厚に有する海部・尾張氏の末裔・度会神主氏や磯部氏など、海人族が居住する伊勢は月信仰の卓越した地域であったことも、この疑問をいっそう深めます。

大和葛城山 (標高 959.2m) を基点として距離と方位角を計算すると、表 5-33 になります。現在の新殿地 (西側/遷宮) を新内宮、古殿地 (東側) を古内宮とし、外宮の場合も同じとしました。(2013 年第 62 回式年遷宮)

表 5-33：大和葛城山を基点とする距離と方位角

地点	緯度 (°)	経度 (°)	距離 (m)	方位角 (°)	誤差 (%)
大和葛城山	34.4561	135.6823	0	0	—
瀧祭宮	34.4554	136.7220	95536	89.7525	0.4
新内宮	34.4550	136.7252	95830	89.7779	0.4
古内宮	34.4550	136.7258	95886	89.7777	0.4

＊瀧祭宮、内宮の位置は公表されている緯・経度を採用した。

＊瀧祭宮の東西軸に対する誤差の計算。90-89.7525=0.2475　誤差 0.4%

　新内宮の東西軸に対する誤差の計算。90-89.7779=0.2221　誤差 0.4%

　古内宮の東西軸に対する誤差の計算。90-89.7777=0.2223　誤差 0.4%

表 5-33 から読み取れる事実は、以下の通りです。

1. 瀧祭宮と新内宮は、大和葛城山を基点とする東西軸上に存在する。

2. 古内宮も同様である。

次に、外宮を基点とする距離と方位角を計算すると、表 5-34 になります。外宮、内宮ともに新古の殿地ごとに計算しています。

表 5-34：外宮新殿地を基点とする距離と方位角

地点	緯度 (°)	経度 (°)	距離 (m)	方位角 (°)	誤差 (%)
新外宮	34.4872	136.7029	0	0	—
鏡宮	34.4872	136.7522	4528	89.9860	0.02
高倉山	34.4821	136.6994	651	209.6093	0.7
新内宮	34.4550	136.7252	4118	150.1569	0.3

＊線分 (外宮－鏡宮) の方位線 90° に対する誤差の計算。90-89.9860=0.014　誤差 0.02%

＊線分 (外宮－内宮) の方位線 150° に対する誤差の計算。150.1569-150=0.1569　誤差 0.3%

＊線分 (外宮－高倉山) の方位線 210° (方位線 150° の垂直鏡像) に対する誤差の計算。210-209.6093=0.3907　誤差 0.7%

表 5-34 から読み取れる事実は、以下の通りです。

1. 新外宮 (設計中心) は、鏡宮を基点とする東西軸と高倉山を基点とする 210° の方位線の交点に存在する。

2. 新内宮は、新外宮を基点とする 150° の方位線上に存在する。

次に、古殿地の緯・経度から計算しました。(表 5-35)

表 5-35：外宮古殿地を基点とする距離と方位角

地点	緯度（°）	経度（°）	距離（m）	方位角（°）	誤差（%）	備考
古外宮	34.4872	136.7036	0	0	—	
鏡宮	34.4872	136.7522	4464	89.9862	0.02	
高倉山	34.4821	136.6994	685	214.2923	7.5	参考
古内宮	34.4550	136.7258	4113	150.2679	0.5	

＊線分（外宮－鏡宮）の方位線 90°に対する誤差の計算。90-89.9862=0.0138　誤差 0.02%

＊線分（外宮－内宮）の方位線 150°に対する誤差の計算。150.2679-150=0.2679　誤差 0.5%

＊線分（外宮－高倉山）の方位線 210°に対する誤差の計算。214.2923-210＝4.2923　誤差 7.5%

　表 5-35 から読み取れる事実は、以下の通りです。

1. 古外宮は、鏡宮を基点とする東西軸上に存在する。

2. 古内宮は、古外宮を基点とする方位角 150°の方位線上に存在する。

3. 古外宮と高倉山を結ぶ線分の方位角は 214°で、方位線 150°の垂直鏡像（210°の方位線）との誤差が大きい。

　新古の殿地を個別に解析した結果、以下の事柄が考えられます。

1. 新外宮は、鏡宮を基点とする東西軸と高倉山を基点とする 210°の方位線の交点に決定された。

2. 線分（外宮-内宮）は、新古ともに方位角 150°の方位線で、遷宮時にも継承された。

3. 古外宮と高倉山を結ぶ線分の方位角は、方位線 150°の垂直鏡像（210°の方位線）との誤差が大きい。

4. 外宮と内宮の新殿地と高倉山を繋ぐ空間設計は、正三角形を意識した構造と考えられる。

5. 古殿地での計算では誤差が大きく、正三角形の設計は成立しない。

6. 誤差の基準を充たすことから、現在の新殿地が創祀当初の位置であった可能性が高い。

7. 五形三角の設計と相似で、周芳山口と伊勢で同じ時期に同じ設計図を用いて空間設計が行われた可能性がある。

　伊勢と周芳山口の空間設計のうち三角形を比較すると、図 5-29 になります。

　内宮に信仰上の根拠を与えた大和葛城山が、周芳山口の泉香寺山に根拠を与えた向島奥宮に相当します。大和葛城山は「月の山」であり、向島奥宮は月神ウカノミタマを祀る岩戸で、ともに月信仰の根源的な存在です。図 5-29 から、古四宮が外宮に相当し、故五宮が内宮に相当します。岩屋山古墳の設計図で大日古墳を築造したのと同じく、五形図と同じ設計図で内宮と外宮を含む信仰空間を設計した可能性があります。

　この事実は、以下の点で歴史を塗り替える可能性のある重要な発見です。

1. 内宮の創祀は、月神を祀る「月の宮」であることを空間考古学の視点から具体的に明らかにした。

2. 伊勢と周芳山口で、月神から日神への転換をはかる連繋した動きが存在した。（後述）

図 5-29：周芳山口と伊勢に設計された正三角形

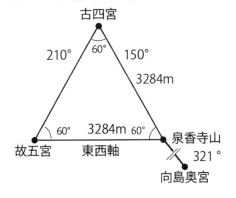
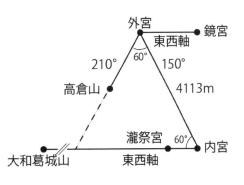

＊五形図正三角形で、各辺の長さはほぼ同じ。＊方位角は古四宮、あるいは向島奥宮を基点として表示。

＊外宮と内宮は新殿地の位置で計算し、距離を無視して方位角だけで図示した。　＊方位角は外宮を基点として表示。

　このような視点と解析は空間考古学の手法を用いなければ不可能であり、従来は考慮されなかった新たな問題が提起されます。空間考古学の視点から考えられる重要な点をまとめます。

1.　新外宮は鏡宮を基点とする東西軸と、高倉山を基点とする 210°（30°）の方位線の交点に決定された。

2.　内宮は外宮（新古ともに）を基点とする 150°の方位線と、「月の山」大和葛城山を基点とする東西軸の交点に決定された。

3.　新外宮、新内宮、高倉山で構成される正三角形を意識して設計されたと考えられ、「三」は月信仰を象徴する数字である。

4.　新殿地が創建当初の位置と考えられる。（2013 年第 62 回式年遷宮）

5.　信仰空間に信仰上異質なものは配置されないことから、構成要素は月信仰に由来すると考えられる。

6.　信仰空間を構成する要素の名称は、月信仰を背景にした命名と考えられる。

　　大和葛城山：「カツラギ」は月にあると信じられた桂の木で、月あるいは月神を象徴する。

　　鏡宮：「カガミ」は月の若さを表わす「ウカ」から派生した言葉で、月神の依代あるいは月そのものを象徴する。

　　瀧祭宮：「タキ」は満ちたりた月を表わす「タル足る」の語幹「タ」に由来し、やはり月の象徴と考えられる。

　　高倉山：周芳山口の高倉山と同じで「月神を祀る盤座の山」を意味し、月信仰の最も根源的な山である。

　　外宮：月神ウカノミタマを祀る「月の宮」である。

　　内宮：日神アマテラスを祀る宮であるが、信仰空間に異質なもの、すなわち日神を祀るとは考えられず、創祀は月神アマテラス（あるいはオオヒルメムチ）の宮と考えられる。

7.　同じ構造の設計が行われていることから、周芳山口と伊勢で連繋した動きが存在した可能性が高い。

内宮の位置について福永光司氏の見解

　福永光司氏（以下、福永氏）は、古代日本には道教は伝来しなかったという従来の説を否定して詳細な研究を残しました。しかし、月信仰の視点はなく、天照大神も日輪であったとしています。内宮の位置については、唐・高祖皇帝・李淵が定めた「宗聖観」に習ったと述べています。

「伊勢神宮は山（朝熊山）と水（五十鈴川）に挟まれた地に鎮座します。これは唐・高祖皇帝・李淵が定めた「宗聖観」が長安郊外の終南山と田峪川に挟まれた地に鎮座するのを見習ったものでしょう。祭神も遠祖とした老子、太上老君を太上玄元皇帝として祀ったのを見て、最も普遍的な民間信仰の対象である日輪、それを宗教的に言い表した言葉の天照大神を天武天皇は皇室の祖先とし、中国風国家祭祀に改めました。

漢武帝が長安の北西郊外に建てた「甘泉宮」に祀った祭神、太一神は、当時宇宙の最高神で、道教では老子もその太一神からこの地上に派遣されたことになっています。天照大神も太一神であるとも考えられ、「太一」と書かれたのぼりが揚げられていますね。」(45-52)

空間考古学が拓く新たな視界——内宮の創祀は月神アマテラスを祀る月の宮

　「カツラ」は月にある「桂の木」を指し、「カツラ」を冠する大和葛城山は「月の山」と考えられます。その「月の山」を基点とする東西軸に瀧祭宮と内宮が存在することから、内宮の本質が明らかになります。このような従来は全く考慮されなかった問題が提起されるのも、空間考古学が拓く新たな視界です。

　日神アマテラスを祀る内宮が、「月の山」大和葛城山から信仰上の根拠を与えられた、あるいは信仰上の根拠を求めた、といえます。これは創祀の時点で、表面上は日神を祀る宮であっても、本質は月信仰を背景にした宮であったことを物語ります。(月神を祀る宮が元伊勢と呼ばれる事実)(317-11)

　大和葛城山を取り囲む大和国葛城郡は尾張国と吉備国（播磨）と並んで尾張氏の本貫の一つでした。濃厚な月信仰を有していた尾張氏が大和葛城山を「月の山」として信奉したのは当然でした。

　外宮は月神ウカノミタマを祀る「月神の宮」、高倉山は「月神を祀る盤座の山」、鏡宮はその名から「カガミ」

つまり「月神あるいは神」になります。瀧原宮の「タキ」は「ツキ月」から派生した言葉でした。

このような月信仰の視点から、上記の内宮を中心とする空間の中には信仰上異質なものは含まれず、全く破綻したところがありません。つまり、この空間設計は月信仰を具体的に表現した設計で、その中に含まれる内宮も元は「月神を祀る宮」であった可能性があります。

内宮の祠官を世襲してきたのは荒木田神主家で、中臣氏の同族とも伝えられるものの出身地は不明とされています。『史記』魯周公世家第三には「子孫が先祖の霊を祭り続けねばならない、子孫の祭祀を受けなければ先祖の霊が祟る」という思想が存在します。(76-443) (219) (323-1-241)つまり、荒木田神主家と皇祖との深い関係を窺わせます。倭姫命がアマテラスの御杖代として巡歴した地は月信仰の盛んな処ばかりを選んでいること、元伊勢と呼ばれる社が月神を祀る社であること、などからも内宮の本質は月神を祀る宮ではなかったのか、という疑問が湧きます。(210-313)

三浦氏は内宮の地は磯部氏（月信仰）の所有するところであった、と述べています。この指摘から、内宮を磯部氏ではなく意図的に荒木田神主家に祀らせた可能性があります。

実は内宮の地も磯部（宇治土公）氏の所有するところであった。『神名秘書』（弘安八年 1285 撰）には次のようにある。

興玉神　五十鈴河の地主也。件の神、宝殿無く、賢木を以て神殿と為す也。衢神猿田彦大神が是也。旧記に云ふ、衢神の孫大田命、是土公氏の遠祖の神、五十鈴の宮処の地主神が是也。石に坐す也。(210-293)

天武の病の原因が「草薙剣の祟り」と奏上され即日、熱田神宮（創祀はミヤズヒメによるクサナギノツルギの鎮守）へ奉還されたのも尾張氏の祟りを考えさせます。(219-1-360) (323-1-241)なぜなら、草薙剣は熱田神宮の創祀に関わる宝剣、つまり尾張氏の宝剣であるからです。(壬申の乱における尾張大隅の役割)

この祟りを考える場合に、「オオミマノミウラ御体御卜」（斎藤英喜氏説は亀卜）という穢れの有無を卜占する儀式（正史での初見は宝亀三年 772 年）が参考になります。(429-1-119, 122) (537-1-119) 天武の場合、奏上された日付が朱鳥元年丙戌六月と記録され、「御体御卜」が天武朝ですでに行われていた可能性があります。

『宮主秘事口伝』（南北朝成立)の記述から、「御体御卜」の一端を知ることができます。それによると、全く手掛かりのない祟りを探すのではなく、可能性がある祟りがあらかじめ決められていました。その中で「神の祟り」の筆頭に「伊勢国に坐す太神宮」すなわちアマテラスが祟ることを挙げています（崇神紀の疫病とアマテラス）

神の祟り合へるを問ふ。伊勢国に坐す太神宮の祟り給ふや　豊受の宮の祟り給ふや　宮中に坐す神の祟り給ふや　京中に坐す神の祟り給ふや(429-1-115, 122)

しかも、「御体御卜」を占う宮主「家の口伝」には、次のような驚くべき内容が伝えられていました。祟りありと占われるは二箇条で、そのうちの一つには、かならず「神宮の祟り」すなわちアマテラスの祟りが毎回占いだされると決まっていました。(429-1-43, 125)

御体御卜の祟りは、十箇条の内、二箇条の祟りなり。一箇条には神の祟り、毎度にこれを卜せ。神宮の祟りは、定事なり。

「皇祖神アマテラスが皇孫に祟る神の筆頭であり、かつ常に祟る神である」などと俄には信じられません。しかし、古いアマテラスが尾張氏の祖神アマテル（あるいは月神アマテラス）であり祟る神であるとすると、宮中から出して伊勢へ遷座したのも理解できます。

「祟りを齎すものは遠ざける、あるいは封じ込める、あるいは祟りをなした神を祭祀することで国家鎮護の神に転じる」、これらが祟りを鎮めるための基本的な方法でした。(56-37) (341)(429-1-43) (430-17) 佐藤弘夫氏は、祟りへの対処について神への奉幣と原因除去を挙げています。(339-25)祟り神が祭祀を受けることで最強の守護神に変化するのも古代の常でした。(祟り神の原像)

征服した土地に自らの守護神を祀るのは、古代の常であったと思われるのだが……祟りをなした神が、祭祀を受けることにより国家守護の神に転じて行く……。(56-37)

田村圓澄氏は「本貫をもたず、またみずからの祖神をもたぬ倭王は……大和・河内に固定した祭祀の場を保持していなかった」と述べています。（天武紀でアマテラスの記述は2例しかない）（76-209）（378-311）つまり、倭王は大和、河内の外からやって来た人、と指摘していることになります。（239）（410）飛躍が許されるなら、天智の諱・葛城から内宮には天智（あるいは大友皇子）も祀られたのではないか。大変、重要な問題ですが、本書の主題から外れてしまいますので、これ以上は触れません。（332-509）

外宮は在来の月神の宮

外宮の正式名称は豊受大神宮で古形は「タカミヤ高宮」と呼び、「高」は月を意味することから「月の宮」と考えられます。祭神トヨウケは月神オオトシノカミの妹神ウカノミタマと同格になり、ウカノミタマはワカツキを神格化したものです。

高宮は多賀宮とも記され、山口大神宮の境内摂社・多賀神社と同じです。多賀神社の祭神は国生みの神イザナギノミコト・イザナミノミコトで延寿・安産の神とされ、月神の性質を持ちます。社には安産石と呼ばれる石があり、やはりここにも月神の性質が現れています。

外宮の古殿地の南側には三ツ石と呼ばれる石積があり、ここで御装束神宝や奉仕員を祓い清める式年遷宮の川原大祓が行われます。三ツ石で大祓が行われるのは、「三」が月を象徴する数字であり三ツ石が月あるいは月の依代であるからと推測されます。つまり、月神トヨウケを祀る外宮の式年遷宮において、月を象徴する三ツ石で行われる川原大祓は、その名からも月神を祀る大祓と考えられます。

また、「三」が外宮、内宮、高倉山で構成される正三角形の信仰空間を暗示している可能性も見逃せません。

「カハラ」は「カ・ハラ」と推測され、「カ」は月を意味し、「カハラ」とは「月のある天空、高天原」の可能性、あるいは「天の河」の可能性があります。度会神主氏が奉斎したツキヨミノミコトを祭神とする川原神社は、明日香の川原寺（弘福寺）や橘寺（月霊の華の寺）と同じく月信仰を示唆します。

前方後円墳に敷き詰められた葺石が「カワライシ河原石」であるのも、「イシ石」が月光の凝結したもので「カワラ（ハラ）」が「月のあるタカマガハラ高天原」を意味する可能性を考えさせます。葺石は最初期の箸墓から認められます。

測量は目視で可能

大和葛城山と瀧祭宮を結ぶ東西軸95.5kmを、どのようにして0.3％の誤差で測量したのか、という疑問が起こります。

測量法で参考になるのは『大日本沿海輿地全図』を完成（文政四年[1821年]）させた伊能忠敬（以下、伊能）の方法です。特別なものではなく「二歩で一間」とした自己の物差しを愚直に守り続けて、4000万歩（35000km）を実測した」と記録にあります。（83-14）（405）（406-136）（407-26）

伊能の測量誤差は条里制と変わりなく、逆に改めて地上絵の測量精度に驚きます。

表5-36：現代の測量精度と伊能の測量精度の比較

測量	1″の長さ(m)	1°の長さ(km)	誤差(%)
現代	30.820188	110.96	0
伊能忠敬		111.75	0.71

＊現代は日本経・緯度原点（緯度353929／東京都港区）を基点とする値。＊伊能忠敬の誤差は日本経・緯度原点での測量値に対するもの。

伊能が使った器材は、象限儀、渾天儀、方位盤、間縄などです。（407-26）東西軸と南北軸の測定は方位盤と象限儀とインディアンサークル（註5-12）があれば可能です。象限儀は「ショウゲン山」という山名が残されていることから、地上絵が描かれた時代にも用いられた可能性があります。（82−56,69）（407-85,126）（449-203）

地上絵を描いた時代には観星鏡 (望遠鏡) はなく、遠くを注視する場合は目視管 (単純な管でレンズはない) と呼ばれるものが存在しました。たとえば、生駒山山頂 (標高642m) から明石海峡まで約63km、京都伏見桃山城 (跡) から大阪城まで約36km、裸眼でも十分に目視することができ、観測者のいる標高が高いほど観測できる視認距離が長くなります。これは艦橋あるいは帆柱の位置で航路を視認する航海術の応用です。

大和葛城山 (標高959m) からの視認距離は下記の計算で72kmになり、中継点を一ヶ所おくだけで瀧祭宮 (標高12m) までの約96kmを視認することが可能です。東西軸上の中継点の候補として、大和葛城山から東48kmの中間地点に標高975mの山 (山名は不明) があります。(他に4候補)

視認距離(km)＝2.08×（√H+√h）　　H：対象物の高さ（＊高い柱を立てればより遠くが視認可能）　　h：観測者の標高

瀧祭宮 (H) と大和葛城山 (h) の場合の計算

視認距離の計算　　2.08×（3.5＋31）＝72km

畿内の信仰空間

畿内の空間設計について未調査の部分が多く、周芳山口で認められたような濃密な空間設計は未発見です。現時点で明らかになった設計は、下記の4例です。

1. 三輪山を基点とする東西軸の設計——月の渡る道
2. 川原寺跡と橘寺を結ぶ南北軸の設計
3. 仁徳陵を中心とする空間設計
4. 弘文陵、蔵王堂、瀧原宮を含む空間設計

1. 三輪山を基点とする東西軸の設計——月の渡る道

小川氏は、古代には太陽信仰が盛んで、三輪山と多神社を結ぶ東西軸を「太陽の道」と名付けました。しかし、古代日本も月信仰が盛んで、これは世界的に普遍的な信仰でした。

そこで空間考古学の視点から三輪山を基点とする距離と方位角を解析しました。結果、東西軸上に決定されたのは室生龍穴神社と飛鳥戸神社であり、多神社拝殿は東西軸から約60m (約2秒) 北へ移動した地点であることが分りました。東西軸に対する誤差は0.9%あり、本書で決めた誤差の基準を充たしません。しかし、同じ境内であることから、本来の拝殿の位置は東西軸が通る二の鳥居付近ではなかったか、と想像します。

「月の山」三輪山を基点とする東西軸は「渡る月の道」になります。その東西軸に信仰上異質なものは含まれないはずですから、多神社 (旧・春日宮) の「オオ」は「渡る月」を意味すると考えられます。室生龍穴神社の祭神・善女竜王は興福寺の猿沢の池から飛来したとされ、善女竜王は池に住む龍すなわち蛇でした。蛇も龍も月の眷属であり、龍穴とは月が潜む岩戸になります。これは周芳山口の向島奥宮の祭神ウカノミタマ (月神) が潜む岩戸と同じです。(表5-37)

平安時代のはじめ、空海がインドから善女竜王とよばれる龍王を勧請して雨乞いをしたといわれる池のあるところである。…… 善女竜王というのは蛇である。角も足も認められない、ごくふつうの蛇である。…… 善女竜王は蛇であるというのが多くの人の認識であったようだ。(12-7)

表5-37：三輪山を基点とする距離と方位角

地点	緯度 (°)	経度 (°)	距離 (m)	方位角 (°)	誤差 (%)	備考
室生龍穴神社	34.5350	136.0475	16396	89.9494	0.09	
三輪山	34.5350	135.8689	0	0	—	
多神社	34.5356	135.7864	7574	270.5269	0.9	参考
飛鳥戸神社	34.5353	135.6389	21114	270.1555	0.3	

＊三輪山を基点とする東西軸に対する誤差の計算。

室生龍穴神社　90-89.9494=0.0506　誤差 0.09%　　　多神社 270.5269-270=0.5269　　　誤差 0.9%

飛鳥戸神社 270.1555-270=0.1555　誤差 0.3%

2. 川原寺跡と橘寺を結ぶ南北軸の設計

　明日香には、川原寺跡と橘寺が南北軸上に存在すること以外には、特に空間設計は見出せません。(表 5-38)「カハラ川原」は「カ・ハラ」で「月のある天空、高天原」、「タチバナ橘」は「月霊の華」と考えられ、両者が南北軸上に存在するのは、月信仰を背景にした空間設計の痕跡です。月信仰の痕跡はあるにもかかわらず、周芳山口で認められたような広域の空間設計がなされていないのはなぜか、新たな疑問が浮びます。

　飛鳥浄御原宮と内尾神社の結ぶ巽乾軸については、後述します。

表 5-38 : 川原寺跡を基点とする距離と方位角

地点	緯度 (°)	経度 (°)	距離 (m)	方位角 (°)	誤差 (%)
川原寺跡	34.4728	135.8175	0	0	—
橘寺	34.4701	135.8175	300	180	0

3. 仁徳陵を中心とする空間設計——三國山東の重要性

　和泉山系に属する三國山 (標高 885m) の約 400m 東に一つの尾根があり、三國山東 (標高 885.5m) と仮称します。この尾根は仁徳陵の南北軸の基点であり、同時に瀧原宮の東西軸の基点になった重要な地点です。なぜ、この場所が選ばれたのか、重要な問題です。仁徳も月信仰の世界にあり、瀧原宮の「タキ」は「ツキ月」から派生した言葉で月の隠喩です。したがって、三國山東と結ぶことで信仰上の根拠を得たものと推測できます。月を象徴する「三」が含まれることから、三國とは「月の国」の意味かもしれません。なお、現在の三國山よりも標高は三國山東が高く (三角点)、本来の三國山であった可能性も否定できません。

　三國山東を基点とする瀧原宮との関係は、表 5-39 の通りです。誤差の基準を充たし、瀧原宮は三國山東を基点とする東西軸上に決定されたと考えられます。

表 5-39 : 三国山東を基点とする距離と方位角

地点 (m)	緯度 (°)	経度 (°)	距離 (m)	方位角 (°)	誤差(%)	軸
三国山東 (885.5)	34.3647	135.4877	0	0	—	
瀧原宮	34.3661	136.4251	86229	89.6322	0.6	東西軸

＊東西軸に対する誤差の計算 90-89.6322=0.3668　誤差 0.6%

　三國山東を基点として、仁徳陵と瀧原宮を図示すると、図 5-30 になります。仁徳陵の東西軸の基点である簀場山、仁徳陵の南北軸の基点であり瀧原宮の東西軸の基点である三國山東の関係が分ります。

図 5-30 : 仁徳陵と瀧原宮を含む東西軸と南北軸

4. 弘文陵、蔵王堂、瀧原宮を含む空間設計

　瀧原宮と蔵王堂、弘文陵の関係を図示すると図 5-31 になります。三國山東を基点として計算すると表 5-40

の結果が得られ、蔵王堂を基点として計算すると表 5-41 の結果が得られます。

　試みに三國山を基点とする東西軸の誤差を計算すると、瀧原宮で 0.9%、蔵王堂で 2.1%になり、ともに東西軸上には存在しないと判断できます。（表と計算は省略した）

図 5-31 : 弘文陵、蔵王堂、瀧原宮の関係

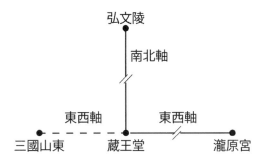

＊距離を無視して南北軸と東西軸だけで図示した。＊線分（三國山東－蔵王堂）は誤差の基準を充たさないため破線で示した。

表 5-40 : 三國山東を基点とする距離と方位角

地点（m）	緯度（°）	経度（°）	距離（m）	方位角（°）	誤差(%)	軸
三国山東（885.5）	34.3647	135.4877	0	0	—	
瀧原宮	34.3661	136.4251	86229	89.6322	0.6	東西軸
蔵王堂	34.3682	135.8590	34157	89.2439	1.3	参考

＊三國山東を基点とする東西軸の誤差の計算。　瀧原宮 90-89.6322=0.3668　誤差 0.6%　　蔵王堂 90-89.2439=0.7561　1.3%

　表 5-40 から読み取れる事実は、下記の通りです。

1. 瀧原宮は、三國山東を基点とする東西軸上に存在する。
2. 蔵王堂は、三國山東を基点とする東西軸から北に外れて存在する。

表 5-41 : 蔵王堂を基点とする距離と方位角

地点（m）	緯度（°）	経度（°）	距離（m）	方位角（°）	誤差(%)	軸
三国山東（885.5）	34.3647	135.4877	34157	269.4535	1.0	参考
蔵王堂	34.3682	135.8590	0	0	—	
瀧原宮	34.3661	136.4251	52073	90.0965	0.2	東西軸
弘文陵	35.0183	135.8539	72120	359.6302	0.7	南北軸

＊線分（蔵王堂－三國山東）、線分（蔵王堂－瀧原宮）と東西軸の誤差の計算。

三國山東 270-269.4535=0.5465　誤差 1.0%　　瀧原宮 90.0965-90=0.0965　誤差 0.2%

＊線分（蔵王堂－弘文陵）と南北軸の誤差の計算。　360-359.6302=0.3698　誤差 0.7%

　表 5-40 と表 5-41 から考えられる事柄と疑問は、下記の通りです。

1. 瀧原宮は、三國山東を基点とする東西軸上に決定された。
2. 瀧原宮は、計算では蔵王堂を基点とする東西軸上にも存在する。
3. 蔵王堂は、弘文陵を通る南北軸と瀧原宮を通る東西軸の交点に存在する。

　蔵王権現（蔵王堂）の姿勢は乳児に見られる非対称性緊張性頸反射（ATNR）を連想させ、弘文（即位していない皇子として）に対する鎮魂呪術であった可能性があります。上記の空間設計から、蔵王堂と瀧原宮と弘文（陵）とは密接な関係を持つと考えられます。　(13-101)

周芳山口の信仰空間

周芳山口は濃密な空間設計が行われ、中でも下記の 2 つの信仰空間が重要です。2. は既述しましたので、本節では 1. の信仰空間について述べています。

1. 泉香寺山と土師八幡を中心とする信仰空間

2. 大日古墳と国津姫神社を含む信仰空間

周芳山口には月信仰を背景にした信仰空間が設計され、その信仰空間に地上絵が描かれたと考えます。泉香寺山と土師八幡を中心とする信仰空間を図示すると、同じ構造であることが分ります。この空間を構成する要素は、すべて月信仰を背景にした社名、あるいは山名、あるいは祭神です。（図 5-32, -33 は図 4-3, -4 の再掲）

煩雑さを避けるために、泉香寺山と土師八幡を分けて図示しました。しかし、両者を合せて周芳山口の信仰空間が構成されているのはいうまでもありません。

泉香寺山と土師八幡を中心とする信仰空間の共通点

1. 東西軸と南北軸の交点に中心となる「場」を設けている。

2. 中心となる「場」には、ある特定の場所から信仰上の根拠を与える線分が引かれている。

3. 中心となる「場」から、いくつかの線分が派生する。

4. 両設計に共通して朝田神社、大内畑伊勢社跡、ショウゲン山が含まれる。

図 5-32：泉香寺山を中心とする信仰空間 （図 4-3 再掲）　　図 5-33：土師八幡を中心とする信仰空間 （図 4-4 再掲）

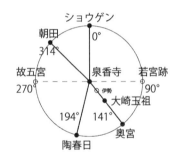　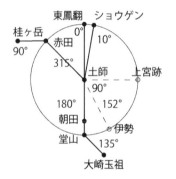

＊両図とも距離を無視して方位角だけで表示した。＊実線と●は現存するもの、破線と○は現存しないもの。

＊ショウゲン：ショウゲン山　朝田：朝田神社　泉香寺：泉香寺山　若宮跡」：毛割若宮跡　大崎玉祖：大崎玉祖神社　奥宮：向島奥宮

陶春日：陶春日神社　東鳳翻：東鳳翻山　赤田：赤田神社　土師：土師八幡　上宮跡：北辰妙見社上宮跡　伊勢：大内畑伊勢社跡

泉香寺山の空間設計の順序

空間考古学の視点から、五形図は「月の都」周芳山口の信仰空間に描かれたと考えられます。その根拠として、図 5-34 で設計順を示します。

1、泉香寺山に信仰上の根拠を与える空間設計

まず、向島奥宮を基点とする線分（方位角 321°）が泉香寺山に信仰上の根拠を与え、泉香寺山は周芳山口の信仰空間の中心位置を占めたと考えられます。図 5-34 から明らかなように、この空間設計の前提には方位角 321° の線分（向島奥宮 - 泉香寺山）がすでに存在したことが重要で、地上絵は信仰空間に描かれたという主張の根拠になります。さらに、三保里神社と毛割若宮跡の位置を決定する場合、いずれにも 321° の方位線が用いられていることが重要です。

図 5-34：泉香寺山の信仰空間の設計順

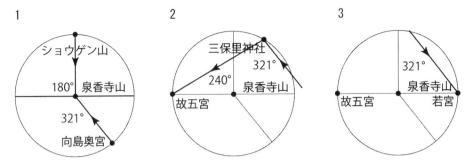

1. 泉香寺山に信仰上の根拠を与えた空間設計

泉香寺山はショウゲン山を基点とする南北軸と向島奥宮を基点とする 321°の方位線で信仰上の根拠を与えられた。

その「場」を通る東西軸を引き、象限を描いた。

2. 故五宮の「場」の決定

既存の三保里神社を基点とする 240°の方位線と泉香寺山を通る東西軸の交点に故五宮を決定した。

三保里神社は鳳凰 1 の体軸に含まれ、線分（向島奥宮 - 泉香寺山）と同じ方位角 321°が用いられた。

3. 毛割若宮跡の「場」の決定

春日山北を通る 321°の方位線と泉香寺山を通る東西軸の交点に毛割若宮跡の「場」を決定した。

この方位線は泉香寺山に信仰上の根拠を与えた向島奥宮を基点とする方位線と同じ方位角である。

この方位線は五形図の方形 2 辺と鳳凰 1 の体軸にも用いられ、山口盆地には合計 5 本（1 本は推定）が残されている。

4. 五形図を描いた順序。（五形図の実際は既述した／第 1 章）

土師八幡の空間設計の順序

　　土師八幡を中心とする空間設計が行われた順序を推定すると、図 5-35 になります。

　　まず、東鳳翻山と上宮を基点とする線分が土師八幡に信仰上の根拠を与え、土師八幡は吉敷地域の信仰空間の中心位置を占めたと考えられます。泉香寺山を中心とする空間設計と異なるのは、321°の方位線が採用されなかったこと、135°または 315°の方位線（巽乾軸）が採用されたことです。巽乾軸は道教の思想信仰によるものであっても、その根源には月信仰が存在します。

図 5-35：土師八幡の空間設計の順序

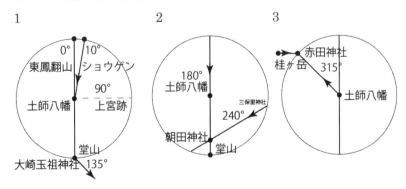

土師八幡の信仰空間の設計順

1. 土師八幡の「場」と「方位」の決定。

線分（東鳳翻山－堂山）と上宮跡を基点とする東西軸の交点に土師八幡の「場」を決定した。

方位角 10°の線分（ショウゲン山－土師八幡）を土師八幡の「方位」とした。

北辰妙見社の上宮は天長四年（827 年）以後の建設と推測されるが、それ以前に「場」が決定されていた可能性も否定できない。

2. 大崎玉祖神社の「場」の決定（泉香寺山に321°の方位線が引かれた後の設計／天武九年 681 年以後か？）。

堂山を基点とする 135°の方位線と向島奥宮と泉香寺山を結ぶ 321°の方位線の交点に大崎玉祖神社を決定した。

土師八幡と間接的に結ばれることで、土師氏と大崎玉祖神社の密接な関係が窺われる。

3. 五形図が描かれた 698 年までの設計。

朝田神社は、土師八幡を通る南北軸と三保里神社を基点とする 240°の方位線の交点に決定された。

4. 赤田神社の「場」の決定（古四宮から赤田神社へ遷座した 717 年までの設計。

土師八幡を基点とする 315°の巽乾軸と桂ヶ岳を基点とする東西軸の交点に赤田神社を決定した。

頻用される巽乾軸（135°の方位線）——不死と再生を実現する軸

　巽乾軸の設計は周芳山口に多く、畿内にわずかに認められるだけです。畿内では未調査の地域が多く、今後調査が進めば新たな巽乾軸が発見される可能性があります。

　巽乾軸とは道教で重視される設計線です。巽乾軸が重視された理由は、後天易（註 5-13）で「巽（地）」から「乾（天）」へ移動することが宇宙の真理「道」と一体となり永生を得ることに繋がる、と考えられたからです。永生すなわち不老不死を説く道教の「道」を分り易く説明した文言が『抱朴子』にあります。 (117-3) (183-199)

　文中、太陽とあるのは、『抱朴子』（註 5-14）の時代（晋 AD265 年-420 年）すでに中国では太陽信仰へ移行していた結果と思われます。『抱朴子』を表した葛洪(283 年-363 年)は東晋の道教学者で主に仙術を説きました。

宇宙の人生の根源たる道、太陽の如く永遠に万象を生み続け、あらゆる活動の根本となっている道、その道と吾れとが一体となることにより、人間は永生を得る。 (183-199)

　道教はより古層に属す月信仰をも習合して成立した宗教と考えられ、巽乾軸が重視された理由には月信仰の背景が考えられます。つまり、巽乾軸が永生を得る「道」とされたのは、「地」から「天（月）」へ昇る梯子とも考えられ、これは道教を国教とした唐玄宗が常世国・月へ昇った梯子の伝説を生んだ思想信仰、つまり月信仰が背景に存在したと考えられます。

神仙境といえば、人跡まれな深山幽谷を考えがちで、そういう視点で考えると、条件の一つに「交通の要所」をもちだしたことにとまどうかもしれない。しかし、神仙境は、世をのがれた隠者の隠れ住むところではない。不老長生で楽しく生きられる場である。神仙境視した場所で天子が名山名川を祭るのは、自からとその一族、民たちに神の加護を得たいという政治的なものである。唐の王室が道教を国教としたように政治と一体のものである。名山と名川があれば、どこでも望祭の場になったのではない。その交通上の位置もまた、条件の一つであったと思われる。 (49-36) (56-36)

周芳山口に残る巽乾軸

　周芳山口には、6 本の巽乾軸（方位角 135°／うち 1 本は方位角 134°で未確定）が残されています。西側の基点から東側へ、距離と位置を無視して示すと図 5-36 になります。図中、矢印は推測される設計の方向を示します。山や古墳は動かすことができないため設計の方向や時代の新旧を推測できるからです。

周芳山口に設計された巽乾軸（記載順は西から東へ）

1. 赤田神社－土師八幡

2. 朝田神社－泉香寺山

3. 堂山－大崎玉祖神社

4. 高倉山盤座－佐波荒神

5. 古四宮－大日古墳－天之御中主神

6. 東鳳翻山－氷上山－国津姫神社

図 5-36：周芳山口に設計された巽乾軸

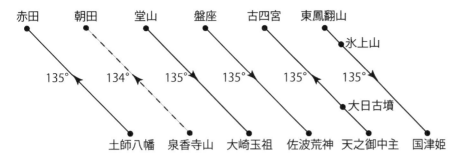

＊距離と位置を無視して巽乾軸だけで図示した。＊実線は 135°の巽乾軸が確定したもの。＊破線は 134°でほぼ巽乾軸と考えられるもの。＊矢印は推定される設計の方向を示す。＊盤座は高倉山、大崎玉祖は大崎玉祖神社、天之御中主は天之御中主神社、国津姫は国津姫神社を指す。

　不死を実現する巽乾軸が数多く設計されたことは、「フシ不死」を暗示する「フシノカワ椹野川」、「フシチョウ不死鳥」である鳳凰が羽を翻す「ホウベンザン鳳翻山」、北斗図に含まれる 2 頭の「ホウオウ」図、などの存在と共に月信仰が盛んであった証と考えられます。構成要素は、すべて月信仰に由来するものです。

　2. の朝田神社は泉香寺山と結ぶ方位角が 134°で確定できません。しかし、構成要素のすべてが月信仰に由来することから、135°の巽乾軸を意図して設計されたと考えられ、巽乾軸の設計の中に加えることにしました。

　表中、赤田神社 1、国津姫神社 1 については、各節を参照して下さい。

表 5-42：赤田神社 1 を基点とする距離と方位角

地点	緯度（°）	経度（°）	距離（m）	方位角（°）	誤差（%）	備考
赤田神社 1	34.1811	131.4316	0	0	―	
桂ヶ岳	34.1812	131.4062	2342	270.2786	0.5	
土師八幡	34.1717	131.4431	1487	134.5193	0.8	採用

＊135°に対する誤差の計算。　135-134.5193=0.4807　誤差 0.8%

表 5-43：泉香寺山を基点とする距離と方位角

地点	緯度（°）	経度（°）	距離（m）	方位角（°）	誤差（%）
泉香寺山	34.1378	131.4564	0	0	―
朝田神社	34.1483	131.4431	1692	313.5200	0.5
一の鳥居	34.1500	131.4408	1975	313.2507	

＊線分（泉香寺山-一の鳥居）の方位角 313.2507 に対する線分（泉香寺山-朝田神社）の方位角 313.5200 の誤差の計算。313.5200-313.2507=0.2693
誤差 0.5%

表 5-44：堂山を基点とする距離と方位角

地点	緯度（°）	経度（°）	距離（m）	方位角（°）	誤差（%）
堂山	34.1336	131.4428	0	0	―
大崎玉祖神社	34.0578	131.5336	11870	135.0733	0.1

＊135°に対する誤差の計算　135.0733-135=0.0733　誤差 0.1%

表 5-45：おためし神事盤座を基点とする距離と方位角

地点	緯度（°）	経度（°）	距離（m）	方位角（°）	誤差（%）
おためし神事盤座	34.1269	131.4753	0	0	―
佐波荒神	34.0561	131.5603	11100	135.0096	0.02

＊135°に対する誤差の計算　135.0096-135=0096　誤差 0.02%

　図 5-36 と表 5-42, -43, -44, -45、表 5-22、表 1-12 から考えられる事柄は、以下の通りです。（古四宮を基点とす

る距離と方位角は表 5-22、東鳳翻山を基点とする距離と方位角は表 1-12 を参照)

1. 南東から北西への設計は 3 例で、基点は山が 1 例、神社が 2 例であった。

2. 北西から南東への設計は 3 例で、基点は全例が山であった。

3. 終点は全例が神社であった。

4. 北西「乾」の位置は、全例が山口盆地であった。

5. 南東「巽」の位置は、2 例が山口盆地、4 例が防府地域であった。

6. 線分（東鳳翻山－氷上山）は天与の巽乾軸で、その延長線上に国津姫神社が設計された。

7. 構成要素は、すべて月信仰に由来する。

畿内の巽乾軸

畿内には以下の巽乾軸が認められます。しかし、1. 以外は位置の特定ができないため提示するに留め、詳細は前作を参照下さい。(45-18) (46-215) (75-78) (76-55)

1. 線分（飛鳥浄御原宮－丹波内尾神社）

2. 線分（平野神社－平安大極殿－神泉苑）

3. 線分（生駒山興法寺－箕面山天上ヶ岳）

1. 線分（飛鳥浄御原宮－内尾神社）

丹波国氷上郡三原町にある内尾神社の社伝では、創建は和銅元年(708 年)で文治元年(1185 年)には神階が正一位に昇り重要視されていました。祭神ウガヤフキアエズは神武の父君になります。和銅元年は周芳山口に五形図が描かれ内宮が創建された年から 10 年後で、これらが密接に関係する可能性があります。（伊勢と周芳山口の連繋）方位角 315° の長い参道（66m）は設計線の痕跡と考えられます。これは周芳山口の朝田神社、陶春日神社の参道などが設計線の痕跡であったのと同じです。（表 5-46）（銅鉱山の存在）

氷上郡 (註 5-15) も周芳山口の氷上山、尾張の氷上姉子神社の氷上と同じく、「ヒカミ火上」と表記し「ホノカミ」と訓んだ時代があった可能性があり、背景に月信仰の存在を示唆します。（氷上回廊／水分神社／スクナヒコナ）三原町の「三」は月を象徴する数字でした。

表 5-46：伝・飛鳥浄御原宮を基点とする距離と方位角

地点	緯度（°）	経度（°）	距離（m）	方位角（°）	誤差（%）
飛鳥浄御原宮	34.4731	135.8208	0	0	—
内尾神社	35.1683	134.9700	109574	314.9784	0.04
参道鳥居	35.1689	134.9697	109640	314.9933	0.01

＊飛鳥浄御原宮を基点とする 315° の方位線（巽乾軸）に対する誤差の計算。

内尾神社の場合：315-314.9784=0.02　誤差 0.04%　　参道鳥居の場合：315-314.9933=0.007　　誤差 0.01

頻用される 321° の方位線

月神ウカノミタマを祀る向島奥宮と泉香寺山を結ぶ方位線（方位角 321°）は、泉香寺山に信仰上の根拠を与えた方位線でした。周芳山口の信仰空間には、この方位線が 5 本残されています。(図 5-37) 後代、大同元年（806 年）になって平清水八幡が創建されたときも「場」の決定には、土師八幡を基点とする 141° （321°）の方位線が採用され、信仰上の根拠を与える方位線として伝承されていた可能性があります。下記 3. の春日山北の位置は江戸期の古図で春日社が描かれ、『防長寺社由来山口宰判』でも存在が確認できます。(420)

大同元年は、毛受腹・土師氏と縁が深い桓武の崩御した年（延暦二五年三月十七日）で、平清水八幡の創建は桓武崩御と関係した可能性があります。(註 5-16) 月神を祀る土師八幡と結ばれた平清水八幡には涸れることのない清水の伝承、つまり創建の背景に月信仰の存在が窺われます。したがって、桓武朝にも月信仰は生き続けて

いたと思われます。「ヒラ」は「シナ・シラ・ヒナ」と同じく月あるいは月光を指す言葉でした。

周芳山口に設計された321°の方位線

1. 線分（向島奥宮－泉香寺山）：信仰上の根拠を与えた最も基本になる線分。

2. 線分（陶春日神社－藪台春日神社）：五形方形

3. 線分（毛割若宮跡－春日山北）：五形方形

4. 線分（多々良山－三保里神社）：鳳凰図1体軸

5. 線分（平清水八幡－土師八幡）：後代、平清水八幡（創祀806年）に根拠を与えた。

図 5-37：周芳山口に設計された 321°の方位線

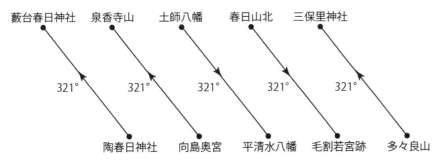

＊距離と位置を無視して321°（141°）の方位線を西側から図示した。＊矢印は推定される設計の方向を示す。

表 5-47：向島奥宮を基点とする距離と方位角（再掲）

地点	緯度（°）	経度（°）	距離（m）	方位角（°）
向島奥宮	33.9981	131.5906	0	0
泉香寺山	34.1378	131.4564	19839	321.3973

表 5-48：陶春日神社を基点とする距離と方位角

地点	緯度（°）	経度（°）	距離（m）	方位角（°）	誤差（%）
陶春日神社	34.0878	131.4417	0	0	—
藪台春日神社	34.1500	131.3817	8846	321.2774	0.5

＊321°に対する誤差の計算。　321-321.2864=0.2774　誤差 0.5%

表 5-49：毛割若宮跡を基点とする距離と方位角

地点	緯度（°）	経度（°）	距離（m）	方位角（°）	誤差（%）	備考
毛割若宮跡	34.1381	131.5167	0	0	—	
春日山北	34.1828	131.4722	6436	320.4024	1.0	採用

＊321°に対する誤差の計算。　321-320.4024=0.5976　誤差 1%

表 5-50：鳳凰図1体軸の構成要素と位置

地点	緯度（°）	経度（°）	距離（m）	方位角（°）	誤差（%）
多々良山	34.0719	131.5839	0	0	—
桜木神社	34.1486	131.5086	10984	320.7859	0.1
三保里神社	34.1703	131.4875	14079	320.8548	0.3

＊321°に対する誤差の計算。321-320.8548=0.1452　誤差 0.3%

＊320.8548-320.7859=0.069　誤差 0.1%

表 5-51：土師八幡を基点とする距離と方位角

地点	緯度（°）	経度（°）	距離（m）	方位角（°）	誤差（%）
土師八幡	34.1717	131.4431	0	0	—
平清水八幡	34.1430	131.4709	4087	141.1495	0.3

＊321°（141°）に対する誤差の計算。　141.1495-141=0.1495　誤差 0.3&

長い参道は設計線の痕跡

8本の設計線の痕跡が長い参道に残されています。詳細は各節を参照ください。

設計線の痕跡のまとめ

泉香寺山

　朝田神社参道：泉香寺山へ向う「方位」の決定

　陶春日神社参道：泉香寺山へ向う「方位」の決定

土師八幡

　表参道：土師八幡の「方位」の決定

　裏参道：赤田神社の「場」の決定

大崎玉祖神社

　表参道：田島山へ向う「方位」の決定

国津姫神社

　表参道：向島奥宮を向く「方位」の決定

　西参道：「場」の決定（東鳳翻山-氷上山-国津姫神社）

氷上山興隆寺

　表参道：菅内日吉神社を向う「方位」の決定

東鳳翻山を基点とする4本の設計線で造られる信仰空間

東鳳翻山を基点とする4つの設計線が残されています。図5-38は、距離を無視して方位角だけで円周上に図示したものです。

東鳳翻山を基点とする設計線

1. 線分（東鳳翻山 - 氷上山 - 国津姫神社）　　　　：135°　　推定 673 年

2. 線分（東鳳翻山 - 土師八幡 - 朝田神社-堂山）　　：180°　　推定 698 年まで

3. 線分（東鳳翻山 - 高嶺太神宮 - 向島奥宮）　　　：151°　　推定 1520 年まで

4. 線分（東鳳翻山 - 凌雲寺跡 - 五宮）　　　　　　：192°　　推定 1520 年まで

　1. の方位角 135°の線分（東鳳翻山 - 氷上山 - 国津姫神社）は、国津姫神社の「場」を決定した設計線です。不死を実現する天与の巽乾軸であり、その延長線上に決定された国津姫神社の重要性が推し量れます。

　2. の方位角 180°の線分（東鳳翻山 - 土師八幡 - 朝田神社-堂山）は、土師八幡と朝田神社の「場」を決定する設計線です。東鳳翻山の真南に土師八幡と朝田神社（玉祖五宮）が設計されたことから、土師氏が山口盆地に勢力を得ていたことは間違いありません。

　3. の方位角 151°の線分（東鳳翻山 - 高嶺太神宮 - 向島奥宮）は、大内義興が勧請（1520 年）した山口大神宮の「場」を決定する設計線です。

　4. の方位角 192°の線分（東鳳翻山 - 凌雲寺跡 - 五宮）は、大内義興が凌雲寺（跡）を建立する際に用いた設計線です。地上絵が描かれてから約 800 年の隔たりがあるにもかかわらず、この設計線が存在する事実は、東鳳翻山を基点とする設計思想が伝えられていた傍証になります。

図 5-38：東鳳翻山を基点とする 4 つの設計線で造られる信仰空間

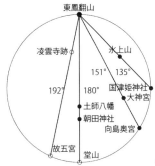

＊距離を無視して方位線と方位角だけで表示した。

表 5-52：東鳳翻山を基点とする線分の構成要素

基点	山	神社	寺	備考
東鳳翻山	堂山	土師八幡／朝田神社		堂山には虚空蔵堂が置かれていた
東鳳翻山	氷上山	国津姫神社		国津姫神社は龍穴に向けて設計されている
東鳳翻山	鴻ノ峰	高嶺太神宮／龍穴		高嶺太神宮は大内氏館と同一緯線上に設計されている
東鳳翻山		五宮	凌雲寺跡	中尾秋葉社が測点として介在する

　東鳳翻山に関して図 5-38 と表 5-52 から読み取れる事実は、以下の通りです。

1. 「不死の象徴」東鳳翻山への信仰は、北斗図が描かれてから 800 年間、変わっていなかった。

2. 月神ウカノミタマを祭神とする向島奥宮への信仰も不変であった。

3. 設計線の形式（山 - 神社 - 山）あるいは形式（山 - 山 - 神社）にも変化はない。

　上記の事実から考えられる事柄は、以下の通りです。

1. 東鳳翻山の真南に位置する土師八幡は土師氏の居館であった可能性を考えさせ、式内社でないことも社殿としての形態ではなかった可能性を考えさせる。

2. 故五宮も式内社ではなく「延喜式」神名帳の成立当初、社殿の形態ではなく地上絵の描点として榜示石が置かれていた可能性を考えさせる（古四宮についても同じ）。(454-108)

3. 東鳳翻山と凌雲寺跡と故五宮の対応から、大内義興の菩提寺とされる凌雲寺跡も祭祀施設であった可能性が高い。

4. 東鳳翻山から南面して左祖右社の原則が活かされた可能性がある。

　　国津姫神社を祖廟とし、故五宮を社稷とした。

　　高嶺太神宮を祖廟の位置におき、凌雲寺跡を社稷の位置においた。

5. 線分（東鳳翻山 - 土師八幡 - 朝田神社）と線分（東鳳翻山 - 氷上山 - 国津姫神社）の中心角差 45° と線分（東鳳翻山 - 凌雲寺跡 - 五宮）と線分（東鳳翻山 - 高嶺太神宮 - 龍穴）の中心角差 42° が近似することからも、2. の設計思想が伝承された可能性がある。

高倉山を基点とする設計

　地上絵を発見する端緒は、冬至の日に高倉山（山口市吉田）と泉香寺山を結ぶ線上に昇る朝日を見る機会があったことでした。(76-44) 高倉山には高倉荒神の元社（元・荒神社跡）があり、地域の信仰を集めています。

　この高倉荒神のさらに元社が防府市にあり、社伝では明治 18 年（1885 年）社寺分離令によって高倉山に遷座したとあります。高倉山は「月神を祀る盤座の山」で古代周芳山口の月信仰の中心的存在でした。したがって、高倉荒神を遷座した後に高倉山と命名したのではなく、高倉山が元々存在していたはずです。その証拠に高倉

山を基点とする線分（高倉山−佐波荒神）の 135°に対する誤差は 0.7%で基準を充たします。（表 5-53）つまり、高倉山を動かすことはできないため、この軸は高倉山を基点として設計されたと考えるのが自然です。

表 5-53：高倉荒神（西佐波）を基点とする距離と方位角

地点	緯度（°）	経度（°）	距離(m)	方位角（°）	誤差（%）
高倉山	34.1258	131.4778	0	0	—
佐波荒神	34.0561	131.5603	10851	135.4167	0.7

＊135°に対する線分（高倉山−佐波荒神）の誤差の計算。　135.4167-135＝0.4167　誤差 0.7%

高倉山中に残されている元・荒神社跡を基点に計算すると、線分（元荒神社跡−佐波荒神）の方位角は 135.0299 で、やはり巽乾軸に近似します。誤差は 0.05%になり、高倉山山頂を基点とした場合より誤差が少なくなります。（表 5-54）

表 5-54：元荒神社跡（願成寺跡）を基点とする距離と方位角

地点	緯度（°）	経度（°）	距離(m)	方位角（°）	誤差（%）
元荒神社跡	34.1267	131.4756	0	0	—
佐波荒神	34.0561	131.5603	11065	135.0299	0.05

＊巽乾軸（315°）に対する線分（元荒神社跡−佐波荒神）の誤差の計算。135.0299-135＝0.0299　誤差 0.05%

おためし神事が行われ高倉山の山名の由来になった「月神を祀る盤座」を基点として計算すると、線分（盤座−佐波荒神）の方位角は 135.0096 で、やはり 135°に近似します。誤差は 0.02%になり、上記の 2 者よりもさらに精度が優れているのが分ります。（表 5-55）

表 5-55：おためし神事盤座を基点とする距離と方位角

地点	緯度（°）	経度（°）	距離(m)	方位角（°）	誤差（%）
おためし神事盤座	34.1269	131.4753	0	0	—
佐波荒神	34.0561	131.5603	11100	135.0096	0.02

＊巽乾軸（315°）に対する線分（おためし神事盤座−佐波荒神）の誤差の計算　135.0096-135＝0.0096　誤差 0.02%

上記の結果から、佐波荒神は高倉山の「月神を祀る盤座」を基点とする 135°の軸上に設計されたと考えられ、伝承にある佐波荒神から遷座したのではなく、もともと高倉山の「月神を祀る盤座」が存在したことが分ります。

盤座のある場所は高倉山々頂から西北に突き出た尾根筋の根元に当たり、山頂に遮られて南東方面（西佐波）の視界はありません。（90-102）視界のない測量をどのように行ったのかは不明ですが、高倉山の盤座を基点とする方位角 135°の線分（巽乾軸）でなければならないとする設計者の強い意志が示唆されます。巽乾軸に決定したのは、月信仰の根源にある「不死と再生」を実現しようとした設計と考えられます。（60-9）（61-21）（97-62）

本章のまとめ――「月の都」周芳山口と伊勢

「なぜ、こんな所に（あるのか）」と「なぜ、あっちへ（向いているのか）」、この二つの疑問から始まった「場」と「方位」の謎を解く試みは、空間考古学という新たな研究の可能性を浮かび上がらせました。空間考古学が成立する可能性について、本章では前方後円墳の測量法と構造が神社に継承された、という仮説を検証しました。

信仰上の根拠を与えられた複数の「場」で構成される空間を信仰空間と呼び、そのような構造の設計を空間設計と名付けました。この信仰空間という新しい概念は、「月の都」周芳山口という考えてもみなかった発見をもたらしました。前作までに発表してきた北斗図と五形図という地上絵も、実は「月の都」という信仰空間

に描かれたものでした。

　「月の都」の空間設計は周芳山口と伊勢で行われ、両国は朝廷の宗廟祭祀の一翼を担ってきました。(315)
(418-459) 天武十年 (681年)、周芳山口には北斗図が描かれ、伊勢には多気太神宮 (瀧原宮) が整備されたと推測されます (おそらく鎮魂呪術として弘文陵、金峯山寺蔵王堂との関係)。(註5-17) 文武二年 (698年)、周芳山口に五形図が描かれ、伊勢では日神アマテラスが創祀されたと推測されます。王権によって縄文時代から続いてきた月信仰が太陽信仰へ変換されても、周芳山口と伊勢は月信仰を背景に連繋した動きをみせていました。

　以下、本章の本文を補足しながらまとめとします。

1. 箸墓に始まる「場」と「方位」の設計と月信仰
2. 神社に継承された前方後円墳の「場」と「方位」の設計法
3. 前方後円墳の空白地帯に造られた土師八幡と国津姫神社の意義
4. 周芳山口に築かれた信仰空間と地上絵
5. 「月の都」周芳山口と伊勢の連繋した動き
6. 空間考古学が成立する可能性について

箸墓に始まる「場」と「方位」の設計と月信仰

　箸墓の「場」と「方位」を決定する測量法は、海人族が海上で用いていた地文航法と天文航法と考えました。「山立て」は地文航法の応用で、月の出・入角による決定は天文航法の応用です。

1. 地文航法の応用：「山立て」による「場」と「方位」の決定。
2. 天文航法の応用：月信仰を背景にした月の出・入角に基づく決定。

　最初期の前方後円墳の測量法に航海術の影響が認められたのは、前方後円墳を築造したのが海人族であった可能性を考えさせました。海人族の代表・尾張氏は濃厚な月信仰を持っていたことから、箸墓が築造された当時の大和の勢力関係が示唆されます。尾張氏の本貫は大和国葛城郡と尾張国と吉備国 (播磨) の三地域とされ、皇孫より早く各地に広がっていたようです。(210-227)

古代の航海術が前方後円墳の設計に与えた影響 ―― 地文航法と天文航法

　古代の航海法は、目立つ山を目標 (山立て／山当て) とする地文航法と、恒星の高度を測定して自船の位置を知る天文航法がありました。この航海術が前方後円墳の後円部の「場」と「方位」を決定する方法に応用されたと考えられます。後円部の「場」が自船の位置になり、体軸つまり「方位」が自船の進路に相当します。「場」の決定には東西軸と南北軸の交点とする方法が採用され、これは地文航法で自船の「場」を知る場合に2つの目標の交角が90°を理想としたのと同じ考えでした。

　月の出・入角で箸墓の体軸「方位」を決定したという仮説は、古代に存在した天文航法を応用した場合もあったのではないか、という疑問から立てたものです。解析結果は仮説を証明するに十分でしたが、現地での測量ができないため、あくまで参考としました。

　地文航法が使用できない夜間や外海では、天文航法が行われたはずです。恒星高度を測定して位置を確認する天文航法の応用は、特に広域の空間設計で古墳や建造物、「山立て」の山が遠く視認できない場合、などで行われたと考えられます。すでに天文観測が行われていた事実は、天武が即位後ただちに占星臺 (星占いに用いる) を設置したことからも明らかです。天武の諱・オオアマ大海人と殯で誄をした凡海麁鎌からも、海人族の影響を強く受けたと想像できます。(72-12) (132-221) (177-66, 106) (217-184, 231) (289-50) (304-248)

「ハシハカ箸墓」の「ハシ」の意味について

　箸墓の「ハシ」が人界と天界を結ぶ境界「ハシ端／橋」である可能性についても言及しました。さらに、古

墳を築造した伝承がある「ハジ土師」が「ハシ箸」と同音の「ハシ端・境」に由来する可能性も述べました。その理由は土師氏が人界と天界を繋ぐ「ハシ端・境」で働く巫女的な性格を持つ氏族であった、と推測されるからです。

「月の山」三輪山の西北に築造された「ハシハカ箸墓」は、月が海面を照らす印象を具象化した「月（神界）と人（人界）を結ぶ造形、とすると「ハシハカ」は「月の墓」かも知れない、と想像を廻らせました。

古代から人々は「この宇宙がどうなっているのか」という宇宙の成り立ちについて考え、その理解する方法として「神話的な知」がありました。現代の「科学的な知」とは全く異なる方法です。「神話的な知」の世界では、特に「あっちとこっち」「神の世と人の世」が重要な意味を持ち、両者を結ぶ「ハシ境界」もまた重要でした。(6-40)(88-1038)(237-4-134)

「ハシ境界」にある両義性「あちらとこちら」

古代の歴史や民俗を考える上で「ハシ端」すなわち「境界」の概念は重要です。(6-40)(109-5) 人界と天界の「ハシ端・橋・梯」、山の「こちら側とあちら側」の境界である「ヤマノハ山の端」、道祖神が置かれた村と村の「ハシ境界」、京都一条戻り橋のような「あの世とこの世」を結ぶ「ハシ橋」、など多数の例を上げることができます。(106-54)(302-6)(365-46, 48)

この「ハシ」と同様に「ツ」「ツマ」「ヒラ」も重要でした。「ハシ」を含めて、このような言葉には「あちらとこちら」の両義性があり、海と陸の境である港「ツ津」、山背と滋賀の境をなす「ヒラサン比良山（比叡山）」、周芳山口盆地の境に位置する「ヒラノ平野」など、やはり多くの例があります。

考えてみれば「場」の決定には必ず「こちら」と「あちら」が生じることから、死者を葬る墓が「人界と天界のハシ境界」であっても何ら不思議ではありません。つまり「ハシハカ箸墓」とは固有名詞ではなく、むしろ普通名詞的な名称であった可能性も考えられます。(6-45)(199)

箸墓の「場」と「方位」を決定する設計法の継承──仁徳陵

箸墓の設計様式を引き継いだ仁徳陵（大仙陵古墳／大阪府堺市）は、まことに簡潔で美しい設計です。その設計には、東西軸の基点（誤差 0.5%）として淡路島の篝場山（標高 244m）が、南北軸の基点（誤差 0.1%）として和泉山系の三国山東（仮称／三角点標高 885.5m）が採用され、この 2 軸の交点に仁徳陵の後円部が決定されています。この後円部と大和葛城山北（仮称／標高 623m／金剛山系）を結ぶ線分に直交する方位線（誤差 0.5%）を古墳体軸（方位角 207°）としました。

なぜ淡路島の篝場山が、なぜ和泉山系の三國山東（瀧原宮基点の基点でもある／誤差 0.1%）が、なぜ金剛山系の大和葛城北が基点に採用されたのか、なぜ山名の明らかな三國山（標高 885m）が採用されなかったのか、なぜ大和葛城山（標高 959m／内宮の東西軸の基点／誤差 0.7%）が採用されなかったのか。2 軸の交点に後円部を決定し、さらに大和葛城北と結ぶ線分に対して直交するように体軸を決定したのは、なぜなのか、疑問が次々に浮びました。その「場」と「方位」を解析した結果、従来は全く考慮されなかった問題が提起されるのも空間考古学が拓く新たな視界です。

巨大古墳の立地条件と人の視点

仁徳陵の場合、仮に東西軸基点を篝場山から北へ移動させると、当時の沖積低地に張り出した海岸段丘の縁から斜面に接し、築造することはできなかったと推測されます。仮に、南北軸基点を三國山にすると、段丘を外れて海側（西方）へ約 400m 移動することになり、当時の海岸線（砂州）に接した可能性があります。(参照：海岸線に接していた住吉大社の位置／住之江) 仮に、体軸基点を大和葛城山にすると東へ 8°振れることになり、海上から見た墳体が小さくなります。つまり、当時の海岸段丘の端を選び、海上から見た墳体の姿を強く意識した設計であった可能性が考えられます。

左舷に五色塚古墳（墳丘長 194m ／後円部高 19m ／兵庫県垂水区）を望みながら、狭い淡路海峡を通過して大阪湾に入った船がまず眼にしたのは、林立する埴輪と葺石（河原石）で光り輝く仁徳陵であった、と想像します（後代には上町台地に輝く四天王寺伽藍）。これは、古代日本を大国にみせる最高の演出であったと思われます。（体軸基点は大和の見瀬丸山古墳と同じ葛城北）。(178-5) (240-43) 海路と陸路の違いはあっても、柿本人麻呂の歌のように「明石の門より」見えたはずです。(265-3-73)（万③255）

天離る　夷の長道ゆ　恋ひ来れば　明石の門より　大和島見ゆ

　同じように、上陸後、大和へ向う街道からみた墳体の大きさと向きも意味があったと思われます。仁徳陵の北を東西に走る丹比道と大津道（註5-18）の間に位置し大和への出入口に隣接した応神陵も、この街道から見た墳体を意識した設計であった可能性があります。応神陵の後円部が仁徳陵の前方部を基点とした東西軸上に決定されたことも重要で、両者はまるで点対称のような関係にあります。これらの事実は、陵墓が単独で造営されたものでなく、地域の空間を考慮した設計であった可能性を示唆します。巨大古墳の「場」と「方位」を決定した方法は航法（地文航法）の応用だけではなく、具体的な立地条件の選定と、かつ人の視線を意識した設計であったと考えられます。(179-5-9) しかし、最も重要な課題は「場」と「方位」の決定に、いかに信仰上の根拠を与えるかということでした。

神社に継承された前方後円墳の「場」と「方位」の設計法と「構造」

　前方後円墳の「場」と「方位」の設計法と「構造」が神社に継承されたと考えられます。その継承が可能で前方後円墳が神社に変化し得たのは、両者が同じ信仰対象であったからと考えました。この場合の信仰とは、もちろん月信仰以外には考えられません。(109-306)

1.　前方後円墳の「場」と「方位」の決定法が神社に継承された。

　前方後円墳の「場」と「方位」を決定する方法は、「山立て」を用いた測量に依るものでした。この方法が、神社の「場」と「方位」を決定する方法に継承されたと考えられます。

2.　前方後円墳の「構造」が神社の「構造」にも継承された。

　前方後円墳の構造も神社に継承されたと考えられます。つまり、死者を納める石室のある後円部が祭神を祀る本殿に、葬列が進む前方部が社殿に向う参道に変化した可能性を考えています。(図5-39) 本殿の創始は天武朝とする説もあります。(209-174)

　前方後円墳と神社の類似点を上げると、下記になります。

1.　死者を納める石室のある後円部と祭神を祀る本殿。
2.　葬列が進む前方部と社殿に向う参道。
3.　被葬者の胸に置かれた銅鏡と祭神を象徴する銅鏡——月神を象徴あるいは依代。
4.　密閉された石棺と常に閉ざされた本殿（開放的な仏殿と根本的に異なる）。
5.　石室と社殿に塗られた朱（辰沙）——不死と再生。
6.　羨道入口の楣石（まぐさいし）と石柱（横穴式石室の羨道の天井を支える石）で造られる構造と鳥居の形態。
7.　埴輪と灯籠や狛犬。
8.　墳体を覆う川原石と境内の玉砂利。
9.　古墳の周濠と神社の瑞垣。（大和朝廷の礎と考えられる唐古・鍵遺跡の位置と数条の環濠の意味／前方後円墳の周濠）(341-185)
10.　「場」と「方位」を決定する方法が同じ。
11.　前方後円墳を築造する各段階で行われた祭祀と神社の地鎮や浄めの祭祀。(456-217)

図 5-39：前方後円墳が神社に変化した（想像図）

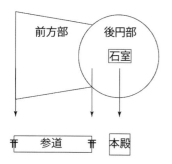

＊前方後円墳の造形は月と海に映る金波の組合せ、あるいは二上山の姿から構想した。（図 5-20）

　前方後円墳の造形は、水平線に昇る月と月が照らす海面の印象（月波／金波）を基に造られた可能性を考えています。（図 5-40）それは、海人族の月信仰を背景にしたもので、常世国・月への憧れを表現したものでした。船を操る人々がいつも見ていた光景、それは暗い夜の海を照らしてくれる希望の光・月でした。その月は、死後の世界を約束し再びこの世に生を与えてくれると信じた再生・新生の象徴・月（神）であったはずです。石室内に埋納された鏡は月を象徴した造形であり、石室は月世界そのものだったのでしょう。月神に抱かれながら再生を夢見て安らかな眠りについた人が偲ばれます。「カガミ鏡」すなわち「カミ神」とは月神つまり「カミ月霊」を指す言葉でした。

　九州地方に多い装飾古墳の壁画にも月を「輪」で象徴したものが多く見られます。三浦氏によれば福岡県の珍敷塚古墳の石室に見られる円形は月であり、「一般的には太陽と考える説がほとんどであるが、同心円も暈をかぶった月と捉え、喪葬には太陽ではなく月が相応しい」としています。（210-298）この説は前方後円墳の造形が月と海に映る月光に基づくとする私説を支持するものです。

図 5-40：前方後円墳の造形モデル

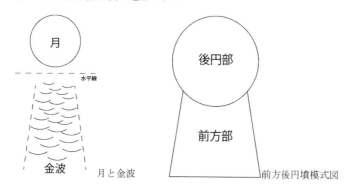

月と金波　　　　　　　　　　前方後円墳模式図

　箸墓などの断面図から少し飛躍すれば、前方後円墳の造形は二上山の姿を参考にしたのではないか、とも考えられます。その理由は、単に形が似ているだけではなく、二上山は河内と大和の「ハシ境」にあり「渡る月」を示唆する「オオサカ大阪山」と呼ばれていたこと、産石を箸墓に用いたという記述が残されている事実などから、喪葬に相応しいのは月であり、月の沈む山と捉えられていた可能性があるからです。さらに、現代では前方後円墳を空中からみた像で紹介されますが、本来は人の視点で捉えられていたはずだからです。（図 5-20）

　太陽信仰の視点からは太陽の沈む山とされても、喪葬に太陽は相応しくありません。事実、雄岳山頂（前方後円墳石室に相当）には大津皇子の墓と伝えられる墳墓があり、喪葬に相応しい山とされたはずです。（383-16）

　大津皇子の姉・大伯皇女の歌があります。　（80-103）

大津皇子の屍を葛城の二上山に移し葬る時、大來皇女の哀しび傷む御作歌二首

うつそみの　人にあるわれや　明日よりは　二上山を　弟世とわが見む　　　（万②165）

磯の上に　生ふる馬酔木を　手折らめど　見すべき君が　ありといはなくに　　　（万②166）

神社の原型

　地上絵を発見するまでに約 340 地点の山や神社を調査しました（現地での調査は全対象の約 72&）。その中で「なぜ、こんなところに」という素朴な疑問が湧く神社が幾つもありました。人の往来がありそうにない海岸の崖下、深い谷底や険しい山頂などに祀られていることもあります。その場所がなぜ選ばれたかについて、一般的には神霊の降臨する磐境や盤座、神籬が聖地（神が選んだ場）とされ、さらに古墳や滝、秀麗な山（神奈備山）、などが理由として上げられます。事実、注連縄を掛けられた大きな盤座や神籬の前では思わず頭を下げてしまい、なんとなく「なにか」を感じてしまいます。(76-18)

　当初、決定された「場」には榜示石が置かれていただけかも知れません。測量と設計の基点の「場」に置かれた榜示石は「社の根拠」として重視され、いつしか石神（いしがみ／しゃくじん）として祀られるようになり、あるいはその位置に神社が創建されたのではないか、と想像します。その典型例に内宮の瀧祭宮があります。（葛城山系に根拠を求めている／天智天皇の諱・葛城）榜示石とは境界を示すために置かれた石のことで、石以外に立札や標杭（標柱）などが用いられました。　(386-42) 本書では、測量基点として用いられた石（岩）のことを榜示石としています。(6-45)(52-73)

前方後円墳の空白地帯に造られた大日古墳と国津姫神社の意義
大日古墳と国津姫神社の意義

　古墳時代末期 7c 末の築造と推定される大日古墳と 673 年創建とされる国津姫神社は、前方後円墳が神社に変化したという仮説の傍証になる可能性があります。両者を結ぶ広域の信仰空間が造られていたことも、古墳と神社が同じ信仰対象であったことを充分に考えさせました。

1. 前方後円墳と神社に共通する「場」と「方位」の決定法が存在した。
2. 前方後円墳の構造も神社に継承され、同じ信仰対象であった。
3. 空間考古学が成立する可能性について、大日古墳と国津姫神社の存在は重要である。

大和からやってきた土師氏

　大日古墳を築造し国津姫神社を創建した時期と地上絵を描いた時期が重なり、強い関係を考えさせました。

　大日古墳は飛鳥岩屋山古墳と同じ設計図で造られたと考えられ、大日古墳を築造したのは大和の技能集団であった可能性があります。国津姫神社は宗像氏の支配下にあったのではないか、と推測しました。

　一方、地上絵も正確な測量をもとに描かれていることから、当時（飛鳥-藤原時代）、そのような技術を持っていたのは土師氏と仮定して地上絵の謎を解析する試みを続けてきました。土師氏とする一つの根拠は、古墳（3世紀後半から 7 世紀）の築造を担ったのは土師氏である、という伝承があるからです（土師の氏族名が古墳時代から存在していたかは不明）。(86-44)(186-240)(166)(417)(434)(435)

　森浩一氏も、百舌鳥古墳群（大阪府堺市）に土師にさんざい古墳（伝・反正陵）があること、土師寺（藤井寺市道明寺）や土師町（堺市中区土師町）の存在から、土師氏が頭脳集団として古墳の造営に参画していた、と指摘しています。(179-38)(180-112)(181-175,211) 久世仁士氏は、5 世紀中ごろに始まった百舌鳥古墳群での築造が終わる 6 世紀の中頃に消滅した土師遺跡（堺市中区）の存在を指摘していることから、ここに居住した土師氏の行方が気になります。(155-150)

　畿内での古墳築造を終えた土師氏が周芳山口へやってきた、と想像が膨らみます。幸いにも周芳山口には土師氏の伝承がいくつか残されていて、それらを繋ぎ合わせることでおぼろげな姿をみることができます。(76-65)(136)(193-5)(323-179)

土師氏の訴えと「ハシ境界（橋・端・梯・箸）」

地上絵を描いたと推測される土師氏についても、周芳山口に残る土師氏の痕跡や、氏族の性質について言及しました。

土師宿禰古人らが改氏姓を朝廷へ請願したのは光仁天応元年(781年)で、その年は北斗図を描いたと推測される天武十年(681年)から100年後でした。翌、延暦元年（782年）、土師宿禰安人等が改氏姓を願い出ました。その理由が「祖業は吉凶相半ばしていたのに、今は専ら凶儀のみである」というものでした。

土師は天穂日命を出自とする。……垂仁天皇の御代に埴輪をつくった。……祖業をみると、諱辰には凶を掌り、祭日には吉に預かるというように吉凶相半ばしていたのに、今は専ら凶儀にのみ預かるようになったのは、不本意である。(443-36-45)

改姓を願い出た理由が「家業が一方に偏り不満である」ということでした。なぜ家業が偏ったことと改姓が結び付くのでしょうか。家業が一方に偏ると主張していますが、『記紀』には土師氏が吉事に関わった記録はなく、不可解です。

土師宿禰安人らの請願については、直木孝次郎氏の指摘があります。

土師氏はこの時までに四氏族に分かれ、中宮すなわち高野新笠を生んだ土師氏(中宮母家)は、毛受系統の支族(毛受腹)である。この毛受系の土師氏が大枝朝臣となり、他の三氏族が秋篠朝臣と菅原朝臣になったという意味であろう。毛受腹の毛受は、いうまでもなく仁徳陵、履中陵をふくむ古墳時代中期の大古墳群のある和泉の百舌鳥と関係があり、書紀の白雉五年十月条にみえる百舌鳥土師連土徳は毛受腹に属する一人と考えられる。おそらく、土師氏の一族のうち、和泉の百舌鳥地方を本拠とするグループが、毛受腹として一支族を形成したのであろう。(248-32)

「吉凶相半」(註5-19)とは、吉事と凶事の両方に関わってきたという意味です。この「相半ば」が「ハシ境界」を指し、境界で働く人、つまり「ハジシ」になったのではないかと想像します。同じ例に、神祇を司り神と人の「ナカダチ媒ち」をする「ナカトミ中臣」氏があります。「ナカ」とは人界と天界の間、つまり「あちらとこちら」の「ハシ境界」を指します。

文中、一般的に「モズバラ毛受腹」と訓むのを、私見では「モウケノハラ」としました。その理由は、桓武の生母・高野新笠が土師氏の出自 (卑母) で、「モウケノハラ儲けの腹」とするところを憚って「モウケノハラ毛受腹」と表記したと考えたからです (藤原氏の存在)。つまり、毛受腹は桓武朝以後の土師氏の俗称と考えられます。(76-395)

土師宿禰古人は菅原と改姓され、そのひ孫に菅原道真(845年-903年)がいます。道真は大宰府へ流される途中、同族の国司・土師氏(実際には多治有友と考えられる)がいた周芳国三田尻に滞留しました。道真は、天武からおよそ200年後の人で、改氏姓から約100年後の人物です。(76-439)

周芳山口に築かれた信仰空間と地上絵

地上絵の謎を解析する方法として、前作までは陰陽五行思想や太陽信仰、原始蛇信仰などの視点を用いました。その結果、ある程度の説明はつくようになりました。しかし、何かが足りない、それぞれの思想や信仰では芯の通った説明ができないところから、下記のような素朴な疑問が残りました。

地上絵の謎──残された素朴な疑問

1. なぜ、周芳国に描かれたのか。
2. 地上絵を描いた目的はなにか。
3. なぜ、北斗図と五形図なのか。
4. なぜ、地上絵は見えないように描かれたのか。
5. どのように測量し、設計・施行したのか。
6. 設計図は残されていないのか。

7. 地上絵を描いた人たちはどこから来たのか。

8. 北斗図と五形図以外の地上絵は存在しないのか。

9. 周芳国に残る設計線の謎——800年に渉る空間設計の跡。

そのような疑問を考えている時に出会ったのが、三浦氏、ナウマン氏、キャシュフォード氏らの月信仰に関する著作でした。日本は古くから太陽信仰の国で、内宮は日神アマテラスを祀る宮であるとされてきました。しかし、世界的には月信仰のほうが太陽信仰より古層に属し、日本も例外ではありませんでした。地上絵が描かれた時代、古代日本はいまだ月信仰の世界にあったのです。

そこで、月信仰の視点から解析しなおすと、地上絵は「月の都」周芳山口の信仰空間に描かれたことが明らかになりました。同じ信仰空間は伊勢にも設計され、周芳山口と連繫した動きを残していました。

地上絵から800年後、大内義興 (1477年-1529年) が内宮の分霊を勧請できたのも、周芳山口と伊勢の密接な関係が伝えられていた可能性があり、当時の大内氏の権勢と財力だけでは説明が付かないと考えます。(35-134)
(43-89)(49-18, 142)(92-56)(130-47, 75)(137-33)(159-171) (193-6)(238)(420-378)(421-72, 88)(422)(423-7)(424-414)

「月の都」周芳山口と伊勢の連繫した動き

「月の都」の空間設計は周芳山口と伊勢で行われ、両国は朝廷の宗廟祭祀の一翼を担ってきました。(315)(418-459) 周芳山口には地上絵が描かれ、伊勢には多気大神宮と内宮が創建されたと考えられます。

北斗図が描かれた年、天武十年 (681年)、多気太神宮 (瀧原宮) が整備されたと推測されます (おそらく鎮魂呪術として弘文陵と金峯山寺蔵王堂との関係)。

一方、五形図が描かれた文武二年 (698年) は、王権によって縄文時代から続いてきた月信仰が太陽信仰へ変換され、皇祖神アマテラスが創祀された年でした。この間、周芳山口と伊勢では連繫した動きが見られ、その背景には月信仰が濃密に存在していました。

このような連繫した動きから、地上絵は単独で描かれたものではなく、伊勢と調和を計りながら企画された国家的事業であったと考えられます。その事業を可能にした理由は、周芳山口と伊勢はともに月信仰の盛んな「月の都」であったから、と考えられます。さらに、周芳山口には長登銅山があり、伊勢には中央構造線に沿った水銀 (朱) 鉱山が豊富に存在し、朝廷の直轄領「アガタ県」として経済的にも豊かであったこと、が上げられます。銅山以外にも周芳山口は全国一、鉱山の分布が蜜で、朝廷が直轄領としたのも頷けます。(62-183)

周芳と伊勢の連繫した動き

1. 献上品の対応。

2. 祭祀と設計の中心が移動。

3. 聖数関係で結ばれる。

4. 左祖右社による配置。

1. 献上品の対応

北斗図(681年)が描かれた年、天武十年には伊勢から白茅鴟 (白フクロウ/シロヒドヨ) が献上され、周芳山口からは赤亀 (アカガメ) が献上されました。五形図(698年)が描かれた年、文武二年 (698年) には伊勢から白鉛 (シロナマリ) が献上され、周芳山口からは銅 (アカガネ) が献上されました。

献上品の「白」と「赤」が対応し、とくに白茅鴟と赤亀は吉祥でした。「シロ」は月を意味する「ヒナ・シナ・シラ・ヒラ」に通じ白銅鏡と並んで月神 (アマテラス) の形代を暗示する色でもあります。(450-1-13)自然銅は「ニギアカガネ」と呼ばれていたことから「アカ」は熟田津や瓊瓊杵尊の「ニギ」に通じ、明るい満月を暗示します。

表 5-57：周芳山口と伊勢の連携した動き 1——大和への献上品

年	周芳山口	伊勢
天武十年（681 年）	北斗図	瀧原宮（多気大神宮）
	赤亀（アカガメ）	白茅鴟（シロヒドヨ）
文武二年（698 年）	五形図	内宮
	銅（アカガネ）	白鉛（シロナマリ）

2. 祭祀と設計の中心が移動

　祭祀の中心と地上絵の設計中心が対応して移動しています。伊勢では瀧原宮から内宮へ祭祀の中心が東方へ移動し、周芳では多々良山から泉香寺山へ地上絵の設計の中心が西方へ移動して、移動方向も東西の調和が図られたようです。

表 5-58：周芳山口と伊勢の連携した動き 2——設計中心と祭祀中心の移動

年	周芳山口	伊勢
天武十年（681 年）	多々良山	多気郡
	北斗図	瀧原宮（多気大神宮）
文武二年（698 年）	泉香寺山	度会郡
	五形図	内宮

＊周芳国では設計の中心が西へ移動（13847m）し、伊勢国では祭祀の中心が東へ移動（29291m）した。(67-1-5,7)(76-30,221) (141-436)(274-170)(323-1-41)(324-82)(339-150)(372)

3. 聖数関係で結ばれる文武二年

　二つの地上絵が描かれた年は、複数の聖数関係で結ばれた特別な年でした。(表 5-59)

表 5-59：複数の「聖数関係」で結ばれた文武二年(698 年)

事件・事績	聖数（年）	事件・事績	備考
壬申の乱(672 年)	26	文武二年(698 年) 内宮創建 皇祖神アマテラス創造	26：「一九年七閏法」(19 年間に 7 回の閏月を加える暦法）の 19 と 7 の和
天武四年(675 年) 土左大神神刀	23	文武二年(698 年) 土左大神牛黄	23：三才（天と地と人の働きを意味する数字 9・8・6）の和
天武九年（681 年） 北斗図 伊勢国白茅鴟 周芳国赤亀	17	文武二年(698 年) 五形図 伊勢国白鉛 周芳国銅（アカガネ）	17：陰陽の極数（9 と 8）の和
天武十五年（686 年） 天武崩御	12	文武二年(698 年) 天武十三回忌	12：十二支一巡を示す

　まず、北斗図(681 年)は壬申の乱（672 年）から 9 年経ち、9 は陽数（奇数）の極数で陽気が重なりすぎるため不吉とされました。この数字は天武の事績によく用いられ、その崩御も九月九日と記録され、その病の原因が「草薙剣の祟り」とされたことと相まって不吉な背景を暗示します。(76-131,232)(96-89)(114-1-233)(220-14)(219-1-360) (323-1-241,478)(371-1-44) 北斗図から五形図(698 年)までは 17 年が経ち、17 は陰陽の極数（9＋8）の和を意味し聖数関係が成立しています。

次に、五形図が描かれた文武二年(698年)は壬申の乱(672年)から26年、土左大神が神刀を献上した天武四年(675年)から23年（文武二年には牛黄を献上）、天武崩御から12年が経ち、文武二年が複数の聖数関係で結ばれた特別な年でした。 (31-233) 26は「一九年七閏法」(19年間に7回の閏月を加える暦法)の19と7の和で太陽と月の完全な再生を意味し、23は三才（天と地と人の働きを意味する数字9・8・6）の和(註5-20)、12は地支(註5-21)の一巡を示す数字で再生を意味します。 (31-58) (49-156) (258-20) (355-3-289)

これらの関係からも、地上絵は単独に周芳山口で描かれたものではなく、国家的事業の一つとして位置づけられ企画されたことが窺えます。

4. 左祖右社による配置

北斗図と五形図という二つの地上絵が周芳山口に描かれた理由の一つには、大和との地理的関係がありました。 (133-3) (149-1-388) (305-35) (330-10)

「左祖右社」は『周礼』に載る言葉で、天子が玉座に座って南面した場合、宮殿の左に祖廟（宗廟）を造り、右には社稷（土地の神と五穀の神）を造る、とする思想です。この原則にしたがって、大和の東方に位置する伊勢に宗廟として瀧原宮と内宮を創建し、西方に位置する周芳山口に社稷として北斗図と五形図を描いたと推測されます。 (149-1-388) (157-3-1079) (210-3) (305-35) (330-10)

しかし、この位置付は大極殿を備えた本格的な都城・藤原京が設計された以後のものかも知れません。飛鳥浄御原宮のような狭い宮都では成立しない可能性があります。したがって、北斗図が描かれた天武十年（681年）、左祖右社の原則にしたがった位置づけではなく、周芳山口が重視された理由が他に存在した可能性があります。それは、「月が潜む岩戸」向島奥宮の存在と、周芳山口が大和や伊勢とならぶ月信仰が盛んな「月の都」であったから、と想像します。(表5-60, -61)

表5-60：左祖右社による配置1

項目	右社	左祖
国	周芳山口	伊勢
方位	西	東
祭祀	社稷	祖廟（宗廟）
事業	北斗図	多気大神宮（瀧原宮）
	五形図	内宮

宗廟とは、祖先の霊を祀る祭壇のことです。(本書では宗廟と祖廟とを区別せず宗廟で統一した) (133-13)

社稷の社とは土地神を祀る祭壇のことで、稷とは五穀の神すなわち穀物の神を祀る祭壇のことを指します。社稷は国の守り神として必ず祀るべきものとされ、古代中国の国家祭祀で最も重要な祭祀の一つでした。後代には、社稷は国家そのものを意味するようになります。社稷が国家と同じ意味で用いられていることから、周芳国の重要性を推し測ることができます。 (133-8)

『老子』七十八条には「国（社稷）の汚辱を引き受けるものを主という」とあり、社稷が国家と同じ意味で使われています。 (55-2-189) (47-2-189) 『淮南子』人間訓には「社稷墟となる」の文言があり「社稷の祭が絶えて空しい墟となる、すなわち国家が滅びる」を意味し、社稷は国家の意味で使われています。 (157-3-1079)

「天子南面」の言葉は『易経』にあり、「説卦伝」離卦の文言にしたがって天子は南面すなわち南に向かって天下の政治を聴くとあります。 (355-2-293) つまり、伊勢と周芳山口は共に朝廷の祭祀を支える両翼として1300年間、国家と国民の安泰を祈り続けてきたといえそうです。

振り返ってみれば、社稷すなわち土地の神、五穀の神とは月神の持つ神格そのものです。つまり、社稷に相当する周芳山口は月神を祀るのに最もふさわしい国と位置付けられた可能性があります。これは卓越した月信仰の国・伊勢も同じで、宗廟としての伊勢は皇祖を祀るのに最もふさわしい所と位置付けられたと想像します。

左近の桜と右近の橘

　左祖右社の原則を端的に表した例として、京都御所の紫宸殿の左右に「左近の桜、右近の橘」「右京と左京」「右大臣と左大臣」、などがあります。

表 5-61：左祖右社による配置 2

項目	右社	左祖
華	タチバナ（タジヒ）	サクラ（コノハナ）
街区	右京	左京
大臣	右大臣	左大臣
位置	右近	左近

　紫宸殿を建てた位置は秦造河勝の邸宅があった場所で、そこにあった「タチバナ橘」を移植した伝承があります。(36-28)(76-458)(213-68)(254-30)(394-17)

　秦氏は月信仰を濃厚にもつ氏族で、「タチバナ（月霊の華）」を庭に植えていたのは信仰の証でしょう。秦氏の氏祖は秦の始皇帝の子孫「弓月の君」とされ、氏祖の名をはじめ秦氏には月信仰に関わる伝承があります。『紀』には秦河勝と「常世の虫」の話、『続紀』には伏見稲荷創祀が載ります。「常世の虫」とはアゲハチョウの幼虫と考えられ、変態を繰り返す蝶は月の性質をもち本質が同じと考えられました（しるしの原理）。一方、伏見稲荷の祭神は月神ウカノミタマでした。(餌香市の聖樹が橘であった)　(76-494)(105-494)(398-1-141)(491-2-141)

　ウカノミタマは、『記』でスサノヲとカムオホイチヒメとの間に生れたとされる神です。そのウカノミタマを信仰したのが秦氏で、ウカノミタマを祭神として伏見稲荷を創祀（元明四年711年）しました。三浦氏によれば「ウカ」は「ワカ」から派生した言葉で、「ウカノミタマ・トヨウケ・ウケモチ」にある「ウカ」「ウケ」で、これらの神も豊穣の霊力を持つと信じられました。

　上記の左祖右社にしたがって、左近（東方）に置かれた「サクラ桜」は宗廟（天皇家の祖先）にあたり、右近（西方）に置かれた「タチバナ橘」は社稷（土地神と五穀の神）にあたります。(76-511)(183-116)

　サクラの異称コノハナは「月の華」、タチバナは「月霊の華」でともに月信仰に由来し、ここにも同じ空間に信仰上異質なものは含まない原則が貫かれています。

　降臨したニニギノミコトと結ばれたコノハナサクヤヒメは地上での天皇家の祖、すなわちホデリ（海幸彦）、ホスセリ、ホオリ（山幸彦）を産んだことから、コノハナサクヤヒメは皇祖母（儲けの君の母）になります。(76-213)

　「花の中の花、至高の清明美である桜は至高の美姫コノハナサクヤヒメの化身」とする指摘があることからも、桜は宗廟を象徴する樹といえます。(76-458)(254-16)(438-104)「ウメ梅」では月神と結びつかないため、この関係を語ることができません。

　つまり、宗廟の置かれた伊勢国は「左近の桜」に相当し、社稷の置かれた周芳国は「右近の橘」に相当します。左祖右社の原則が紫宸殿の「左近の桜、右近の橘」から、天子が南面した場合の東に位置する伊勢国の宗廟と西に位置する周芳国の社稷にまで拡大され、まるでフラクタル（自己相似形）のように空間設計されているのが分ります。(256-7)(87-17-394)(341-183)

　古代人が拡大縮小して同じことを執拗に繰り返したのは、満ち欠けを繰り返す月に擬えた行動と考えられ、これは呪術や祭祀の場合でも同様でした。拡大縮小に関連して、飛鳥岩屋山古墳と周芳山口の大日古墳、伊勢神宮と周芳山口の正三角形の縮尺を纏めると下記になり、縮尺率が近似するのは偶然でしょうか。

飛鳥岩屋山古墳：大日古墳＝1：0.76

伊勢神宮　　　：周芳山口＝1：0.8

　古代人の心を常世国へと導いた植物が「タチバナ橘」であった、と益田勝美氏は述べています。月信仰に言

及していなくても、益田氏は短歌の中に含まれる「月とタチバナ」の関係から「月と常世国」を考えたようです。(191-255) (273-17)

日本的な夢見る愛の源泉が、遥かかなたの国常世への思慕から流れ出ており、それをつなぐものが橘という植物である、という心の営みの歴史が、われわれの国の古代から中世へかけてありました。(191-251)

和同年間の動きと周芳山口

　文武を継いだ元明の治世、和同年間には壮大で夥しい国家的事業が実施されました。その和銅年間に行われた周芳山口での事業が注目されます。それは、北斗図以来、周芳山口と伊勢は連繋した動きが認められたことから、周芳山口の事業は大和とも連携していたと考えられるからです。

表 5-62：和同年間の動き

時代	大和の動き	周芳山口の動き	備考
和銅元年（708年）	和同開珎	陶春日神社創建（藤原不比等）	和銅発見
二年（709年）	出雲遷宮		オオクニヌシ
三年（710年）	平城遷都	大崎玉祖神社の祭神を高安玉祖神社へ勧請	月神
	杵築神社へオオクニヌシ遷座		月神
四年（711年）	伏見稲荷創建		月神
五年（712年）	『古事記』撰上		
霊亀元年（715年）	霊亀献上		
養老元年（717年）	養老瀧	古四宮から赤田神社へ遷座	月神

　和銅元年 (708年) 東国の秩父郡から「ニギアカガネ和銅」が献上され、和銅と改元しました。和銅とは、自然界で不純物を含まない純銅のことです。「ニギ和」とは完全に熟した状態を指します。「ニギ」の例には、「ニギタツ熟田津」の「ニギ」、「アツタ熱田」の「アツ」があります。「ニギタツ」とは潮待ちをした「満月の港」、「アツタ」とは「満月」を意味します。

　和銅三年 (710年)、大崎玉祖神社の祭神が河内の高安玉祖神社へ勧請されました。大崎玉祖神社の「タマノヤ玉祖」とは月神のことでした。その月神がまるで平城遷都に合せて「カワチ河内 (月の霊)」の高安玉祖神社へ勧請されました。近隣の高安山中腹に天照大神高座神社があり、一帯は新羅人が居住し月信仰の中心地でした。

　和銅四年 (711年)、月神ウカノミタマを祭神とする伏見稲荷大社が創建されました。

　「ニギ和」の例として下記のものがあります。

ニギタヘ和妙　　ニギタマ和魂　　ニギアカガネ和銅　　ニニギノミコト瓊瓊杵尊　　ニギタツ熟田津
ニギハヤヒノミコト（アマテルクニテルヒコホアカリクシダマニギハヤヒ天照国照大神饒速日尊）

　「ニギタツ熟田津」の「ニギ」から飛躍して、「ヤマト大和」は「オオニギ」と訓むのではないか、すなわち「渡る成熟した月」「天空を渡る満月の国」を指す可能性があります。大和の他の表記「倭」にも「渡る (月)」の意味が含まれることから、極端に飛躍した解釈ではないと思います。それは、エジプトの月の王オシリスと同じ神格をもつ「オオクニヌシ」が「渡る月の国の主 (月神)」であったように、「オオサカ大坂」が「渡る月の坂」であり、「クサカ日下」が「月坂」であったようにです。(第3章) 三浦氏が述べた総名となる古代地名には聖性のある言葉が選ばれていることから、月信仰の世界にあった大和とは「天空を渡る満月の国」の意味であった可能性を考えてみたくなります。(210-99)

　このように考えると、「渡る月が満ち足りる」大和を中心に左祖右社の原則にしたがって、東方の伊勢には宗廟・内宮をおき、西方の周芳山口には社稷として地上絵を描いたと考えられます。内宮の「場」は「月の山」

大和葛城山を東西軸の基点として設計され、周芳山口の地上絵は「月の山」多々良山と、「月神ウカノミタマが潜む」向島奥宮から信仰上の根拠を与えられた泉香寺山を設計の中心として描かれ、伊勢と周芳山口の動きが符合します。この信仰空間には信仰上異質なものは含まれず、一貫しているのがわかります。

空間考古学の提唱

　月神ウカノミタマを祭神とする向島奥宮と泉香寺山を結ぶ設計線が存在し、それが泉香寺山に信仰上の根拠を与えたことを、誰が想像したでしょう。内宮が大和葛城山を基点とする東西軸上に存在し、「月の山」大和葛城山から信仰上の根拠を与えらたことを、誰が想像できたでしょう。周芳山口と伊勢には月信仰を背景とする信仰空間が設計され、特に周芳山口は濃密な空間設計がされたことを、誰が想像できたでしょう。この信仰空間に北斗図と五形図という地上絵も描かれたのです。

　このような視点と解析は空間考古学の手法を用いなければ不可能なことであり、従来はまったく考慮されなかった新たな問題を提起します。

　「なぜ、こんなところに（場）」と「なぜ、あっちへ（方位）」の疑問から始まった「場」と「方位」を解析する研究手法は、空間考古学という新たな研究の可能性を浮かび上がらせました。それを実現したのは、古代世界に普遍的であった月信仰の存在で、空間考古学の手法で解析された「場」と「方位」に「意味づけ」を可能にしたからです。ウカノミタマを月神と認めるだけで、流布している太陽信仰の世界とは異なる古代日本の世界が拓けました。「月と岩と水の信仰」の視点がなければ、つまり月信仰に関する三浦氏、ナウマン氏、キャシュフォード氏らの研究成果がなければ成しえなかったことです。

（註 5-1）「山立て」地文航法と天文航法

地文航法（クロスベアリング）：船の周辺にある目立つ山を目標にして船の位置を知る方法。2 つの山を測定する場合には交角が 90°、3 つの場合には 60° であることが求められる。

地文航法による測量は、前方後円墳の後円部の「場」と墳体の体軸「方位」の決定にも応用されたと考えられ、船の位置が「場」になり、航路が「方位」になる。これらの仮説は、解析結果で明らかに示された。

交会測量法

前方交会法

図 :「山立て」による交叉方位法

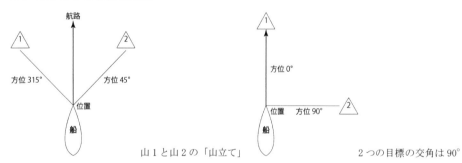

山 1 と山 2 の「山立て」　　　　　2 つの目標の交角は 90°

天文航法 : 恒星の角度を測定して船の位置を知る方法。

天体の高度、すなわち水平線からの仰角を測る方法で、六分儀のない古代にも星の高度は測られていた。

動いている船の場合と異なり、古墳や神社の位置の測量は容易であった。

視認距離――大和葛城山から瀧祭宮まで

航海上、自船から水平線に存在する物体を視認できる距離。自船の高い位置から確認するほど水平線までの距離が長くなる。

通常は 15 マイル（1 海里＝1852m）で 28km 程度。観測者の高さと求められる物体の高さにより変化する。

視認距離(km)＝2.08×（√H+√h）

標高500mの山から観測すれば、

地上絵の距離、大和葛城山を東西軸の基点とした内宮までの距離など、十分に視認することが可能。

H（対象物の高さ）=200m　　h（標高）=500m　とすると

2.08×（14.1+22.4）＝76（km）

標高500mの山頂からは76km先の高さ（標高）200mの対象物まで視認することができる。

標高959.2mの大和葛城山山頂から67kmまで視認が可能。

2.08×（1+31）＝67（km）

線分（大和葛城山 - 瀧祭宮）＝95.5km

したがって、線分（大和葛城山 - 瀧祭宮）に中継点を1ヵ所置くだけで測量と設計が可能。

周芳山口の地上絵の測量と設計についても同様のことがいえる。

表：葛城山を基点とする距離と方位角

地点	緯度（°）	経度（°）	距離(m)	方位角（°）	誤差（%）	標高（m）
大和葛城山	34.4561	135.6825	0	0		958.6
瀧祭宮	34.4556	136.7219	95508	89.7392	0.45	
内宮	34.4553	136.7253	95821	89.7581	0.42	

＊線分（葛城山-瀧祭宮）の東西軸90°に対する誤差　90−89.7392=0.2608　　誤差の計算2π×0.2608÷360×100=0.45（%）

＊線分（葛城山-内宮）の東西軸90°に対する誤差　90−89.7581=0.2419　　誤差の計算2π×0.2419÷360×100=0.42（%）

（註5-2）「オオサカヤマ大坂山」

大坂山は、河内と大和の境にある二上山（にじょうさん／ふたかみやま）と考えられ、金剛山脈北部に位置し、雄岳（517m）と雌岳（474m）からなり、雄岳の山頂には大友皇子の墓とされる墳墓がある。

崇神紀には大坂山の石で箸墓を築造した記事が載る。

二上山の南に日本最初の官道・竹内街道があり、交通の要衝であった。

「オオサカヤマ大坂山」は、「クサカ日下」を「月坂」と解釈したように「渡る月の坂」と考えられる。

「オオイチ大市」とする墨書土器が発掘され『紀』の記述が正しいことが証明されました。（179-5-230）

「オオイチ」は「オオサカヤマ」と並んで「月」を暗示する可能性がある。

（註5-3）岩橋山

役行者が吉野と岩橋山を繋ぐ石の橋を架けようとした伝説がある。

役行者は多分に伝説的な人で、その記録には天武との接点が多く、天武の影武者として記載されたのではないかとさえ思われる。（75-125）

表：天武天皇と役行者の接点の可能性

天武紀		天武天皇の年令と事績	役行者の年令と事績
即位前（671）	辛巳	50歳、吉野へ遁走	38歳、吉野で行を始める
	辛巳	勝手神社、天女の舞	39歳、弥山大神を介して天皇を加護
元年（672）	壬申	51歳、壬申の乱	39歳、生駒岳
三年（674）	甲戌	52歳、大來皇女斎宮	40歳、一千日の苦行の末に蔵王権現感得
九年	庚辰	58歳、災異多発	46歳、大峯
十一年（682）	壬午	60歳、運命の年、天の譴責	48歳、熊野へ
十二年（683）	癸未	61歳、秋七月から八月日照り	49歳、「雨乞い」の祈祷後、大雨

	葵未	笠置寺創建	笠置山での修行
十三年(684)	甲申	62歳、国見から役行者の話を聞く？	50歳、申し出により土地を譲渡

（註5-4）天橋

『万葉集』の歌にも天橋があり、イザナギが計画した天橋立の神話と同じです。天橋を長くして月へ辿りつき、ツキヨミが持っている変若水を取って来て君と若返りたいものだ、というせつない気持を詠ったものです。(267-25)(440-470)(万⑬3245)

（註5-5）土師氏

土師氏に関する史料も研究も少なく、その実体が明らかでない氏族である。

周芳国の土師氏は、推古一年(603)、来目皇子の殯を娑婆県（現・防府市）で行うために大和から派遣された土師娑婆連猪手の子孫とされ、周防国衙で国司の任にあったこと以外、あまり明らかではない。(76-354)(136)(186)

大日古墳は土師娑婆連猪手の墳墓とする説がある。（岩屋山古墳と大日古墳）。

この伝承から、土師氏と大内氏が周芳国で同時代を生きていたことが想像できる。

大内氏が琳聖太子の末裔としたのは14c以後であるが、おそらく土師氏から派生したと考えられる。

『書紀』には、垂仁七年(BC23)秋七月己巳朔乙亥(7)の記事を始め、23条の土師氏に関する事績を載せている。(434)

土師氏は神別氏族

『新撰姓氏録』弘仁六年(815年)は、その出自により氏族を皇別、神別、諸蕃に分類して祖先を明らかにしたもの。

1. 皇別とは、臣籍降下した氏族。

2. 神別とは、「天つ神」、「国つ神」の子孫で、「天神」、「天孫」、「地孫」に区別される。

神武天皇以前の神代に別れ、あるいは生じた氏族のことで404氏があげられる。

3. 神別姓氏は、さらに瓊瓊杵尊が天孫降臨した際に付き随った神々の子孫を「天神」とし、瓊瓊杵尊から3代の間に別れた子孫を「天孫」、天孫降臨以前から土着していた神々の子孫を「地祇」として3つに分類している。

この分類から、土師氏は神別氏族で「天神」になる。

土師氏の遠祖・天穂日命は、アマテラスとスサノヲの誓約によりアマテラスの八坂瓊の五百箇の御統から生まれた五柱の神の一柱で、アマテラスの直系といえる。

一方、五伴緒神の一柱玉屋命は、天津彦火瓊瓊杵尊が降臨する際に付き従った神で、「天壌無窮の神勅」を述べる重要な記述の中に存在していた。この神話から、土師氏は神話を創造する時代に朝廷から非常に近い距離にあったことが判る。

この社伝からも土師氏の祖先は天孫降臨の段階から天孫に従っていたことが分り、史料の中に目立つ活躍がなくても土師氏と皇室の深い繋がりが推測される。

『紀』に載る土師氏の伝承のまとめ

『紀』には、垂仁七年(BC23)秋七月己巳朔乙亥(七)の記事以下23条の土師氏に関する事績を載せている。 (246-1-54-56)(246-2-34-48)

これらには土器製造、軍事と伝令、外交と調整役、天皇の食事に関係する仕事などがあり、土師氏の祖業とする喪葬よりも、外交と軍事に関するものが多いことに気付く。

造陵の記事は1件しかなく、古墳を造営したとされる氏族の印象とは大きくかけ離れている。

1. 埴輪を考案したことと角力に勝利したこと：1件

2. 土師氏の由来譚：1件

3. 貴族の殯、喪葬に関するもの：4件

4. 古墳の造営：1件

5. 墓を守るべき子孫に護らせなかったための祟り：1件

6. 土師氏の勢力範囲を示したもの：1件

7. 伝達役、交渉役、調整役に関するもの：3件

8. 外交に関するもの：5件

9. 食事に関すること：1件

10. 軍事に関するもの：7件

（註5-6）龍山石

兵庫県高砂市にある採石場（遺跡）。古墳時代から現代に至るまで産出される流紋岩質溶結凝灰岩で、加工に適している。古墳時代には当時の高級品で仁徳陵の石棺にも用いられている。周芳山口の大日古墳の石棺にも用いられ、この古墳の被葬者が誰であるのか謎の一つとされる。

（註5-7）来目皇子

飛鳥時代の皇族で大きく11代用明天皇の子。生年不詳で推古十一年二月四日没（603年）。新羅征討で征新羅大将軍として軍を率いたが病で斃れた。周防娑婆（防府市桑山／桑山塔の尾古墳）で土師娑婆連猪手が殯を管掌した。

（註5-8）岩屋山式

奈良県高市郡明日香村越の台地端部斜面に立地する方墳（八角墳の説も）。壁面は整美で玄室は2段積みで、下段は垂直に、上段は内傾させている特徴がある。この構造を「岩屋山式」横穴式石室として捉えられている。

周芳山口の大日古墳も岩屋山式の構造を持つ。（285-71）

（註5-9）経筒

経筒は平安時代の末法思想の影響を受けたもので、経典を埋めるために用いた青銅製や石製の容器。

泉香寺山々頂より発掘された経筒（甲盛蓋）は青銅製で、密教（修験道）との関係を示唆する。

白磁壺も経筒と同時に発掘される例が多い。（90-60）（87-452, 458）

石碑をこの山頂に建設する地開き工事があった。その時、世に珍しい「経筒」を掘り当てたのである。その地点は小高い盛り土状であって、土中に縦一・四〇メートル、幅〇・九メートル、厚さ一〇センチぐらいの平石があった。それを除くと下に木炭層があり、中央は石で四方を囲み、その内側にも木炭をつめ、その中央に銅の筒状の容器と土器があり、銅筒の中には腐食物がつまっていた。（90-62）

（註5-10）方格法（方格設計法）

方格法（方格設計法）とは縦横の直線を碁盤目状（方眼）に配置し、都市や道路、そして古墳の築造にも用いた方法。

方格法が伝来して巨大古墳の設計が可能になったと樹國男氏は指摘している。

複合型古墳は、方格（方眼）を媒体として設計と拡大が必要であった。結果、地上に巨大な複合形相似物をつくることが可能になった。2世紀後半に測地術と共に伝来したと考えられ、この技法と技術が急速に日本に拡がり、古墳時代が成立した。（33-95）（40-85）（76-377）（101-6-45）（132-3, 154）（147-28）（179-235, 354）（187-21）（256-95）（288-452）（305-257）（312-1）（331-40）（354-85, 157）（399-57）（410-51）（411-23, 45）

（註5-11）天之御中主神

防府市車塚町にある神社で石室に稲荷社を祀り、娑婆県主の墓ではないかとされている。社伝では、祭神の天之御中主神は外宮の祭神ウカノミタマと同体とされ月神であることが判る。

別称・車塚からも前方後円墳が神社に変化した可能性を示唆する。

（註5-12）インディアンサークル

簡略で正確な南北の方位を決定する方法に、「インディアンサークル」と呼ばれる方法があり、中国でも周代に使用が始まった。『周髀算経』は、

この垂直棒による観測から導かれた一種の宇宙観を述べた書物、と薮内清氏は指摘している。(410-54)

垂直に立てる棒は「髀」と呼ばれ、長さは 8 尺と決まっていました。

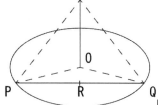

図：「インディアンサークル」

「髀」による真南北線を引く方法

1. 水平面に垂直棒(髀)を立て、それを中心 O として任意の円を描く。

2. 日出時と日没時の棒の影と円周との交点をそれぞれ P、Q とする。

3. 線分 PQ の中点 R と O を結ぶと OR は PQ に垂直でしかも正確な南北を指す。

　本法は山が多くて地平線を完全に望みにくい日本の土地においても容易に行える方法である。

（註 5-13）後天易と先天易

易には先天易と後天易があり、その配当は以下の通り。

先天易とは本体（象）による配当で、後天易とは本性（働）による配当である。

八卦

本体（象）：乾・兌・離・震・巽・坎・艮・坤

本性（働）：天・沢・火・雷・風・水・山・地

太極から両儀、四象、八卦への進展

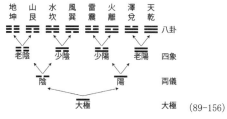

(89-156)

図：先天易(a)と後天易（b）の配置

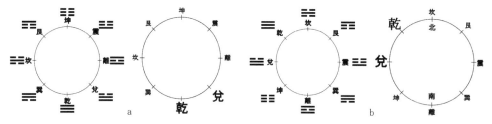

先天易は『易経』の本体（形／象）を、後天易は『易経』の本性（働き）を表す。万象の働き(本性)を考える場合、後天易を用いる。

(7) (154) (355)

陰陽説の創始者は伏義といわれるが、この陰陽の原理が最もよく応用されているのが『易経』である。そこでこの『易経』も伏義によって創始されたと伝えられ、更にそれを完成したのは周の文王であるという。(355-1-243)

「繋辞伝」第十一章　易に大極あり。これ両儀を生ず。両儀は四象を生じ、四象は八卦を生ず。八卦は吉凶を定め、吉凶は大業を生ず。(355-1-291)

（註 5-14）『抱朴子』

東晋（265 年 - 420 年）の道教学者・葛洪（283 年 - 363 年)が著した書物で、神仙術に関する諸説を集大成し、後の道教に強い影響を与えた。「抱朴子」とは葛洪の号。(183)

（註5-15）旦波国氷上郡

丹波国氷上郡は古来より氷上回廊と呼ばれ日本海と瀬戸内海を結ぶ重要な地点で、日本列島の屋台骨ともいえる中央分水界の中では最も低い標高約90mしかなく、水運を利用した物資の移送が容易であった。氷上を発する由良川からは丹後へ、円山川からは豊岡へ簡単に移動でき、加古川を降って瀬戸内海への入口には高砂、播磨があるという水上交通の要衝。

瀬戸内海側の高砂の龍山からは古墳の石室、石棺に使う龍山石が盛んに切り出され、野見宿禰の伝承も残されている。

水が分かれる位置には「水分れ公園」が整備され、確認することができる。

吉野では「みまくり水分」と読み、氷上では「みわかれ水分」と読む。「丹」を意味する丹波の国名からも「水分」は水銀の精製に関係する可能性がある。(33)

そのように想像する根拠は、「水分かれ公園」にある石部神社が存在する。

垂仁記で土師部と石祝作を定めた説話があり、この石祝作と関係すると土師氏と丹波・氷上とがさらに密接に関係する可能性がある。

周芳(国)の5例の記事に比較して4倍近い記事があり、大和朝廷にとって重要な地域であったことがわかる。

この中で丹波国氷上郡の記事は、崇神六十年と天武十三年の2例の記事。

崇神六十年の記事は、氷香戸邊という丹波国氷上の人の童子が神意を告げる話で、童子の背後には熒惑星がいた可能性がある。

天武十三年の記事は、丹波國氷上郡が十二角の犢が生れたと報告した記事。

土師氏との関係が窺える記事は、垂仁十五年に丹波道主命の皇女・日葉酢媛を皇后に迎えた記事。

この日葉酢媛の薨去に際して殉死を止める智慧を出したのが土師氏の祖・野見宿禰であり、これにより土師の名を賜っていて、土師氏にとっては始祖伝承ともいえる繋がりがある。(『古事記』)

『古事記』では、ヒバスヒメの時に石祝作と土師部を定めたとある。(『書紀』では土部連)

丹波と土師氏と直接関係する記事は、雄略十七年、清器を造らせるために土師連の祖吾笥が丹波国の私民部を献上し、贄土師部と名付けた話で、土師氏の私民部が丹波国に存在したことを示し、丹波国との強い繋がりがわかる。

丹波国氷上郡にある内尾神社の由緒書によると、和銅元年(708)壬寅、丹治(タジ？)大登峯に山伏の宿堂として建てられたのが起源で、文治元年(1185)には神階が正一位に昇り重要視されていたことが判る。

ウガヤフキアエズは神武天皇の父君で、「乾」卦にある「君であり父」が反映されている可能性がある。

（註5-16）桓武崩御

崩御日の三月十七日は十七夜（立待月）で「十七」は陰陽極数「九＋八」の和、あるいは「一九年七閏法」の和（一＋九＋七）で日月が同時に再生する意味がある。

大同元年は、毛受腹・土師氏と縁が深い桓武の崩御した年（延暦二五年三月十七日）で、平清水八幡の創建は桓武崩御と関係した可能性がある。

月神を祀る土師八幡と結ばれた平清水八幡には涸れることのない清水の伝承、つまり創建の背景に月信仰の存在が窺われます。したがって、桓武の時代にも月信仰は生き続けていたと思われる。「ヒラ」は「シナ・シラ・ヒナ」と同じく月あるいは月光を指す言葉。

（註5-17）おそらく鎮魂呪術として弘文陵、金峯山寺蔵王堂との関係

前作までに明らかにした問題。

天武紀の最後に記された「天皇の病は草薙劔の祟り」に関連する。

金峯山寺蔵王堂の蔵王権現は小児に見られる緊張性頸反射の姿態を表現したものであることからの類推。

自害した弘文天皇の怨霊が存在した可能性があり、その鎮魂呪術として実行された。

内宮の創祀も鎮魂呪術の可能性がある。

その延長線上に周芳山口の地上絵も存在した可能性がある。

（註 5-18）丹比道と大津道

大津道（長尾街道）

丹比道（竹内街道）

長尾街道と竹内街道は約 1.9 キロ隔って平行して東西に走る。丹比道の西側は仁徳天皇陵の北側を西北へ向かい、やや東北へかたよりながら北進し、上町台地の真中を通って、難波宮（大阪城の南、法円寺町に大極殿がある）に至る。

関屋から田尻をへて、西北へ行くと田辺（渡来人の田辺史などの居住地だった）を経て、有名な線刻壁画が横穴の壁に描かれた高市田に至る。ここから西へ原川、石川をわたると河内の国府に至る。国府から西へまっすぐに長尾街道がのびて、約 18 キロ西で堺の金岡、反正天皇陵の北側に至る。長尾街道は古代に大津道と呼ばれた。履中天皇が通った多治比（丹比）道もほぼ東西に走るが、これが竹内道につらなるとされている。（125-20）

（註 5-19）「吉凶相半」

土師宿禰古人らが改氏姓を朝廷へ請願した時に用いた言葉。私見では、土師氏の本質を表すものとして重要。

すなわち、土師氏の家業が天界と人界の境界で働く巫女的な性格であることを示唆する。中臣氏、忌部氏などと同じ立場であったと想像される。

光仁天応元年(781 年)で、その年は北斗図を描いたと推測される天武十年（681 年）から、ちょうど 100 年後でした。翌、延暦元年（782 年）、土師宿禰安人等が改氏姓を願い出ています。その理由が「祖業は吉凶相半ばしていたのに、今は専ら凶儀のみである」というものでした。

土師は天穂日命を出自とする。……垂仁天皇の御代に埴輪をつくった。……祖業をみると、諱辰 には凶を掌り、祭日には吉に預かるというように吉凶相半ばしていたのに、今は専ら凶儀にのみ預かるようになったのは、不本意である。（67-45）

（註 5-20）三才（天と地と人の働きを意味する数字 9・8・6）の和

三才の「才」とは働きを意味し、天と地と人の働きを意味し、それぞれに 9・8・6 の数字を配当した。（31-108）

（註 5-21）十二支

十二支の起源は古く、中国の殷(BC16c.-BC1023)の甲骨文では十干と組み合わされて日付を記録するのに使われていた。

戦国時代(BC403〜BC221)以後に、日付だけではなく年・月・方位・時間を表すようになった。歳星(木星)を神霊化した太歳の居所に付けられた名前が十二支。（84-52）（157-1-154）（219-1-259）（235-1-序）（236-1-26）（362-41）（390-1-323）

文献一覧

1　阿部猛編『日本古代官職辞典』高科書店 1995

2　足立大進編『禅林句集』岩波文庫 2009

3　『アイヌ生活文化再現マニュアル・イオマンテ・熊の霊送り・料理編』財団法人アイヌ文化振興・研究推進機構 2004

4　アジア民族造形文化研究所『アジアの龍蛇』造型と象徴・雄山閣出版 1992

5　秋本吉郎校注・日本古典文学大系『風土記』岩波書店 1968

6　赤坂憲雄『境界の発生』講談社学術文庫 2002

7　赤塚忠『易経』明徳出版 1984

8　赤塚忠『書経・易経（抄）』平凡社 1979

9　A・L・リーバー著・藤原正彦・藤原美子訳『月の魔力』東京書籍 1978

10　『アンコールワットとクメール美術の 1000 年展』東京都美術館 1997

11　荒川紘『古代日本人の宇宙観』海鳴社 1981

12　荒川紘『龍の起源』紀伊國屋書店 1996

13　有馬正高・北原佶『小児の姿勢』診断と治療 1999

14　アーサー・コッテル『世界神話辞典』柏書房 1993

15　飛鳥資料館『あすかの石造物』飛鳥資料館 2000

16　麻生磯次訳注『奥の細道』旺文社 1970

17　仏教芸術学会編『仏教美術』毎日新聞社 87 号 1972

18　仏教新発見『金峯山寺』朝日新聞出版 2016

19　文化庁、東京国立博物館, NHK, NHK プロモーション『国宝　土偶展』NHK, NHK プロモーション, 毎日新聞社 2009

20　文化庁監修『国宝高松塚古墳壁画』中央公論社 2004

21　千葉望『お月さまのこよみ絵本』理論社 2017

22　陳舜臣・門脇禎二・佐原眞『図説検証　原像日本』旺文社 1988

23　朝鮮史学会編・末松保和校訂『三国遺事』国書刊行会 1971

24　張明澄『五行経絡　中国医学薬物事典』エンタプライズ社 1990

25　長新太『ブタヤマさんたらブタヤマさん』文研出版 1991

26　地図閲覧サービスの地形図

27　第八十二代出雲国造・千家尊統『出雲大社』学生社 1968

28　大和岩雄『秦氏の研究』大和書房 1993

29　『道教の本』学研 1992

30　江口洌『伊勢神宮の源流を探る』河出書房新社 2012

31　江口洌『古代天皇の聖数ライン』河出書房新社 2007

32　袁珂著・鈴木博訳『中国神話・伝説大辞典』大修館書店 1999

33　江頭廣『古代中国の民俗と日本「春秋左氏伝」に見る民俗資料から』雄山閣出版 1992

34　藤井旭『星座大全　春の星座』作品社 2003

35　藤井崇『大内義興　西国の「覇者」の誕生』中世武士選書 21 戎光祥出版 2014

36　藤岡通夫編『日本の美術 8 京都御所と仙洞御所』至文堂 1974

37　藤田弘基『チベット仏教美術』白水社 1984

38　藤田福夫・阿部正路編『和歌の歴史』桜楓社 1972

39　復刻日本古典全集『倭名類聚抄』現代思潮社 1978

40　福本明『吉備の弥生大首長墓　楯築弥生墳丘墓遺跡』新泉社 2007

41　福島久雄『孔子の見た星空』大修館書店 1997

42 フレイザー『金枝篇』岩波文庫 1968

43 福永光司『道教と日本文化』人文書院 1982

44 福永光司『「馬」の文化と「船」の文化』人文書院 199

45 福永光司『タオイズムの風』人文書院 1997

46 福永光司『道教と古代日本』人文書院 1981

47 福永光司『老子』朝日新聞社 1978

48 福永光司他『道教と古代の天皇制』徳間書店 1978

49 福永光司・千田稔・高橋徹『日本の道教遺跡を歩く』朝日新聞社 2003

50 呉佳錡・山道帰一『完全定本地理風水大全』河出書房新社 2009

51 五来重『山の宗教　修験道案内』角川文庫 2008

52 五来重『石の宗教』角川選書 1988

53 『原始仏教美術図典』雄山閣出版 1991

54 玄奘著・水谷真成訳注『大唐西域記』平凡社 1999

55 『八幡宇佐神宮御託宣集』

56 廣畑輔雄『記紀神話の研究』風間書房 1977

57 ヘンドリック・ファン・デル・フェーレ著白石凌海訳『五輪九字明秘密釈の研究』ノンブル社 2003

58 班固・永田英正・梅原郁訳注『漢書食貨・地理・溝洫志』平凡社 1988

59 ハンス・ビーダーマン著、藤代幸一監訳『図説　世界シンボル事典』八坂書房 2013

60 原田敏明『村の祭祀』中央公論社 1975

61 原田敏明『日本古代思想』中央公論社 1972

62 堀秀道『楽しい鉱物学』草思社 1990

63 春野草結『熊野古道・高野・吉野』山と渓谷社 2015

64 橋本敬造『中国占星術の世界』東方書店 1993

65 防府市史編纂委員会『防府市史』通史Ⅰ原始・古代・中世 2004

66 林完次『宙の名前』角川書店 1999

67 林陸朗校注訓訳『続日本紀』現代思潮社 1988

68 林弥栄編『山渓カラー名鑑日本の樹木』山と渓谷社 1987

69 伊波普猷『伊波普猷全集』平凡社 1974

70 市毛勲著『朱の考古学』雄山閣考古学選書 12・1975

71 市川茂孝『母権と父権の文化史──母神信仰から代理母まで──』農山漁村文化協会 1993

72 飯田嘉郎『日本航海術史』原書房 1980

73 飯田季治『古語拾遺新講』明文社 1970

74 池田昌広・范曄『後漢書』の伝来と『日本書紀』日本漢文学研究 3 二松学舎 2008

75 池畑孝次郎『山口に残る古代地上絵　五形図の謎』東洋出版 2019

76 池畑孝次郎『山口に残る古代地上絵　北斗図の謎』東洋出版 2016

77 池内克史『最新技術でよみがえる　九州装飾古墳のすべて』東京書籍 2015

78 今村啓彌『富本銭と謎の銀銭』小学館 2001

79 印旛郡市文化財センター『印旛の原始・古代　縄文時代編』印旛郡市文化財センター 2007

80 犬養孝『万葉の旅』社会思想社 1965

81 稲本紀昭他『三重県の歴史』山川出版社 2000

82 伊能忠敬研究会『忠敬と伊能図』アワ・プランニング 1998

83 井上ひさし『四千万歩の男』講談社文庫 1992

84　井上聡『古代中国陰陽五行の研究』翰林書房 1996

85　井上靖『額田女王』毎日新聞社 1969

86　石田茂作『総説飛鳥時代寺院址の研究』大塚巧芸社 1944

87　石田茂作『仏教美術の基本』東京美術 1967

88　石上堅『日本民俗語大辞典』桜楓社 1983

89　『石上神宮』

90　石川卓美『平川文化散歩』山口市平川公民館 1972

91　糸戸尻考古館編『甦る高原の縄文王国』言叢社 2004

92　岩崎俊彦『大内氏壁書を読む-掟書による中世社会の探求-』大内文化探訪会 1997

93　『出雲国風土記』山川出版社 2005

94　泉谷八千代『歴史ドキュメント2 追跡王朝の秘薬―不老長寿の夢』日本放送協会 1986

95　吉野裕子『易・五行と源氏の世界』人文書院 1999

96　吉野裕子『蛇』法政大学出版局 1979

97　吉野裕子『日本古代呪術』大和書房 1971

98　吉野裕子『日本人の死生観』人文書院 1995

99　ジュールズ・キャシュフォード著・別宮貞徳・片柳佐智子訳『図説　月の文化史　神話・伝説・イメージ』柊風舎 2010

100　ジョセフ・キャンベル著・青木義孝・中名生登美子・山下主一郎訳『神話のイメージ』大修館書店 1991

101　ジョゼフ・ニーダム『中国の科学と文明』思索社 1976

102　縄文造形研究会『縄文図象学Ⅰ　表象の起源と神話像』言叢社 1984

103　縄文造形研究会『縄文図象学Ⅱ　仮面と身体像』言叢社 1989

104　縄文文化輝く会　松久保秀胤監修『縄文謎の扉を開く』冨山望インターナショナル 2009

105　Kankan『伊勢神宮』書肆侃侃房 2013

106　木場明志監修『陰陽五行　淡交ムック』淡交社 1997

107　久保田淳『西行全集』貴重本刊行会 1982

108　窪徳忠『道教百話　仙人へのあこがれ』筑摩書房 1964

109　小林茂文『周縁の古代史　王権と性・子ども・境界』有精堂 1994

110　小林由来・徳田紫穂『金山巨石群の「縄文」太陽観測ガイド』三五館 2016

111　古代を考える会『河内土師の里遺跡の検討』1979

112　角川日本地名大辞典編纂委員会『角川日本地名大辞典　35 山口県』角川書店 1988

113　後藤丹治・岡見正雄校注『太平記』岩波書店 1962

114　後藤夜半『翠黛』三省堂 1940

115　門脇禎二編『日本古代国家の展開』思文閣出版 1995

116　小出義治『大和・河内・和泉の土師氏』国史学(54)，56-70，1951-01-00

117　貝塚茂樹『古代中国の精神』筑摩叢書 1967

118　『広辞苑第六版』

119　『漢字源』改訂第四版・学習研究社 2007

120　梶井基次郎『梶井基次郎全集』筑摩書房 1966

121　国土地理院の五万分一地形図(柾判旧版地図を含む)

122　国土地理院地図閲覧サービス

123　国立博物館編『運慶』2017

124　『国史大系』交替式弘仁式延喜式・吉川弘文館 1965

125　上方史跡散策の会編『竹内街道』向陽書房 1988

126 木村康一代表『新註校訂国譯本草綱目』春陽堂 1977

127 小松英雄『日本語の音韻』中央公論社 1981

128 木股三善・宮野敬編『原色新鉱物岩石検索図鑑』北隆館 1963

129 小松和彦『憑霊信仰論』講談社学術文庫 1994

130 近藤清石『大内氏実録』マツノ書店 1890

131 近藤敏喬『古代豪族系図集覧』東京堂出版 1993

132 梛国男『方格法の渡来と複合型古墳の出現』築地書館 2009

133 金子修一『古代中国と皇帝祭祀』汲古選書 2001

134 金倉厭勝『インド哲学史』平楽寺書店 1962

135 金岡秀友『密教の哲学』サーラ叢書 1969

136 関西大学文学部史学科創設 25 周年記念) 史泉 (50), p55-63, 1975-04-00

137 金谷治訳注『荘子』岩波文庫 1975

138 金沢庄三郎『言語の研究と古代の文化』弘道館 1913

139 カール・ヘンツェ著・金子えりか訳『霊の住処としての家』雄山閣 1996

140 黒木月光『「満月と魔力」の謎』二見書房 1994

141 倉野憲司・武田祐吉校注・日本古典文学大系『古事記　祝詞』岩波書店 1966

142 黒沢幸三『土師氏の伝承と歌謡』文化 31(4), 99-130, 1968-03-00

143 黒板勝美国史大系編集会・改訂増補国史大系『日本書紀私記・釈日本紀・日本逸史』吉川弘文館 1965

144 倉塚曄子「皇統譜における妹」『文学』第 36 巻 6 号・岩波書店 1968

145 倉塚曄子『巫女の文化』平凡社 1979

146 小曽戸丈夫・浜田義利『意釈黄帝内経素問』築地書館 1971

147 来村多加史『風水と天皇陵』講談社現代新書 2004

148 交野市史編纂室『交野市史　自然編 I』交野市 1986

149 岸俊男教授退官記念会編『日本政治社会史研究　上』塙書房刊 1984

150 岸俊男編『日本の古代　王権をめぐる戦い』中央公論社 1986

151 『キトラ古墳天文図　星座写真資料　奈良文化財研究所研究報告第 16 冊』奈良文化財研究所 2016PL5, 8

152 喜多路『母神信仰』錦正社 1994

153 白川静『字訓』平凡社 1987

154 安岡正篤『易学入門』明徳出版社 1982

155 久世仁士『百舌鳥古墳群を歩く』創元社 2014

156 楠原佑介『地名でわかる水害大国・日本』祥伝社 2016

157 楠山春樹著新釈漢文大系『淮南子』人間訓・明治書院 1988

158 河合隼雄『河合隼雄著作集　子どもの宇宙 6』岩波書店 1994

159 河野通毅編『大内村誌』マツノ書店 1958

160 香春町郷土史会編『香春町歴史探訪』香春町教育委員会 1992

161 川原秀城『毒薬は口に苦し―中国の文人と不老不死』大修館書店 2001

162 川添昭二『今川了俊』吉川弘文館 1964

163 萱野茂『アイヌ民族写真・絵画集成 1 祭礼・神々との交流』日本図書センター 1995

164 許慎『説文解字（中文）』北京連合出版公司 2014

165 前田栄作『尾張名所図会　謎解き散歩』風媒社 20212

166 前川明久『土師氏伝承の一考察　野見宿禰をめぐって』日本歴史学会編集『日本歴史』1978

167 牧野富太郎『牧野日本植物図鑑』北隆館 1979

168 　槇佐知子『今昔物語と医術と呪術』築地書館 1984

169 　槇佐知子『日本の古代医術　光源氏が医者にかかるとき』文芸春秋 1999

170 　槇佐知子『日本昔話と古代医術』東京書籍 1989

171 　槇佐知子全訳精解『大同類聚方』新泉社 1992

172 　槇佐知子訳『丹波康頼医心方 8』筑摩書房 1999

173 　ミルチャ・エリアーデ著・松村一男訳『世界宗教史』ちくま学芸文庫 2000

174 　森博達『古代の音韻と日本書紀の成立』大修館書店 1991

175 　村井康彦『平安京物語』小学館 1994

176 　村上英二『開明堂英華』村上開明堂 1994

177 　森浩一『海を渡った人びと』中央公論社 1989

178 　森浩一『巨大古墳-前方後円墳の謎を解く』草思社 1985

179 　森浩一編『日本の古代　前方後円墳の世紀-開発と土木技術』中央公論社 1986

180 　森浩一『日本の深層文化』ちくま新書 2009

181 　森浩一・門脇禎二『渡来人　尾張・美濃と渡来文化』大巧社 1997

182 　森浩一編『日本の古代　倭人の登場』中央公論社 1986

183 　村上嘉実・中国古典新書『抱朴子』明徳出版 1992

184 　森雅之『月の満ちかけをながめよう』誠文堂新光社 2018

185 　村尾次郎『桓武天皇』吉川弘文館 1963

186 　村津村津弘明『土師氏の研究--土師姿婆連猪手を中心として』史泉(50)，p55-63，1975-04-00，240

187 　丸山竜平『巨大古墳と古代国家』吉川弘文館 2004

188 　守屋洋『六韜・三略の兵法』プレジデント社 1994

189 　森由雄『神農本草経解説』源草社 2011

190 　村山修一他編・古代『陰陽道叢書 1』名著出版 1991

191 　益田勝美『秘儀の島　日本の神話的想像力』筑摩書房 1976

192 　三坂圭治『吉敷村史』マツノ書店 1937

193 　御薗生翁甫『大内氏史研究』マツノ書店 2001

194 　御薗生翁甫『防長地名淵鑑』マツノ書店 1974

195 　松田寿男『古代の朱』学生社 1975

196 　松井章・牧野久美編『古代湖の考古学』クバプロ 2000

197 　松前健『古代伝承と宮廷祭祀』塙書房 1974

198 　松本信弘『日本の神話』至文堂 1966

199 　三田村有純『お箸の秘密』里文出版 2009

200 　吉田光邦『錬金術』中公新書 1963

201 　安田尚道「古代日本語の数詞をめぐって」『言語』7-11・1978

202 　吉田茂・蟹江節子『日本遺産　神宿る巨樹』講談社 2012

203 　松前健他・日本民俗文化大系『太陽と月＝古代人の宇宙観と死生観＝』小学館 1983

204 　吉田東伍『大日本地名辞書　中国・四国』冨山房 1900

205 　安田吉実・孫洛範編『エッセンス日韓辞典』民衆書林 1989

206 　三谷栄一『日本文学の民俗学的研究』有精堂 1965

207 　安居香山『緯書と中国の神秘思想』平河出版社 1988

208 　本居宣長『玉かつま』

209 　三浦正幸『神社の本殿　建築にみる神の空間』吉川弘文館 2013

210 三浦茂久『古代日本の月信仰と再生思想』作品社 2008

211 三浦茂久『古代枕詞の究明』作品社 2012

212 三浦茂久『銅鐸の祭と倭国の文化　古代伝承文化の研究』作品社 2009

213 三好和義『京都の御所と離宮』朝日新聞出版 2010

214 三好和義・岡野弘彦ほか『日本の古社　大神神社』淡交社 2004

215 三好和義ほか『日本の古社　伏見稲荷大社』淡交社 2004

216 溝口睦子『アマテラスの誕生』岩波新書 2014

217 茂在寅男『古代日本の航海術』小学館 1992

218 野口鐡郎編『選集道教と日本　第二巻古代文化の展開と道教』雄山閣出版 1998

219 野口定男他訳『史記』平凡社 1974

220 吉野裕子『山の神』人文書院 1989

221 吉野裕子『持統天皇』人文書院 1987

222 永田洋子・木谷美咲『月の光で野菜を育てる』VNC2013

223 『日本の古社　伏見稲荷大社』淡交社 2004

224 日本歴史学会編集『日本歴史』1978

225 「日本書紀天文記録の信頼性」河鰭公昭, 谷川清隆, 相馬充：国立天文台報第 5・2002

226 仁保の郷土史編集委員会『仁保の郷土史』1987

227 新村出『語源をさぐる』『新村出全集』四　筑摩書房 1971

228 西岡秀雄『なぜ、日本人は桜の下で酒を飲みたくなるのか』PHP2009

229 中村元『バウッダ仏教』講談社学術文庫 2009

230 中村元『ブッダ伝　生涯と思想』角川ソフィア文庫 2015

231 中村元『慈悲』講談社学術文庫 2010

232 中村元『龍樹』講談社学術文庫 2002

233 中村士『古代の星空を読み解く』東京大学出版会 2018

234 中村修也編著『続日本紀の世界　奈良時代への招待』思文閣出版 1999

236 中村璋八『陰陽道叢書 1 古代』名著出版 1991

235 中村璋八『五行大義全釈』明治書院 1986

237 中村雄二郎『中村雄二郎著作集　方法序説』岩波書店 1993

238 中司研一『山口大神宮勧請・造営に見る大内氏の財政』日本歴史(760), 19-35, 2011

239 中田力『日本古代史を科学する』PHP 研究所 2012

240 中沢新一『大阪アースダイバー』講談社 2012

241 中澤伸弘『宮中祭祀　連綿と続く天皇の祈り』展転社 2010

242 根本順吉『月からのシグナル』筑摩書房 1995

243 N・ネフスキー岡正雄編『月と不死』東洋文庫 1971

244 ネリー・ナウマン著・檜枝陽一郎・田尻真理子訳『哭きいさちる神スサノオ―生と死の日本神話像』言叢社 1989

245 ネリー・ナウマン著・檜枝陽一郎訳『生の緒　縄文時代の物質・精神文化』言叢社 2005

246 「七世紀の日本天文学」谷川清隆, 相馬充：国立天文台報第 11, 31-55(2008)

247 直木孝次郎『土師氏の研究--古代的氏族と律令制との関連をめぐって』人文研究 11(9), 890-913, 1960-09-00

248 直木孝次郎『日本古代の氏族と天皇』塙書房 1980

249 奈良文化財研究所研究報告第 16 冊』奈良文化財研究所 2016

250 西野儀一郎『古代日本と伊勢神宮』新人物往来社 1975

251 小葉田淳『日本鉱山史の研究』岩波書店 1968

252 萩中美枝他『日本の食生活全集 48 聞き書 アイヌの食事』農山漁村文化協会 1992

253 小川光三『知られざる古代太陽の道 大和の原像』大和書房 1980

254 小川和佑『桜と日本文化 清明美から散華の花へ』アーツアンドクラフツ 2007

255 小川清彦著作集『古天文・暦日の研究』皓星社 1997

256 小川泰一『フラクタルとは何か』岩波書店 1989

257 小川忠博『縄文美術館』平凡社 2013

258 岡田芳朗『旧暦読本 現代に生きる「こよみ」の知恵』創元社 2006

259 岡村吉右衛門『日本の染織 16 アイヌの衣装』京都書院 1993

260 岡村道雄『縄文の生活誌』講談社 2000

261 奥野平次『ふるさと交野を歩く 山の巻』交野市・交野古文化同好会 1983

262 岡野弘彦・桜井敏雄・三好和義編『日本の古社 大神神社』淡交社 2004

263 岡野弘彦・桜井敏雄編『日本の古社 住吉大社』淡交社 2004

264 沖田瑞穂『世界の神話』岩波ジュニア新書 2019

265 沢潟久孝『万葉集注釈』中央公論社 1960

266 沢潟久孝代表『時代別国語大辞典上代編』三省堂昭和 1967

267 大林太良他監修『日本神話事典』大和書房 2005

268 吉川忠夫・富谷至『漢書五行志』平凡社 1986

269 大林太良編『日本の古代 海人の伝統』中央公論社 1987

270 大形徹『不老不死仙人の誕生と神仙術』講談社現代新書 1992

271 大橋一章・谷口雅一『隠された聖徳太子の世界 復元・幻の天寿国』NHK 出版 2002

272 大橋啓喬「天然資源と内戦の発生に関する研究動向」「国際公共政策研究」15（1）2010

273 大岡信『たちばなの夢 私の古典詩選』新潮社版 1972

274 大森崇他編『密教の本 驚くべき秘儀・修法の世界』学研 1992

275 大森亮尚『日本の怨霊』平凡社 2007

276 大野七三『先代旧事本紀 訓注』巻第五・批評社 2001

277 大野晋他編『岩波古語辞典補訂版』岩波書店 1996

278 大野峻・中国古典新書『国語』明徳出版 1969

279 大野透『続万葉仮名の研究』高山本店 1977

280 大野透『日本語の遡源的研究』高山本店 1978

281 大角修『平城京 全史解読』学研新書 2009

282 大島直行『月と蛇と縄文人』寿郎社 2014

283 太田雅男他編『陰陽道の本日本史の闇を貫く秘儀・占術の系譜』暦と占いの大図鑑・学習研究者 1993

284 大歳地区史編纂委員会『郷土大歳のあゆみ』大歳自治振興会 2002

285 大塚初重他編『日本古墳大辞典』東京堂出版 1984

286 大内氏時代山口古図・山口県文書館蔵

287 『折口信夫全集 2』中央公論社 1865

288 小竹武夫訳『漢書』筑摩書房 1977

289 近江俊秀『海から読み解く日本古代史』朝日新聞出版 2020

290 尾張清経『尾張国熱田太神宮縁起』

291 吉野裕子『狐』法政大学出版局 1995

292 尾崎暢殃・森淳司・辰巳正明・多田一臣・鳥谷知子編集『万葉集辞典』武蔵野書院 1993

293 小沢賢二著『中国天文学史研究』汲古書院 2010

294 佐保田鶴治『ウバニシャッド』平河出版社 1979

296 柴田弘武『鉄と俘囚の古代史』彩流社 1987

295 柴田實編民衆宗教史叢書⑤『御霊信仰』雄山閣出版 1984

297 佐保山堯海『東大寺』座右刊行会 1973

298 安本美典『大和朝廷の起源』勉誠出版 2005

299 志賀勝『月的生活　天の鏡「月と季節の暦」の時空』新曜社 2006

300 吉野裕子『古代日本の女性天皇』人文書院 2005

301 志賀勝『人は月に生かされている』新曜社 2008

302 繁田信一『安倍晴明　陰陽師たちの平安時代』吉川弘文館 2006

303 繁田信一『陰陽師　安倍晴明と蘆屋道満』中公新書 2006

304 杉浦昭典『海の慣習と伝説』舵社 1978

305 佐川英治『中国　古代都城の設計と思想　円丘祭祀の歴史的展開』勉誠出版 2015

306 狭川宗玄・吉岡幸雄『古寺巡礼奈良 3　東大寺』淡交社 2010

307 佐原真『魏志倭人伝の考古学』岩波現代文庫 2011

308 須原屋茂兵衛他『事物異名類編』1858

309 西郷信綱『古事記注釈』平凡社 1988

310 西郷信綱『古代の声』朝日新聞社 1985

311 西郷信綱『古代人と夢』平凡社 1972

312 西郷信綱『古代人と死　大地・葬り・魂・王権』平凡社 2008

313 西郷信綱『神話と国家　古代論集』平凡社選書 1977

314 西郷信綱『壬申紀を読む』平凡社 1993

315 『星経』早稲田大学古典籍データーベース

316 斎藤国治『古天文学の道』原書房 1990

317 齋藤盛之『一宮ノオト』思文閣出版 2002

318 斎藤秀三郎『英和中辞典』岩波書店 1936

319 坂口謹一郎『日本の酒』岩波文庫 2007

320 坂口周作『シェリーの世界－詩と「改革」のレトリック』金星堂 1986

321 阪倉篤義他校注・日本古典文学大系『竹取物語　伊勢物語　大和物語』岩波書店 1978

322 坂本太郎他校注『日本書紀』岩波文庫 1994

323 坂本太郎他校注・日本古典文学大系『日本書紀』岩波書店 1967

324 桜井勝之進『伊勢神宮の祖型と展開』国書刊行会 1991

325 桜井満『柿本人麻呂論』桜楓社 1980

326 島田泉他編『世界遺産ナスカ展　地上絵の創造者たち』TBS2006

327 清水克行『日本神判史』中公新書 2010

328 清水文雄校訂『和泉式部歌集』岩波文庫 1956

329 篠原四郎『熊野大社』学生社 2001

330 新城理恵「先蚕儀礼と中国の蚕神信仰」『比較民俗研究』4. 1991

331 銭宝琮編・川原秀城訳『中国数学史』みすず書房 1990

332 新修名古屋市史編集委員会『新修名古屋市史　巻一』名古屋市 1997

333 新谷尚紀『伊勢神宮と出雲大社』講談社 2009

334 新谷尚紀『日本人の禁忌』青春新書 2004

335 『周芳鋳銭司跡』山口市教育委員会 1978

336 　白川静『字統』平凡社 1986

337 　笹間良彦『蛇物語』第一書房 1991

338 　笹間良彦『図説　龍の歴史大事典』遊子館 2006

339 　佐藤弘夫『アマテラスの変貌　中世神仏交渉史の視座』法蔵館 2000

340 　佐藤政次編『日本暦学史』駿河台出版社 1968

341 　佐藤宗太郎『石と死者』鈴木出版 1984

342 　与謝野晶子訳『日本の古典 3　源氏物語』河出書房新社 1971

343 　総合仏教辞典編集委員会『総合仏教大辞典』法蔵館 1987

344 　沢田瑞穂訳『劉向＋葛洪　列仙伝・神仙伝』平凡社 1993

345 　写真小川忠博『新版縄文美術館』平凡社 2018

346 　鈴木由次郎・中国古典新書『周易参同契』明徳出版 1988

347 　土橋寛氏説／「箸墓物語について」『古代学研究』72 号 1974

348 　土谷精作『縄文の世界はおもしろい』エコハ出版 2018

349 　辻邦生『西行花伝』新潮社 1995

350 　辻直四郎訳『リグ・ヴェーダ讃歌』岩波文庫 1970

351 　特別報道写真集『7・13 水害　長岡・三条・見附・中之島』新潟日報事業社 2004

352 　高田栄一『蛇・トカゲ・龜・ワニ』北隆館 1971

353 　竹田恒泰『怨霊になった天皇』小学館文庫 2013

354 　武田通治『測量　古代から現代まで』古今書院 1979

355 　高田真治・後藤基巳訳『易経』岩波文庫 1985

356 　高橋文雄『山口県地名考』山口県地名研究所 1978

357 　高橋順子・佐藤秀明『月の名前』デコ 2012

358 　高橋文雄『ふるさとの地名－地名の話あれこれ－』山口県地名研究所 1977

359 　高橋文雄『山口県地名考』マツノ書店 1978

360 　高橋文雄『続・山口県地名考』山口県地名研究所 1978

361 　高橋庄次『西行の心月輪』春秋社 1995

362 　吉野裕子『陰陽五行と日本の民俗』人文書院 1983

363 　徳地町史編集委員会編『徳地町史』1975

364 　竹森友子「隼人の楯に関する基礎的考察」鹿児島県歴史資料センター黎明館調査研究報第 27 号 1987

365 　竹村俊則校注『新版　都名所図会』角川書店 1976

366 　武光誠『土師氏と出雲との関係』明治学院大学一般教育部付属研究所紀要(21)，29-40，1997-06-00

367 　床尾辰男『シェリー抒情詩集』創芸出版 2006

368 　髙良留美子『花ひらく大地の女神　月の大地母神イザナミと出雲の王子オオクニヌシ』御茶の水書房 2009

369 　所功『日本の年号』雄山閣 1977

370 　所功『年号の歴史』雄山閣 1988

371 　『高崎正秀著作集』桜楓社 1971

372 　筑紫申真『アマテラスの誕生』講談社学術文庫 2014

373 　吉野裕子『陰陽五行思想からみた日本の祭』弘文館 1978

374 　竹内理三他編『日本古代人名辞典』吉川廣文館 1985

375 　竹内理三編『角川日本地名辞典 35 山口県』角川書店 1988

376 　高山市『高山市史』高山市 1952

377 　知切光歳『仙人の研究』大陸書房 1979

378　田村圓澄『伊勢神宮の成立』吉川弘文館 2009

379　田村圓澄『日本古代の宗教と思想』山喜房佛書林 1987

380　谷川健一編『日本の神々』白水社 2000

381　『敦煌・シルクロード』毎日グラフ別冊 1977

382　谷馨『額田姫王』紀伊国屋書店 1967

383　田中日佐夫『二上山』学生社 1999

384　田中八郎『大和誕生と神々』彩流社 1996

385　田中八郎『大和誕生と水銀』彩流社 2004

386　谷岡武雄『聖徳太子の榜示石』学生社 1976

387　『つるちゃんのプラネタリウム』・シェア版 3.5.2

388　鳥越泰義『正倉院薬物の世界　日本の薬の源流を探る』平凡社 2005

389　吉田恵太郎『草根木皮』医歯薬出版 1987

390　寺島良安『和漢三才図会』平凡社 1985

391　吉田金彦『古代日本語をあるく』弘文堂 1983

392　内田順子編『映し出されたアイヌ文化』吉川弘文館 2020

393　内田正男編著『日本暦日原典』雄山閣 1975

394　上田正昭監修『平野神社史』平野神社社務所 1993

395　上田正昭他『三輪山の神々』学生社 2003

396　植木朝子『土師氏と芸能　今様起源譚から能「道明寺」へ』日本歌謡研究 37・1997

397　植島啓司『伊勢神宮とは何か　日本の神は海からやってきた』集英社 2015

398　宇治谷孟『日本書紀』創芸出版 1986

399　梅原末治『日本の古墳墓』養徳社 1947

400　梅原猛　砂原秀遍『古寺巡礼　京都Ⅰ東寺』淡交社 2006

401　梅原猛『海人と天皇　日本とは何か』朝日新聞社 1991

402　海沼実『海沼実の唱歌・童謡読み聞かせ』東京新聞 2017

403　和田清・石原道博翻訳『魏志倭人伝・後漢書倭伝・宋書倭国伝・隋書倭国伝』岩波文庫 1951

404　『和刻本正史　晋書(一)』食貨志・汲古書院 1971

405　渡部一郎『伊能忠敬の歩いた日本』ちくま新書 2003

406　渡部一郎『伊能忠敬測量隊』小学館 2003

407　渡部一郎・鈴木純子『図説　伊能忠敬の地図をよむ』河出書房新社 2000

408　渡辺敏夫著『日本・朝鮮・中国—日食月食宝典』雄山閣 1979

409　矢部良明監修『原始美術の華　縄文土器の造形—郡山市妙音寺遺跡出土品を中心に—』郡山市立美術館 2002

410　薮内清『中国の科学と日本』朝日選書 1978

411　薮内清『中国の数学』岩波新書 1974

412　安田喜憲『大地母神の時代ヨーロッパからの発想』角川選書 1991

413　横山卓雄『京都の自然史　京都・奈良盆地の移りかわり』京都自然史研究所 2004

414　横山有策『シェリーの詩論と詩の擁護』早稲田泰文社 1923

415　山田雄司『怨霊とは何か』中公新書 2015

416　山田雄司『跋扈する怨霊　祟りと鎮魂の日本史』吉川弘文館 2007

417　山根悖志『出雲族の原郷に就い—土師氏伝承と関連して—』昭和 61 年度古事記年報 29・古事記学会 1986

418　山口県神社誌編纂委員会編『山口県神社誌』山口県神社庁 1998

419　山上伊豆母『日本の母神信仰』大和書店 1998

420　山口県文書館『防長寺社由来山口宰判』第三巻 1983

421　山口市教育委員会『山口の文化財』1983

422　山口市教育委員会文化財保護課『興隆寺跡遺跡Ⅲ』山口市埋蔵文化財調査報告第 90 集・山口市教育委員会 2005

423　山口市教育委員会文化財保護課『凌雲寺跡 1』山口市埋蔵文化財調査報告第 115 集・山口市教育委員会 2015

424　山口市史編纂委員会『山口市史』山口市 1982

425　山本節『神話の森』大修館書店 1989

426　山中襄太『地名語源辞典』校倉書房 1979

427　山野満喜夫『百済王神社拝殿修復工事落成記念　百済王神社と特別史跡百済寺跡』百済王神社 1975

428　山梨県立考古博物館編『第 32 回特別展掘り起こされた音の形—まつりと音具の世界—』山梨県立考古博物館 2014

429　山折哲雄編『日本の神』平凡社 1995

430　山折哲雄編『日本における女性』名著刊行会 1992

431　山折哲雄編『日本の神』平凡社 1995

432　山崎青樹『草木染染料植物図鑑Ⅰ』美術出版 2012

433　柳沢一男『描かれた黄泉の世界　王塚古墳』神泉社 2004

434　米沢康「土師氏に関する一考察—日本書紀の所伝を中心として」『藝林』9(3),46-59,1958-06-00

435　米沢康『土師氏の改姓』藝林 12(6),34-48,1961

436　頼惟勤監修『説文入門』大修館書店 1983

437　吉野裕子『祭りの原理』慶友社 1972

438　吉野裕子『陰陽五行と日本の天皇』人文書院 1998

439　和田清・石原道博『魏志倭人伝・後漢書倭伝・宋書倭国伝・隋書倭国伝』岩波文庫 1951

440　秋本吉郎校注『風土記』岩波書店 1968

441　栁沢一男『描かれた黄泉の世界　王塚古墳』神泉社 2004

442　ミルチャ・エリアーデ著奥山倫明訳『象徴と芸術の宗教学』作品社 2005

443　林陸朗校注訓訳『続日本紀』現代思潮社 1988

444　安居香山・中国古典新書『緯書』明徳出版 1969

445　白川静『字通』平凡社 1997

446　吉野裕子『陰陽五行と童児祭祀』人文書院 1986

447　牧野富太郎『牧野日本植物図鑑』北隆館 1979

448　吉野裕子『神々の誕生』岩波書店 1990

449　渡部一郎『幕府天文方御用　伊能測量隊まかり通る』NTT 出版 1997

450　青木和夫他校注新日本古典文学大系『続日本紀一』岩波書店 1989

451　坪内稔典・中之島 5 編『池田澄子百句』創風社出版 2014

452　宮川久美「〈おしてる（や）難波〉について」『ことばとことのは』二 1985

453　花房英樹編『唐代研究のしおり 8. 李白歌詩索引』同朋舎 1977

454　虎尾俊哉『延喜式』吉川弘文館 1964

455　平群町史編集委員会『平群町史』平群町役場 1976

456　椙山林継・山岸良二編『原始・古代日本の祭祀』同成社 2007

457　大和岩雄編『東アジアの古代文化 41 号　特集古代豪族と王権』大和書房 1984

458　覆刻日本古典全集『倭名類聚抄』現代思潮社 1978

あとがき

　わが家の庭には、今年もチャンドラ・ポメロ（月の女神のブンタン）が大きな黄色い実を結びました。古代人が、その色と形から月を思い浮かべたのは、容易に想像できます。チャンドラはヒンドゥー教の月神ソーマ（あるいはチャンドラ「輝くもの」）を意味する古代インド語です。一方、古代日本ではタチバナを「月霊の華」とし、その小さな黄色い実を「トキジクノカグノコノミ（常世の月の木の実）」と呼び、不老不死の神仙秘薬として用いていました。

　これらの例から、遠く離れた異なる民族でも月とミカンを結びつけて考えていたことが分ります。この考えは「しるしの原理」と呼ばれる古代世界に普遍的にみられる現象です。「形が似ているものは、その性質も似ている」外見が似ていることから生れる現象の結びつきや見立てを指します。「月の女神のブンタン」が不死の霊薬とされ、「トキジクノカグノコノミ」が不老不死の仙薬とされたのも、黄色い丸い形が不死と再生の象徴である満月を連想させたからでしょう。その根源には、月への篤い信仰心がありました。

　話が変わって、ユング派の心理学者達は Constellation（星座／布置）という言葉をよく使いました。心理学の中で何を意味するのか今一つ分らない言葉です。この心理学を日本に導入した河合隼雄氏は「Constellation とは──はっとわかる──を意味する」と説明しました。たとえば、夜空を見上げて教えられた星座がはじめは分らなくても、ある瞬間「はっとわかる」ことは誰もが経験しています。このような現象を星座に例をとって説明したのが Constellation という言葉です。

　　「父：ほら、あれが北斗七星」
　　「子：う〜ん、どれ？　あっわかった、あれ！」

　つい最近まで、このような光景がどこでも見られたはずです。この「はっとわかる」のは、物事に集中して突き詰めている時に現われる理性を越えた心の奥深くから湧き上がる理解です。北斗七星をはじめ星座には、洋の東西を問わず神話と物語がつきものです。神話の世界と星の物語そして心の奥深くの働きとは、どこか繋がっているところがあります。この繋がりを C・G・ユングは Constellation つまり星座という言葉で説明したようです。

　天武十年、国家体制を整え日本神話を纏めようとした激動の時代、天武の心の動揺が星座を代表する北斗図を描かせた、とも想像しました。

　　「天武の属星・破軍星は向うところ敵なし。しかし、心の奥深くでは常になにかに怯えていたのかもしれない。」

　地上絵に携わるようになって 30 年余、はっと我にかえれば浦島太郎、古稀をとうに過ぎていました。明らかな目的もなく調査を続け、周芳山口に何があるのかも分らず、ひたすら地形図を眺めているときに「はっとわかった」のが泉香寺山とショウゲン山を結ぶ南北軸でした。これが地上絵を発見する端緒であったことは本文で述べた通りです。「あとがき」の筆を執りながら、長かった道のりを懐かしく想い出しています。

　　「そうそう、そういえば浦嶋太郎が行ったのは海中の月世界。ひょっとすると、自分も知らぬ間に月の……。」

　「月の都」周芳山口──清らかな不死の川（椹野川）が流れる常世の国──にようやく辿りつきました。
　　「ほのかな月の光に包まれて淡く浮かび上がる山口盆地に、篠笛の音が静かに流れている。」

　月輪を象徴する泉香寺山で「月神を祀る盤座の山」高倉山へ向かい、天乙女らがヒレを振り、月神アマテルヒルメを招き寄せている姿が目に浮かびます。北斗図と五形図という地上絵は、このような月信仰の信仰空間に描かれたものでした。その動機の一つには──もう一度、この世に生まれ変わりたい──人々が原初からいだいてきた不死と再生の切ない願いがありました。満ち欠けを繰り返す月は、この願いを叶える希望の光だったのです。

ホタル（水辺を好む月霊の虫）は月のような淡い光を点滅させて、人の心の奥深くにある「月」となにかしら交信しているようです。池田澄子の句は、そのひそひそ話を詠って実に可笑しい。(451-4)

　じゃんけんで　まけてほたるに　うまれたの　　池田澄子

　さてさて、やれやれ、どっこらしょ。もうひと頑張りして、「月の都」周芳山口を探ってみましょう。

　「玉手箱から出てきたような霞の向こうで、なにかがゆらゆらゆれている……もしかして、乙姫様の……」

　いまだ年も弁えず、わくわくしています。

令和四年葉月十八日　　　著者

謝辞

　本書の出版に際して、地域の情報を提供して下さった岸孝穂氏、中野愛子氏、永久博義氏、荒瀬忠史氏、大月について教えてくださった山内常次氏と藤村ユキコ氏、高野時盛様の保存に御尽力戴いた山本伸雄氏と白木美和氏、梅本玲子氏はじめ「仁保村づくり塾」の各位に感謝申し上げます。最後に、東洋出版編集部編集長・秋元麻希氏はじめ編集部の各位には、丁寧な編集と懇切な御配慮を戴き感謝申し上げます。

著者略歴

1949 年：米国占領下の奄美大島名瀬市に生れる。

1975 年：鳥取大学医学部卒業

1987 年：医院を開く。

1998 年：現在地に移転、地上絵を発見する。

医学博士

現住所：〒753-0831 山口県山口市平井 556-6

著書：

『山口に残る古代地上絵　北斗図の謎』東洋出版 2016

『山口に残る古代地上絵　五形図の謎』東洋出版 2019

『「月の都」周芳山口の信仰空間に描かれた古代地上絵と月信仰—空間考古学の可能性—』東洋出版 2022

「月の都」周芳山口の信仰空間に描かれた
古代地上絵と月信仰
―空間考古学の可能性―

発 行 日　2022 年 11 月 27 日　第 1 刷発行
著　　者　池畑孝次郎（いけはた・こうじろう）
制作協力　株式会社 洋文社
発 行 者　田辺修三
発 行 所　東洋出版株式会社
　　　　　〒 112-0014　東京都文京区関口 1-23-6
　　　　　電話 03-5261-1004（代）　振替 00110-2-175030
　　　　　http://www.toyo-shuppan.com/
印刷・製本　日本ハイコム株式会社